Verkehr in Zahlen
2005/2006

34. Jahrgang

Erweiterte Ausgabe

Herausgeber:

**Bundesministerium für
Verkehr, Bau- und
Wohnungswesen**

Bearbeitet von: Sabine Radke
Deutsches Institut für Wirtschaftsforschung

Grafische Darstellung: Karl-Heinz Pieper

Umschlagentwurf: Walter Niemann

Redaktionsschluß: November 2005

ISBN 3-87154-334-9 (Buch)
ISBN 3-87154-333-0 (Buch und CD-ROM)

Bearbeitung und verantwortlich für den Inhalt:

DIW Berlin

Deutsches Institut
für Wirtschaftsforschung

Sabine Radke
Deutsches Institut für Wirtschaftsforschung (DIW)
14195 Berlin, Königin-Luise-Straße 5
Telefon: 030/8 97 89-318
Telefax: 030/8 97 89-113
Internet: http://www.diw.de/
E-mail: sradke@diw.de

Gesamtproduktion:

SOFTWARE LOKALISIERUNG ANIMATION

SLA Frank Lemke
Römerweg 4
73557 Mutlangen
Telefon: 07171/77 93 96
Telefax: 07171/97 96 62
Internet: http://www.sla-software.com
E-mail: info@sla-software.com

Verlag:

Deutscher
Verkehrs-Verlag

Deutscher Verkehrs-Verlag GmbH,
20097 Hamburg Nordkanalstraße 36
20010 Hamburg, Postfach 1016 09
Telefon: 040/2 37 14-139
Telefax: 040/237 14-244
Internet: http://www.dvv-gruppe.de
E-mail: distefano@dvv-gruppe.de

Vorbemerkungen

In der Ausgabe 2005/2006 des Taschenbuchs *Verkehr in Zahlen* - dem 34. Jahrgang dieses statistischen Kompendiums - wird das Verkehrsgeschehen im vereinten Deutschland und in der Europäischen Gemeinschaft dargestellt. Für die Bundesrepublik Deutschland werden ab 1991 Jahreswerte, für die Jahre bis 1990 Daten in 5-Jahresschritten dargestellt.

Verkehr in Zahlen informiert durch die Ergänzung der amtlichen verkehrsstatistischen Informationen über nahezu alle Aspekte des Verkehrs einschließlich seiner Stellung in der Volkswirtschaft. Durch das breite Spektrum der Daten und die Zeitreihendarstellung lassen sich für die Verkehrsmärkte Strukturveränderungen erkennen, Entwicklungen verfolgen und Zusammenhänge aufzeigen.

Wichtigstes Ziel bei der Datenaufbereitung ist die Übereinstimmung mit den Definitionen und Abgrenzungen der Veröffentlichungen des Statistischen Bundesamtes, des Kraftfahrt-Bundesamtes und des Bundesamtes für Güterverkehr. Dadurch wird auch eine volle Vergleichbarkeit mit den von diesen Institutionen veröffentlichten disaggregierten Angaben gewährleistet.

In *Verkehr in Zahlen* wird versucht, in klarer Unterscheidung zwischen institutionellem und funktionalem Gliederungsprinzip Daten zur Verkehrsentwicklung in der Bundesrepublik Deutschland zur Verfügung zu stellen. Bestehende Lücken der amtlichen Statistiken werden durch die Einbeziehung vorhandener Unternehmens- und Verbandsstatistiken sowie eigener und fremder Untersuchungen und Berechnungen soweit wie möglich geschlossen. Der unterschiedliche Aufbau, wechselnde Abgrenzungen und Überschneidungen sowie die Diskontinuität dieser Statistiken lassen eine vergleichende Analyse ohne eine Modifizierung nicht zu. Dies kann einerseits zu Umgestaltungen in der Darstellung führen, wenn Basisdaten entfallen oder nur noch verändert ausgewiesen werden. Andererseits sind Brüche in den Zeitreihen unvermeidlich, wenn Daten nicht angepasst werden können. Hinzu kommt, dass viele für verkehrswirtschaftliche und verkehrspolitische Aussagen wichtige Daten in den amtlichen Statistiken nicht oder noch nicht für alle Verkehrsbereiche in gleicher Form vorliegen. Dies gilt vor allem für Investitionen, Anlagevermögen, den Energieverbrauch - differenziert nach Energieträgern -, die Entwicklung der Kraftfahrzeug-Fahrleistungen, des Individualverkehrs und der Fahrtzwecke im Personenverkehr. Hier kann auf Untersuchungen aufgebaut werden, die im Deutschen Institut für Wirtschaftsforschung (DIW), Berlin - im Rahmen von Forschungsvorhaben unter anderem im Auftrag des Bundesministers für Verkehr - durchgeführt wurden.

Verkehr in Zahlen bezieht sich grundsätzlich auf das Gebiet der Bundesrepublik Deutschland, d.h. ab 1991 einschl. der neuen Bundesländer. Einzelne Übersichten liegen auch für Bundesländer vor. Daten für die Jahre 1991 bis 1994 getrennt für neue und alte Bundesländer wurden letztmalig in der Ausgabe 1997 (Kapitel C1) veröffentlicht. Revisionen der gesamtdeutschen Daten in der beiden darauf folgenden Ausgaben (z.B. Fahrleistungen) müssen dabei allerdings berücksichtigt werden.

In dieser Ausgabe sind erneut verschiedene Zeitreihen grundlegend revidiert worden. Bereits in der vorangegangenen Ausgabe wurde die Fahrleistungs- und Verbrauchsrechnung im Straßenverkehr aktualisiert und weiterentwickelt (siehe auch Anmerkungen S. 164/165). Dies geschah auf der Basis der im Jahr 2002 durchgeführten Fahrleistungserhebung, der Haushaltserhebung „Mobilität in Deutschland", sowie der Wirtschaftsverkehrserhebung „Kraftverkehr in Deutschland". Entsprechend wurden auch im Personenverkehr der motorisierte Individualverkehr revidiert, sowie die Zweckstruktur nach Verkehrsbereichen an die Ergebnisse der Erhebungen angepasst (siehe Anmerkungen S. 222 - 225). Diese Werte wurden in der letzten Ausgabe auf Basis der vorläufigen Werte für 2002 berechnet, die endgültigen Berechnungen führten jetzt zu einen erneuten Anpassung. Das Statistische Bundesamt hat in diesem Jahr die Volkswirtschaftlichen Gesamtrechnung (VGR) ab 1991 revidiert. Diese Revision hat zu veränderten Werten bei der Bruttowertschöpfung geführt; hier werden jetzt auch keine Werte zu konstanten Preisen mehr ausgewiesen. Bei den Anlageinvestitionen und dem Anlagevermögen konnten die Revisionen aus zeitlichen Gründen noch nicht vollständig übernommen werden. Die VGR-Revision führt auch zu geänderten Werten bei den Ausgaben der privaten Hauhalte (Augaben für Verkehr, Steuerbelastung). Im Öffentlichen Straßenpersonenverkehr hat im Jahr 2004 durch Inkrafttreten des Gesetzes zur Neuregelung des Rechts der Verkehrstatistik eine grundlegende Veränderung des Ausweises der Daten in der amtlichen Statistik stattgefunden. Hier werden zukünftig Eckwerte für den Linienverkehr (beförderte Personen und Personenkilometer) quartalsweise für die Unternehmen mit mehr als 250 000 Beförderungsfällen erhoben. Nur diese Daten lagen bei Redaktionsschluß vor. Der Gelegenheitsverkehr wurde für das Jahr 2004 geschätzt. Zusätzlich wird es eine Jahreserhebung geben, nach der per Hochrechnung auch der Gelegenheitsverkehr sowie die kleineren Unternehmen abgebildet werden können. Alle fünf Jahre wird eine Totalerhebung es ermöglichen diese Hochrechnung entsprechend zu eichen.

Das institutionelle Gliederungsprinzip (Kapitel A) stellt das Unternehmen als Darstellungseinheit in den Mittelpunkt. Einbezogen werden alle Unternehmen, deren wirtschaftlicher Schwerpunkt im Verkehr liegt. Innerhalb des Sektors Verkehr erfolgt die Zuordnung der Unternehmen zu den Verkehrsbereichen nach dem Schwerpunkt ihrer verkehrswirtschaftlichen Tätigkeit. Unabhängig von der Verkehrsart werden alle Leistungen des Unternehmens erfasst.

Gesamtdeutsche Kennziffern des Verkehrs*

Jahr	Bevölkerung Mio.				Straßenlänge[1] 1 000 km		Kfz-Bestand[2] Mio.	
	insgesamt	unter 18 Jahre	18-65 Jahre	über 65 Jahre	insgesamt	dar. Autobahnen	insgesamt	dar. Pkw
1950	66,1	18,2	41,7	6,2	176	3,5	2,7	0,7
1955	68,1	18,2	42,7	7,2	178	3,5	5,8	1,8
1960	73,2	18,5	46,2	8,5	181	3,9	9,4	8,9
1965	76,3	20,5	46,2	9,6	203	4,6	14,3	10,5
1970	77,7	21,0	46,0	10,7	210	5,9	19,8	15,1
1975	78,6	20,5	46,3	11,8	217	7,8	24,8	19,8
1980	78,3	18,5	47,6	12,2	220	9,2	31,6	25,9
1981	78,4	18,1	48,3	12,0	220	9,5	32,4	26,5
1982	78,4	17,6	49,1	11,7	220	9,7	33,0	27,0
1983	78,1	17,0	49,7	11,4	221	9,9	33,7	27,6
1984	77,8	16,4	50,2	11,2	220	9,9	34,6	28,4
1985	77,7	15,9	50,5	11,3	220	10,0	35,5	29,2
1986	77,7	15,5	50,7	11,5	221	10,2	36,8	30,3
1987	77,7	15,2	51,0	11,5	221	10,3	38,1	31,5
1988	78,1	15,1	51,4	11,6	221	10,5	39,3	32,6
1989	79,1	15,1	52,2	11,8	221	10,6	40,4	33,7
1990	79,8	15,3	52,6	11,8	221	10,7	42,5	35,5

Jahr	Deutsche Bundesbahn/Deutsche Reichsbahn					Wasserstraßen		Rohrleitungen[7]
	Streckennetz			Fahrzeugbestand				
	insgesamt	dar. elektrifiziert	Lokomotiven	Personenwagen	Güter-wagen	Benutzte Länge	Frachtschiffe[6] Bestand	Länge
	1 000 km		1 000	1 000	1 000	1 000 km	1 000	1 000 km
1950	46,4	2,0	19,3	30,9	364	7,1	6,3	-
1955	46,6	2,6	16,6	31,6	396	6,9	7,8	-
1960	46,9	4,4	15,3	30,6	416	7,1	8,7	0,5
1965	46,3	7,5	14,4	28,6	437	7,0	8,6	1,1
1970	44,2	10,0	11,8	26,7	424	6,9	7,6	2,7
1975	43,1	11,5	11,5	26,4	435	6,9	6,0	3,0
1980	42,7	12,9	11,0	23,4	437	6,7	5,2	3,4
1981	42,6	13,0	11,1	23,3	440	6,7	5,0	3,4
1982	42,4	13,1	11,1	22,9	435	6,6	4,8	3,4
1983	42,2	13,3	11,1	22,8	430	6,6	4,7	3,5
1984	42,0	13,6	11,0	22,5	427	6,7	4,6	3,5
1985	41,7	13,9	11,1	22,0	426	6,7	4,5	3,5
1986	41,5	14,2	11,1	21,6	424	6,6	4,4	3,5
1987	41,4	14,6	10,7	20,9	411	6,7	4,3	3,5
1988	41,3	15,2	9,9	20,4	397	6,7	4,2	3,5
1989	41,0	15,5	9,9	19,9	382	6,8	4,2	3,5
1990	40,9	15,7	9,9	19,5	365	6,7	3,9	3,5

[1] Bundesautobahnen, Bundes-, Landes- und Kreisstraßen (ohne Gemeindestraßen).- [2] Ohne Mopeds, Mofas, Mokicks, Leicht- und Kleinkrafträder.- [3] Ohne Kleinlokomotiven.- [4] Ohne Triebwagen (S-Bahn).- [5] Ohne Dienstgüterwagen.- [6] Motorschiffe, Schlepp- und Schubkähne.- [7] Rohöl- und Mineralölproduktenleitungen über 40 km Länge.- * Nach dem Gebietsstand ab dem 3. 10. 1990, für die Zeit bis 1990. Daten für die folgenden Jahre in den jeweiligen Kapiteln.

7

In der Regel werden jedoch nicht die Leistungen der einzelnen Unternehmen ausgewiesen, sondern die Leistungen der übergeordneten Verkehrsbereiche, sofern in einem Verkehrsbereich mehrere Unternehmen vorhanden sind. Ausgewiesen werden Daten, die für alle Verkehrsbereiche verfügbar sind und damit eine vergleichende Übersicht über die Gesamtentwicklung ermöglichen. Der Verkehrssektor war hier analog zum Aufbau der Volkswirtschaftlichen Gesamtrechnung (VGR) nach Eisenbahnen, Schifffahrt und übriger Verkehr untergliedert; heute (ab 1991) weist die VGR Landverkehr, Schiffsverkehr, Luftverkehr und Hilfs- und Nebentätigkeiten für den Verkehr aus. Dieser letzte Bereich umfasst neben der Verkehrsvermittlung und Speditionen auch die Binnen-, See- und Flughäfen. Die weitere Disaggregation nach Verkehrsbereichen orientiert sich daran, ob und inwieweit für diese die gewünschten Informationen in vergleichbarer Form verfügbar sind. Darüber hinaus werden für jeden einzelnen Verkehrsbereich im Kapitel A2 Daten ausgewiesen, die weiter gehende Informationen vermitteln.

Funktionales Gliederungsprinzip (Kapitel B) bedeutet im Verkehr die Einteilung der Leistungen nach Verkehrsarten. Unter einer Verkehrsart wird die Gesamtheit der Verkehrstechniken, die sich derselben Verkehrswege bedienen, verstanden. Dabei wird innerhalb einer Verkehrsart nicht nach Zahl und Art der Unternehmen oder Haushalte differenziert, von denen diese Leistungen erbracht werden. Die Erfassung geht über den Rahmen des gewerblichen Verkehrs hinaus und bezieht z.B. die Leistungen im Werkverkehr von Industrie- oder Handelsbetrieben ebenso ein wie die ausländischen Unternehmen im grenzüberschreitenden Verkehr oder die privaten Haushalte. Diese Darstellung ermöglicht vor allem einen Überblick über die Entwicklung des Personen- und Güterverkehrs nach Verkehrsbereichen sowie Fahrtzwecken bzw. Gütergruppen. Außerdem werden hier Angaben über die Verkehrswege, Fahrzeugbestände, Straßenbelastung, Verkehrsunfälle, Verkehrsausgaben, Kosten, Belastung der privaten Haushalte durch das eigene Kraftfahrzeug, den Führerscheinbesitz, die Pkw-Verfügbarkeit, den Energieverbrauch, den Transport von Gefahrgütern, die Umweltbelastung sowie andere wichtige Aspekte des Verkehrsgeschehens zur Verfügung gestellt.

Im dritten Teil **(Kapitel C)** werden internationale Kennziffern vor allem für die Länder der Europäischen Union (EU) dargestellt. Hier wurden in diesem Jahr die Tabellen um die Daten (soweit vorhanden) der zehn EU-Beitrittsländer ergänzt. Die hier veröffentlichten Werte sind zum überwiegenden Teil leider nur mit großer zeitlicher Verzögerung verfügbar. Die Daten für die Bundesrepublik Deutschland entsprechen aufgrund unterschiedlicher Abgrenzung hier nicht in jedem Fall den in den Kapiteln A und B ausgewiesenen Angaben.

Inhaltsübersicht

Verkehr in institutioneller Gliederung

Brutto-Anlageinvestitionen
Brutto- und Netto-Anlagevermögen
Erwerbstätige, Einnahmen, Bruttowertschöpfung

A1

Spezifische Kennziffern der einzelnen Verkehrsbereiche

A2

Verkehr in funktionaler Gliederung

Bevölkerung, Erwerbstätige, Private Haushalte
Verkehrsmittelbenutzung der Erwerbstätigen und Schüler
Länge der Verkehrswege, Straßenfläche
Kraftfahrzeugdichte, Straßenbelastung
Verkehrsausgaben, Transportbilanz

B1

Luftfahrzeugbestand, Führerscheine, Verkehrszentralregister,
TÜV-Ergebnisse, Fahrradbestand, Kraftahrzeuge - Bestand,
Neuzulassung, Fahrleistung, Gurtanlegequoten

B2

Straßenverkehrsunfälle
Getötete und verletzte Verkehrsteilnehmer
Unfallursachen

B3

Grenzüberschreitender Verkehr, Transit
Straßenverkehr nach Ländern
Seeschifffahrt nach Fahrtgebieten

B4

Personenverkehr: Verkehrsaufkommen und -leistung
im Öffentlichen Verkehr und Individualverkehr
Fahrtzwecke und nichtmotorisierter Verkehr
"Mobilität in Deutschland 2002"
Haushaltspanel zum Verkehrsverhalten

B5

Güterverkehr: Verkehrsaufkommen und -leistung
im Güternah- und -fernverkehr, Hauptgütergruppen,
Gefahrguttransporte, Kombinierter Verkehr

B6

Frachtraten, Kostenentwicklung im Verkehr,
Preisindex für die Lebenshaltung, Kraftstoff-Ausgaben
Energieverbrauch, Umweltbelastung

B7

Internationale Kennziffern

C1

9

Inhaltsverzeichnis

Der Verkehr in funktionaler Gliederung

Kraftfahrzeugverkehr

B3 Straßenverkehrsunfälle

B4 Grenzüberschreitender Verkehr

Zeichenerklärung

-	=	nichts vorhanden
0	=	mehr als nichts, aber weniger als die Hälfte der kleinsten Einheit, die in der Tabelle zur Darstellung gebracht werden kann
.	=	kein Nachweis vorhanden
X	=	Aussage nicht sinnvoll
ABL	=	Alte Bundesländer
NBL	=	Neue Bundesländer

Abweichungen in den Summen sind die Folge von Rundungsdifferenzen.

Grundsätzlich beziehen sich die Angaben bis einschließlich 1990 auf den Gebietsstand der Bundesrepublik Deutschland vor dem 3.10.1990 (einzige Ausnahme ist die Übersicht auf Seite 7). Daten für die DDR wurden - soweit vorhanden - in den Ausgaben bis 1994 veröffentlicht.

Die Daten für die Jahre ab 1991 beziehen sich grundsätzlich auf die Bundesrepublik Deutschland mit dem Gebietsstand nach dem 3.10.1990. Ausnahmen sind aus methodischen Gründen oder aufgrund der Datenlage notwendig und sind entsprechend gekennzeichnet.

Für die Jahre 1991 bis 1994 wurden Daten getrennt für alte und neue Bundesländer in der Ausgabe Verkehr in Zahlen 1997 letztmalig veröffentlicht.

Der Verkehr in institutioneller Gliederung
Gesamtverkehr

Brutto-Anlageinvestitionen
  Zu jeweiligen Preisen

Insgesamt	22 - 23
Bauten	24 - 25
Fahrzeuge	26 - 27
Ausrüstungen	28 - 29
Zu Preisen von 1995*	
Insgesamt	30 - 31
Verkehrsinfrastruktur	
Brutto-Anlageinvestitionen*	32 - 33
Brutto- und Netto-Anlagevermögen*	34 - 35
Altersstruktur des Brutto-Anlagevermögens*	37
Brutto-Anlagevermögen*	38 - 39
Netto-Anlagevermögen*	40 - 41
Modernitätsgrad	42 - 43
Erwerbstätige	44 - 45
Einnahmen	46 - 47
Bruttowertschöpfung	
Zu jeweiligen Preisen	50 - 51
Kettenindex 2000 = 100	52 - 53

Analog der Volkswirtschaftlichen Gesamtrechnung, ausgehend vom wirtschaftlichen Schwerpunkt des Unternehmens, umfassen die Angaben zu

- den Brutto-Anlageinvestitionen,
- dem Brutto- und Netto-Anlagevermögen,
- den Erwerbstätigen,
- den Einnahmen,
- der Bruttowertschöpfung.

nur die jeweiligen Werte der dem Verkehr institutionell zugeordneten Unternehmen.

Nicht berücksichtigt sind dabei die entsprechenden Angaben für den

- Individualverkehr =   der den privaten Haushalten zugerechnet wird

und für den

- Werkverkehr =   der von Unternehmen mit Schwerpunkt außerhalb des Verkehrs zugeordnet wird.

* Die Volkswirtschaftliche Gesamtrechnung (VGR) wurde 2005 vom Statistischen Bundesamt revidiert. Die Revisionen wurden übernommen, allerdings konnte die Umbasierung auf Preisbasis 2000 noch nicht vorgenommen werden.

Brutto-Anlageinvestitionen - Anlagevermögen

Brutto-Anlageinvestitionen und Anlagevermögen sind monetäre Wertgrößen für das technische Angebotspotenzial der Volkswirtschaft. Ihre jährliche nach Wirtschaftsbereichen differenzierte Berechnung ermöglicht einen laufenden zeitlichen und sektoralen Vergleich des unterschiedlichen Kapitaleinsatzes. In Verbindung mit der Zahl der Erwerbstätigen vermitteln diese Daten einen Überblick über die Investitions- und Kapitalintensität je Arbeitsplatz und Wirtschaftsbereich.

Brutto-Anlageinvestitionen

Zu den Brutto-Anlageinvestitionen gehören sowohl Erweiterungs- und Rationalisierungsinvestitionen als auch Ersatz- bzw. Erhaltungsinvestitionen.

Nach der Abgrenzung der Volkswirtschaftlichen Gesamtrechnung umfassen die Brutto-Anlageinvestitionen - im Folgenden wird zur Vereinfachung nur von Anlageinvestitionen gesprochen - die Käufe neuer und gebrauchter Anlagen (abzüglich der Verkäufe) sowie die selbst erstellten Anlagen der Investoren. Nicht berücksichtigt wird der Erwerb von Grundstücken. Als Anlagen gelten dauerhafte Güter, Bauten, Fahrzeuge, Ausrüstungen, die zur Erhaltung, Erweiterung oder Verbesserung des Produktionsapparates eingesetzt werden. Dazu zählen auch die werterhöhenden Großreparaturen und Umbauten, nicht jedoch die Aufwendungen für die laufende Unterhaltung, von der in der Regel keine Wertsteigerung bzw. Erhöhung der Nutzungsdauer ausgeht.

Die Anlageinvestitionen der institutionell abgegrenzten Verkehrsbereiche werden bisher in der amtlichen Statistik nicht nachgewiesen. Aus diesem Grund hat das Deutsche Institut für Wirtschaftsforschung (DIW) mehrere Strukturuntersuchungen auf diesem Gebiet durchgeführt. Grundlagen dieser Berechnungen sind die von den Fachabteilungen des BMVBW erhobenen Investitionsangaben der Verkehrsunternehmen bzw. Unternehmensgruppen und Verbände. Die für einige Verkehrsbereiche fehlenden oder unvollständigen Daten werden durch eigene Befragungen und Berechnungen ergänzt. Da einige Verkehrsunternehmen, u. a. die Deutsche Bahn AG, einen Teil der Aufwendungen für die Erhaltung der Anlagen und Fahrzeuge nicht zu den Investitionen zählen, müssen diese Angaben entsprechend der Abgrenzung der Volkswirtschaftlichen Gesamtrechnung modifiziert werden.

Für die Berechnung der Anlageinvestitionen zu konstanten Preisen müssen die Investitionsausgaben nach Hochbau und Tiefbau, nach Fahrzeugarten und bereichsspezifischen Ausrüstungsgütern differenziert werden. Die Preisbereinigung dieser disaggregierten Werte erfolgt anhand der für diese Investitionsaggregate aus der amtlichen Statistik zur Verfügung stehenden Preisindizes.

Anlagevermögen

Das Brutto-Anlagevermögen quantifiziert den Wiederbeschaffungswert, das Netto-Anlagevermögen den Zeitwert der zeitlich verschieden installierten Verkehrsanlagen und Verkehrsmittel auf einheitlicher Preisbasis.

Da das Anlagevermögen der einzelnen Verkehrsbereiche von der amtlichen Statistik bisher nicht explizit berechnet wird, ist im DIW eine Anlagevermögensrechnung entwickelt worden, mit der diese Vermögenswerte jährlich ermittelt werden können. In dieser Modellrechnung wird unter Annahme spezifischer Nutzungszeiten für die einzelnen Investitionsaggregate das Brutto-Anlagevermögen eines Jahres als gewichtete Summe der kumulierten Investitionsjahrgänge - die ihre Nutzungszeit nicht überschritten haben - errechnet. Das Netto-Anlagevermögen ergibt sich durch Abzug der linear über die Nutzungszeit berechneten Abschreibungen. Verkehrsanlagen und Verkehrsmittel, die in größerem Umfang vor dem Ablauf der vorgegebenen Nutzungszeit stillgelegt wurden (Dampflokomotiven, Straßenbahnen, Binnenschiffe), werden als Sonderabgänge berücksichtigt. Nach diesen Berechnungsverfahren können der Brutto- und der Nettowert der Verkehrsanlagen und Verkehrsmittel zu jeder gewünschten Preisbasis bestimmt werden. Der als Modernitätsgrad bezeichnete Quotient aus Netto- und Brutto-Anlagevermögen stellt eine mittelbare Messgröße für den Altersaufbau des Anlagevermögens dar. Er ist besonders für sektorale Vergleiche von Interesse, da mittels dieser Größe die Altersstruktur von Anlagenbeständen mit unterschiedlicher Nutzungsdauer normiert wird.

Nach der deutschen Vereinigung musste auch für Ostdeutschland eine Anlagevermögensrechnung für den Verkehrsbereich erstellt werden. Hierzu wurden die im Rahmen einer Strukturuntersuchung des DIW erarbeiteten Anlagevermögenswerte für die Verkehrsinfrastruktur in den neuen Bundesländern („Beiträge zur Strukturforschung", Heft 149/1994) um entsprechende Werte für das nicht in der Infrastruktur gebundene Anlagevermögen im Verkehr ergänzt, mit der Anlagevermögensrechnung für die alten Bundesländer zusammengeführt und mit gesamtdeutschen Investitionen fortgeschrieben. Bei der Erarbeitung gesamtdeutscher Anlageinvestitionen wurden einerseits die Investitionen für die neuen Bundesländer um fehlende Werte ergänzt und andererseits die vorhandenen Investitionswerte für die alten Bundesländer ab 1991 einer kritischen Überprüfung unterzogen. Aufgrund der erforderlichen Revision können die vorliegenden gesamtdeutschen Anlageinvestitionen nicht additiv aus den in vorangegangenen Ausgaben von „Verkehr in Zahlen" enthaltenen Werten für die alten und neuen Bundesländer abgeleitet werden.

Die Anlagevermögensrechnung des DIW ist außerdem die Grundlage bei der Ermittlung des Ersatzinvestitionsbedarfs für die Verkehrswege der Bundesrepublik. Die aktuellsten Untersuchungen für die Vorausschätzung des Ersatzinvestitionsbedarfs der Bundesverkehrswege werden in der DIW-Reihe „Beiträge zur Strukturforschung" Heft 109/1988 (für die kommunalen Verkehrswege) und Heft 187/2001 (für die Bundesverkehrswege) dokumentiert

Brutto-Anlageinvestitionen[1]) - Insgesamt - Mio. € zu jeweiligen Preisen

	1975	1980	1985	1990	1991	1992	1993	1994	1995
Deutsche Bundesbahn[2])	2 838	2 602	2 848	2 940	5 824	6 003	6 248	6 381	6 458
dar. Verkehrsweg	1 436	1 621	2 020	1 529	3 354	3 717	3 916	4 372	4 709
Nichtbundeseigene Eisenbahnen[3])	123	118	215	378	332	353	322	199	184
Eisenbahnen	2 960	2 720	3 063	3 318	6 156	6 355	6 570	6 580	6 642
Binnenschifffahrt[4])	61	77	92	77	72	123	118	102	82
Binnenhäfen[5])	72	51	61	128	102	82	87	97	92
Seeschifffahrt[6])	828	849	1 299	879	1 048	1 130	1 329	1 432	1 437
Seehäfen	205	332	235	358	435	476	481	419	506
Schifffahrt	1 166	1 309	1 687	1 442	1 657	1 810	2 014	2 050	2 117
Öffentl. Straßenpersonenverkehr[7])	1 253	2 030	1 795	2 014	2 516	3 799	3 395	2 930	2 955
Güterkraftverkehr[8])	741	1 242	1 263	1 646	2 781	2 705	1 774	1 651	2 183
Fluggesellschaften[9])	373	383	1 150	1 820	1 810	1 258	920	1 007	1 007
Flughäfen[10])	210	297	302	1 273	1 744	1 580	1 309	1 002	1 156
Rohrfernleitungen[11])	26	41	61	102	133	138	164	164	164
Übriger Verkehr	2 602	3 993	4 571	6 856	8 983	9 479	7 562	6 754	7 465
Straßen und Brücken[12])	6 672	8 728	7 127	7 966	10 891	12 159	10 512	10 420	10 216
Wasserstraßen[13])	409	389	460	445	537	511	608	588	619
Staatlicher Verkehrsbereich	7 081	9 116	7 588	8 411	11 427	12 670	11 121	11 008	10 834
Verkehr insgesamt	13 810	17 139	16 908	20 027	28 223	30 314	27 267	26 393	27 058
Zum Vergleich:									
Brutto-Anlageinvestitionen aller									
Wirtschaftsbereiche[12]*	108 777	171 666	185 088	265 202	363 930	395 770	389 190	409 880	413 410
Anteil des Verkehrs in vH	12,7	10,0	9,1	7,6	7,8	7,7	7,0	6,4	12,7

[1]) Ohne Grunderwerb.- [2]) Bis 1990 Deutsche Bundesbahn. 1991 bis 1993 Deutsche Bundesbahn und Deutsche Reichsbahn. Ab 1994 wurden verschiedene Bereiche aus der Deutschen Bahn AG ausgegliedert. Ab 1999 Konzern der Deutschen Bahn.- [3]) Eisenbahnen des öffentlichen Verkehrs. 1984 bis 1993 einschl. S-Bahn Berlin/West.- [4]) Binnenflotte der Bundesrepublik.- [5]) Öffentliche Binnenhäfen.- [6]) Handelsflotte der Bundesrepublik.- Weitere Anmerkungen siehe folgende Seite.

Brutto-Anlageinvestitionen[1] - Insgesamt - Mio. € zu jeweiligen Preisen

A1

	1996	1997	1998	1999	2000	2001	2002	2003	2004
Deutsche Bahn AG[2]	5 701	5 404	4 750	8 045	6 069	6 309	8 400	8 019	6 840
dar. Verkehrsweg	4 147	3 891	3 477	5 757	4 458	4 699	6 555	6 306	5 093
Nichtbundeseigene Eisenbahnen[3]	210	286	378	486	304	233	237	249	234
Eisenbahnen	5 911	5 691	5 128	8 531	6 373	6 542	8 637	8 268	7 074
Binnenschifffahrt[4]	77	82	82	82	82	82	81	82	80
Binnenhäfen[5]	92	87	112	105	112	112	105	135	110
Seeschifffahrt[6]	2 592	3 727	3 630	2 337	2 551	2 608	2 726	2 645	2 745
Seehäfen	491	562	450	409	562	506	1 020	440	430
Schifffahrt	3 252	4 458	4 274	2 932	3 308	3 308	3 932	3 302	3 365
Öffentl. Straßenpersonenverkehr[7]	3 042	2 572	2 705	2 771	2 899	3 052	2 945	3 130	2 680
Güterkraftverkehr[8]	2 132	2 715	3 385	3 830	3 886	3 927	3 850	3 960	3 750
Fluggesellschaften[9]	1 104	1 115	1 263	1 232	2 035	1 217	652	856	1 660
Flughäfen[10]	895	977	1 115	1 314	1 411	1 329	1 010	1 130	540
Rohrfernleitungen[11]	164	164	179	179	179	184	184	183	181
Übriger Verkehr	7 337	7 542	8 646	9 326	10 410	9 709	8 641	9 259	8 811
Straßen und Brücken[12]	11 126	10 916	10 850	11 146	10 954	11 397	11 610	11 660	11 990
Wasserstraßen[13]	665	654	716	744	716	731	705	690	680
Staatlicher Verkehrsbereich	11 790	11 571	11 565	11 890	11 670	12 128	12 315	12 350	12 670
Verkehr insgesamt	28 290	29 261	29 614	32 679	31 761	31 687	33 525	33 179	31 920
Zum Vergleich: Brutto-Anlageinvestitionen aller Wirtschaftsbereiche[12]	412 640	412 640	425 120	440 180	453 350	436 680	407 690	398 140	399 090
Anteil des Verkehrs in vH	6,9	7,1	7,0	7,4	7,0	7,3	8,2	8,3	8,0

Beginn der Anmerkungen siehe vorige Seite.- [7] Stadtschnellbahn- (U-Bahn), Straßenbahn-, Obus- und Kraftomnibusverkehr kommunaler und gemischtwirtschaftlicher sowie privater Unternehmen; einschl. Taxis und Mietwagen.- [8] Gewerblicher Verkehr einschl. Verkehrsnebengewerbe (Spedition, Lagerei, Verkehrsvermittlung).- [9] Unternehmen der Bundesrepublik.- [10] Einschl. Flugsicherung.- [11] Rohöl- und Mineralölproduktenleitungen.- [12] Ab 1991 ohne Verwaltung.- [13] Bis zur Seegrenze.

23

Brutto-Anlageinvestitionen[1] - Bauten - Mio. € zu jeweiligen Preisen

	1975	1980	1985	1990	1991	1992	1993	1994	1995
Eisenbahnen	1 767	1 846	2 255	1 948	3 814	4 300	4 392	4 975	5 215
Deutsche Bundesbahn[2]	1 697	1 790	2 132	1 728	3 610	4 039	4 187	4 888	5 113
Nichtbundeseigene Eisenbahnen[3]	69	56	123	220	205	261	205	87	102
Schifffahrt	240	330	245	386	440	447	470	432	519
Binnenschifffahrt[4]	10	13	10	10	13	13	10	5	5
Binnenhäfen[5]	56	38	46	92	82	66	72	79	74
Seeschifffahrt[6]	10	13	13	13	13	15	20	20	15
Seehäfen	164	266	176	271	332	353	368	327	424
Übriger Verkehr	971	1 503	1 294	2 439	3 229	3 546	2 965	2 505	2 746
Öffentl. Straßenpersonenverkehr[7]	215	1 099	859	946	1 110	1 692	1 442	1 288	1 345
Güterkraftverkehr[8]	92	143	148	189	312	317	205	189	225
Fluggesellschaften[9]	10	15	15	51	102	66	51	56	56
Flughäfen[10]	128	220	230	1 181	1 616	1 375	1 161	864	1 012
Rohrfernleitungen[11]	15	26	41	72	89	95	107	107	107
Staatlicher Verkehrsbereich	6 964	8 966	7 432	8 237	11 141	12 363	10 832	10 722	10 535
Straßen und Brücken[12]	6 575	8 595	6 994	7 813	10 635	11 882	10 262	10 170	9 970
Wasserstraßen[13]	389	371	437	424	506	481	570	552	565
Verkehr insgesamt	9 942	12 644	11 225	13 010	18 624	20 656	18 660	18 634	19 015

Anmerkungen siehe Seite 22/23.

Brutto-Anlageinvestitionen[1] - Bauten - Mio. € zu jeweiligen Preisen

	1996	1997	1998	1999	2000	2001	2002	2003	2004
Eisenbahnen	4 750	4 366	4 029	6 920	5 029	5 210	7 017	6 823	5 478
Deutsche Bahn AG[2]	4 632	4 198	3 855	6 726	4 893	5 108	6 915	6 716	5 386
Nichtbundeseigene Eisenbahnen[3]	118	169	174	194	135	102	102	107	92
Schifffahrt	466	537	473	419	455	521	491	466	440
Binnenschifffahrt[4]	5	5	5	5	5	5	6	6	5
Binnenhäfen[5]	72	72	95	87	87	87	79	105	90
Seeschifffahrt[6]	20	26	31	20	26	31	26	25	25
Seehäfen	368	435	343	307	337	399	380	330	320
Übriger Verkehr	2 500	2 439	2 625	2 889	2 965	2 723	2 478	2 723	1 950
Öffentl. Straßenpersonenverkehr[7]	1 345	1 166	1 133	1 166	1 140	1 048	975	1 095	820
Güterkraftverkehr[8]	220	266	332	373	383	389	350	360	350
Fluggesellschaften[9]	61	61	66	66	72	72	100	166	190
Flughäfen[10]	767	839	977	1 166	1 253	1 092	930	980	470
Rohrfernleitungen[11]	107	107	118	118	118	123	123	122	120
Staatlicher Verkehrsbereich	11 463	11 264	11 251	11 548	11 343	11 785	11 974	12 000	12 315
Straßen und Brücken[12]	10 860	10 671	10 607	10 880	10 699	11 126	11 330	11 380	11 700
Wasserstraßen[13]	603	593	644	667	644	660	644	620	615
Verkehr insgesamt	19 179	18 606	18 378	21 776	19 792	20 239	21 960	22 012	20 183

A1

Anmerkungen siehe Seite 22/23.

Brutto-Anlageinvestitionen[1] - Fahrzeuge - Mio. € zu jeweiligen Preisen

	1975	1980	1985	1990	1991	1992	1993	1994	1995
Eisenbahnen	1 007	665	654	1 166	1 958	1 682	1 723	1 110	895
Deutsche Bundesbahn[2]	961	614	578	1 028	1 846	1 605	1 621	1 012	828
Schienenfahrzeuge	874	532	460	977	1 754	1 534	1 549	1 002	823
Straßenfahrzeuge	87	82	118	51	92	72	72	10	5
Nichtbundeseigene Eisenbahnen[3]	46	51	77	138	112	77	102	97	66
Schienenfahrzeuge	20	8	41	61	82	51	56	61	31
Straßenfahrzeuge	26	43	36	77	31	26	46	36	36
Schifffahrt	854	879	1 350	915	1 076	1 204	1 396	1 488	1 478
Binnenschifffahrt[4]	46	56	77	61	54	105	102	92	72
Binnenhäfen[5]	-	-	-	-	-	-	-	-	-
Seeschifffahrt[6]	808	823	1 273	854	1 023	1 099	1 294	1 396	1 406
Seehäfen	-	-	-	-	-	-	-	-	-
Übriger Verkehr	1 421	2 224	3 006	3 993	5 144	5 251	4 101	3 763	4 167
Öffentl. Straßenpersonenverkehr[7]	496	890	885	1 012	1 309	1 984	1 866	1 549	1 493
Schienenfahrzeuge	123	118	153	215	297	741	527	706	685
Straßenfahrzeuge	373	772	731	798	1 012	1 242	1 340	844	808
Güterkraftverkehr[8]	588	1 012	1 033	1 345	2 301	2 199	1 457	1 360	1 820
Fluggesellschaften[9]	337	322	1 089	1 636	1 534	1 069	777	854	854
Flughäfen[10]	-	-	-	-	-	-	-	-	-
Rohrfernleitungen[11]	-	-	-	-	-	-	-	-	-
Verkehr insgesamt	3 282	3 768	5 011	6 074	8 178	8 137	7 219	6 360	6 539
Schienenfahrzeuge	1 017	657	654	1 253	2 132	2 326	2 132	1 769	1 539
Straßenfahrzeuge	1 074	1 910	1 917	2 270	3 436	3 538	2 914	2 250	2 669
Wasserfahrzeuge	854	879	1 350	915	1 076	1 204	1 396	1 488	1 478
Luftfahrzeuge	337	322	1 089	1 636	1 534	1 069	777	854	854

Anmerkungen siehe Seite 22/23.

Brutto-Anlageinvestitionen[1] – Fahrzeuge – Mio. € zu jeweiligen Preisen

A1

	1996	1997	1998	1999	2000	2001	2002	2003	2004
Eisenbahnen	711	946	706	1 176	1 069	1 061	1 215	1 040	1 191
Deutsche Bahn AG[2]	634	849	522	915	920	946	1 100	918	1 069
Schienenfahrzeuge	629	844	516	910	915	941	1 090	908	1 059
Straßenfahrzeuge	5	5	5	5	5	5	10	10	10
Nichtbundeseigene Eisenbahnen[3]	77	97	184	261	148	115	115	122	122
Schienenfahrzeuge	51	82	164	235	128	100	100	107	107
Straßenfahrzeuge	26	15	20	26	20	15	15	15	15
Schifffahrt	2 623	3 753	3 651	2 372	2 577	2 628	2 749	2 670	2 770
Binnenschifffahrt[4]	66	72	72	72	72	72	69	70	70
Binnenhäfen[5]	-	-	-	-	-	-	-	-	-
Seeschifffahrt[6]	2 556	3 681	3 579	2 301	2 505	2 556	2 680	2 600	2 700
Seehäfen	-	-	-	-	-	-	-	-	-
Übriger Verkehr	4 285	4 489	5 351	5 737	6 739	5 714	5 592	5 895	6 240
Öffentl. Straßenpersonenverkehr[7]	1 575	1 263	1 429	1 462	1 631	1 876	1 850	1 915	1 740
Schienenfahrzeuge	741	598	583	716	404	547	560	525	350
Straßenfahrzeuge	833	665	846	746	1 227	1 329	1 290	1 390	1 390
Güterkraftverkehr[8]	1 774	2 280	2 848	3 226	3 267	3 298	3 300	3 400	3 200
Fluggesellschaften[9]	936	946	1 074	1 048	1 841	539	442	580	1 300
Flughäfen[10]	-	-	-	-	-	-	-	-	-
Rohrfernleitungen[11]	-	-	-	-	-	-	-	-	-
Verkehr insgesamt	7 618	9 188	9 707	9 285	10 384	9 403	9 556	9 605	10 201
Schienenfahrzeuge	1 421	1 524	1 263	1 861	1 447	1 588	1 750	1 540	1 516
Straßenfahrzeuge	2 638	2 965	3 720	4 003	4 520	4 648	4 615	4 815	4 615
Wasserfahrzeuge	2 623	3 753	3 651	2 372	2 577	2 628	2 749	2 670	2 770
Luftfahrzeuge	936	946	1 074	1 048	1 841	539	442	580	1 300

Anmerkungen siehe Seite 22/23.

Brutto-Anlageinvestitionen[1] - Ausrüstungen - Mio. € zu jeweiligen Preisen

	1975	1980	1985	1990	1991	1992	1993	1994	1995
Eisenbahnen	187	210	153	205	383	373	455	496	532
Deutsche Bundesbahn[2]	179	199	138	184	368	358	440	481	516
Nichtbundeseigene Eisenbahnen[3]	8	10	15	20	15	15	15	15	15
Schifffahrt	72	100	92	141	141	159	148	130	120
Binnenschifffahrt[4]	5	8	5	5	5	5	5	5	5
Binnenhäfen[5]	15	13	15	36	20	15	15	18	18
Seeschifffahrt[6]	10	13	13	13	13	15	15	15	15
Seehäfen	41	66	59	87	102	123	112	92	82
Übriger Verkehr	210	266	271	424	611	683	496	486	552
Öffentl. Straßenpersonenverkehr[7]	31	41	51	56	97	123	87	92	118
Güterkraftverkehr[8]	61	87	82	112	169	189	112	102	138
Fluggesellschaften[9]	26	46	46	133	174	123	92	97	97
Flughäfen[10]	82	77	72	92	128	205	148	138	143
Rohrfernleitungen[11]	10	15	20	31	43	43	56	56	56
Staatlicher Verkehrsbereich	118	151	156	174	286	307	289	286	299
Straßen und Brücken[12]	97	133	133	153	256	276	251	251	245
Wasserstraßen[13]	20	18	23	20	31	31	38	36	54
Verkehr insgesamt	585	726	672	943	1 421	1 521	1 388	1 398	1 503

Anmerkungen siehe Seite 22/23.

Brutto-Anlageinvestitionen[1] - Ausrüstungen - Mio. € zu jeweiligen Preisen

	1996	1997	1998	1999	2000	2001	2002	2003	2004
Eisenbahnen	450	378	394	435	276	271	405	405	405
Deutsche Bahn AG[2]	435	358	373	404	256	256	385	385	385
Nichtbundeseigene Eisenbahnen[3]	15	20	20	31	20	15	20	20	20
Schifffahrt	164	169	151	141	276	159	692	166	155
Binnenschifffahrt[4]	5	5	5	5	5	5	6	6	5
Binnenhäfen[5]	20	15	18	18	26	26	26	30	20
Seeschifffahrt[6]	15	20	20	15	20	20	20	20	20
Seehäfen	123	128	107	102	225	107	640	110	110
Übriger Verkehr	552	614	670	700	706	711	571	641	621
Öffentl. Straßenpersonenverkehr[7]	123	143	143	143	128	128	120	120	120
Güterkraftverkehr[8]	138	169	205	230	235	240	200	200	200
Fluggesellschaften[9]	107	107	123	118	123	123	110	110	170
Flughäfen[10]	128	138	138	148	159	159	80	150	70
Rohrfernleitungen[11]	56	56	61	61	61	61	61	61	61
Staatlicher Verkehrsbereich	327	307	314	343	327	343	335	350	355
Straßen und Brücken[12]	266	245	243	266	256	271	274	280	290
Wasserstraßen[13]	61	61	72	77	72	72	61	70	65
Verkehr insgesamt	1 493	1 467	1 529	1 618	1 585	1 483	2 003	1 562	1 536

Anmerkungen siehe Seite 22/23.

Brutto-Anlageinvestitionen[1] - Insgesamt - Mio. € zu Preisen von 1995

	1975	1980	1985	1990	1991	1992	1993	1994	1995
Deutsche Bundesbahn[2]	4 418	3 694	3 814	3 359	6 329	6 268	6 336	5 986	6 458
dar. Verkehrsweg	2 429	2 257	2 772	1 793	3 710	3 893	3 968	3 951	4 709
Nichtbundeseigene Eisenbahnen[3]	235	184	282	433	359	370	328	201	184
Eisenbahnen	4 653	3 878	4 095	3 791	6 689	6 638	6 665	6 187	6 642
Binnenschifffahrt[4]	111	114	114	83	75	122	116	106	82
Binnenhäfen[5]	138	76	83	149	114	86	89	98	92
Seeschifffahrt[6]	1 448	1 232	1 558	927	1 074	1 103	1 301	1 443	1 437
Seehäfen	403	501	319	417	486	504	494	425	506
Schifffahrt	2 100	1 922	2 073	1 575	1 748	1 816	2 000	2 072	2 117
Öffentl. Straßenpersonenverkehr[7]	2 435	3 097	2 413	2 325	2 735	4 093	3 580	3 085	2 955
Güterkraftverkehr[8]	1 507	1 996	1 665	1 855	3 019	2 830	1 812	1 678	2 183
Fluggesellschaften[9]	939	816	1 558	2 808	2 052	1 387	997	1 096	1 007
Flughäfen[10]	408	458	405	1 521	1 967	1 678	1 350	1 019	1 156
Rohrfernleitungen[11]	47	60	78	114	142	144	166	165	164
Übriger Verkehr	5 336	6 427	6 119	8 622	9 917	10 131	7 904	7 043	7 465
Straßen und Brücken[12]	12 695	12 059	9 438	9 275	11 979	13 866	11 272	11 136	10 216
Wasserstraßen[13]	793	557	639	547	603	541	623	594	619
Staatlicher Verkehrsbereich	13 488	12 616	10 077	9 822	12 582	14 407	11 895	11 730	10 834
Verkehr insgesamt	25 577	24 842	22 364	23 811	30 936	32 992	28 464	27 031	27 058
Zum Vergleich:									
Brutto-Anlageinvestitionen aller Wirtschaftsbereiche[12]*	.	.	.	.	391 946	409 499	389 160	409 540	412 590
Anteil des Verkehrs in vH	.	.	.	.	7,9	8,1	7,3	6,6	6,6

Anmerkungen siehe Seite 22/23.

Brutto-Anlageinvestitionen[1] - Insgesamt - Mio. € zu Preisen von 1995

	1996	1997	1998	1999	2000	2001	2002	2003	2004**
Eisenbahnen	5 916	5 685	5 105	8 477	6 289	6 418	8 435	8 154	6 939
Deutsche Bahn AG[2]	5 707	5 400	4 732	8 002	5 991	6 192	8 188	7 904	6 700
dar. Verkehrsweg	4 164	3 903	3 482	5 758	4 429	4 640	6 418	6 265	5 053
Nichtbundeseigene Eisenbahnen[3]	209	285	373	475	298	226	247	250	239
Schifffahrt	3 206	4 387	4 259	2 843	3 195	3 188	3 817	3 227	3 173
Binnenschifffahrt[4]	75	80	79	79	79	79	81	126	83
Binnenhäfen[5]	93	87	112	105	111	111	103	133	108
Seeschifffahrt[6]	2 532	3 648	3 599	2 241	2 450	2 499	2 627	2 535	2 560
Seehäfen	506	573	468	419	555	500	1 006	433	422
Übriger Verkehr	7 278	7 451	8 469	9 097	10 096	9 319	8 238	8 735	8 221
Öffentl. Straßenpersonenverkehr[7]	3 030	2 550	2 659	2 711	2 820	2 951	2 819	2 969	2 506
Güterkraftverkehr[8]	2 114	2 676	3 307	3 719	3 754	3 759	3 624	3 668	3 427
Fluggesellschaften[9]	1 081	1 092	1 222	1 185	1 954	1 221	627	822	1 591
Flughäfen[10]	891	971	1 106	1 306	1 393	1 210	991	1 100	521
Rohrfernleitungen[11]	162	161	175	175	174	178	177	176	176
Staatlicher Verkehrsbereich	12 096	11 902	11 994	12 383	11 927	12 327	12 037	12 661	12 925
Straßen und Brücken[12]	11 428	11 244	11 276	11 636	11 214	11 603	11 333	11 972	12 247
Wasserstraßen[13]	668	658	718	748	713	724	704	689	678
Verkehr insgesamt	28 496	29 425	29 827	32 801	31 507	31 252	32 527	32 777	31 258
Zum Vergleich:									
Brutto-Anlageinvestitionen aller									
Wirtschaftsbereiche[12]*	409 950	412 670	424 860	443 110	454 690	438 300	411 880	401 670	401 200
Anteil des Verkehrs in vH	7,0	7,1	7,0	7,4	6,9	7,1	7,9	8,2	7,8

Anmerkungen siehe Seite 22/23.- ** Zum Teil vorläufige Werte.

A1

Brutto-Anlageinvestitionen - Verkehrsinfrastruktur[1] - Mio. €

	1975	1980	1985	1990	1991	1992	1993	1994	1995
Brutto-Anlageinvestitionen[2] - zu jeweiligen Preisen -	10 149	12 803	11 371	16 144	19 048	21 073	19 194	19 214	19 562
Verkehrswege	9 187	11 715	10 492	13 935	16 078	18 235	16 566	16 676	16 847
Eisenbahn, S-Bahn	1 477	1 648	2 127	1 703	3 513	3 973	4 101	4 451	4 786
Stadtschnellbahn, Straßenbahn[3]	603	910	716	798	1 005	1 455	1 181	1 053	1 063
Straßen und Brücken[4]	6 672	8 728	7 127	10 888	10 891	12 159	10 512	10 420	10 216
dar. Bundesfernstraßen	2 306	2 776	2 275	2 577	3 477	4 625	4 121	4 203	4 274
Wasserstraßen[5]	409	389	460	445	537	511	608	588	619
Rohrfernleitungen[6]	26	41	61	102	133	138	164	164	164
Umschlagplätze	962	1 088	879	2 209	2 971	2 838	2 628	2 539	2 715
Eisenbahnen, S-Bahn[7]	477	407	281	450	690	700	752	1 020	961
Binnenhäfen[8]	72	51	61	128	102	82	87	97	92
Seehäfen	205	332	235	358	435	476	481	419	506
Flughäfen[9]	210	297	302	1 273	1 744	1 580	1 309	1 002	1 156
Brutto-Anlageinvestitionen[2] - zu Preisen von 1995 -	18 952	17 929	15 213	15 470	21 037	23 362	20 243	19 689	19 562
Verkehrswege	17 204	16 266	14 038	12 867	17 714	20 355	17 538	17 109	16 847
Eisenbahn, S-Bahn	2 507	2 296	2 915	1 995	3 883	4 157	4 153	4 030	4 786
Stadtschnellbahn, Straßenbahn[3]	1 162	1 295	968	936	1 106	1 647	1 323	1 184	1 063
Straßen und Brücken[4]	12 695	12 059	9 438	9 275	11 979	13 866	11 272	11 136	10 216
dar. Bundesfernstraßen	4 389	3 837	3 012	3 001	3 792	4 761	4 160	4 197	4 274
Wasserstraßen[5]	793	557	639	547	603	541	623	594	619
Rohrfernleitungen[6]	47	60	78	114	142	144	166	165	164
Umschlagplätze	1 748	1 663	1 175	2 602	3 323	3 007	2 705	2 580	2 715
Eisenbahnen, S-Bahn[7]	799	629	369	516	757	739	772	1 038	961
Binnenhäfen[8]	138	76	83	149	114	86	89	98	92
Seehäfen	403	501	319	417	486	504	494	425	506
Flughäfen[9]	408	458	405	1 521	1 967	1 678	1 350	1 019	1 156

1) Die Investitionen in die Verkehrsinfrastruktur sind in den Brutto-Anlageinvestitionen der institutionell abgegrenzten einzelnen Verkehrsbereiche auf den Seiten 22 bis 31 enthalten. Die Investitionen für die Umschlagplätze beziehen sich auf die Infra- und Suprastruktur.- 2) Ohne Grunderwerb.- 3) Fahrweg einschl. zugehöriger Anlagen.- Weitere Anmerkungen siehe folgende Seite.

Brutto-Anlageinvestitionen - Verkehrsinfrastruktur[1] - Mio. €

	1996	1997	1998	1999	2000	2001	2002	2003	2004
Brutto-Anlageinvestitionen[2]									
- zu jeweiligen Preisen -	19 818	19 148	18 805	22 290	20 257	20 582	22 961	22 461	20 563
Verkehrswege	17 376	16 816	16 331	19 023	17 448	18 031	20 035	19 920	18 765
Eisenbahnen, S-Bahn	4 236	4 039	3 625	5 911	4 581	4 778	6 646	6 397	5 184
Stadtschnellbahn, Straßenbahn[3]	1 186	1 043	961	1 043	1 017	941	890	990	730
Straßen und Brücken[4]	11 126	10 916	10 850	11 146	10 954	11 397	11 610	11 660	11 990
dar. Bundesfernstraßen	3 963	4 034	4 131	4 093	3 916	4 356	4 439	4 507	5 144
Wasserstraßen[5]	665	654	716	744	716	731	705	690	680
Rohrfernleitungen[6]	164	164	179	179	179	184	184	183	181
Umschlagplätze	2 441	2 331	2 475	3 267	2 810	2 551	2 926	2 541	1 798
Eisenbahnen, S-Bahn[7]	964	706	798	1 439	723	703	791	836	718
Binnenhäfen[8]	92	87	112	105	112	112	105	135	110
Seehäfen	491	562	450	409	562	506	1 020	440	430
Flughäfen[9]	895	977	1 115	1 314	1 411	1 230	1 010	1 130	540
Brutto-Anlageinvestitionen[2]									
- zu Preisen von 1995 -	20 144	19 483	19 226	22 764	20 427	20 658	22 471	22 632	20 699
Verkehrswege	17 697	17 153	16 753	19 506	17 656	18 147	19 593	20 146	18 953
Eisenbahnen, S-Bahn	4 253	4 051	3 630	5 914	4 550	4 718	6 508	6 351	5 139
Stadtschnellbahn, Straßenbahn[3]	1 186	1 039	954	1 034	1 004	923	871	958	713
Straßen und Brücken[4]	11 428	11 244	11 276	11 636	11 214	11 603	11 333	11 972	12 247
dar. Bundesfernstraßen	4 068	4 154	4 291	4 252	4 006	4 432	4 529	4 621	5 249
Wasserstraßen[5]	668	658	718	748	713	724	704	689	678
Rohrfernleitungen[6]	162	161	175	175	174	178	177	176	176
Umschlagplätze	2 447	2 330	2 473	3 258	2 771	2 511	2 878	2 486	1 746
Eisenbahnen, S-Bahn[7]	957	699	786	1 428	711	690	778	820	695
Binnenhäfen[8]	93	87	112	105	111	111	103	133	108
Seehäfen	506	573	468	419	555	500	1 006	433	422
Flughäfen[9]	891	971	1 106	1 306	1 393	1 210	991	1 100	521

Beginn der Anmerkungen siehe vorige Seite.- 2) Ohne Grunderwerb.- 3) Fahrweg einschl. zugehöriger Anlagen.- 4) Ab 1991 ohne Verwaltung.- 5) Bis zur Seegrenze.- 6) Rohöl- und Mineralöl-produktenleitungen.- 7) Bahnhöfe einschl. sonstiger Bauten und Ausrüstungen.- 8) Öffentliche Binnenhäfen.- 9) Einschl. Flugsicherung.

Brutto- und Netto-Anlagevermögen – Verkehrsinfrastruktur[1] – Mio. € zu Preisen von 1995

	1975	1980	1985	1990	1991	1992	1993	1994	1995
Brutto-Anlagevermögen[2]	485 825	559 163	606 326	648 107	659 219	672 310	681 938	690 684	698 966
Verkehrswege	428 405	498 507	545 461	585 161	594 471	606 085	614 554	622 282	629 418
Eisenbahnen, S-Bahn	89 577	96 204	100 943	105 996	107 309	108 840	110 321	111 647	113 673
Stadtschnellbahn, Straßenbahn[3]	16 669	21 924	26 740	30 457	31 291	32 659	33 697	34 589	35 354
Straßen und Brücken[4]	287 246	342 732	378 614	408 158	415 138	423 738	429 478	434 814	438 968
dar. Bundesfernstraßen[5]	103 932	124 294	136 869	147 451	149 909	153 260	155 936	158 571	161 207
Wasserstraßen[5]	29 546	32 460	34 358	36 174	36 432	36 622	36 887	37 115	37 362
Rohrfernleitungen[6]	5 368	5 188	4 806	4 377	4 301	4 226	4 172	4 116	4 061
Umschlagplätze	57 420	60 656	60 865	62 946	64 748	66 225	67 384	68 402	69 548
Eisenbahnen, S-Bahn[7]	29 394	30 244	29 493	28 227	28 228	28 206	28 214	28 486	28 681
Binnenhäfen[8]	7 082	7 054	6 919	6 850	6 841	6 804	6 769	6 744	6 712
Seehäfen	12 500	14 219	15 554	16 255	16 481	16 720	16 943	17 092	17 331
Flughäfen[9]	8 443	9 138	8 899	11 614	13 198	14 495	15 458	16 081	16 824
Netto-Anlagevermögen[2]	364 083	410 331	428 894	444 472	450 896	459 560	464 998	469 816	474 396
Verkehrswege	326 859	372 807	393 064	407 650	412 493	419 936	424 513	428 628	432 406
Eisenbahnen, S-Bahn	56 020	58 762	60 191	63 594	64 777	66 278	67 817	69 271	71 471
Stadtschnellbahn, Straßenbahn[3]	13 952	18 874	23 185	26 235	26 912	28 112	28 956	29 637	30 173
Straßen und Brücken[4]	233 850	270 958	285 151	292 791	295 748	300 522	302 644	304 583	305 560
dar. Bundesfernstraßen[5]	88 324	102 722	107 770	110 077	110 914	112 691	113 840	115 006	116 231
Wasserstraßen[5]	19 660	21 476	22 275	23 050	23 109	23 103	23 175	23 214	23 275
Rohrfernleitungen[6]	3 378	2 736	2 262	1 980	1 947	1 920	1 920	1 923	1 927
Umschlagplätze	37 224	37 524	35 830	36 822	38 403	39 625	40 486	41 188	41 989
Eisenbahnen, S-Bahn[7]	17 557	17 378	15 875	14 385	14 388	14 379	14 409	14 707	14 925
Binnenhäfen[8]	4 485	4 268	4 018	3 910	3 901	3 867	3 837	3 818	3 795
Seehäfen	8 986	9 952	10 531	10 615	10 740	10 884	11 017	11 082	11 243
Flughäfen[9]	6 196	5 926	5 406	7 912	9 374	10 495	11 223	11 580	12 027

1) Das Anlagevermögen für die Verkehrsinfrastruktur ist im Anlagevermögen der institutionell abgegrenzten einzelnen Verkehrsbereiche auf den Seiten 38 bis 41 enthalten. Die Vermögenswerte für die Umschlagplätze beziehen sich auf die Infra- und Suprastruktur.– 2) Jahresendbestand. Ohne Grundbesitz.– 3) Fahrweg einschl. zugehöriger Anlagen. Weitere Anmerkungen siehe folgende Seite.

Brutto- und Netto-Anlagevermögen - Verkehrsinfrastruktur[1] - Mio. € zu Preisen von 1995

	1996	1997	1998	1999	2000	2001	2002	2003	2004
Brutto-Anlagevermögen[2]	707 235	714 435	720 972	730 745	738 070	745 481	755 104	764 723	772 259
Verkehrswege	636 861	643 370	649 112	657 349	663 628	670 319	678 924	687 948	695 669
Eisenbahnen, S-Bahn	114 890	115 771	116 113	118 719	120 073	121 725	125 467	129 463	132 302
Stadtschnellbahn, Straßenbahn[3]	36 235	36 963	37 598	38 307	38 977	39 558	40 077	40 674	41 015
Straßen und Brücken[9]	444 076	448 752	453 219	457 820	461 788	465 947	470 013	474 183	478 474
dar. Bundesfernstraßen	163 561	165 924	168 352	170 678	172 680	175 039	177 465	179 886	182 874
Wasserstraßen[4]	37 651	37 924	38 251	38 599	38 909	39 223	39 511	39 778	40 028
Rohrfernleitungen[5]	4 009	3 960	3 930	3 904	3 880	3 866	3 855	3 850	3 850
Umschlagplätze	70 374	71 065	71 860	73 396	74 442	75 162	76 180	76 775	76 590
Eisenbahnen, S-Bahn[6]	28 873	28 808	28 832	29 500	29 452	29 384	29 404	29 468	29 404
Binnenhäfen[7]	6 682	6 646	6 637	6 622	6 614	6 606	6 592	6 608	6 602
Seehäfen	17 540	17 824	18 000	18 121	18 419	18 640	19 341	19 470	19 586
Flughäfen[8]	17 280	17 787	18 391	19 153	19 957	20 531	20 844	21 228	20 998
Netto-Anlagevermögen[2]	479 236	483 168	486 541	493 307	497 629	502 105	508 743	515 235	519 612
Verkehrswege	436 808	440 460	443 441	449 061	452 720	456 840	462 787	468 972	473 778
Eisenbahnen, S-Bahn	72 959	74 154	74 838	77 778	79 323	81 047	84 659	88 232	90 482
Stadtschnellbahn, Straßenbahn[3]	30 813	31 283	31 623	32 017	32 353	32 582	32 734	32 954	32 891
Straßen und Brücken[9]	307 723	309 613	311 401	313 495	315 120	317 125	319 172	321 448	323 965
dar. Bundesfernstraßen	117 234	118 290	119 401	120 505	121 287	122 456	123 729	125 027	126 921
Wasserstraßen[4]	23 381	23 471	23 617	23 785	23 913	24 047	24 154	24 243	24 316
Rohrfernleitungen[5]	1 932	1 939	1 962	1 986	2 010	2 040	2 068	2 095	2 123
Umschlagplätze	42 428	42 708	43 100	44 246	44 909	45 265	45 956	46 263	45 834
Eisenbahnen, S-Bahn[6]	15 132	15 078	15 114	15 793	15 749	15 690	15 722	15 812	15 791
Binnenhäfen[7]	3 773	3 747	3 748	3 743	3 745	3 746	3 740	3 765	3 765
Seehäfen	11 380	11 596	11 705	11 763	12 000	12 153	12 784	12 817	12 836
Flughäfen[8]	12 142	12 287	12 533	12 948	13 415	13 676	13 710	13 869	13 442

Beginn der Anmerkungen siehe vorige Seite.- [4] Ab 1991 ohne Verwaltung.- [5] Bis zur Seegrenze.- [5] Rohöl- und Mineralölproduktenleitungen über 40 km Länge.- [6] Bahnhöfe einschl. sonstiger Bauten und Ausrüstungen.- [7] Öffentliche Binnenhäfen.- [8] Einschl. Flugsicherung.

A1

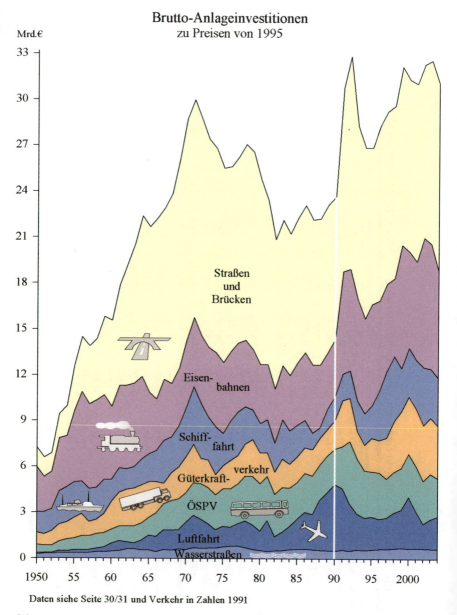

Brutto-Anlageinvestitionen
zu Preisen von 1995

Mrd.€

33

30

27

24

21

18

15

12

9

6

3

0

Straßen
und
Brücken

Eisen-
bahnen

Schiff-
fahrt

verkehr

Güterkraft-

ÖSPV

Luftfahrt

Wasserstraßen

1950   55   60   65   70   75   80   85   90   95   2000

Daten siehe Seite 30/31 und Verkehr in Zahlen 1991

Altersstruktur des Brutto-Anlagevermögens 2004 - zu Preisen von 1995

A1

	Brutto-Anlage-vermögen[1] in Mio. € insg.	Investitionsjahrgänge in Mio. €				in vH			
		bis 1974	1975-1984	1985-1994	1995-2004	bis 1974	1975-1984	1985-1994	1995-2004
Deutsche Bahn[2]	184 375	45 996	27 895	46 390	64 096	24,9	15,1	25,2	34,8
Nichtbundeseigene Eisenbahnen[3]	7 796	1 561	923	2 597	2 714	20,0	11,8	33,3	34,8
Eisenbahnen	192 172	47 557	28 818	48 986	66 810	24,7	15,0	25,5	34,8
dar. Verkehrswege	132 303	33 601	18 300	31 598	48 804	25,4	13,8	23,9	36,9
Umschlagplätze	29 405	10 920	4 495	5 533	8 457	37,1	15,3	18,8	28,8
Binnenschifffahrt[4]	4 287	1 757	778	999	753	41,0	18,1	23,3	17,6
Binnenhäfen[5]	6 602	3 855	741	954	1 052	58,4	11,2	14,5	15,9
Seeschifffahrt[6]	28 142	412	283	3 410	24 036	1,5	1,0	12,1	85,4
Seehäfen	19 586	6 434	3 757	3 965	5 430	32,9	19,2	20,2	27,7
Schifffahrt	58 616	12 458	5 559	9 328	31 271	21,3	9,5	15,9	53,3
Öffentl. Straßenpersonenverkehr[7]	70 903	14 070	13 630	17 006	26 197	19,8	19,2	24,0	36,9
dar. Verkehrswege	41 015	10 859	10 287	10 237	9 632	26,5	25,1	25,0	23,5
Güterkraftverkehr[8]	40 413	4 741	2 650	4 741	28 281	11,7	6,6	11,7	70,0
Fluggesellschaften[9]	12 455	182	223	1 843	10 207	1,5	1,8	14,8	82,0
Flughäfen[10]	20 998	2 129	1 147	7 646	10 076	10,1	5,5	36,4	48,0
Rohrfernleitungen[11]	3 850	537	485	1 127	1 701	13,9	12,6	29,3	44,2
Übriger Verkehr	148 620	21 659	18 136	32 363	76 462	14,6	12,2	21,8	51,4
Straßen und Brücken[12]	478 474	157 766	101 056	105 223	114 429	33,0	21,1	22,0	23,9
dar. Bundesfernstraßen	182 874	66 558	36 986	35 450	43 880	36,4	20,2	19,4	24,0
Wasserstraßen[13]	40 028	19 825	6 959	6 346	6 898	49,5	17,4	15,9	17,2
Staatlicher Verkehrsbereich	518 502	177 592	108 016	111 568	121 327	34,3	20,8	21,5	23,4
Verkehr insgesamt	917 909	259 266	160 528	202 246	295 869	28,2	17,5	22,0	32,2

1) Jahresendbestand. Ohne Grundbesitz.- Übrige Anmerkungen siehe Seite 38/39.

Brutto-Anlagevermögen[1] - Insgesamt - Mio. € zu Preisen von 1995

	1975	1980	1985	1990	1991	1992	1993	1994	1995
Deutsche Bundesbahn[2]	160 716	166 880	167 210	167 025	168 171	169 216	170 308	171 048	172 239
dar. Verkehrsweg	87 362	93 892	98 516	102 957	104 155	105 481	106 837	108 145	110 157
Nichtbundeseigene Eisenbahnen[3]	4 596	5 017	5 232	6 194	6 389	6 592	6 752	6 782	6 794
Eisenbahnen	165 312	171 896	172 442	173 219	174 560	175 808	177 060	177 830	179 033
Binnenschifffahrt[4]	7 951	7 611	7 194	6 586	6 373	6 208	6 083	5 946	5 781
Binnenhäfen[5]	7 082	7 054	6 919	6 850	6 841	6 804	6 769	6 744	6 712
Seeschifffahrt[6]	24 660	26 107	23 960	17 470	16 679	16 010	15 623	15 471	15 391
Seehäfen	12 500	14 219	15 554	16 255	16 481	16 720	16 943	17 092	17 331
Schifffahrt	52 193	54 990	53 628	47 162	46 374	45 741	45 419	45 252	45 216
Öffentl. Straßenpersonenverkehr[7]	35 843	46 251	54 274	57 685	58 253	60 206	61 690	62 721	63 647
Güterkraftverkehr[8]	27 392	28 934	28 663	27 692	28 631	29 445	29 308	29 089	29 388
Fluggesellschaften[9]	7 508	9 288	10 787	16 972	17 838	17 956	17 595	17 234	16 679
Flughäfen[10]	8 443	9 138	8 899	11 614	13 198	14 495	15 458	16 081	16 824
Rohrfernleitungen[11]	5 368	5 188	4 806	4 377	4 301	4 226	4 172	4 116	4 061
Übriger Verkehr	84 554	98 799	107 428	118 340	122 222	126 328	128 223	129 241	130 599
Straßen und Brücken[12]	287 246	342 732	378 614	408 158	415 138	423 738	429 478	434 814	438 968
Wasserstraßen[13]	29 546	32 460	34 358	36 174	36 432	36 622	36 887	37 115	37 362
Staatlicher Verkehrsbereich	316 792	375 192	412 972	444 332	451 570	460 361	466 365	471 930	476 329
Verkehr insgesamt	618 851	700 878	746 470	783 052	794 726	808 238	817 066	824 253	831 177
Zum Vergleich:									
Brutto-Anlagevermögen aller Wirtschaftsbereiche[12]*	.	.	.	.	8 136 470	8 404 430	8 637 810	8 877 970	9 103 640
Anteil des Verkehrs in vH	.	.	.	.	9,8	9,6	9,5	9,3	9,1

[1] Jahresendbestand. Ohne Grunderwerb.- [2] Bis 1990 Deutsche Bundesbahn. 1991 bis 1993 Deutsche Bundesbahn und Deutsche Reichsbahn. Ab 1994 wurden verschiedene Bereiche aus der Deutschen Bahn AG ausgegliedert. Ab 1999 Konzern der Deutschen Bahn.- [3] Eisenbahnen des öffentlichen Verkehrs. 1985 bis 1993 einschl. S-Bahn Berlin/West.- [4] Binnenflotte der Bundesrepublik.- [5] Öffentliche Binnenhäfen.- [6] Handelsflotte der Bundesrepublik. Einschl. Schiffe unter fremder Flagge (Bareboot - verchartert) gem. § 7 FLRG.- Weitere Anmerkungen siehe folgende Seite.

Brutto-Anlagevermögen[1] - Insgesamt - Mio. € zu Preisen von 1995

	1996	1997	1998	1999	2000	2001	2002	2003	2004
Deutsche Bahn AG[2]	172 436	172 239	171 312	173 699	174 256	175 204	178 504	181 990	184 375
dar. Verkehrsweg	111 347	112 142	112 401	114 916	116 214	117 854	121 572	125 550	128 372
Nichtbundeseigene Eisenbahnen[3]	6 828	6 936	7 130	7 425	7 542	7 589	7 659	7 726	7 796
Eisenbahnen	179 265	179 175	178 443	181 124	181 798	182 793	186 163	189 716	192 172
Binnenschifffahrt[4]	5 608	5 440	5 270	5 103	4 938	4 776	4 621	4 470	4 287
Binnenhäfen[5]	6 682	6 646	6 637	6 622	6 614	6 606	6 592	6 608	6 602
Seeschifffahrt[6]	16 510	18 806	21 107	22 101	23 285	24 513	25 837	27 023	28 142
Seehäfen	17 553	17 824	18 000	18 121	18 419	18 640	19 341	19 470	19 586
Schifffahrt	46 353	48 717	51 014	51 946	53 256	54 536	56 390	57 571	58 616
Öffentl. Straßenpersonenverkehr[7]	64 665	65 219	65 903	66 648	67 509	68 503	69 365	70 363	70 903
Güterkraftverkehr[8]	29 604	30 357	31 713	33 431	35 122	36 734	38 121	39 446	40 413
Fluggesellschaften[9]	16 099	15 459	14 878	14 239	14 400	13 896	12 893	12 224	12 456
Flughäfen[10]	17 280	17 787	18 391	19 153	19 957	20 531	20 844	21 228	20 998
Rohrfernleitungen[11]	4 009	3 960	3 930	3 904	3 880	3 866	3 855	3 850	3 850
Übriger Verkehr	131 656	132 782	134 816	137 375	140 868	143 530	145 079	147 112	148 620
Straßen und Brücken[12]	444 076	448 752	453 219	457 820	461 788	465 947	470 013	474 183	478 474
Wasserstraßen[13]	37 651	37 924	38 251	38 599	38 909	39 223	39 511	39 778	40 028
Staatlicher Verkehrsbereich	481 727	486 676	491 470	496 419	500 697	505 170	509 524	513 961	518 502
Verkehr insgesamt	839 000	847 350	855 743	866 865	876 619	886 030	897 156	908 360	917 910
Zum Vergleich:									
Brutto-Anlagevermögen aller Wirtschaftsbereiche[12]*	9 322 660	9 540 420	9 762 820	9 992 950	10 230 310	10 441 760	10 607 060	10 768 610	10 935 440
Anteil des Verkehrs in vH	9,0	8,9	8,8	8,7	8,6	8,5	8,5	8,4	8,4

Beginn der Anmerkungen siehe vorige Seite.- [7] Stadtschnellbahn (U-Bahn)-, Straßenbahn-, Obus-, und Kraftomnibusverkehr kommunaler und gemischtwirtschaftlicher sowie privater Unternehmen; einschl. Taxis und Mietwagen. Ab 1990 einschl. die ausgegliederten Kraftomnibusverkehrs der Deutschen Bahn.- [8] Gewerblicher Verkehr einschl. Verkehrsnebengewerbe (Spedition, Lagerei, Verkehrsvermittlung).- [9] Unternehmen der Bundesrepublik.- [10] Einschl. Flugsicherung.- [11] Rohöl- und Mineralölproduktenleitungen.- [12] Ab 1991 ohne Verwaltung.- [13] Bis zur Seegrenze.- * Nach neuer Abgrenzung ESVG 1995.

Netto-Anlagevermögen[1] - Insgesamt - Mio. € zu Preisen von 1995

	1975	1980	1985	1990	1991	1992	1993	1994	1995
Eisenbahnen	100 906	101 063	97 655	97 846	99 415	101 046	102 818	104 200	106 040
Deutsche Bundesbahn[2]	97 987	97 905	94 442	93 780	95 193	96 662	98 312	99 703	101 570
dar. Verkehrsweg	54 584	57 312	58 699	61 531	62 610	63 919	65 349	66 800	69 002
Nichtbundeseigene Eisenbahnen[3]	2 919	3 158	3 213	4 066	4 221	4 384	4 506	4 497	4 470
Schifffahrt	33 331	32 213	30 516	25 659	25 361	25 206	25 315	25 530	25 812
Binnenschifffahrt[4]	5 042	4 266	3 635	3 051	2 894	2 794	2 715	2 635	2 537
Binnenhäfen[5]	4 485	4 268	4 018	3 910	3 901	3 867	3 837	3 818	3 795
Seeschifffahrt[6]	14 818	13 726	12 332	8 083	7 826	7 661	7 746	7 995	8 237
Seehäfen	8 986	9 952	10 531	10 615	10 740	10 884	11 017	11 082	11 243
Übriger Verkehr	55 892	65 749	69 878	78 094	81 283	84 506	85 335	85 332	85 829
Öffentl. Straßenpersonenverkehr[7]	25 787	34 210	39 479	41 550	42 020	43 874	45 164	45 915	46 543
Güterkraftverkehr[8]	15 951	17 375	16 341	15 538	16 580	17 343	17 013	16 583	16 702
Fluggesellschaften[9]	4 580	5 502	6 391	11 113	11 362	10 874	10 014	9 330	8 630
Flughäfen[10]	6 196	5 926	5 406	7 912	9 374	10 495	11 223	11 580	12 027
Rohrfernleitungen[11]	3 378	2 736	2 262	1 980	1 947	1 920	1 920	1 923	1 927
Staatlicher Verkehrsbereich	253 510	292 434	307 427	315 841	318 857	323 625	325 819	327 797	328 835
Straßen und Brücken[12]	233 850	270 958	285 151	292 791	295 748	300 522	302 644	304 583	305 560
Wasserstraßen[13]	19 660	21 476	22 275	23 050	23 109	23 103	23 175	23 214	23 275
Verkehr insgesamt	443 639	491 459	505 476	517 439	524 915	534 382	539 287	542 859	546 516

Anmerkungen siehe Seite 38/39.

Netto-Anlagevermögen[1] - Insgesamt - Mio. € zu Preisen von 1995

	1996	1997	1998	1999	2000	2001	2002	2003	2004
Eisenbahnen	106 993	107 647	107 680	111 110	112 371	113 815	117 425	120 905	123 104
Deutsche Bahn AG[2]	102 527	103 109	102 979	106 143	107 316	108 745	112 323	115 787	117 978
dar. Verkehrsweg	70 481	71 611	72 232	75 103	76 616	78 352	81 966	85 550	87 816
Nichtbundeseigene Eisenbahnen[3]	4 466	4 538	4 701	4 967	5 055	5 070	5 103	5 118	5 126
Schifffahrt	27 188	29 599	31 665	32 117	32 853	33 456	34 565	34 918	35 135
Binnenschifffahrt[4]	2 437	2 347	2 261	2 181	2 106	2 036	1 974	1 916	1 826
Binnenhäfen[5]	3 773	3 747	3 748	3 743	3 745	3 746	3 740	3 765	3 765
Seeschifffahrt[6]	9 585	11 910	13 951	14 431	15 002	15 521	16 067	16 420	16 708
Seehäfen	11 393	11 596	11 705	11 763	12 000	12 153	12 784	12 817	12 836
Übriger Verkehr	86 158	86 674	88 178	90 190	93 034	94 800	95 289	96 228	96 509
Öffentl. Straßenpersonenverkehr[7]	47 261	47 496	47 844	48 238	48 733	49 298	49 659	50 106	50 019
Güterkraftverkehr[8]	16 730	17 306	18 431	19 821	21 056	22 116	22 882	23 550	23 845
Fluggesellschaften[9]	8 092	7 645	7 408	7 197	7 819	7 669	6 971	6 608	7 080
Flughäfen[10]	12 142	12 287	12 533	12 948	13 415	13 676	13 710	13 869	13 442
Rohrfernleitungen[11]	1 932	1 939	1 962	1 986	2 010	2 040	2 068	2 095	2 123
Staatlicher Verkehrsbereich	331 104	333 084	335 018	337 280	339 033	341 172	343 326	345 691	348 281
Straßen und Brücken[12]	307 723	309 613	311 401	313 495	315 120	317 125	319 172	321 448	323 965
Wasserstraßen[13]	23 381	23 471	23 617	23 785	23 913	24 047	24 154	24 243	24 316
Verkehr insgesamt	551 443	557 004	562 541	570 697	577 290	583 242	590 606	597 741	603 029

Anmerkungen siehe Seite 38/39.

A1

41

Modernitätsgrad – Netto-Anlagevermögen[1] in vH des Brutto-Anlagevermögens[1]

	1975	1980	1985	1990	1991	1992	1993	1994	1995
Deutsche Bundesbahn[2]	61	59	56	56	57	57	58	58	59
dar. Verkehrsweg	62	61	60	60	60	61	61	62	63
Nichtbundeseigene Eisenbahnen[3]	64	63	61	66	66	67	67	66	66
Eisenbahnen	61	59	57	56	57	57	58	59	59
Binnenschifffahrt[4]	63	56	51	46	45	45	45	44	44
Binnenhäfen[5]	63	61	58	57	57	57	57	57	57
Seeschiffahrt[6]	60	53	51	46	47	48	50	52	54
Seehäfen	72	70	68	65	65	65	65	65	65
Schiffahrt	64	59	57	54	55	55	56	56	57
Öffentl. Straßenpersonenverkehr[7]	72	74	73	72	72	73	73	73	73
Güterkraftverkehr[8]	58	60	57	56	58	59	58	57	57
Fluggesellschaften[9]	61	59	59	65	64	61	57	54	52
Flughäfen[10]	73	65	61	68	71	72	73	72	71
Rohrfernleitungen[11]	63	53	47	45	45	45	46	47	47
Übriger Verkehr	66	67	65	66	67	67	67	66	66
Straßen und Brücken[12]	81	79	75	72	71	71	70	70	70
Wasserstraßen[13]	67	66	65	64	63	63	63	63	62
Staatlicher Verkehrsbereich	80	78	74	71	71	70	70	69	69
Verkehr insgesamt	72	70	68	66	66	66	66	66	66

Anmerkungen siehe Seite 38/39.

Modernitätsgrad - Netto-Anlagevermögen[1] in vH des Brutto-Anlagevermögens[1]

	1996	1997	1998	1999	2000	2001	2002	2003	2004
Deutsche Bahn AG[2]	59	60	60	61	62	62	63	64	64
dar. Verkehrswege	63	64	64	65	66	66	67	68	68
Nichtbundeseigene Eisenbahnen[3]	65	65	66	67	68	68	67	66	66
Eisenbahnen	60	60	60	61	62	62	63	64	64
Binnenschifffahrt[4]	43	43	43	43	43	43	43	43	43
Binnenhäfen[5]	56	56	56	57	57	57	57	57	57
Seeschifffahrt[6]	58	63	66	65	64	63	62	61	59
Seehäfen	65	65	65	65	65	65	66	66	66
Schifffahrt	59	61	62	62	62	61	61	61	60
Öffentl. Straßenpersonenverkehr[7]	73	73	73	72	72	72	72	71	71
Güterkraftverkehr[8]	57	57	58	59	60	60	60	60	59
Fluggesellschaften[9]	50	49	50	51	54	55	54	54	57
Flughäfen[10]	70	69	68	68	67	67	66	65	64
Rohrfernleitungen[11]	48	49	50	51	52	53	54	54	55
Übriger Verkehr	65	65	65	66	66	66	66	65	65
Straßen und Brücken[12]	69	69	69	68	68	68	68	68	68
Wasserstraßen[13]	62	62	62	62	61	61	61	61	61
Staatlicher Verkehrsbereich	69	68	68	68	68	68	67	67	67
Verkehr insgesamt	66	66	66	66	66	66	66	66	66

Anmerkungen siehe Seite 38/39.

Erwerbstätige[1] - in 1 000

	1970	1975	1980	1985	1990	1991	1992	1993	1994	1995
Landverkehr	840	892	880	840	930	.	1 092	1 022	1 012	985
Deutsche Bahn[2]	401	421	343	297	249	451	422	365	376	350
Nichtbundeseigene Eisenbahnen[3]	13	12	11	12	14	15	15	14	14	14
Eisenbahnen	414	433	354	309	263	466	437	379	390	364
Öffentl. Straßenpersonenverkehr[4]	146	162	175	178	204	257	256	250	240	237
Güterkraftverkehr[5]	279	296	350	352	462	.	398	392	382	383
Rohrleitungen	1	1	1	1	1	1	1	1	1	1
Schifffahrt	66	47	40	34	25	.	30	28	25	24
Binnenschifffahrt[6]	18	15	12	11	9	.	11	10	9	9
Seeschifffahrt[7]	48	32	28	23	16	21	19	18	16	15
Luftverkehr[8]	23	28	35	38	53	.	61	56	55	46
Übriger Verkehr[9]	47	50	53	53	60	.	522	551	510	516
Flughäfen	8	11	14	15	22	25	26	26	26	27
Verkehr insgesamt	976	1 017	1 008	965	1 068	1 709	1 675	1 629	1 577	1 547
Zum Vergleich:										
Erwerbstätige aller Wirtschaftsbereiche[10]	26 560	26 020	26 980	26 489	28 479	38 621	38 059	37 555	37 516	37 601
Anteil des Verkehrs in vH	3,7	3,9	3,7	3,6	3,8	4,4	4,4	4,3	4,2	4,1

[1] Jahresdurchschnitt.- [2] Einschl. Nachwuchskräfte. Bis 1990 Deutsche Bundesbahn. 1991 bis 1993 Deutsche Bundesbahn und Deutsche Reichsbahn. Ab 1994 Konzern der Deutschen Bahn (ab 2002 ohne Schenker).- [3] Eisenbahnen des öffentlichen Verkehrs, ab 1985 einschl. S-Bahn Berlin/West.- [4] Stadtschnellbahn (U-Bahn)-, Straßenbahn-, Obus- und Kraftomnibusverkehr kommunaler und gemischtwirtschaftlicher sowie privater Unternehmen, einschl. Taxis und Mietwagen.- Weitere Anmerkungen siehe folgende Seite.

Erwerbstätige[1] - in 1 000

	1996	1997	1998	1999	2000	2001	2002	2003*	2004*
Landverkehr	857	855	836|	1 020	1 013	1 040	1 015	948	935
Deutsche Bahn[2]	312	293	274	258	242	228	221	223	.
Nichtbundeseigene Eisenbahnen[3]	14	13	13	14	15	15	15	14	.
Eisenbahnen	326	306	287	272	257	243	236	237	.
Öffentl. Straßenpersonenverkehr[4]	184	165	163	162	161	161	161	161	.
Güterkraftverkehr[5]	346	383	385|	585	594	636	617	550	.
Rohrleitungen	1	1	1	1	1	1	1	1	1
Schifffahrt	23	23	23	19	21	20	19	18	19
Binnenschifffahrt[6]	9	8	8	8	8	8	8	8	8
Seeschifffahrt[7]	14	15	14	12	12	12	11	11	11
Luftverkehr[8]	47	47	47	49	53	53	52	55	56
Übriger Verkehr[9]	591	556	612|	468	512	494	511	574	590
Flughäfen	28	27	28	28	29	33	32	.	.
Verkehr insgesamt	1 518	1 481	1 518	1 556	1 599	1 607	1 597	1 596	1 600
Zum Vergleich:									
Erwerbstätige aller Wirtschaftsbereiche[10]	37 498	37 463	37 911	38 424	39 144	39 316	39 096	38 722	38 860
Anteil des Verkehrs in vH	4,0	4,0	4,0	4,0	4,1	4,1	4,1	4,1	4,1

Beginn der Anmerkungen siehe vorige Seite.- [5] Gewerblicher Verkehr. Bis 1990 einschl. Verkehrsnebengewerbe; 1992 bis 1998 Erwerbstätige in Unternehmen mit Lastkraftfahrzeugen über 6 t zulässigem Gesamtgewicht oder mehr als 3,5 t Nutzlast; ab 1999 mit mehr als 3,5 t zulässigem Gesamtgewicht.- [6] Binnenflotte der Bundesrepublik.- [7] Handelsflotte der Bundesrepublik.- [8] Unternehmen der Bundesrepublik.- [9] Einschl. Binnen- und Seehäfen, sowie Hilfs- und Nebentätigkeiten für den Verkehr; ab 1991 einschl. Verkehrsnebengewerbe (Spedition, Lagerei, Verkehrsvermittlung).- [10] Erwerbstätige im Inland.- * Zum Teil vorläufige Werte.

Einnahmen[1] – in Mio. €

	1975	1980	1985	1990	1991	1992	1993	1994	1995
Landverkehr[6]	21 556	33 479	37 007	47 182	.	59 870	58 430	60 760	60 100
Deutsche Bundesbahn[2]	8 672	11 208	11 990	11 739	17 865	17 500	16 700	18 560	18 950
Nichtbundeseigene Eisenbahnen[3]	312	414	496	527	560	540	550	580	600
Eisenbahnen	8 983	11 622	12 486	12 266	18 424	18 040	17 250	19 140	19 550
Öffentl. Straßenpersonenverkehr[4]	3 421	5 292	6 355	8 288	9 986	10 790	11 100	11 390	11 920
Güterkraftverkehr[5]	8 958	16 259	17 839	26 326	.	30 680	29 710	29 830	28 220
Rohrleitungen	194	307	327	302	.	360	370	400	410
Schifffahrt	4 709	5 742	6 366	5 384	5 716	5 640	6 070	6 460	6 630
Binnenschifffahrt[7]	1 196	1 508	1 636	1 386	1 570	1 490	1 460	1 420	1 390
Seeschifffahrt[8]	3 513	4 233	4 729	3 998	4 147	4 150	4 610	5 040	5 240
Luftverkehr[9]	2 234	4 193	6 984	9 183	10 497	11 400	12 050	13 670	13 670
Übriger Verkehr[10]	7 813	11 719	16 295	21 934	.	36 830	38 260	40 220	43 280
Flughäfen	522	818	1 217	2 004	.	2 140	2 560	3 090	3 380
Verkehr insgesamt	36 312	55 133	66 652	83 683	.	113 740	114 810	121 110	123 680

1) Einschl. Beförderung- und Umsatz- bzw. Mehrwertsteuer.- 2) Bis 1990 Deutsche Bundesbahn. 1991 bis 1993 Deutsche Bundesbahn und Deutsche Reichsbahn. Ab 1994 Konzern der Deutschen Bahn; Außenumsatz; unterschiedliche Konzernstruktur.- 3) Eisenbahnen des öffentlichen Verkehrs.- 4) Stadtschnellbahn (U-Bahn)-, Staßenbahn-, Obus- und Kraftomnibusverkehr kommunaler und gemischtwirtschaftlicher sowie privater Unternehmen, einschl. Taxis und Mietwagen.- Weitere Anmerkungen siehe folgende Seite.

Einnahmen[1] - in Mio. €

	1996	1997	1998	1999	2000	2001*	2002*	2003*	2004*
Deutsche Bahn[2]	19 700	19 790	22 990	23 730	27 850	27 060	28 150	·	·
Nichtbundeseigene Eisenbahnen[3]	620	630	630	640	670	680	700	·	·
Eisenbahnen	20 320	20 420	23 620	24 370	28 520	27 740	28 850	30 030	·
Öffentl. Straßenpersonenverkehr[4]	12 120	12 550	12 750	13 070	13 510	14 180	14 610	14 850	·
Güterkraftverkehr[5]	24 070	25 310	25 620	41 130	44 210	44 000	40 000	38 500	·
Rohrleitungen	430	800	790	780	790	700	650	780	820
Landverkehr	56 940	59 080	62 780	79 350	87 030	86 620	84 110	84 160	84 670
Binnenschifffahrt[6]	1 480	1 480	1 400	1 430	1 450	1 690	1 670	1 610	1 650
Seeschifffahrt[7]	5 660	6 360	6 220	6 650	9 010	10 060	9 380	9 820	12 280
Schifffahrt	7 140	7 840	7 620	8 080	10 460	11 750	11 050	11 430	13 930
Luftverkehr[8]	14 330	15 500	16 280	17 130	20 210	18 770	19 320	21 050	23 400
Flughäfen	3 710	4 860	5 700	6 380	7 300	7 500	7 700	·	·
Übriger Verkehr[9]	47 780	50 790	60 170	51 020	52 490	55 360	54 020	56 360	58 000
Verkehr insgesamt	126 190	133 210	144 000	155 580	170 190	172 500	168 500	173 000	180 000

Beginn der Anmerkungen siehe vorige Seite.- [5] Gewerblicher Verkehr; Frachteinnahmen einschl. sonstiger Betriebserträge. Bis 1990 einschl. Verkehrsnebengewerbe; 1992 bis 1998 Erwerbstätige in Unternehmen mit Lastkraftfahrzeugen über 6 t zulässigem Gesamtgewicht oder mehr als 3,5 t Nutzlast; ab 1999 mit mehr als 3,5 t zulässigem Gesamtgewicht.- [6] Binnenflotte der Bundesrepublik.- [7] Handelsflotte der Bundesrepublik.- [8] Unternehmen der Bundesrepublik.- [9] Einschl. Binnen- und Seehäfen, sowie Hilfs- und Nebentätigkeiten für den Verkehr; ab 1991 einschl. Verkehrsnebengewerbe (Spedition, Lagerei, Verkehrsvermittlung).- * Zum Teil vorläufige Werte.

Einnahmen im Verkehrsbereich

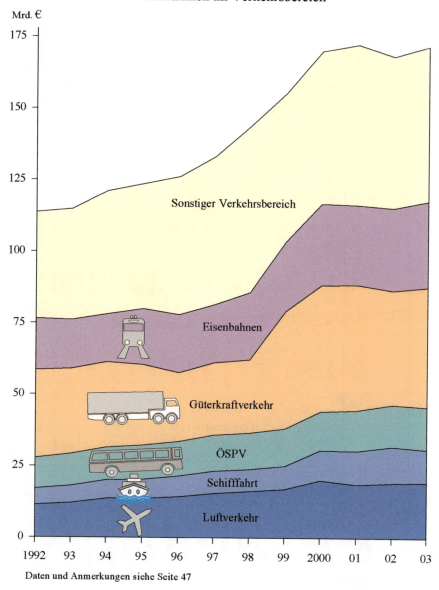

Mrd. €

175

150

125

100

75

50

25

0

Sonstiger Verkehrsbereich

Eisenbahnen

Güterkraftverkehr

ÖSPV

Schifffahrt

Luftverkehr

1992 93 94 95 96 97 98 99 2000 01 02 03

Daten und Anmerkungen siehe Seite 47

Erwerbstätige im Verkehrsbereich

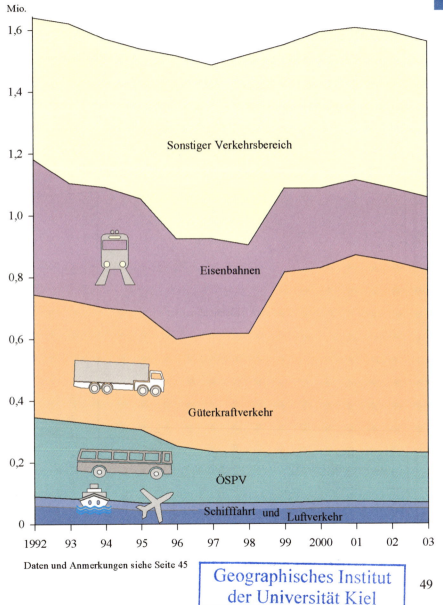

Mio.

Sonstiger Verkehrsbereich

Eisenbahnen

Güterkraftverkehr

ÖSPV

Schifffahrt und Luftverkehr

1992 93 94 95 96 97 98 99 2000 01 02 03

Daten und Anmerkungen siehe Seite 45

Bruttowertschöpfung der Verkehrsbereiche – Mrd. € zu jeweiligen Preisen**

	1991	1992	1993	1994	1995	1996	1997
Landverkehr	30,47	30,70	29,47	29,30	29,94	28,28	28,64
Eisenbahnen[1]	10,26	.	.	.	9,45	9,40	8,38
Öffentl. Straßenpersonenverkehr[2]	6,45	.	.	.	7,85	7,46	7,16
Straßengüterverkehr[3]	13,50	.	.	.	12,38	11,15	12,59
Rohrfernleitungen	0,26	.	.	.	0,26	0,27	0,51
Schifffahrt	2,38	2,24	2,31	2,40	2,35	2,59	2,91
Binnenschifffahrt[4]	0,53	.	.	.	0,58	0,63	0,64
Seeschifffahrt[5]	1,85	.	.	.	1,77	1,96	2,27
Luftfahrt[6]	4,38	4,57	4,79	4,87	4,80	5,30	6,10
Hilfs- und Nebentätigkeiten für den Verkehr[7]	11,03	12,26	14,09	15,70	16,97	17,91	19,22
Verkehr insgesamt	48,26	49,77	50,66	52,27	54,06	54,08	56,87
Zum Vergleich:							
Bruttowertschöpfung aller Wirtschaftsbereiche – bereinigt	1 392,68	1 493,13	1 533,23	1 604,23	1 671,71	1 679,89	1 734,86
Anteil des Verkehrs in vH	3,5	3,3	3,3	3,3	3,2	3,2	3,3
Bruttoinlandsprodukt	1 534,60	1 646,62	1 694,37	1 780,78	1 848,45	1 876,18	1 915,58

[1] Eisenbahnen des öffentlichen Verkehrs.– [2] Stadtschnellbahn (U-Bahn)-, Straßenbahn-, Obus- und Kraftomnibusverkehr kommunaler und gemischtwirtschaftlicher sowie privater Unternehmen, einschl. Taxis und Mietwagen.– [3] Gewerblicher Verkehr.– [4] Binnenflotte der Bundesrepublik.– Weitere Anmerkungen siehe folgende Seite.

Bruttowertschöpfung der Verkehrsbereiche - Mrd. € zu jeweiligen Preisen**

	1998	1999	2000	2001	2002	2003*	2004*
Landverkehr	28,90	27,97	28,88	30,86	30,26	29,29	.
Eisenbahnen[1]	7,90	.	.	.	.	.	.
Öffentl. Straßenpersonenverkehr	6,78						
Straßengüterverkehr[3]	13,71						
Rohrfernleitungen	0,51						
Schifffahrt	3,02	3,28	4,39	5,17	4,35	4,43	.
Binnenschifffahrt[4]	0,60	.	.	.	.	.	
Seeschifffahrt[5]	2,42	.	.	.	.	.	
Luftfahrt[6]	6,24	6,31	6,76	5,60	5,18	5,50	.
Hilfs- und Nebentätigkeiten für den Verkehr[7]	20,51	23,68	25,72	27,11	29,25	29,07	.
Verkehr insgesamt	58,67	61,24	65,75	68,74	69,04	68,29	71,35
Zum Vergleich:							
Bruttowertschöpfung aller Wirtschaftsbereiche - bereinigt	1 778,06	1 810,27	1 856,20	1 904,49	1 935,03	1 949,04	2 003,18
Anteil des Verkehrs in vH	3,3	3,4	3,5	3,6	3,6	3,5	3,6
Bruttoinlandsprodukt	1 965,38	2 012,00	2 062,50	2 113,16	2 145,02	2 163,40	2 215,65

Beginn der Anmerkungen siehe vorige Seite.- [5] Handelsflotte der Bundesrepublik.- [6] Unternehmen der Bundesrepublik.- [7] Einschl. Binnen-, See- und Flughäfen, Spedition, Lagerei, Verkehrsvermittlung sowie Hilfs- und Nebentätigkeiten für den Verkehr.- * Vorläufige Werte.- ** Revidierte Werte auf Basis des Revision der Volkswirtschaftlichen Gesamtrechnung durch das Statistische Bundesamt.

Bruttowertschöpfung der Verkehrsbereiche - Kettenindex 2000 = 100**

	1991	1992	1993	1994	1995	1996	1997
Landverkehr							
Eisenbahnen[1]	96,81	91,41	89,80	93,30	106,17	109,33	103,14
Öffentl. Straßenpersonenverkehr[2]	.	.	.	.	.	.	.
Straßengüterverkehr[3]	.	.	.	.	.	.	.
Rohrfernleitungen	.	.	.	.	.	.	.
Schifffahrt							
Binnenschifffahrt[4]	45,34	46,29	52,28	55,68	55,22	65,79	74,17
Seeschifffahrt[5]	.	.	.	.	.	.	.
Luftfahrt[6]	51,60	61,26	75,47	77,68	72,10	78,71	83,76
Hilfs- und Nebentätigkeiten für den Verkehr[7]	59,05	61,03	64,71	70,41	69,87	72,50	79,70
Verkehr insgesamt	73,55	73,65	75,87	79,29	84,45	87,53	89,41
Zum Vergleich:							
Bruttowertschöpfung aller Wirtschaftsbereiche - bereinigt	84,82	86,70	85,83	87,87	89,81	91,00	92,73
Bruttoinlandsprodukt	85,36	87,26	86,56	88,86	90,54	91,44	93,09

[1] Eisenbahnen des öffentlichen Verkehrs.- [2] Stadtschnellbahn (U-Bahn)-, Straßenbahn-, Obus- und Kraftomnibusverkehr kommunaler und gemischtwirtschaftlicher sowie privater Unternehmen, einschl. Taxis und Mietwagen.- [3] Gewerblicher Verkehr.- [4] Binnenflotte der Bundesrepublik.- Weitere Anmerkungen siehe folgende Seite.

Bruttowertschöpfung der Verkehrsbereiche - Kettenindex 2000 = 100**

	1998	1999	2000	2001	2002	2003*	2004*
Landverkehr[1]	102,42	101,82	100	97,30	90,87	82,91	.
Eisenbahnen[1]							
Öffentl. Straßenpersonenverkehr[2]							
Straßengüterverkehr[3]							
Rohrfernleitungen							
Schifffahrt	82,33	102,50	100	126,88	157,80	137,49	.
Binnenschifffahrt[4]							
Seeschifffahrt[5]							
Luftfahrt[6]	82,94	85,73	100	77,07	67,99	81,25	.
Hilfs- und Nebentätigkeiten für den Verkehr[7]	85,01	95,29	100	105,87	111,49	108,63	.
Verkehr insgesamt	91,90	97,36	100	101,11	101,57	103,49	.
Bruttowertschöpfung aller Wirtschaftsbereiche - bereinigt	94,65	96,45	100	101,48	101,81	101,74	103,87
Bruttoinlandsprodukt	94,98	96,89	100	101,24	101,30	101,11	102,76

Beginn der Anmerkungen siehe vorige Seite.- [5] Handelsflotte der Bundesrepublik.- [6] Unternehmen der Bundesrepublik.- [7] Einschl. Binnen-, See- und Flughäfen, Spedition, Lagerei, Verkehrsvermittlung sowie Hilfs- und Nebentätigkeiten für den Verkehr.- * Vorläufige Werte.- ** Nach der Revision der Volkswirtschaftlichen Gesamtrechnung werden vom Statistischen Bundesamt keine Werte zu konstanten Preisen mehr ausgewiesen.

Verkehr in institutioneller Gliederung
nach Verkehrsbereichen

Öffentlicher Straßenpersonenverkehr, Taxis und Mietwagen
Streckenlänge, Fahrzeugbestand, Kapazitäten

Verkehrsverbünde für den öffentlichen Personennahverkehr

Güterkraftverkehr und Verkehrsnebengewerbe
Fahrzeugbestand, Kapazitäten, Verkehrsleistungen,

Fluggesellschaften der Bundesrepublik
Luftfahrzeugbestand, Verkehrsleistungen,

Flughäfen

Rohrfernleitungen
Streckenlänge, Verkehrsleistungen, Erwerbstätige,

Deutsche Bundesbahn[1] - Streckenlänge, Fahrzeugbestand, Kapazitäten

	Einheit	1975	1980	1985	1990	1991	1992	1993	1994	1995
Streckenlänge[2]										
Schienenverkehr[3]	1 000 km	28,8	28,5	27,6	26,9	41,1	40,8	40,4	41,3	41,7
dar. Hauptstrecken	1 000 km	18,4	18,4	18,1	18,2	26,0	26,1	26,0	26,5	27,0
mehrgleisige Strecken	1 000 km	12,2	12,2	12,2	12,3	16,9	16,9	17,0	17,2	17,6
elektrifizierte Strecken	1 000 km	10,0	11,2	11,4	11,7	16,2	16,5	16,4	17,0	17,4
mit S-Bahnbetrieb	1 000 km	.	1,0	1,2	1,3	1,8	1,9	1,9	.	.
mit Personenverkehr	1 000 km	0,5	0,6	0,6	0,7	1,1	1,2	1,0	1,0	0,9
mit Güterverkehr	1 000 km	4,6	5,3	6,3	6,1	7,5	7,2	6,7	7,5	6,9
mit Personen- und Güterverkehr	1 000 km	23,7	22,6	20,7	20,1	32,5	32,4	32,6	32,9	33,9
Kraftomnibusverkehr[4]	1 000 km	110,0	89,1	118,3	-	-	-	-	-	-
Fahrzeugbestand										
Schienenverkehr[3]										
Lokomotiven[5]	Anzahl	5 982	5 807	5 552	4 367	8 060	8 074	7 573	7 067	6 612
Dampf-	Anzahl	256	-	-	-	170	196	101	74	66
Diesel-	Anzahl	3 097	3 095	2 940	1 834	4 005	3 972	3 741	3 397	2 984
Elektro-	Anzahl	2 629	2 712	2 612	2 533	3 885	3 906	3 731	3 596	3 562
Kleinloks (Diesel und Akku)[5]	Anzahl	1 666	1 287	1 050	1 587	3 438	3 424	3 183	2 915	2 373
Triebwagen[5)6)]	Anzahl	2 212	2 404	2 177	2 170	3 004	3 121	3 252	2 751	2 836
Triebwagenanhänger[5)7)]	Anzahl	1 656	1 222	695	568	1 812	1 975	2 112	1 538	1 512
Personenwagen[5)8)]	Anzahl	17 726	14 731	13 531	11 717	19 168	17 226	16 069	15 333	14 565
Sitzplatzkapazität	1 000	1 212	1 044	977	850	1 376	1 314	1 150	1 099	1 008
Gepäckwagen[5]	Anzahl	1 698	1 281	1 000	832	1 305	1 121	938	455	373
Güterwagen[5)9)]	1 000	287,4	282,1	254,5	203,6	314,4	277,1	232,8	195,9	175,1
Ladekapazität[10]	Mio. t	8,7	9,0	8,8	7,2	2,7	10,2	8,8	7,6	7,0
Private Güterwagen[11]	1 000	47,8	50,1	50,2	52,1	63,6	66,2	81,7	83,2	77,5
Ladekapazität[10]	Mio. t	1,8	2,1	2,2	2,4	11,2	3,1	3,2	-	-
Kraftomnibusverkehr[4]										
Kraftomnibusse	Anzahl	6 405	6 646	10 885	-	-	-	-	-	-
Platzkapazität	1 000	574	596	1 000	-	-	-	-	-	-
Wagenkilometer	Mio.	293	279	478	-	-	-	-	-	-

Fußnoten siehe folgende Seite.

Deutsche Bahn AG[1] - Streckenlänge, Fahrzeugbestand, Kapazitäten

		1996	1997	1998	1999	2000	2001	2002	2003	2004
Streckenlänge[2]										
Schienenverkehr[3]	1 000 km	40,8	38,4	38,1	37,5	36,6	36,0	35,8	35,6	34,7
dar. Hauptstrecken	1 000 km	27,0	26,5	26,7	.					
mehrgleisige Strecken	1 000 km	17,6	17,3	17,4						
elektrifizierte Strecken	1 000 km	17,8	18,0	18,2	18,9	19,1	19,1	19,3	19,4	19,3
mit S-Bahnbetrieb	1 000 km									
mit Personenverkehr	1 000 km	1,8	1,7	1,7						
mit Güterverkehr	1 000 km	7,1	5,6	5,2						
mit Personen- und Güterverkehr	1 000 km	31,8	31,1	31,1						
Fahrzeugbestand[3]										
Lokomotiven[5]	Anzahl	6 430	6 397	6 087	5 867	5 774	5 329	5 590	5 362	5 029
Dampf-	Anzahl	31	22	16	16	12	21	19	19	19
Diesel-	Anzahl	2 864	2 796	2 466	2 308	2 248	2 006	1 919	1 693	1 630
Elektro-	Anzahl	3 535	3 579	3 605	3 543	3 514	3 302	3 652	3 650	3 380
Kleinloks (Diesel und Akku)[5]	Anzahl	2 244	2 024	1 621	1 408	1 262	829	810	605	536
Triebwagen[3,6,12]	Anzahl	2 828	3 101	1 968	1 975	.				
Triebwagenanhänger[5,7]	Anzahl									
Personenwagen[5,8]	Anzahl	17 497	17 633	14 157	13 810	12 975	12 748	11 948	10 820	9 893
Sitzplatzkapazität[5]	1 000	.	1 318	1 291	1 446	1 463	1 463	1 510	1 444	1 513
Gepäckwagen[5]	Anzahl	.	261	295,0						
Güterwagen[5,9]	1 000	163,8	147,2	141,8	134,1	136,7	136,7	116,6	111,6	105,1
Ladekapazität[10]	Mio. t	6,7	6,3	6,0	5,2	5,8	5,7	5,5	4,9	4,9
Private Güterwagen[11]	1 000	71,2	65,8	61,1	58,8	60,6	60,3	58,6	57,7	57,1

1) Bis 1993 ohne S-Bahn Berlin, 1991 bis 1993 Deutsche Bundesbahn und Deutsche Reichsbahn, einschl. S-Bahn Berlin (Ost). Ab 1994 Deutsche Bahn AG.- 2) Betriebslänge.- 3) Stand 31.12.- 4) Stand 30.9. (Streckenlänge = Linienlänge). Bis 1989 einschl. eigene handelsrechtliche Gesellschaften.- 5) Eigentumsbestand.- 6) Einschl. ICE-Triebköpfe (2003: 164) und ICE-Triebwagen (2003: 321).- 7) Zur Personenbeförderung.- 8) Einschl. Sonder-, Speise-, Gesellschafts- und Schlafwagen (1998: 340). Ab 1998 Reisezugwagen.- 9) Einschl. angemieteter Wagen (1998: 4 594).- 10) Ladegrenze "C". Ohne Schmalspurwagen.- 11) Bei der Bahn eingestellte Güterwagen.- 12) Ab 1998 ohne Triebfahrzeuge der S-Bahn Berlin.

Deutsche Bundesbahn[1] - Betriebsleistungen, Energieverbrauch

		1975	1980	1985	1990	1991	1992	1993	1994	1995
Triebfahrzeugkilometer[2]	Mio.	808	867	822	821	1 191	1 219	1 237	1 190	1 191
nach Fahrzeugarten										
Dampflokomotiven	Mio.	12	-	-	-	2	1	1	1	1
Diesellokomotiven	Mio.	197	193	175	132	288	248	242	225	202
Elektrische Lokomotiven	Mio.	375	421	434	442	564	563	555	546	549
Kleinlokomotiven	Mio.	21	15	12	24	25	45	40	36	31
Elektrische Triebwagen[3]	Mio.	111	171	155	168	247	292	320	289	296
Akkumulatortriebwagen	Mio.	19	16	10	2	2	2	2	1	1
Dieseltriebwagen	Mio.	29	30	27	47	48	53	63	79	99
Schienenomnibusse	Mio.	43	22	9	7	15	15	13	11	11
nach Antriebsarten										
Dampfbetrieb	vH	1	-	-	-	0	0	0	0	0
Dieselbetrieb	vH	36	30	27	26	32	30	29	30	29
Elektrischer Betrieb	vH	63	70	73	74	68	70	71	70	71
Zahl der Züge an einem Stichtag										
Reisezüge	Anzahl	21 915	21 645	20 583	21 827	32 699	32 739	31 989	.	27 819
Schnellzüge[4]	Anzahl	587	585	967	986	1 681	1 510	1 368	.	´
Eilzüge	Anzahl	2 813	3 538	3 888	4 550	5 441	5 169	5 577	.	.
Nahverkehrszüge	Anzahl	15 573	13 320	11 092	11 444	18 576	19 137	18 920	.	.
S-Bahnzüge	Anzahl	2 598	3 950	4 311	4 644	6 684	6 750	5 973	.	.
sonstige Züge	Anzahl	344	252	325	203	317	173	151	.	.
Güterzüge	Anzahl	11 305	11 242	9 978	8 084	9 475	8 085	9 103	7 253	6 970
Güterwagenumlaufzeit	Tage	5,5	5,9	6,2	6,3	.	.	.	8	7
Bruttotonnenkilometer[5]	Mrd.	236	267	261	260	356	340	320,0	327,6	327,2
im Dampfbetrieb	vH	2,7	-	-	-	0,0	0,0	0,0	0,0	0,0
im Dieselbetrieb	vH	18,9	16,3	14,1	12,8	19,7	18,9	18,0	16,8	15,9
im elektrischen Betrieb	vH	78,4	83,7	85,9	87,2	80,3	81,1	81,9	83,2	84,1
Energieverbrauch[6]	Petajoule	51,8	47,3	43,9	42,5	65,4	65,0	68,8	60,8	60,1

1) Ohne S-Bahn Berlin/West. 1991 bis 1993 Deutsche Bundesbahn und Deutsche Reichsbahn, einschl. S-Bahn Berlin/Ost. Ab 1994 Deutsche Bahn AG.- 2) Streckenleistungen einschl. Vorspann- und Schiebe- sowie Rangierdienst.- 3) Mit Stromzuführung.- 4) ICE, IC-, IR-, D- und E-Züge.- 5) Ohne Dienstzüge.- 6) End-Energieverbrauch der Schienentriebfahrzeuge (1 Mio. t SKE = 29,308 Petajoule).

Deutsche Bahn AG - Betriebsleistungen, Energieverbrauch

		1996	1997	1998	1999	2000	2001	2002	2003	2004
Triebfahrzeugkilometer[1]	Mio.	1 065	1 104	.	.	.	.	.	.	.
nach Fahrzeugarten										
Dampflokomotiven	Mio.	1	0	0	0	0	0	0	0	0
Diesellokomotiven	Mio.	172	153	148	.	.	.	.	.	.
Elektrische Lokomotiven	Mio.	529	490	527	.	.	.	.	.	.
Kleinlokomotiven	Mio.	7	4	4	.	.	.	.	.	.
Elektrische Triebwagen[2]	Mio.	244	336	.	.	.	.	.	.	.
Akkumulatortriebwagen	Mio.	1	0	0	.	.	.	.	.	.
Dieseltriebwagen	Mio.	102	97	91	.	.	.	.	.	.
Schienenomnibusse	Mio.	11	10	10	.	.	.	.	.	.
nach Antriebsarten										
Dampfbetrieb	vH	0	0	0	0	0	0	0	0	0
Dieselbetrieb	vH	27	24	.	.	.	.	.	.	.
Elektrischer Betrieb	vH	73	75	.	.	.	.	.	.	.
Zahl der Züge an einem Stichtag										
Reisezüge	Anzahl	28 000	31 500	29 904	30 477	30 552	30 493	29 443	30 191	28 970
Fernverkehrszüge	Anzahl	1 000	1 000	1 370	1 441	1 557	1 376	1 322	1 302	1 302
Nahverkehrszüge[3]	Anzahl	27 000	30 500	28 534	29 036	28 995	29 117	28 121	28 889	27 668
Güterzüge	Anzahl	7 000	7 300	7 000	6 500	6 219	6 318	5 507	5 505	5 021
Güterwagenumlaufzeit	Tage	8	7	.	.	.	.	.	.	.
Bruttotonnenkilometer[4]	Mrd.	314,4	320,5	334,0	.	.	.	.	.	.
im Dampfbetrieb	vH	0,0	0,0	.	.	.	.	.	.	.
im Dieselbetrieb	vH	16,5	16,2	.	.	.	.	.	.	.
im elektrischen Betrieb	vH	83,5	83,8	.	.	.	.	.	.	.
Energieverbrauch[5]	Petajoule	61,8	61,8	61,6	.	.	.	.	.	.

[1] Streckenleistungen einschl. Vorspann- und Schiebe- sowie Rangierdienst.- [2] Mit Stromzuführung.- [3] DB Regio.- [4] Ohne Dienstzüge.- [5] End-Energieverbrauch der Schienentriebfahrzeuge (1 Mio. t SKE = 29,308 Petajoule). Nur Verbrauch für Zugförderung und -heizung.

Deutsche Bundesbahn[1] - Personenverkehr, Gepäckverkehr, Autoreisezugverkehr

		1975	1980	1985	1990	1991	1992	1993	1994	1995
Personenverkehr[2]										
Beförderte Personen	Mio.	1 612	1 673	1 793	1 072	1 399	1 427	1 423	1 434	1 543
Schienenverkehr	Mio.	1 017	1 107	1 048	1 043	1 387	1 416	1 419	1 430	1 539
dar. Berufs- und Schülerverkehr[3]	Mio.	566	593	529	493	599	628	684	693	.
Fernverkehr[2,4]	Mio.	133	152	140	114	137	130	133	139	149
Nahverkehr[2]	Mio.	884	955	908	929	1 249	1 286	1 287	1 291	1 390
dar. S-Bahnverkehr[5]	Mio.	345	545	611	678	901	958	1 012	814	.
Kraftomnibusverkehr[6]	Mio.	589	560	736	18	-	-	-	-	-
Schiffsverkehr	Mio.	7	6	9	11	12	11	4	3	4
Personenkilometer	Mio. Pkm	46 562	47 690	51 729	44 215	56 419	56 711	62 874	64 624	70 455
Schienenverkehr	Mio. Pkm	38 586	40 499	42 707	43 560	55 936	56 239	62 741	64 539	70 334
dar. Berufs- und Schülerverkehr[2]	Mio. Pkm	9 923	9 452	8 997	8 880	11 088	11 921	13 714	14 728	.
Fernverkehr[2,4]	Mio. Pkm	23 079	26 373	27 733	27 405	33 689	32 587	33 470	34 845	36 277
Nahverkehr[2]	Mio. Pkm	15 507	14 126	14 974	16 155	22 247	23 652	29 271	29 694	34 057
dar. S-Bahnverkehr[5]	Mio. Pkm	4 393	6 735	8 910	9 936	13 725	14 653	15 268	11 817	.
Kraftomnibusverkehr[6]	Mio. Pkm	7 751	6 941	8 669	220	-	-	-	-	-
Schiffsverkehr	Mio. Pkm	226	250	353	435	474	472	133	85	121
Gepäckverkehr[7]										
Beförderte Tonnen	1 000 t	113	111	89	72	80	71	68	73	27
Tariftonnenkilometer	Mio. tkm	47	44	35	28	.	.	21	23	3
Autoreisezugverkehr[8]										
Beförderte Personenkraftwagen	1 000	171	160	122	162	172	162	175	139	132
Beförderte Tonnen	1 000 t	210	198	153	202	211	199	214	180	160
Tariftonnenkilometer	Mio. tkm	127	130	101	125	.	.	.	110	94

1) Ab 1991 Deutsche Bundesbahn und Deutsche Reichsbahn, einschl. S-Bahn Berlin/Ost. Ohne Doppelzählungen im Wechselverkehr. Ab 1994 Deutsche Bahn AG.- 2) Ab 1993 Werte aus dem Reisendenerfassungssystem (RES) der DB. Zuordnung nach Zuggattungen.- Weitere Anmerkungen siehe folgende Seite.

Deutsche Bahn AG[1] - Güterverkehr, Kfz-Übersetzverkehr

	1996	1997	1998	1999	2000	2001	2002	2003	2004
Güterverkehr[2]	.	.	.	.	.	.	.	.	.

Deutsche Bahn AG[1] - Personenverkehr, Gepäckverkehr, Autoreisezugverkehr

		1996	1997	1998	1999	2000	2001	2002	2003	2004*
Personenverkehr[2]										
Beförderte Personen	Mio.	1 597	1 643	1 813	1 834	1 887	1 877	1 832	1 877	.
Schienenverkehr	Mio.	1 596	1 641	1 813	1 834	1 887	1 877	1 832	1 877	.
dar. Berufs- und Schülerverkehr[3]	Mio.	.	.	655	.	.	.	.	.	.
Fernverkehr[2][4]	Mio.	151	152	149	147	145	136	128	117	115
Nahverkehr[2]	Mio.	1 445	1 489	1 664	1 688	1 742	1 740	1 703	1 760	.
Schiffsverkehr	Mio.	1	2	.	.	.	.	.	.	.
Personenkilometer	Mio. Pkm	71 052	71 657	71 853	72 846	74 388	74 459	69 848	69 534	70 260
Schienenverkehr	Mio. Pkm	71 028	71 630	71 853	72 846	74 388	74 459	69 848	69 534	70 260
dar. Berufs- und Schülerverkehr[2]	Mio. Pkm	.	.	13 644	.	.	.	.	.	.
Fernverkehr[3][4]	Mio. Pkm	35 620	35 155	34 562	34 897	36 226	35 342	33 173	31 619	32 330
Nahverkehr[4]	Mio. Pkm	35 408	36 475	37 291	37 949	38 162	39 117	36 675	37 915	37 930
Schiffsverkehr	Mio. Pkm	24	27	.	.	.	.	.	.	.
Gepäckverkehr[7]										
Beförderte Tonnen	1 000 t	21	4	4	.	.	.	.	.	.
Tariftonnenkilometer	Mio. tkm	4	1	1	.	.	.	.	.	.
Autoreisezugverkehr[8]										
Beförderte Personenkraftwagen	1 000	.	187	340	.	.	.	.	.	.
Beförderte Tonnen	1 000 t	.	236	429	.	.	.	.	.	.
Tariftonnenkilometer	Mio. tkm	.	19	50	.	.	.	.	.	.

Beginn der Anmerkungen siehe vorige Seite.- [3] Zu ermäßigten Tarifen.- [4] Bis 1992 Verkehr im Regeltarif über 50 km Reiseweite und zu Sondertarifen des Militärverkehrs. Ab 1998 einschl. Schiffsverkehr.- [5] Einschl. Verkehr in Verkehrsverbünden.- [6] 1976 wurde ein Teil des Kraftomnibusverkehrs auf neugegründete Regionalgesellschaften übertragen und 1982 bis 1985 der Kraftomnibusverkehr der Deutschen Bundespost auf die DB übertragen. 1989/1990 wurde der Kraftomnibusverkehr in handelsrechtliche Gesellschaften übertragen.- [7] Auf Gepäckkarte, Gepäckschein und auf Fahrradkarten.- [8] Ohne Niebüll-Westerland (1998 = 425 Tsd. Kfz).- * Zum Teil vorläufige Werte.

Deutsche Bundesbahn[1] - Güterverkehr, Kfz-Übersetzverkehr

		1975	1980	1985	1990	1991	1992	1993	1994	1995
Güterverkehr[2]										
Beförderte Tonnen	Mio. t	313,1	347,9	325,7	299,5	404,5	364,1	313,9	321,9	315,4

Deutsche Bundesbahn[1] - Kombinierter Ladungsverkehr, Gleisanschlussverkehr

		1975	1980	1985	1990	1991	1992	1993	1994	1995
Kombinierter Ladungsverkehr[2]										
Beförderte Tonnen	1 000	.	.	1 887	26 012	27 814	27 335	26 796	31 928	30 007
Tonnenkilometer	Mio. tkm	.	.	11 098	12 136	.	11 772	12 390	14 491	13 489
Anzahl der Ladeeinheiten	1 000	.	1 079	1 412	2 087	.	2 450	2 376	2 840	2 848
Privatgleisanschlussverkehr										
Gleisanschlüsse	Anzahl	.	.	10 586	9 668	.	13 629	13 026	11 913	11 111
Beförderte Güterwagen	1 000	.	.	7 040	5 722	.	.	4 449	4 693	4 562
Beförderte Güter	Mio. t	.	.	244,7	215,3	.	.	182,2	193,2	189,6
2-seitig[3]	Mio. t	.	.	149,1	121,1	.	.	95,2	94,4	92,0
1-seitig[4]	Mio. t	.	.	95,6	94,2	.	.	87,0	98,8	97,6
Tariftonnenkilometer (Güter)	Mrd. tkm	.	.	46,2	39,8	.	.	34,2	36,4	36,2

[1] Ab 1991 Deutsche Bundesbahn und Deutsche Reichsbahn. Ohne Doppelzählungen im Wechselverkehr. Ab 1994 Deutsche Bahn AG.-
[2] Huckepack- und Großcontainerverkehr (Container mit mehr als 2 m³ Inhalt bzw. ab 6 m Länge (20 Fuß und darüber).- [3] 2-seitig = Gleisanschluß im Versand und Empfang.- [4] 1-seitig = Gleisanschluß im Versand oder Empfang.- Daten in vergleichbarer Abgrenzung liegen für den kombinierten Ladungsverkehr erst ab 1998, für den Gleisanschlußverkehr ab 1980 vor.

Deutsche Bahn AG - Kombinierter Ladungsverkehr, Gleisanschlussverkehr

		1996	1997	1998	1999	2000	2001	2002	2003	2004
Kombinierter Ladungsverkehr[1]										
Beförderte Tonnen	1 000	30 783	33 918	34 190	33 102	34 320	34 664	33 429	.	.
Tonnenkilometer	Mio. tkm	13 190	14 400	15 101	.	.	.	.	.	.
Anzahl der Ladeeinheiten	1 000	2 841	3 028	3 063	.	.	.	.	.	.
Privatgleisanschlussverkehr										
Gleisanschlüsse	Anzahl	9 264	7 524	7 024	6 252	5 724	4 997	4 336	4 020	4 004
Beförderte Güterwagen	1 000	.	.	.	.	.	.	.	.	.
Beförderte Güter	Mio. t	.	.	.	.	.	.	.	.	.
2-seitig[2]	Mio. t	.	.	.	.	.	.	.	.	.
1-seitig[3]	Mio. t	.	.	.	.	.	.	.	.	.
Tariftonnenkilometer (Güter)	Mrd. tkm	.	.	.	.	.	.	.	.	.

[1] Huckepack- und Großcontainerverkehr (Container mit mehr als 2 m³ Inhalt bzw. ab 6 m Länge (20 Fuß und darüber).- [2] 2-seitig = Gleisanschluß im Versand und Empfang.- [3] 1-seitig = Gleisanschluß im Versand oder Empfang.-

Deutsche Bahn[1)]

Erwerbstätige, Einnahmen

Jahr	Erwerbs-tätige[2)]	Ein-nahmen[3)]	darunter Personenverkehr[4)] insgesamt	Schienen-verkehr[4)]	darunter Ausgleichs-zahlungen des Bundes[5)]	Kraft-omnibus-verkehr[5)]	Güter-verkehr[6)]
	in 1 000			in Mio. €			
1965	465	4670	1467	1327	61	140	2780
1970	401	6 410	2 024	1 830	440	194	3 720
1975	421	8 670	3 478	3 165	1 273	313	4 210
1980	343	11 210	4 353	3 979	1 556	374	5 530
1985	297	11 990	5 156	4 461	1 665	695	5 560
1990	249	11 740	5 132	5 110	1 875	22	4 940
1991	451	17 860	7 130	7 130	3 128	-	6 590
1992	422	17 500	7 566	7 566	3 269	-	5 690
1993	365	16 700	8 127	8 127	3 653	-	4 910
1994	376	18 560	9 840	9 840	.	-	4 940
1995	350	18 950	10 300	10 300	.	-	4 600
1996	312	19 700	10 730	10 730	.	-	4 250
1997	293	19 790	11 100	11 100	.	-	4 360
1998	274	22 990	13 070	13 070	.	-	4 620
1999	258	23 730	13 520	13 520	.	-	4 840
2000	242	27 850	12 650	12 650	.	-	5 390
2001	228	27 060	12 820	12 820	.	-	5 170
2002	221	28 150	12 900	12 900	.	-	4 970
2003	223	.	.	.	.	-	.
2004	.	.	.	.	.	-	.

[1)] Bis 1990 Deutsche Bundesbahn, ohne S-Bahn Berlin. 1991 - 1993 Deutsche Bundesbahn und Deutsche Reichsbahn, einschl. S-Bahn Berlin (Ost). Ab 1994 Konzern der Deutschen Bahn (ohne Schenker). Die Konzernstruktur unterlag div. Veränderungen; ab 2000 ohne die verkaufte Deutsche Reisebüro GmbH (DER).- [2)] Jahresdurchschschnitt, einschl. Nachwuchskräft.- [3)] Betriebserträge / Bereichsumsatz (einschl. Mehrwertsteuer) und Ausgleichszahlungen des Bundes für Belastungen im Schienenpersonennah- und -fernverkehr, für die Erstattung von Fahrgeldausfällen nach dem Schwerbehindertengesetz, für Fahrgeldausfälle und Saldenausgleich im DB/DR-Verkehr (bis 1990) für die Aufrechterhaltung von Strecken, für den kombinierten Verkehr und den Betrieb und die Unterhaltung höhengleicher Kreuzungen mit Straßen aller Baulastträger. Einschl. Gastronomie, Touristik sowie sonstiger Betriebserträge. Ab 1998 einschl. Einnahmen der Unternehmensbereiche Fahrweg (Netz) und Personenbahnhöfe (Station und Service).- [4)] Einschl. Gepäckverkehr.- [5)] Einschl. tarifliche Abgeltungszahlungen und Einnahmen aus dem freigestellten Schülerverkehr.- [6)] Schienenverkehr (Wagenladungsverkehr und - bis 1997 - Stückgut- und Expressgutverkehr), Güterkraftverkehr und Schiffsverkehr.

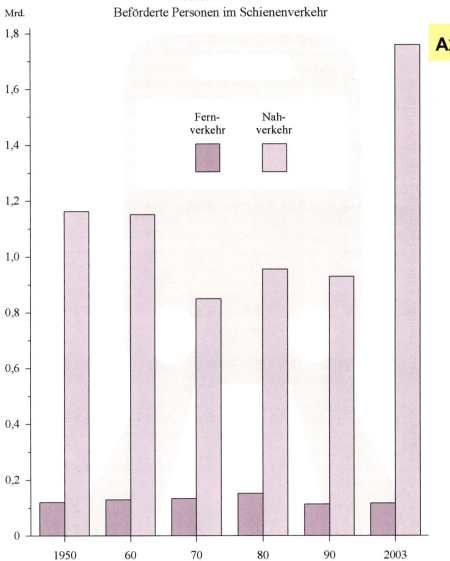

Deutsche Bahn
Beförderte Personen im Schienenverkehr

Mrd.

A2

Fern-
verkehr

Nah-
verkehr

Daten siehe Seite 60/61 und Verkehr in Zahlen 1991

Nichtbundeseigene Eisenbahnen[1] - Streckenlänge, Fahrzeugbestand, Verkehrsleistungen

		1975	1980	1985	1990	1991	1992	1993	1994	1995
Streckenlänge[2]										
Schienenverkehr[3]	1 000 km	3,2	3,1	3,1	3,0	3,0	3,2	3,5	3,3	3,4
dar. elektrifizierte Strecken	1 000 km	0,3	0,3	0,4	0,4	0,4	0,4	0,4	0,4	0,4
Kraftomnibusverkehr[4]	1 000 km	19,1	19,0	19,5	21,0	21,5	21,5	21,8	21,9	21,7
Fahrzeugbestand										
Schienenverkehr[3]										
Lokomotiven[5]	Anzahl	481	411	446	420	429	424	465	464	474
Dampf-	Anzahl	5	2	9	9	14	11	26	33	40
Diesel-	Anzahl	442	389	419	390	392	391	416	410	413
Elektro-	Anzahl	34	20	18	21	23	22	23	21	21
Triebwagen[5][6]	Anzahl	287	249	350	332	301	326	497	1 198	1 137
Personenwagen[7][8]	Anzahl	205	145	126	103	101	104	110	171	226
Gepäckwagen[8]	Anzahl	53	38	29	30	30	31	31	37	46
Güterwagen[8]	1 000	3,8	3,3	3,6	3,3	3	3	3	3	3
Kraftomnibusverkehr[4]										
Kraftomnibusse[9]	Anzahl	2 101	2 495	2 562	2 506	2 504	2 522	2 592	2 571	2 560
Platzkapazität	1 000	191	231	235	231	228	225	238	231	234
Wagenkilometer	Mio.	83	98	98	102	104	104	105	106	105
Verkehrsaufkommen										
Beförderte Personen	Mio.	257	268	268	295	.	.	257	264	266
Schienenverkehr	Mio.	64	60	86	.	.	.	75	78	80
Kraftomnibusverkehr	Mio.	193	208	182	166	170	174	182	186	186
Beförderte Tonnen	Mio. t	63	71	71	64	59	57	55	57	.
Schienenverkehr[10]	Mio. t	62	70	70	63	58	56	54	47	.
Güterkraftverkehr	Mio. t	1	0,7	0,5	0,5	0,5	0,5	0,4	0,4	0,4
Verkehrsleistung										
Personenkilometer	Mio. Pkm	2 537	2 659	2 747	.	.	.	2 522	2 543	2 540
Schienenverkehr	Mio. Pkm	605	509	744	.	.	.	620	630	643
Kraftomnibusverkehr	Mio. Pkm	1 932	2 150	2 003	.	1 870	1 877	1 902	1 913	1 897
Tariftonnenkilometer	Mio. tkm	989	1 107	1 086	459	463	454	427	426	.
Schienenverkehr	Mio. tkm	924	1 057	1 040	415	419	410	387	386	.
Güterkraftverkehr	Mio. tkm		50	46	44	44	44	40	40	41

[1] Eisenbahnen des öffentlichen Verkehrs. Ab 1985 einschl. S-Bahn in Berlin (West), ab 1994 einschl. S-Bahn Berlin (Ost).- [2] Betriebslänge.- [3] Stand 31.12. · [4] Stand 30.9. (Streckenlänge = Linienlänge).- [5] Einsatzbestand.- [6] Triebköpfe.- [7] Ohne Triebwagenanhänger zur Personenbeförderung (1990 = 175).- Weitere Anmerkungen siehe folgende Seite.

Nichtbundeseigene Eisenbahnen[1] - Streckenlänge, Fahrzeugbestand, Verkehrsleistungen

		1996	1997	1998	1999	2000	2001	2002	2003	2004*
Streckenlänge[2]										
Schienenverkehr[3]	1 000 km	3,7	3,8	3,8	4,1	5,1	5,1	5,0	5,9	.
dar. elektrifizierte Strecken	1 000 km	0,4	0,4	0,4	0,4	0,4	0,4	0,5	2,0	.
Kraftomnibusverkehr[4]	1 000 km	21,1	22,2	22,9	23,0	23,4	24,5	24,6	24,5	.
Fahrzeugbestand										
Schienenverkehr[3]										
Lokomotiven[5]	Anzahl	.	.	.	.	.	.	.	.	.
Dampf-	Anzahl	.	.	.	.	.	.	.	.	.
Diesel-	Anzahl	.	.	.	.	.	.	.	.	.
Elektro-	Anzahl	.	.	.	.	.	.	.	.	.
Triebwagen[5)6)]	Anzahl	1 013	.	.	.	.	.	.	.	.
Personenwagen[7)8)]	Anzahl	.	.	.	.	.	.	.	.	.
Gepäckwagen[8)]	Anzahl	.	.	.	.	.	.	.	.	.
Güterwagen[8)]	1 000	.	.	.	.	.	.	.	.	.
Kraftomnibusverkehr[4]										
Kraftomnibusse[9]	Anzahl	2 498	2 504	2 643	2 707	2 799	2 776	2 796	2 836	.
Platzkapazität	1 000	229	234	239	244	256	257	254	257	.
Wagenkilometer	Mio.	105	105	110	118	116	114	119	120	.
Verkehrsaufkommen										
Beförderte Personen	Mio.	270	276	286	305	312	324	343	352	.
Schienenverkehr	Mio.	85	92	97	107	113	126	141	147	.
Kraftomnibusverkehr	Mio.	185	184	189	198	199	198	202	205	.
Beförderte Tonnen	Mio. t	.	.	.	.	.	.	.	.	.
Schienenverkehr[10]	Mio. t	.	.	.	.	.	.	.	.	.
Güterkraftverkehr	Mio. t	0,4	0,4	0,4	0,4	0,4	0,4	.	.	.
Verkehrsleistung										
Personenkilometer	Mio. Pkm	2 591	2 607	2 703	2 879	2 997	3 239	3 481	3 799	.
Schienenverkehr	Mio. Pkm	702	773	813	950	1 016	1 295	1 518	1 759	2 238
Kraftomnibusverkehr	Mio. Pkm	1 889	1 834	1 890	1 929	1 981	1 944	1 963	2 040	.
Tariftonnenkilometer	Mio. tkm	.	.	.	.	.	.	.	.	.
Schienenverkehr	Mio. tkm	.	.	.	.	.	.	.	.	.
Güterkraftverkehr	Mio. tkm	42	41	.	.	.	.	.	.	.

Beginn der Anmerkungen siehe vorige Seite.- [8)] Eigentumsbestand.- [9)] Ohne vermietete, einschl. angemietete Fahrzeuge.- [10)] Einschl. Wechselverkehr mit der Deutschen Bahn/DB AG (1998 = 30 Mio. t).- *Vorläufige Werte.

Nichtbundeseigene Eisenbahnen[1]

Erwerbstätige, Einnahmen

Jahr	Erwerbstätige[2]	Einnahmen[3]	davon Personenverkehr insgesamt	Schienenverkehr[4]	Kraftomnibusverkehr[5]	Güterverkehr
	in 1 000	in Mio. €				
1960	20	170	55	30	25	115
1965	15	170	64	30	34	106
1970	13	210	77	27	50	133
1975	12	315	125	35	90	190
1980	11	410	181	50	131	229
1985	12	480	228	73	155	252
1990	14	520	275	109	166	245
1991	15	550	292	114	178	258
1992	15	540	311	123	188	229
1993	14	550	340	143	197	210
1994	14	580	355	155	200	225
1995	14	600	370	178	192	230
1996	14	620	386	188	198	234
1997	13	630	401	196	205	229
1998	13	630	410	200	210	220
1999	14	640	424	210	214	216
2000	15	670	442	222	212	225
2001	15	680	445	230	215	225
2002	15	700	465	245	220	235
2003	14	.	.	.	.	.
2004	.	.	.	.	.	.

[1] Eisenbahnen des öffentlichen Verkehrs. Ab 1985 einschl. S-Bahn in Berlin (West). Ohne ausgegliederte Unternehmen der Deutschen Bahn AG.- [2] Jahresdurchschnitt.- [3] Betriebserträge einschl. Beförderungs- und Umsatz- bzw. Mehrwertsteuer.- [4] Einschl. Ausgleichszahlungen des Bundes für Belastungen im sozialbegünstigten Personennahverkehr.- [5] Einschl. tarifliche Abgeltungszahlungen und Einnahmen aus dem freigestellten Schülerverkehr.

Binnenschifffahrt[1]

Verkehrsleistungen, Erwerbstätige, Einnahmen

A2

Jahr	Beförderte Tonnen[2] in Mio.	Tonnenkilometer[3] in Mrd.	dar. außerhalb der BRD	Erwerbs- tätige[4] in 1 000	Einnahmen[5] in Mio. €	dar. aus Beförderungs- leistungen[6]
1960	103,4	27,7	3,6	32	400	260
1965	116,7	30,4	5,2	27	450	280
1970	137,5	35,5	7,5	18	760	460
1975	122,4	34,2	7,7	15	1 200	540
1980	126,4	35,7	8,0	12	1 510	760
1985	105,3	30,9	7,4	11	1 640	780
1990	102,7	31,9	7,2	9	1 390	690
1991	104,5	31,4	6,5	.	1 570	770
1992	102,9	31,1	6,4	11	1 490	770
1993	96,3	29,7	6,0	10	1 460	740
1994	101,6	31,7	6,9	9	1 420	660
1995	99,9	31,6	6,4	9	1 390	690
1996	92,7	29,3	6,1	9	1 480	670
1997	94,1	29,7	6,5	8	1 480	730
1998	95,7	30,9	6,9	8	1 400	670
1999	91,8	29,7	6,5	8	1 430	770
2000	91,4	30,2	6,8	8	1 450	830
2001	88,2	29,7	7,2	8	1 690	900
2002	84,9	29,1	7,1	8	1 670	830
2003	79,9	26,7	6,6	8	1 610	810
2004*	81,7	28,2	6,9	8	1 650	820

[1] Binnenflotte der Bundesrepublik.- [2] Ab 1970 einschl. Seeverkehr der Binnenhäfen mit Häfen außerhalb des Bundesgebietes (1990 = 2,5 Mio. t).- [3] Einschl. der Leistungen der Binnenflotte im Ausland, jedoch ohne Verkehr zwischen ausländischen Häfen, der nicht das Bundesgebiet berührt hat.- [4] Jahresdurchschnitt.- [5] Einschl. Beförderungs- und Umsatzsteuer bzw. Mehrwertsteuer.- [6] Güter und Tankschifffahrt 2003 = 600 €, Personenschifffahrt 2003 = 210 €. Ohne Doppelzählungen (Fremdfrachten) innerhalb des Verkehrsbereichs.- * Zum Teil vorläufige Werte.

Binnenschifffahrt[1] - Fahrzeugbestand, Kapazitäten

		1975	1980	1985	1990	1991	1992	1993	1994	1995
Frachtschiffe[2]	Anzahl	4 786	3 812	3 143	2 723	.	3 282	3 355	3 285	3 123
dar. Tanker	Anzahl	763	625	496	468		455	452	441	412
Tragfähigkeit	1 000 t	4 222	3 672	3 277	3 056		3 329	3 328	3 242	3 081
dar. Tanker	1 000 t	860	745	609	634		616	599	591	557
Motorschiffe[3]	Anzahl	3 967	3 190	2 616	2 207		2 094	2 064	1 972	1 833
dar. Tanker	Anzahl	638	534	430	409		395	387	383	355
Tragfähigkeit	1 000 t	3 245	2 825	2 554	2 337		2 257	2 211	2 132	2 008
dar. Tanker	1 000 t	732	649	546	557		546	528	526	496
Maschinenleistung	1 000 kW	1 391	1 211	1 094	997		957	937	903	856
dar. Tanker	1 000 kW	322	285	238	244		239	234	244	220
Schleppkähne[3]	Anzahl	419	213	128	98		95	115	108	97
dar. Tanker	Anzahl	65	36	29	22		21	18	17	17
Tragfähigkeit	1 000 t	331	154	90	65		62	70	65	57
dar. Tanker	1 000 t	34	15	12	8		8	7	6	6
Schubkähne-Schubleichter[4]	Anzahl	400	409	399	418		1 093	1 176	1 205	1 193
dar. Tanker	Anzahl	60	55	37	37		39	47	41	40
Tragfähigkeit	1 000 t	645	693	633	654		1 010	1 047	1 045	1 016
dar. Tanker	1 000 t	94	81	51	69		62	65	59	56
Schlepper[5]	Anzahl	289	245	178	165		156	162	157	153
Maschinenleistung	1 000 kW	73	56	40	37		34	35	34	32
Schubboote, Schub-Schleppboote	Anzahl	98	96	107	102		263	310	298	303
Maschinenleistung	1 000 kW	84	75	75	67		109	121	110	111
Schuten und Leichter	Anzahl	2 212	1 851	1 201	943		868	857	846	825
Tragfähigkeit	1 000 t	434	386	270	200		184	178	174	166
Fahrgastschiffe[6]	Anzahl	487	470	435	471		578	644	671	674
Personenkapazität	1 000	136	138	132	138		139	177	179	180

[1] Binnenflotte der Bundesrepublik: Stand 31. 12.- [2] Ohne Frachtschiffe mit einer Tragfähigkeit unter 20 t.- [3] Ohne Tanker-Bunkerboote.- [4] Ohne Trägerschiffsleichter.- [5] Ohne Hafenschlepper.- [6] Ohne Fahrgastkabinenschiffe sowie ohne Schiffe auf geschlossenen Gewässern.

Binnenschifffahrt[1] - Fahrzeugbestand, Kapazitäten

		1996	1997	1998	1999	2000	2001	2002	2003	2004
Frachtschiffe[2]	Anzahl	3 033	2 926	2 804	2 663	2 448	2 382	2 352	2 347	2 348
dar. Tanker	Anzahl	410	397	388	362	358	366	379	389	404
Tragfähigkeit	1 000 t	3 019	2 952	2 852	2 783	2 647	2 620	2 613	2 626	2 642
dar. Tanker	1 000 t	563	554	540	538	505	519	543	570	598
Motorschiffe[3]	Anzahl	1 756	1 653	1 574	1 466	1 333	1 297	1 294	1 298	1 300
dar. Tanker	Anzahl	354	342	332	307	305	313	323	332	344
Tragfähigkeit	1 000 t	1 955	1 878	1 796	1 737	1 645	1 618	1 629	1 648	1 664
dar. Tanker	1 000 t	501	492	476	478	446	460	482	509	537
Maschinenleistung	1 000 kW	734	807	779	750	728	719	726	735	747
dar. Tanker	1 000 kW	224	222	218	209	212	220	231	244	258
Schleppkähne[4]	Anzahl	90	87	84	74	87	87	86	85	78
dar. Tanker	Anzahl	15	14	14	12	12	12	14	12	12
Tragfähigkeit	1 000 t	54	53	52	48	55	54	53	53	51
dar. Tanker	1 000 t	5	5	5	3	4	4	5	3	3
Schubkähne-Schubleichter[5]	Anzahl	1 187	1 186	1 146	1 123	1 028	998	972	964	970
dar. Tanker	Anzahl	41	41	42	43	41	41	42	45	48
Tragfähigkeit	1 000 t	1 010	1 021	1 004	998	947	948	931	925	927
dar. Tanker	1 000 t	57	57	60	57	55	55	56	57	58
Schlepper[6]	Anzahl	145	129	130	127	164	158	159	159	150
Maschinenleistung	1 000 kW	30	26	27	27	34	32	35	35	33
Schubboote, Schub-Schleppboote	Anzahl	306	315	314	307	286	285	285	285	295
Maschinenleistung	1 000 kW	111	118	117	116	107	108	110	110	116
Schuten und Leichter	Anzahl	784	594	523	489	605	584	566	566	560
Tragfähigkeit	1 000 t	157	116	101	97	146	142	135	136	138
Fahrgastschiffe[7]	Anzahl	686	698	703	880	899	909	920	924	932
Personenkapazität	1 000	179	182	182	222	223	228	230	235	232

1) Binnenflotte der Bundesrepublik: Stand 31. 12.- 2) Ohne Frachtschiffe mit einer Tragfähigkeit unter 20 t.- 3) Ohne Tanker-Bunkerboote (Motorschiffe: 1999: 108 = 14 775 t Tragfähigkeit).- 4) Ohne Tanker-Bunkerboote (1999 : 0).- 5) Ohne Trägerschiffsleichter (2004: 111 = 86 165 t Tragfähigkeit).- 6) Bis 1999 ohne Hafenschlepper (1999 : 45 = 8 579 kW Maschinenleistung).- 7) Ohne Fahrgastkabinenschiffe (2004 : 46 = 4 985 Bettenkapazität), ohne Personenbarkassen (2004 : 237 = 14 099 Personenkapazität) sowie bis 1998 ohne Schiffe auf geschlossenen Gewässern (1999 : 160 = 38 702 Personenkapazität).

Binnenschifffahrt[1] - Abwrackungen von Binnenschiffen[2]

	1980	1985	1990	1991	1992	1993	1994	1995	1996
					Anzahl				
Frachtschiffe	164	89	221	.	50	26	40	92	26
Trockengüterschiffe	146	85	183	.	42	19	36	77	19
Tanker	18	4	38	.	8	7	4	15	7
Motorgüterschiffe	105	81	202	.	35	22	31	87	22
Trockengüterschiffe	96	78	171	.	28	16	27	72	16
Tanker	9	3	31	.	7	6	4	15	6
Schleppkähne	50	7	8	.	2	2	5	3	2
Trockengüterschiffe	42	6	7	.	1	1	5	3	1
Tanker	8	1	1	.	1	1	-	-	1
Schubkähne-Schubleichter[3]	9	1	11	.	13	2	4	2	2
Trockengüterschiffe	8	1	5	.	13	2	4	2	2
Tanker	1	-	6	.	-	-	-	-	-
Schlepper[4]	18	14	3	.	4	2	4	3	2
Schubboote, Schub-Schleppboote[4]	1	1	2	.	1	-	-	3	-
					Tragfähigkeit in 1 000 t				
Frachtschiffe	84,3	46,2	167,4	.	39,4	17,5	28,0	71,1	17,5
Trockengüterschiffe	71,3	43,9	128,8	.	32,7	10,2	23,2	56,1	10,2
Tanker	13,0	2,3	38,5	.	6,7	7,2	4,8	15,1	7,2
Motorgüterschiffe	47,8	41,6	150,7	.	27,1	16,3	22,3	64,5	16,3
Trockengüterschiffe	39,3	39,6	115,0	.	20,6	9,2	17,5	49,5	9,2
Tanker	8,5	2,0	35,7	.	6,5	7,1	4,8	15,1	7,1
Schleppkähne	28,5	3,7	7,6	.	1,1	0,4	2,6	2,3	0,4
Trockengüterschiffe	25,0	3,4	7,4	.	0,9	0,2	2,6	2,3	0,2
Tanker	3,5	0,3	0,2	.	0,2	0,2	-	-	0,2
Schubkähne-Schubleichter[3]	8,0	0,9	9,1	.	11,2	0,8	3,1	4,4	0,8
Trockengüterschiffe	7,0	0,9	6,5	.	11,2	0,8	3,1	4,4	0,8
Tanker	1,0	-	2,6	.	-	-	-	-	-
Schlepper[4]	5,4	2,4	0,9	.	0,8	0,2	0,2	0,4	0,2
Schubboote, Schub-Schleppboote[4]	0,1	2,5	0,6	.	0,3	-	-	1,4	-

1) Binnenflotte der Bundesrepublik.- 2) Gemäß der Verordnung über die Gewährung von Abwrackprämien in der Binnenschifffahrt (seit 1. 1. 1969).- 3) Ohne Trägerschiffsleichter.- 4) Schlepper, Schubboote, Schub-Schleppboote: Maschinenleistung in 1 000

Binnenschifffahrt[1] - Abwrackungen von Binnenschiffen[2]

	1997	1998	1999	2000	2001	2002	2003	2004	1995-2004
					Anzahl				
Frachtschiffe	78	84	29	64	53	46	6	5	543
Trockengüterschiffe	63	71	16	60	51	43	6	5	395
Tanker	15	13	13	4	2	3	-	-	59
Motorgüterschiffe	60	60	22	18	16	6	2	1	315
Trockengüterschiffe	46	48	12	15	15	3	2	-	218
Tanker	14	12	10	3	-	3	-	-	54
Schleppkähne	2	1	-	-	1	3	-	-	14
Trockengüterschiffe	1	1	-	-	1	3	-	-	10
Tanker	1	-	-	-	-	-	-	-	2
Schubkähne-Schubleichter[3]	16	23	7	46	36	37	4	4	214
Trockengüterschiffe	16	22	4	45	35	37	4	4	167
Tanker	-	1	3	1	1	-	-	-	3
Schlepper[4]	5	3	-	-	1	-	1	-	15
Schubboote, Schub-Schleppboote[4]	2	1	4	21	-	2	-	-	29
					Tragfähigkeit in 1 000 t				
Frachtschiffe	56,6	70,5	24,7	46,6	29,2	27,9	3,4	9,8	332,8
Trockengüterschiffe	40,5	55,9	10,8	40,6	28,0	24,0	3,4	9,8	268,5
Tanker	16,1	14,6	13,9	6,1	1,3	3,9	-	-	64,3
Motorgüterschiffe	48,1	54,5	20,8	17,3	12,1	6,8	1,7	1,0	222,3
Trockengüterschiffe	32,6	40,3	8,1	12,2	10,9	2,9	1,7	1,0	160,2
Tanker	15,5	14,2	12,7	5,1	1,3	3,9	-	-	62,1
Schleppkähne	0,7	0,3	-	-	1,5	2,1	-	-	7,8
Trockengüterschiffe	0,1	0,3	-	-	1,5	2,1	-	-	6,5
Tanker	0,6	-	-	-	-	-	-	-	0,8
Schubkähne-Schubleichter[3]	7,8	15,8	4,0	47,8	15,6	19,0	1,7	8,8	121,6
Trockengüterschiffe	7,8	15,4	2,8	28,4	15,6	19,0	1,7	8,8	101,8
Tanker	-	0,4	1,2	1,0	0,0	-	-	-	1,4
Schlepper[4]	0,4	0,2	-	-	0,1	-	1,0	-	2,3
Schubboote, Schub-Schleppboote[4]	1,5	0,1	1,6	6,6	-	0,4	-	-	10,1

[1] Binnenflotte der Bundesrepublik.- [2] Gemäß der Verordnung über die Gewährung von Abwrackprämien in der Binnenschifffahrt (seit 1. 1. 1969).- [3] Ohne Trägerschiffsleichter.-
[4] Schlepper, Schubboote, Schub-Schleppboote: Maschinenleistung in 1 000 kW.

Binnenschifffahrt - Güterbeförderung nach Bundesländern

Jahr	Baden-Württemberg	Bayern	Berlin	Brandenburg	Bremen	Hamburg	Hessen	Mecklenb.-Vorpommern
				Insgesamt - in Mio. t				
1995	40,4	14,8	8,9	5,9	6,3	10,2	16,1	0,1
1996	40,4	12,4	7,5	5,5	5,7	9,2	16,3	0,2
1997	37,5	11,8	8,5	5,6	5,2	8,6	15,5	0,2
1998	36,6	13,1	6,2	4,5	5,1	9,6	14,9	0,2
1999	35,4	12,3	5,3	4,4	5,0	9,8	15,6	0,2
2000	36,8	12,8	4,6	5,0	4,9	9,5	16,1	0,2
2001	35,5	11,6	4,4	5,0	5,5	9,7	15,0	0,1
2002	35,0	10,1	3,8	4,6	4,9	9,3	13,7	0,1
2003	31,3	9,8	3,2	3,5	4,9	9,2	12,1	0,1
2004	32,9	10,5	3,1	3,8	5,6	9,1	12,8	0,1
				darunter: Einladungen - in Mio. t				
1995	18,4	5,5	2,3	2,7	2,4	5,6	3,0	0,0
1996	18,2	4,2	2,0	1,8	2,1	5,2	3,1	0,0
1997	16,3	4,1	2,7	2,3	2,1	5,5	2,7	0,0
1998	15,2	4,7	1,4	2,2	1,8	5,5	2,4	0,1
1999	15,8	4,5	1,0	2,4	1,7	5,2	2,4	0,1
2000	16,9	5,0	0,7	3,0	1,7	5,0	2,6	0,1
2001	15,4	4,8	0,5	3,1	1,7	5,5	2,5	0,1
2002	15,4	4,0	0,9	2,4	1,5	5,7	2,6	0,1
2003	14,1	3,8	0,4	2,0	1,6	5,7	2,3	0,1
2004	15,3	4,1	0,3	2,3	1,6	6,0	2,6	0,1

Binnenschifffahrt - Güterbeförderung nach Bundesländern

Jahr	Nordrhein-Westfalen	Rheinland-Pfalz	Saarland	Sachsen	Sachsen-Anhalt	Schleswig-Holstein	Thüringen	Deutschland insgesamt
Insgesamt - in Mio. t								
1995	121,1	28,1	3,7	0,6	6,6	4,5	-	291,1
1996	116,9	25,5	3,8	0,6	6,5	4,0	-	274,1
1997	123,5	25,9	3,4	0,5	6,8	3,6	-	279,2
1998	125,3	25,0	3,5	0,5	6,9	4,2	-	279,3
1999	118,1	24,9	3,2	0,4	7,2	4,2	-	270,8
2000	124,4	26,6	4,0	0,3	6,6	4,0	-	279,8
2001	118,7	24,9	3,3	0,3	5,9	4,4	-	268,4
2002	119,4	24,6	2,7	0,4	5,8	4,2	-	262,6
2003	118,1	22,8	2,5	0,2	5,9	3,8	-	251,9
2004	125,2	24,4	3,1	0,1	6,3	3,4	-	266,9
darunter: Einladungen - in Mio. t								
1995	49,5	11,1	0,6	0,2	4,4	2,3	-	117,3
1996	48,1	9,5	0,9	0,1	4,3	2,2	-	109,1
1997	48,4	9,5	0,7	0,1	4,1	1,7	-	109,7
1998	46,7	8,9	0,7	0,2	4,6	2,4	-	106,6
1999	46,2	9,4	0,7	0,2	5,0	2,3	-	107,5
2000	46,0	10,6	0,6	0,2	4,6	2,1	-	109,6
2001	44,4	9,5	0,8	0,1	4,0	2,5	-	106,0
2002	44,9	9,7	0,7	0,2	3,9	2,2	-	104,9
2003	42,6	9,3	0,8	0,1	3,8	2,0	-	99,5
2004	45,2	10,2	0,9	0,0	4,1	1,8	-	106,6

Binnenhäfen

		1975	1980	1985	1990	1991	1992	1993	1994	1995
Öffentliche Binnenhäfen										
Güterumschlag	Mio. t	132,2	146,7	134,6	140,3	140,0	142,1	136,9	143,7	143,3
Erwerbstätige[1]	1 000	13	14	14	14	.	.	.	.	.
Einnahmen[2]	Mio. €	80	110	140	170	.	.	.	.	.
Binnenhäfen insgesamt										
Güterumschlag[3]	Mio. t	294,8	310,6	274,2	275,8	283,3	283,4	270,5	290,6	290,0
dar. Einladungen	Mio. t	130,1	135,6	111,6	114,5	115,4	115,9	113,1	120,4	116,2
nach Wasserstraßengebieten										
Rheingebiet	Mio. t	210,6	215,9	190,4	198,3	193,3	191,7	176,3	188,7	183,6
dar. Einladungen	Mio. t	88,0	88,8	73,3	80,4	76,2	76,3	72,0	77,0	71,6
Westdeutsches Kanalgebiet	Mio. t	39,3	39,2	35,3	34,4	33,9	36,4	34,1	36,6	36,2
dar. Einladungen	Mio. t	19,3	19,2	15,3	14,5	13,9	14,8	14,4	15,0	14,1
Elbegebiet	Mio. t	16,1	17,6	14,1	13,9	17,2	17,8	18,3	21,4	23,4
dar. Einladungen	Mio. t	8,8	9,7	7,4	7,0	8,3	8,6	8,9	11,3	12,1
Mittellandkanalgebiet	Mio. t	11,3	11,9	12,1	12,7	14,6	13,8	13,3	14,5	15,2
dar. Einladungen	Mio. t	4,9	5,4	5,1	5,4	6,7	6,0	5,6	5,9	6,3
Wesergebiet	Mio. t	14,3	14,7	11,9	9,0	11,0	11,3	10,9	11,0	11,9
dar. Einladungen	Mio. t	7,3	7,1	5,7	4,4	5,1	5,4	5,3	4,9	5,4
Gebiet Berlin[4]	Mio. t	6,3	7,9	7,0	4,3	7,8	7,5	9,0	8,6	8,7
dar. Einladungen	Mio. t	1,3	3,4	3,1	1,4	2,0	1,9	2,8	1,8	2,1
Donaugebiet	Mio. t	3,2	3,4	3,3	3,2	2,8	2,5	6,0	6,7	7,2
dar. Einladungen	Mio. t	1,8	2,0	1,7	1,4	1,2	1,2	2,3	2,5	2,4
Gebiet Brandenburg/Binnengebiet Mecklenburg-Vorp.	Mio. t	-	-	-	-	2,6	2,2	2,4	2,9	3,7
dar. Einladungen	Mio. t	-	-	-	-	2,1	1,6	1,7	1,8	2,1
Küstengebiet Mecklenburg-Vorpommern	Mio. t	-	-	-	-	0,1	0,1	0,2	0,1	0,1
dar. Einladungen	Mio. t	-	-	-	-	0,0	0,0	0,0	0,0	0,0

1) Jahresdurchschnitt.- 2) Lt. Umsatzsteuerstatistik; einschl. Mehrwertsteuer.- 3) Ohne Ortsverkehr.- 4) Bis 1990 Berlin (West).

Binnenhäfen

		1996	1997	1998	1999	2000	2001	2002	2003	2004
Binnenhäfen insgesamt										
Güterumschlag[1]	Mio. t	274,1	279,0	280,5	270,7	278,9	269,0	252,1	252,5	267,4
dar. Einladungen	Mio. t	109,1	109,6	107,8	107,4	108,7	106,6	104,4	100,1	107,1
nach Wasserstraßengebieten										
Rheingebiet	Mio. t	176,5	178,6	177,2	172,1	182,5	175,3	172,3	162,1	173,7
dar. Einladungen	Mio. t	68,1	66,3	63,4	64,2	67,3	65,3	64,2	60,2	64,7
Westdeutsches Kanalgebiet	Mio. t	35,7	36,9	39,3	35,3	35,8	32,0	31,9	33,1	33,9
dar. Einladungen	Mio. t	14,4	14,5	15,0	14,1	13,4	11,9	13,0	12,9	13,7
Elbegebiet	Mio. t	21,2	21,2	21,7	21,5	20,6	21,1	20,0	18,8	18,7
dar. Einladungen	Mio. t	11,3	11,9	12,6	12,0	11,4	12,3	11,5	11,0	11,4
Mittellandkanalgebiet	Mio. t	12,7	13,5	14,0	14,0	13,5	14,0	14,1	15,0	15,8
dar. Einladungen	Mio. t	5,3	5,2	5,3	5,8	5,5	5,7	5,4	5,9	6,4
Wesergebiet	Mio. t	10,4	10,8	11,2	12,0	11,2	12,2	11,6	11,8	12,7
dar. Einladungen	Mio. t	4,6	5,3	5,4	5,6	5,3	5,9	5,7	5,8	6,0
Gebiet Berlin	Mio. t	7,5	7,8	5,9	5,2	4,1	4,1	3,1	2,9	2,8
dar. Einladungen	Mio. t	2,0	2,0	1,1	0,8	0,3	0,2	0,2	0,1	0,1
Donaugebiet	Mio. t	6,4	6,1	7,2	6,6	7,0	6,4	5,9	5,9	6,6
dar. Einladungen	Mio. t	2,1	2,2	2,7	2,3	2,5	2,6	2,3	2,3	2,5
Gebiet Brandenburg/Binnengebiet Mecklenburg-Vorp.	Mio. t	3,7	4,1	3,9	4,0	4,2	3,9	3,1	2,8	3,1
dar. Einladungen	Mio. t	1,3	2,1	2,4	2,6	2,8	2,8	2,0	1,9	2,2

[1] Ohne Ortsverkehr.

79

Güterumschlag der Binnenhäfen
nach Wasserstraßengebieten

Mio.t

Rheingebiet

Westdeutsches Kanalgebiet

Elbegebiet

Mittelland-kanalgebiet

Wesergebiet

Sonstige

330
300
270
240
210
180
150
120
90
60
30
0

1950   55   60   65   70   75   80   85   90   95   2000

Daten siehe Seite 78/79 und Verkehr in Zahlen 1991

Schiffs- und Güterverkehr auf dem Nord-Ostsee-Kanal[1]

| Jahr | | Schiffsverkehr | | | Güterverkehr | | |
| | | | | dar.
Handelsschiffe | insge-
samt | Richtung | |
	in 1 000	dar. Transit	in Mio. BRT/ BRZ/ NRZ[2]	in 1 000	in Mio. BRT/ BRZ/ NRZ[2]	in Mio. t	West- Ost in Mio. t	Ost- West in Mio. t
1950	.	.	.	44,0	.	29,9	13,5	16,4
1955	62,9	.	56,7	56,4	55,8	46,6	23,5	23,1
1960	77,7	.	75,7	71,7	74,0	57,6	29,2	28,4
1965	85,0	.	80,0	76,7	77,8	60,0	29,6	30,4
1970	75,2	.	81,9	69,4	79,7	58,1	24,4	33,7
1975	68,5	.	77,9	54,8	75,5	51,2	23,3	27,9
1980	56,7	.	93,1	51,7	90,6	62,1	27,2	34,9
1985	48,4	36,1	94,0	44,0	92,0	65,7	26,1	39,7
1990	47,8	32,8	82,1	43,5	80,0	61,7	20,8	40,9
1991	45,0	31,9	76,6	41,2	74,8	59,2	19,7	39,5
1992	42,8	31,0	71,7	39,0	70,0	58,5	21,1	37,4
1993	43,3	30,9	70,3	39,4	68,7	57,7	20,6	37,2
1994	43,7	31,4	72,4	39,7	70,5	57,2	19,0	38,1
1995	43,4	30,4	69,5	39,4	67,7	55,2	19,0	36,2
1996	37,1	24,8	68,5	33,4	66,7	47,9	17,4	30,5
1997	36,9	24,8	86,6	33,3	84,6	49,3	18,4	30,8
1998	37,6	24,6	84,3	34,4	82,5	48,6	18,7	29,9
1999	35,5	.	36,6	32,0	35,9	46,0	17,5	28,5
2000	38,4	24,6	44,1	34,7	43,4	57,9	20,8	37,1
2001	38,4	24,7	47,6	34,7	46,8	62,5	23,8	38,7
2002	38,6	24,8	48,9	35,0	48,0	64,6	24,2	40,3
2003	39,8	26,2	53,8	36,5	53,1	72,3	26,5	45,7
2004	41,7	28,2	59,9	38,2	60,0	80,6	28,7	51,9

[1] Abgabepflichtige Schiffe der Tarifgruppen A und B ohne Sport- und Kleinfahrzeuge (1998: 16 902 Fahrzeuge).- [2] Ab 1996 Bruttoraumzahl (BRZ). Für viele Schiffe ergibt sich durch die BRZ-Vermessung ein höheres Ergebnis als bei der BRT (Bruttoregistertonnen)-Zahl. Ab 1999 Nettoregisterzahl (2004: Schiffsverkehr insgesamt 129,9 Mio. BRZ, Handelsschiffe 122,5 Mio.BRZ).

Seeschifffahrt – Handelsflotte

		1975	1980	1985	1990	1991	1992	1993	1994	1995
Bestand an Handelsschiffen[1][2]	Anzahl	1 535	1 477	1 383	907	1 035	927	854	807	757
Tonnage	1 000 BRT/BRZ[8]	8 686	7 604	5 286	4 360	5 619	5 097	4 915	5 370	5 279
Trockenfrachter	Anzahl	1 265	1 211	1 125	732	841	739	660	617	570
Tonnage	1 000 BRT/BRZ[8]	5 364	4 747	4 189	3 841	5 065	4 641	4 453	4 919	4 894
Tonnage	1 000 tdw	8 164	7 103	5 802	4 790	6 354	5 676	5 558	.	5 828
Tanker[2]	Anzahl	140	120	115	67	74	59	62	55	51
Tonnage	1 000 BRT/BRZ[8]	3 224	2 763	995	422	434	336	342	331	264
Tonnage	1 000 tdw	6 069	5 402	1 723	668	685	.	.	.	.
Schiffe für Personenbeförderung	Anzahl	130	146	143	108	120	129	132	135	136
Tonnage	1 000 BRT/BRZ[8]	98	94	101	97	120	121	121	120	121
Verkehrsaufkommen[3]										
Beförderte Tonnen	Mio. t	31,3	28,2	23,2		26,7	28,2	28,0	30,3	30,6
zwischen Häfen der Bundesrepublik	Mio. t	2,6	4,4	2,3	.	2,4	4,4	3,3	3,2	3,4
von und nach fremden Häfen	Mio. t	28,7	23,8	20,9	.	24,3	23,8	24,7	27,1	27,2
Anteile der Einsatzbereiche[4]										
Linienfahrt	vH	16	24	32	23	27	27	25		
Trampfahrt	vH	49	41	39	42	40	43	49		
Massengutfahrt	vH	-	-	-	-	14	11	10		
Tankfahrt	vH	35	35	29	22	19	18	17		
Verkehrsleistung[5]										
Tonnenkilometer	Mrd. tkm	146	95	55	50	.	.	.	.	.
Erwerbstätige[6]	1 000	32	28	23	16	21	19	18	16	15
Einnahmen[7]	Mio. €	3 513	4 231	4 731	3 998	4 146	4 152	4 614	5 036	5 240
Passagierfahrt	Mio. €	67	77	81	132	129	139	245	270	356
Frachtfahrt	Mio. €	3 445	4 154	4 650	3 866	4 017	4 013	4 368	4 766	4 883
Linienfahrt	Mio. €	1 837	2 009	2 427	2 183	2 258	2 372	2 521	2 772	2 684
Tramp- und Tankfahrt	Mio. €	1 608	2 145	2 223	1 683	1 759	1 641	1 848	1 994	2 199

Anmerkungen siehe folgende Seite.

Seeschifffahrt - Handelsflotte

		1996	1997	1998	1999	2000	2001	2002	2003	2004
Bestand an Handelsschiffen [1][2]	Anzahl	733	752	828	701	674	594	538	471	497
Tonnage	1 000 BRT/BRZ [8]	5 754	6 643	8 095	6 533	6 499	6 188	6 091	5 776	7 575
Trockenfrachter	Anzahl	552	588	668	544	520	450	390	323	352
Tonnage	1 000 BRT/BRZ [8]	5 331	6 347	7 826	6 329	6 287	5 980	5 836	5 500	7 178
Tonnage	1 000 tdw	6 326	7 579	9 542	7 634	7 538	7 197	6 834	6 294	8 117
Tanker [2]	Anzahl	45	32	31	25	23	22	23	24	29
Tonnage	1 000 BRT/BRZ [8]	264	195	184	118	129	124	170	193	320
Tonnage	1 000 tdw	·	·	·	·	·	·	·	·	·
Schiffe für Personenbeförderung	Anzahl	136	132	129	132	131	122	125	124	116
Tonnage	1 000 BRT/BRZ [8]	159	101	85	86	83	84	85	83	77
Verkehrsaufkommen [3][9]	Mio. t	29,0	29,6	28,6	32,8	35,0	32,2	32,4	32,3	33,2
zwischen Häfen der Bundesrepublik	Mio. t	3,5	3,8	3,7	4,9	·	·	·	·	·
von und nach fremden Häfen	Mio. t	25,5	25,8	24,9	27,9	·	·	·	·	·
Erwerbstätige [6]	1 000	14	15	14	12	12	12	11	11	11
Einnahmen [7]	Mio. €	5 661	6 356	6 224	6 653	9 007	10 066	9 383	9 821	12 283
Passagierfahrt	Mio. €	352	310	·	·	·	·	·	·	·
Frachtfahrt	Mio. €	5 309	6 046	6 224	6 653	9 007	10 066	9 383	9 821	12 283
Linienfahrt	Mio. €	2 873	3 220	3 182	3 678	4 956	5 319	4 914	4 660	4 970
Tramp- und Tankfahrt	Mio. €	2 436	2 825	3 042	2 975	4 051	4 747	4 469	5 161	7 313

[1] Schiffe ab 100 BRT/BRZ; Stand 31.12. Schiffe unter Flagge der Bundesrepublik.- [2] Ohne Tanker-Bunkerboote (2004: 11 = 2 Tsd. BRZ).- [3] Einschl. Fährverkehr. Ohne Eigengewichte der Reise- und Transportfahrzeuge, Container, Trailer, Trägerschiffsleichter.- [4] Ohne Küstenschiffe. Bis 1980 Handelsschiffe, eingetragen in deutschen Seeschiffsregistern bzw. eingesetzt unter deutscher Flagge. Ab 1985 Seeschiffe deutscher Reedereien, einschl. der Schiffe unter ausländischer Flagge.- [5] Nur Verkehr zwischen den Häfen der Bundesrepublik, sowie von und nach fremden Häfen. Einschl. Fährverkehr.- [6] Bordpersonal. Jahresdurchschnitt.- [7] Einschl. Mehrwertsteuer.- [8] Bis 1993 Bruttoregistertonnen (BRT), ab 1994 Bruttoraumzahl (BRZ).- [9] Ab 2000 Änderung der Methodik der Seeverkehrsstatistik (u.a. Einschluss des Seeverkehrs der Binnenhäfen).

Seehäfen - Güterumschlag, Erwerbstätige, Einnahmen

		1975	1980	1985	1990	1991	1992	1993	1994	1995
Güterumschlag insgesamt[1]	Mio. t	135,0	159,0	141,4	145,6	163,9	182,8	184,0	196,5	204,3
Massengut[2]	Mio. t	101,7	116,1	90,1	82,0	95,8	108,0	107,9	114,1	116,6
Stückgut	Mio. t	33,3	42,9	51,3	63,6	68,1	74,8	76,2	82,3	87,7
Nordseehäfen	Mio. t	124,4	146,6	124,4	123,6	129,5	143,0	141,8	149,1	152,1
dar. Hamburg	Mio. t	47,5	60,7	56,9	56,8	60,3	59,9	60,3	62,5	66,0
dar. Sack- und Stückgut	Mio. t	12,9	16,4	18,8	24,6	25,4	28,2	29,8	32,2	.
Bremen-Bremerhaven	Mio. t	21,0	25,4	27,7	27,7	28,1	27,3	25,6	27,9	28,5
dar. Sack- und Stückgut	Mio. t	11,5	15,0	16,3	16,9	17,6	16,8	16,6	17,6	.
Bremen Stadt	Mio. t	13,7	15,0	15,3	13,4	14,1	13,6	13,4	14,6	14,2
Bremerhaven	Mio. t	7,3	10,4	12,4	14,3	14,0	13,6	12,2	13,3	14,3
Wilhelmshaven	Mio. t	23,7	32,0	17,1	15,9	17,8	31,6	32,7	34,5	33,1
Emden	Mio. t	10,7	7,1	3,6	1,8	2,0	1,7	1,6	2,0	2,2
Brunsbüttel	Mio. t	5,8	5,5	5,4	7,3	7,4	7,8	7,9	7,3	7,5
Nordenham	Mio. t	5,3	5,1	2,8	2,3	2,6	3,3	2,2	2,3	2,3
Brake	Mio. t	4,0	4,2	4,0	4,5	4,3	4,6	4,2	4,3	4,1
Ostseehäfen	Mio. t	10,6	12,4	17,0	22,0	34,4	39,8	42,2	47,3	52,2
dar. Lübeck	Mio. t	5,6	6,4	9,9	12,3	11,3	12,3	12,5	13,9	15,0
Puttgarden	Mio. t	2,1	2,9	3,6	5,0	5,5	5,4	6,5	7,0	9,7
Kiel	Mio. t	1,3	1,3	1,7	2,9	3,4	2,6	2,5	2,6	3,3
Rostocker Häfen[3]	Mio. t	.	.	.	.	9,7	10,0	11,7	14,3	16,2
Saßnitz	Mio. t	.	.	.	.	.	2,5	2,9	3,1	2,5
Wismar	Mio. t	.	.	.	.	2,1	2,0	1,8	1,8	1,9
Außerdem Eigengewichte der Reise- und Transportfahrzeuge[4]	Mio. t	9,3	12,5	16,5	32,5	25,6	28,6	28,6	29,9	31,5
Erwerbstätige[5]	1 000	26	25	24	23	.	.	.	.	.
Einnahmen[6]	Mio. €	940	1 230	1 290	1 370	.	.	.	.	.

[1] Ohne Eigengewichte der Reise- und Transportfahrzeuge, Container, Trailer, Trägerschiffsleichter.- [2] Ab 1992 nur unverpacktes Massengut.- [3] Rostock, Warnemünde, Petersdorf.- [4] Sowie Container, Trailer, Trägerschiffsleichter.- [5] Jahresdurchschnitt.- [6] Lt. Umsatzsteuerstatistik; einschl. Mehrwertsteuer.

Seehäfen[4] - Güterumschlag

		1996	1997	1998	1999	2000	2001	2002	2003	2004
Güterumschlag insgesamt[1]	Mio. t	206,0	213,3	217,4	221,6	242,5	246,1	246,4	254,8	271,9
Massengut	Mio. t	117,5	120,7	125,3	122,6	131,6	130,3	124,5	125,6	128,4
Stückgut	Mio. t	88,5	92,6	92,1	99,0	111,0	115,8	121,9	129,2	143,5
Nordseehäfen	Mio. t	153,3	162,0	169,4	171,5	187,0	192,5	193,2	202,9	218,2
dar. Hamburg	Mio. t	64,5	69,6	66,9	73,4	77,0	82,9	86,7	93,6	99,5
dar. Sack- und Stückgut	Mio. t	.	.	33,1	36,6	41,2	46,5	48,9	54,0	61,8
Bremen-Bremerhaven	Mio. t	28,4	30,6	30,9	31,6	39,2	40,1	40,5	42,5	45,4
dar. Sack- und Stückgut	Mio. t	.	.	20,5	22,7	29,0	29,8	31,1	32,6	35,4
Bremen Stadt	Mio. t	13,8	14,0	13,7	11,5	14,4	13,6	13,0	13,7	13,6
Bremerhaven	Mio. t	14,6	16,6	17,1	20,1	24,8	26,5	27,4	28,8	31,8
Wilhelmshaven	Mio. t	36,1	36,4	44,0	39,7	43,4	40,9	38,8	39,4	45,0
Emden	Mio. t	2,4	2,6	2,9	3,3	3,4	3,4	3,4	3,3	3,5
Brunsbüttel	Mio. t	7,7	7,4	7,8	7,3	7,7	7,7	7,6	7,2	6,9
Nordenham	Mio. t	1,8	2,5	2,0	2,6	3,2	3,6	3,1	2,9	3,5
Brake	Mio. t	4,3	4,3	4,7	5,0	5,4	5,0	5,0	5,2	5,0
Ostseehäfen	Mio. t	52,7	51,3	47,9	50,2	52,6	50,6	50,0	49,8	51,1
dar. Rostocker Häfen[2]	Mio. t	16,7	16,8	15,4	17,4	18,6	17,1	17,3	16,7	16,4
Lübeck	Mio. t	15,0	16,8	17,4	17,5	18,0	17,0	17,0	17,8	19,2
Puttgarden	Mio. t	8,9	5,8	3,9	3,8	3,5	3,4	3,3	3,4	3,6
Kiel	Mio. t	3,7	3,6	2,9	2,7	3,3	3,3	3,2	2,9	3,0
Saßnitz	Mio. t	2,4	2,6	2,9	2,9	2,9	3,0	3,0	2,9	2,9
Wismar	Mio. t	2,0	2,0	1,8	2,4	2,7	2,8	2,8	2,7	2,8
Außerdem Eigengewichte der Reise- und Transportfahrzeuge[3]	Mio. t	32,3	32,8	32,5	34,1	38,5	39,4	42,4	44,7	48,6

[1] Ohne Eigengewichte der Reise- und Transportfahrzeuge, Container, Trailer, Trägerschiffsleichter.- [2] Rostock, Warnemünde, Petersdorf.- [3] Sowie Container, Trailer, Trägerschiffsleichter.- [4] Ab 2000 Änderung der Methodik der Seeverkehrsstatistik (u.a. Einschluss des Seeverkehrs der Binnenhäfen).

Seehäfen – Güterversand und Güterempfang

		1975	1980	1985	1990	1991	1992	1993	1994	1995
Güterversand[1]	Mio. t	31,6	40,0	46,9	46,1	51,0	60,2	61,0	68,1	71,3
ausgewählter Häfen										
Hamburg	Mio. t	13,6	16,7	19,9	19,7	20,6	21,0	21,3	23,8	24,8
Bremen-Bremerhaven	Mio. t	7,5	9,3	11,6	10,0	10,1	9,7	9,7	10,8	10,9
Rostock	Mio. t	.	.	.	.	3,2	3,2	4,9	6,5	7,2
nach Häfen außerhalb der BRD	Mio. t	28,0	38,5	44,5	46,7	48,5	55,5	57,5	65,0	68,4
dar. unter Flagge der BRD	vH	27	24	20	20	.	18	18	19	17
europäische Häfen	Mio. t	16,7	23,4	25,0	26,5	26,6	33,3	32,7	36,5	39,8
außereuropäische Häfen[2]	Mio. t	11,3	15,1	19,5	20,2	21,9	22,2	24,8	28,5	28,6
Anteile der Einsatzarten										
Linienfahrt	vH	45	48	50	60	.	.	.	.	.
Trampfahrt	vH	42	36	38	28	.	.	.	.	.
Tankfahrt	vH	13	16	12	12	.	.	.	.	.
Güterempfang[1]	Mio. t	103,4	119,0	94,5	99,5	112,8	122,6	123,0	128,3	133,0
dar. Erdöl	Mio. t	37,4	39,2	20,5	21,6	.	31,9	32,8	33,9	32,5
ausgewählter Häfen										
Hamburg	Mio. t	33,9	44,0	37,0	37,0	39,7	38,9	39,1	38,7	41,2
Bremen-Bremerhaven	Mio. t	13,5	16,1	16,1	17,7	18,0	17,6	15,8	17,0	17,6
Wilhelmshaven	Mio. t	23,2	28,2	15,8	15,5	17,1	24,9	26,0	27,6	25,7
Rostock	Mio. t	.	.	.	.	6,8	6,8	6,9	7,8	9,0
von Häfen außerhalb der BRD	Mio. t	99,8	114,0	91,9	97,5	109,7	117,9	119,3	124,8	128,9
dar. unter Flagge der BRD	vH	18	13	13,0	12	.	12	12	12	11
europäische Häfen	Mio. t	39,6	51,3	52,0	61,4	70,4	78,9	84,3	89,6	91,7
außereuropäische Häfen[2]	Mio. t	60,2	62,7	39,9	36,1	39,3	39,0	35,0	35,2	37,1
Anteile der Einsatzarten										
Linienfahrt	vH	11	13	17	26	.	.	.	.	.
Trampfahrt	vH	42	44	47	39	.	.	.	.	.
Tankfahrt	vH	47	43	36	36	.	.	.	.	.

[1] Ohne Eigengewichte der Reise- und Transportfahrzeuge, Container, Trailer, Trägerschiffsleichter.- [2] Einschl. nichtermittelte Länder.

Seehäfen - Güterversand und Güterempfang[3)]

		1996	1997	1998	1999	2000	2001	2002	2003	2004
Güterversand[1)]	Mio. t	72,7	72,9	72,5	78,5	90,3	89,6	92,4	95,6	103,4
ausgewählter Häfen										
Hamburg	Mio. t	24,0	25,0	25,4	28,1	30,9	31,9	34,0	36,4	39,3
Bremen-Bremerhaven	Mio. t	10,8	11,4	11,6	12,7	16,2	17,1	17,5	18,7	20,8
Rostock	Mio. t	8,3	7,8	5,9	7,1	7,6	7,4	8,5	7,4	7,4
nach Häfen außerhalb der BRD	Mio. t	69,1	69,1	69,0	73,9	86,0	85,7	88,5	92,0	99,7
dar. unter Flagge der BRD	vH	16	17	17	21	18	18	19	18	17
europäische Häfen	Mio. t	40,4	41,3	41,0	40,5	46,8	47,8	49,2	50,5	56,2
außereuropäische Häfen[2)]	Mio. t	28,7	27,7	28,0	33,4	39,2	37,8	39,4	41,5	43,5
Güterempfang[1)]	Mio. t	133,3	140,5	144,9	143,1	152,2	156,5	153,9	159,2	168,5
dar. Erdöl	Mio. t	35,3	35,0	41,9	35,3	40,3	36,7	35,7	35,8	39,6
ausgewählter Häfen										
Hamburg	Mio. t	40,5	44,6	43,5	45,3	46,1	51,1	52,7	57,2	60,2
Bremen-Bremerhaven	Mio. t	17,7	19,2	19,3	18,9	23,0	23,0	22,9	23,8	24,6
Wilhelmshaven	Mio. t	28,6	28,3	35,0	30,0	31,4	32,2	30,3	31,0	35,0
Rostock	Mio. t	8,3	9,0	9,5	10,3	11,0	9,6	9,6	9,3	9,0
von Häfen außerhalb der BRD	Mio. t	129,5	136,2	140,7	137,7	147,2	151,9	149,5	154,5	163,8
dar. unter Flagge der BRD	vH	11	10	9	14	13	11	11	10	10
europäische Häfen	Mio. t	92,8	94,8	97,5	94,0	100,2	105,2	100,5	103,7	110,1
außereuropäische Häfen[2)]	Mio. t	36,7	41,4	43,2	43,7	47,0	46,7	49,0	50,8	53,7

[1)] Ohne Eigengewichte der Reise- und Transportfahrzeuge, Container, Trailer, Trägerschiffsleichter.- [2)] Einschl. nichtermittelte Länder.- [3)] Ab 2000 Änderung der Methodik der Seeverkehrsstatistik (u.a. Einschluss des Seeverkehrs der Binnenhäfen).

A2

Seehäfen - Containerverkehr

	1975	1980	1985	1990	1991	1992	1993	1994	1995
	Beladene und leere Container in 1 000				in 1 000 TEU				
Containerumschlag[1]	515,2	1 112,3	1 635,2	2 450,0	3 731	3 835	4 114	4 559	4 553
dar. Bremen-Bremerhaven	246,3	451,8	644,7	778,0	1 277	1 315	1 352	1 503	1 445
Hamburg	268,8	616,7	914,3	1 478,6	2 175	2 247	2 467	2 721	2 872
Versand	272,0	559,0	822,2	1 200,0	1 863	1 897	2 059	2 255	2 235
dar. Bremen-Bremerhaven	131,0	236,9	345,7	414,0	672	683	705	786	750
Hamburg	140,9	299,5	439,1	701,1	1 068	1 088	1 216	1 314	1 380
Empfang	243,3	553,3	813,0	1 250,0	1 868	1 937	2 055	2 305	2 319
dar. Bremen-Bremerhaven	115,2	214,9	298,9	364,0	605	633	647	717	695
Hamburg	128,0	317,2	475,1	777,4	1 107	1 159	1 251	1 407	1 493
Containerumschlag[1][3]	4 582	10 502	16 220	26 332	28 407	29 706	34 123	38 228	40 114
dar. Bremen-Bremerhaven	2 443	4 596	6 600	8 918	9 474	9 877	10 388	11 830	12 736
Hamburg	2 138	5 559	8 924	16 160	17 677	18 594	21 028	23 345	24 357
Versand	2 204	5 399	9 458	14 180	15 081	15 697	18 280	20 331	21 184
dar. Bremen-Bremerhaven	1 219	2 471	4 204	5 090	5 264	5 398	5 909	6 728	7 213
Hamburg	985	2 728	4 904	8 493	9 193	9 725	11 132	12 191	12 613
Empfang	2 378	5 103	6 762	12 152	13 326	14 009	15 843	17 897	18 930
dar. Bremen-Bremerhaven	1 225	2 125	2 456	3 828	4 211	4 479	4 479	5 102	5 523
Hamburg	1 152	2 831	4 020	7 667	8 484	8 869	9 896	11 154	11 744

[1] Container (ohne Trailer) von 20 Fuß und darüber.- [2] Twenty-Feet-Equivalent-Unit.- [3] Ohne Verkehr zwischen Häfen der Bundesrepublik sowie ohne Container auf Lastkraftwagen oder Eisenbahnwagen im Fährverkehr.

Seehäfen [4] - Containerverkehr

	1996	1997	1998	1999	2000	2001	2002	2003	2004
Beladene und leere Container - in 1 000 TEU [2]									
Containerumschlag [1]	4 948	5 305	5 402	5 939	7 173	7 913	8 699	9 569	10 823
dar. Bremen-Bremerhaven	1 532	1 705	1 738	2 097	2 643	2 972	3 033	3 191	3 529
Hamburg	3 042	3 337	3 467	3 620	4 274	4 665	5 376	6 126	7 003
Versand	2 447	2 651	2 674	2 939	3 541	3 913	4 318	4 780	5 409
dar. Bremen-Bremerhaven	799	898	913	1 087	1 348	1 516	1 565	1 671	1 869
Hamburg	1 475	1 621	1 667	1 741	2 067	2 260	2 605	2 978	3 378
Empfang	2 500	2 654	2 728	3 000	3 631	4 000	4 381	4 789	5 414
dar. Bremen-Bremerhaven	733	807	825	1 009	1 295	1 456	1 468	1 520	1 660
Hamburg	1 567	1 716	1 800	1 879	2 207	2 405	2 771	3 148	3 625
Beladene Container - Gewicht der Ladung in 1 000 t									
Containerumschlag [1][3]	41 419	43 812	43 865	49 763	61 034	65 630	69 861	76 576	87 552
dar. Bremen-Bremerhaven	12 583	13 586	13 865	15 507	.	.	.	.	.
Hamburg	25 824	28 054	28 434	31 701	.	.	.	.	.
Versand	21 707	23 401	22 764	26 234	31 886	34 557	36 498	39 946	45 669
dar. Bremen-Bremerhaven	6 942	7 675	7 810	8 251	.	.	.	.	.
Hamburg	13 286	14 589	14 082	16 091	.	.	.	.	.
Empfang	19 713	20 410	21 101	23 529	29 148	31 073	33 363	36 630	41 883
dar. Bremen-Bremerhaven	5 641	5 912	6 055	7 256	.	.	.	.	.
Hamburg	12 538	13 465	14 352	15 610	.	.	.	.	.

[1] Container (ohne Trailer) von 20 Fuß und darüber.- [2] Twenty-Feet-Equivalent-Unit.- [3] Ohne Verkehr zwischen Häfen der Bundesrepublik sowie ohne Container auf Lastkraftwagen oder Eisenbahnwagen im Fährverkehr.- [4] Ab 2000 Änderung der Methodik der Seeverkehrsstatistik (u.a. Einschluss des Seeverkehrs der Binnenhäfen).

Öffentlicher Straßenpersonenverkehr[1] - Streckenlänge, Fahrzeugbestand, Kapazitäten

		1975	1980	1985	1990	1991	1992	1993	1994	1995
Streckenlänge[2]										
Stadtschnellbahnen[3]	km	256	325	425	588	679	766	777	828	854
Straßenbahnen[4]	km	1 759	1 603	1 477	1 309	2 267	2 153	2 106	2 067	2 077
Obusverkehr	km	56	58	40	40	68	69	92	112	97
Kraftomnibusverkehr[5]										
Kommunale Unternehmen[6]	1 000 km	56,4	76,9	99,8	226,2	453,0	375,5	386,8	385,5	360,5
Private Unternehmen	1 000 km	385,5	336,2	294,1	277,4	326,3	338,1	348,1	391,7	357,0
Fahrzeugbestand										
Stadtschnellbahnwagen[2]	Anzahl	1 988	2 445	3 009	3 477	3 897	3 933	4 048	3 912	4 079
Triebwagen	Anzahl	1 965	2 445	3 009	3 477	-	-	-	-	-
Anhänger	Anzahl	23	-	-	-	-	-	-	-	-
Straßenbahnwagen[2]	Anzahl	5 275	4 355	3 469	2 854	7 373	7 706	6 729	6 417	6 186
Triebwagen	Anzahl	3 756	3 252	2 723	2 285	5 500	5 967	5 177	5 059	4 957
Anhänger	Anzahl	1 519	1 103	746	569	1 873	1 739	1 552	1 358	1 229
Obusse[2]	Anzahl	115	106	101	78	132	139	129	122	97
Kraftomnibusse[2][7]										
Kommunale Unternehmen[6]	1 000	16,0	19,2	19,1	30,7	42,1	41,3	41,2	41,4	41,1
Private Unternehmen	1 000	26,8	31,5	33,5	34,1	36,3	36,8	37,2	38,4	38,4
Taxis und Mietwagen[8]	1 000	47,9	57,0	58,7	65,0	72,0	72,4	73,0	72,5	72,0
Platzkapazität[2]										
Stadtschnellbahnen	1 000	317	421	555	666	679	649	660	585	613
Straßenbahnen	1 000	790	742	601	519	914	862	756	729	716
Obusverkehr	1 000	13	15	15	9	18	16	16	14	12
Kraftomnibusverkehr										
Kommunale Unternehmen[6]	1 000	1 614	1 906	1 955	3 036	3 953	3 791	3 771	3 827	3 787
Private Unternehmen	1 000	1 733	2 071	2 158	2 121	2 279	2 302	2 343	2 446	2 444

1) Kommunale und gemischtwirtschaftliche sowie private Unternehmen; einschl. Taxis und Mietwagen. Ohne Kraftomnibusverkehr der Eisenbahnen und der Deutschen Bundespost.- 2) Stand 30. 9.- 3) U-Bahnen, Hoch- und Schwebebahnen sowie Straßenbahnen mit überwiegend vom Individualverkehr unabhängiger Gleisführung und mit Einrichtungen zur automatischen Zugbeeinflussung.- Weitere Anmerkungen siehe folgende Seite.

Öffentlicher Straßenpersonenverkehr[1] - Streckenlänge, Fahrzeugbestand, Kapazitäten

		1996	1997	1998	1999	2000	2001	2002	2003	2004*
Streckenlänge[2]										
Stadtschnellbahnen[3]	km	881	909	942	958	978	982	987	987	.
Straßenbahnen[4]	km	2 086	2 057	2 119	2 124	2 146	2 194	2 205	2 207	.
Obusverkehr	km	97	97	98	98	98	98	98	98	.
Kraftomnibusverkehr[5]										
Kommunale Unternehmen[6]	1 000 km	348,5	350,2	355,9	374,7	372,8	366,8	364,3	373,7	.
Private Unternehmen	1 000 km	350,3	450,9	454,9	471,2	495,4	494,1	503,2	501,9	.
Fahrzeugbestand										
Stadtschnellbahnwagen[2]	Anzahl	4 302	4 289	4 308	4 341	4 403	4 492	4 473	4 482	.
Straßenbahnwagen[2]	Anzahl	6 063	5 676	5 335	5 159	4 852	4 694	4 560	4 356	.
Triebwagen	Anzahl	4 995	.	4 570	4 431	4 211	4 091	3 971	3 811	.
Anhänger	Anzahl	1 068	.	765	728	641	603	589	545	.
Obusse[2]	Anzahl	100	93	90	90	90	82	76	74	.
Kraftomnibusse[2][7]										
Kommunale Unternehmen[6]	1 000	41,7	42,0	41,2	42,2	41,7	42,7	42,5	41,9	.
Private Unternehmen	1 000	38,0	38,7	39,3	39,4	40,8	40,2	40,1	40,2	.
Taxis und Mietwagen[8]	1 000	71,5	.	.	.	.	.	.	.	.
Platzkapazität[2]										
Stadtschnellbahnen	1 000	548	545	553	562	586	576	573	578	.
Straßenbahnen	1 000	673	660	640	631	621	597	592	578	.
Obusverkehr	1 000	13	12	11	11	12	9	10	10	.
Kraftomnibusverkehr										
Kommunale Unternehmen[6]	1 000	3 508	3 838	3 810	3 931	3 872	3 974	3 966	3 915	.
Private Unternehmen	1 000	2 442	2 492	2 051	2 559	2 656	2 612	2 618	2 660	.

Beginn der Anmerkungen siehe vorige Seite.- [4] Ohne Straßenbahnen mit überwiegend vom Individualverkehr unabhängiger Gleisführung und mit Einrichtungen zur automatischen Zugbeeinflussung.- [5] Linienlänge.- [6] Einschl. gemischtwirtschaftl. Unternehmen; seit 1989 einschl. des ausgegliederten Omnibusverkehrs der Deutschen Bundesbahn.- [7] Ohne vermietete, einschl. angemietete Fahrzeuge.- [8] Stand 1. 3.- * Aufgrund der Umstellung der Statistik des gewerblichen Straßenpersonenverkehrs liegen für 2004 keine Daten vor.

Öffentlicher Straßenpersonenverkehr[1)2] – Betriebs- und Verkehrsleistungen, Erwerbstätige, Einnahmen

		1975	1980	1985	1990	1991	1992	1993	1994	1995
Betriebsleistung – Wagenkilometer[3]										
Kommunale Unternehmen[4]	Mio.	1 149	1 246	1 270	1 775	2 575	2 529	2 532	2 522	2 511
Stadtschnellbahnen[5]	Mio.	132	160	192	231	268	272	289	302	310
Straßenbahnen[6]	Mio.	249	211	178	154	358	346	336	316	305
Obusse	Mio.	5	4	4	3	6	6	6	6	5
Kraftomnibusse	Mio.	763	871	897	1 387	1 943	1 906	1 901	1 898	1 892
Private Unternehmen[7]	Mio.	1 059	1 371	1 063	1 185	1 239	1 291	1 265	1 221	1 213
Verkehrsaufkommen – Beförderte Personen										
Kommunale Unternehmen[4)8]	Mio.	4 703	4 760	4 280	5 176	7 121	7 094	7 151	7 177	7 093
Private Unternehmen[7]	Mio.	819	892	607	545	570	579	586	585	594
Taxi- und Mietwagenverkehr	Mio.	310	365	335	380	435	445	445	445	440
Verkehrsleistung – Personenkilometer[3]										
Kommunale Unternehmen[4]	Mio. Pkm	24 650	26 550	24 551	33 191	47 745	46 116	45 401	44 443	43 918
Private Unternehmen[7]	Mio. Pkm	27 701	34 289	27 087	29 898	32 002	32 431	32 331	31 036	31 135
Taxi- und Mietwagenverkehr	Mio. Pkm	1 800	2 200	2 040	2 460	2 840	2 900	2 940	2 950	2 900
Erwerbstätige[9]	1 000	162	175	178	204	257	256	250	240	237
Einnahmen[10]										
Kommunale Unternehmen[11]	Mio. €	1 515	2 160	2 669	3 625	4 224	4 609	4 693	4 883	5 340
Private Unternehmen[11]	Mio. €	1 123	1 790	2 188	2 644	2 899	3 093	3 301	3 384	3 441
Taxi- und Mietwagenverkehr	Mio. €	780	1 340	1 500	2 020	2 860	3 090	3 110	3 120	3 140

[1] Kommunale und gemischtwirtschaftliche sowie private Unternehmen; einschl. Taxis und Mietwagen. Ohne Kraftomnibusverkehr der Eisenbahnen und der Deutschen Bundespost.- [2] Seit 1970 einschl. des freigestellten Schülerverkehrs.- [3] Im Bundesgebiet sowie (bis 1990) von und nach Berlin-West.- [4] Stadtschnellbahn-, Straßenbahn-, Obus- und Kraftomnibusverkehr kommunaler und gemischtwirtschaftlicher Unternehmen. Ab 1990 einschl. des ausgegliederten Omnibusverkehrs der Deutschen Bundesbahn.- [5] U-Bahnen, Hoch- und Schwebebahnen sowie (seit 1980) Straßenbahnen mit überwiegend vom Individualverkehr unabhängiger Gleisführung und mit Einrichtungen zur automatischen Zugbeeinflussung.- Weitere Anmerkungen siehe folgende Seite.

Öffentlicher Straßenpersonenverkehr[1][2]) – Betriebs- und Verkehrsleistungen, Erwerbstätige, Einnahmen

		1996	1997	1998	1999	2000	2001	2002	2003	2004*
Betriebsleistung – Wagenkilometer[3]										
Kommunale Unternehmen[4]	Mio.	2 558	2 612	2 604	2 574	2 615	2 605	2 586	2 567	.
Stadtschnellbahnen[5]	Mio.	323	332	335	343	359	358	361	364	.
Straßenbahnen[6]	Mio.	296	288	282	269	268	261	258	249	.
Obusse	Mio.	5	5	4	4	4	4	4	4	.
Kraftomnibusse	Mio.	1 935	1 988	1 983	1 958	1 984	1 982	1 962	1 951	.
Private Unternehmen[7]	Mio.	1 219	1 227	1 223	1 225	1 246	1 235	1 205	1 172	.
Verkehrsaufkommen – Beförderte Personen[7][8]										
Kommunale Unternehmen[4][8]	Mio.	7 058	7 087	6 964	6 985	7 049	7 123	7 169	7 293	8 703
Private Unternehmen	Mio.	591	577	609	611	617	625	609	614	
Taxi- und Mietwagenverkehr	Mio.	.	.	.	.	.	.	.	.	.
Verkehrsleistung – Personenkilometer[3][7]										
Kommunale Unternehmen[4]	Mio. Pkm	43 614	44 085	43 763	43 945	44 274	44 684	44 899	45 553	74 340
Private Unternehmen	Mio. Pkm	31 152	30 287	30 049	30 312	31 083	30 346	28 831	28 224	
Taxi- und Mietwagenverkehr	Mio. Pkm	.	.	.	.	.	.	.	.	.
Erwerbstätige[9]	1 000	184	165	163	162	161	161	161	161	.
Einnahmen[10]										
Kommunale Unternehmen[11]	Mio. €	5 444	5 781	5 870	5 952	6 212	6 653	6 920	7 100	.
Private Unternehmen[11]	Mio. €	3 545	3 701	3 755	3 931	4 035	4 172	4 386	4 500	.
Taxi- und Mietwagenverkehr	Mio. €	3 130	3 070	3 120	3 190	3 270	3 360	3 300	3 250	.

Beginn der Anmerkungen siehe vorige Seite.- [6] Ohne Straßenbahnen mit überwiegend vom Individualverkehr unabhängiger Gleisführung und mit Einrichtungen zur automatischen Zugbeeinflussung.- **[7] 1985 bis 2003 ohne Verkehr der Kleinunternehmen mit weniger als 6 Kraftomnibussen. 2004 ohne Verkehr der Unternehmen mit weniger als 250 000 beförderten Personen pro Jahr.**- [8] Bis 2003 ohne Mehrfachzählungen durch Wechsel der Transportmittel.- [9] Jahresdurchschnitt. Ab 1996 ohne Taxi- und Mietwagenverkehr.- [10] Betriebserträge einschl. Mehrwertsteuer.- [11] Einschl. tarifliche Abgeltungszahlungen und Einnahmen aus dem freigestellten Schülerverkehr.- * Vorläufige Werte.

Verkehrsverbünde für den öffentlichen Personennahverkehr[1] - Verkehrsleistungen, Einnahmen

Verkehrsverbund	1975	1980	1985	1990	1991	1992	1993	1994	1995
Beförderte Personen[2] - in Mio.									
Hamburg	430	436	417	436	451	458	470	476	481
München	405	451	485	507	521	535	538	529	529
Frankfurt[4]	201	212	207	226	238	238	244	224	.
Stuttgart	-	182	190	208	222	230	240	280	261
Rhein-Ruhr	-	901	817	849	981	1 003	1 064	1 081	1 077
Rhein-Sieg	-	-	-	328	337	339	356	382	384
Hannover[5]	135	158	158	163	171	170	174	174	174
Berlin[5]	550	572	519	705|	982	1 002	1 017	923	872
Personenkilometer - in Mio.									
Hamburg	3 603	3 664	3 660	3 396	3 510	3 570	3 658	3 701	3 738
München	3 231	3 701	4 399	4 846	4 987	5 135	5 043	4 991	4 978
Frankfurt[4]	1 700	1 772	1 946	1 977	2 025	2 005	2 032	1 903	.
Stuttgart	-	.	1 480	1 617	1 720	1 794	.	2 141	2 131
Rhein-Ruhr	-	.	.	5 580	6 379	6 573	6 919	7 026	8 998
Rhein-Sieg	-	-	-	.	.	.	.	.	3 114
Hannover[5]	1 159	1 292	1 314	1 335	1 404	1 393	1 427	1 430	1 428
Berlin[5]	3 668	3 957	3 870	5 527	7 704	6 573	6 663	4 825	4 216
Einnahmen[3] - in Mio. €									
Hamburg	179	219	276	280	310	318	312	326	336
München	133	217	256	283	324	347	379	394	405
Frankfurt[4]	82	126	163	187	190	193	201	202	.
Stuttgart	-	96	137	156	168	180	.	239	246
Rhein-Ruhr	-	445	528	549	524	527	554	587	619
Rhein-Sieg	-	-	-	209	221	230	243	251	260
Hannover[5]	44	63	86	109	113	114	122	128	132
Berlin[5]	150	218	295	369|	450	464	513	487	469

[1] Die Angaben der einzelnen Verkehrsverbünde sind nur bedingt miteinander vergleichbar.- [2] Ohne Mehrfachzählungen durch Wechsel der Transportmittel.- [3] Tarifeinnahmen einschl. Mehrwertsteuer sowie Ausgleichszahlungen nach dem Schwerbehindertengesetz, jedoch ohne Finanzierungsbeiträge nach § 45 a PBefG und § 6a Allg. Eisenbahngesetz.- Weitere Anmerkungen siehe folgende Seite.

94

Verkehrsverbünde für den öffentlichen Personennahverkehr[1] - Verkehrsleistungen, Einnahmen

Verkehrsverbund	1996	1997	1998	1999	2000	2001	2002	2003	2004
Beförderte Personen[2] - in Mio.									
Hamburg	478	477	482	489	494	502	504	535	521
München	533	.	540	541	547	561	.	.	558
Frankfurt[4]	.	.	560	575	.	625	628	630	630
Stuttgart	277	273	282	287	293	303	306	308	312
Rhein-Ruhr	1 072	1 056	1 068	1 058	1 065	1 077	1 143	1 203	1 206
Rhein-Sieg	379	383	391	398	400	411	427	439	451
Hannover	167	.	186	173	183	188	159	158	163
Berlin[5]	.		.	.			1 000		.
Personenkilometer - in Mio.									
Hamburg	3 717	3 708	3 685	3 738	3 735	3 736	4 225	4 542	4 272
München	5 038	.	5 042	5 800	5 249	5 561	.	.	5 660
Frankfurt[4]	.	.	5 800	.	.	5 700	5 700	.	.
Stuttgart	2 387	2 352	2 900	2 957	3 014	3 123	3 151	3 173	3 210
Rhein-Ruhr	6 967	6 863	6 940	6 896	6 873	7 034	7 431	7 706	7 841
Rhein-Sieg	.	.	.	.	.	.	.	.	.
Hannover	1 373	.	1 520	1 418	1 504	1 545	1 302	1 296	1 334
Berlin[5]	.	.	.	.	.	.	.	.	.
Einnahmen[3] - in Mio. €									
Hamburg	340	339	345	352	359	369	376	406	418
München	378	.	394	402	423	450	451	491	483
Frankfurt[4]	.	.	481	483	.	536	.	.	.
Stuttgart	248	250	242	250	260	271	280	286	294
Rhein-Ruhr	574	590	616	627	651	680	.	718	754
Rhein-Sieg	272	277	284	293	299	313	322	339	349
Hannover	114	.	119	118	129	130	134	138	146
Berlin[5]	.	.	.	.	.	.	.	.	857

Beginn der Anmerkungen siehe vorige Seite.- [4] Ab 1998 Rhein-Main-Verkehrsverbund.- [5] Bis 1990 Berlin (West) - BVG. Ab 1984 einschl. S-Bahn. (1990 Berlin-Ost: 376 Mio. beförderte Personen; 2 016 Mio. Pkm). Ab 1996 Verkehrsgemeinschaft Berlin-Brandenburg.

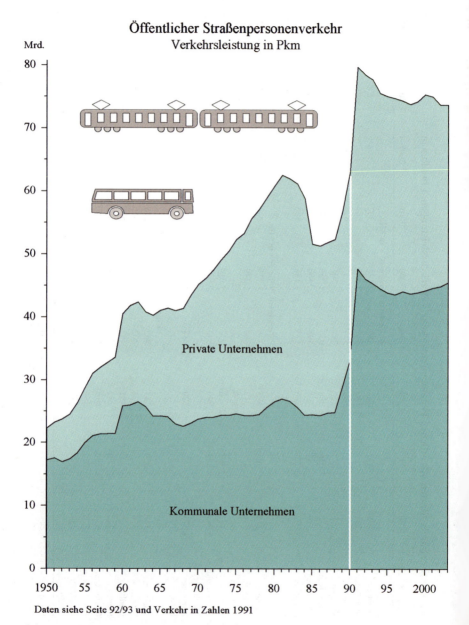

Öffentlicher Straßenpersonenverkehr
Verkehrsleistung in Pkm

Mrd.

Private Unternehmen

Kommunale Unternehmen

Daten siehe Seite 92/93 und Verkehr in Zahlen 1991

Gewerblicher Güterkraftverkehr

		1997	1998	1999	2000	2001	2002	2003	2004
Fahrzeugbestand[1)2)]									
Lastkraftwagen	1 000	130,3	147,1	184,8	212,2	176,0	174,8	158,9	.
mit Spezialaufbau	1 000	36,8	51,3	62,0	75,9	62,5	65,5	59,2	.
Lastkraftfahrzeuganhänger	1 000	134,4	177,1	211,3	246,4	223,5	213,1	216,1	.
Sattelanhänger	1 000	65,9	88,1	110,3	127,6	126,4	119,4	127,8	.
Lastkraftwagen nach Nutzlastklassen									
bis 3,5 t	1 000	.	35,1	51,6	63,9	54,3	52,2	49,7	.
über 3,5 bis 7,5 t	1 000	21,8	28,2	28,4	31,7	24,7	28,6	23,2	.
über 7,5 bis 9 t	1 000	16,3	18,3	22,4	22,7	18,2	17,1	14,9	.
über 9 bis 14 t	1 000	31,4	35,6	44,2	50,0	38,7	38,5	34,8	.
über 14 t	1 000	.	29,9	38,2	43,9	40,1	38,4	36,2	.
Ladekapazität[1)2)]	1000 t	3 918	4 613	5 718	6 575	6 026	5 812	5 855	.
Lastkraftwagen	1000 t	1 376	1 278	1 571	1 776	1 489	1 464	1 329	.
Lastkraftfahrzeuganhänger	1000 t	2 542	3 335	4 146	4 800	4 536	4 348	4 526	.
Verkehrsaufkommen[3)]	Mio. t	1 541	1 506	1 603	1 539	1 481	1 454	1 527	1 572
Verkehrsleistung[3)]	Mrd. tkm	151,3	160,2	173,2	177,6	183,2	184,7	192,8	204,2
Erwerbstätige[1)4)6)]	1 000	266	355	459	512	463	455	427	.
Einnahmen[1)5)6)]	Mio. €	21 530	27 240	.	.	.	.	.	.

[1)] Unternehmen mit wirtschaftlichem Schwerpunkt im Straßengüternah- und fernverkehr und Umzugsverkehr. Bis 1998 Unternehmen mit Lastkraftfahrzeugen über 6 t zulässigem Gesamtgewicht oder 3,5 t Nutzlast; ab 1999 mit mehr als 3,5 t zulässigem Gesamtgewicht.- [2)] Eingesetzte Fahrzeuge. Ohne Zugmaschinen. Stand Ende Oktober.- [3)] Verkehr im Inland. Ohne Transporte mit Lastkraftfahrzeugen bis 6 t zulässigem Gesamtgewicht oder 3,5 t Nutzlast.- [4)] Jahresdurchschnitt.- [5)] Frachteinnahmen einschl. sonstiger Betriebseinnahmen.- [6)] Unternehmensbereiche "Gewerblicher Straßengüterverkehr".

Fluggesellschaften[1]

		1975	1980	1985	1990	1991	1992	1993	1994	1995
Luftfahrzeugbestand[2]										
Flugzeuge[3]	Anzahl	536	621	710	851	1 030	1 281	1 045	1 277	1 454
	Anzahl	480	505	547	707	863	1 035	856	954	1 080
Startgewicht										
bis 20 t	Anzahl	345	357	372	439	556	633	490	518	657
über 20 t bis 75 t	Anzahl	47	35	66	111	156	208	227	243	227
über 75 t bis 175 t	Anzahl	72	84	70	107	88	112	75	121	134
über 175 t	Anzahl	16	29	39	50	63	82	64	72	62
Hubschrauber[4]	Anzahl	56	116	163	144	167	246	189	323	374
Verkehrsaufkommen										
Beförderte Personen	1 000	14 370	19 540	24 267	34 782	.	45 110	48 190	54 400	59 270
Inlandsverkehr	1 000	3 950	5 673	6 449	9 309	.	.	15 750	15 640	16 750
Auslandsverkehr	1 000	10 420	13 867	17 818	25 473	.	.	32 440	38 759	42 520
Beförderte Güter[5]	1 000 t	298	479	653	1 080	.	1 230	1 300	1 470	1 650
Inlandsverkehr	1 000 t	76	132	161	266	.	315	305	510	650
Auslandsverkehr	1 000 t	222	347	492	814	.	915	995	960	1 000
Verkehrsleistung										
Personenkilometer	Mio. Pkm	24 230	35 750	45 800	73 180	.	89 720	98 780	114 530	124 870
Tonnenkilometer[5]	Mio. tkm	1 028	1 730	2 740	4 545	.	4 970	5 250	5 690	6 235
Erwerbstätige[6]	1 000	28	35	38	53	.	61	56	55	45
Einnahmen[7]	Mio. €	2 230	4 190	6 980	9 180	10 500	11 400	12 050	13 670	13 670
dar. aus Beförderungsleistungen[8]	Mio. €	1 990	3 600	6 000	8 030	9 200	10 470	10 840	12 320	12 670
Personenverkehr[8]	Mio. €	1 620	2 960	4 690	6 510	7 360	8 890	9 420	10 750	11 030
Güterverkehr[8]	Mio. €	370	640	1 310	1 520	1 840	1 580	1 420	1 570	1 640

1) Unternehmen der Bundesrepublik; ohne Berlin/West.- 2) Stand 1. 7.- 3) Die Flugzeuge mit einem Startgewicht über 20 t sind bis 1986 ausschließlich mit Strahlturbinenantrieb ausgerüstet.- 4) Einschl. sonstiger Luftfahrzeuge.- 5) Fracht einschl. Post.- 6) Jahresdurchschnitt.- 7) Einschl. Mehrwertsteuer.- 8) Ohne Mehrwertsteuer.

Geographisches Institut
der Universität Kiel

Fluggesellschaften[1]

		1996	1997	1998	1999	2000	2001	2002	2003	2004*
Luftfahrzeugbestand[2]										
Flugzeuge	Anzahl	1 724	1 665	1706	1 720	1 795	2 013	1 876	1 672	.
Stargewicht		1 142	1 088	1 132	1 158	1 278	1 242	1 272	1 180	.
bis 20 t	Anzahl	690	714	708	644	691	664	709	546	.
über 20 t bis 75 t	Anzahl	253	230	230	240	294	340	328	409	.
über 75 t bis 175 t	Anzahl	148	109	128	181	192	127	121	81	.
über 175 t	Anzahl	51	35	66	93	101	111	114	144	.
Hubschrauber[3]	Anzahl	582	577	574	562	517	771	604	492	.
Verkehrsaufkommen										
Beförderte Personen	1 000	60 980	59 090	57 950	63 050	67 060	64 700	.	.	.
Inlandsverkehr	1 000	17 060	16 630	17 540	18 310	19 340	.	.	.	.
Auslandsverkehr	1 000	43 920	42 459	40 410	44 740	47 720	.	.	.	.
Beförderte Güter[4]	1 000 t	1 730	1 740	1 740	1 790	1 840	1 690	.	.	.
Inlandsverkehr	1 000 t	680	685	685	705	.	.	.	.	.
Auslandsverkehr	1 000 t	1 050	1 055	1 055	1 085	.	.	.	.	.
Verkehrsleistung										
Personenkilometer	Mio. Pkm	128 950	125 560	122 470	135 780	144 430	139 690	.	.	.
Tonnenkilometer[4]	Mio. tkm	6 450	6 550	6 700	7 070	7 670	7 080	.	.	.
Erwerbstätige[5]	1 000	47	47	47	49	53	53	52	55	56
Einnahmen[6]	Mio. €	14 330	15 500	16 280	17 130	20 210	18 770	19 320	21 050	23 400
dar. aus Beförderungsleistungen[7]	Mio. €	13 470	14 100	14 730	15 690	18 500	16 440	16 630	18 110	20 100
Personenverkehr[7]	Mio. €	11 690	12 140	12 790	13 540	15 870	13 980	14 240	15 500	17 300
Güterverkehr[7]	Mio. €	1 780	1 960	1 940	2 150	2 630	2 460	2 390	2 610	2 800

[1] Unternehmen der Bundesrepublik.- [2] Stand 1. 7. Ohne vermietete, einschl. angemietete Luftfahrzeuge.- [3] Einschl. sonstiger Luftfahrzeuge.- [4] Fracht einschl. Post.- [5] Jahresdurchschnitt.- [6] Einschl. Mehrwertsteuer.- [7] Ohne Mehrwertsteuer.- * Vorläufige Werte.

Flughäfen[1]) – Gestartete und gelandete Luftfahrzeuge, Fluggäste – in 1 000

	1975	1980	1985	1990	1991	1992	1993	1994	1995
Gestartete und gelandete									
Luftfahrzeuge[2])	809	822	1 545	2 173	2 300	2 441	2 473	2 548	2 610
dar. Berlin[3])	55	56	57	101	152	176	169	173	175
Bremen	13	15	34	38	37	40	40	38	37
Dresden	.	.	.	.	19	28	31	34	37
Düsseldorf	80	88	99	137	138	147	153	162	170
Frankfurt-Main	194	212	223	311	304	328	336	353	370
Hamburg	63	65	78	113	109	111	116	114	120
Hannover	33	32	46	66	67	69	73	75	71
Köln-Bonn	35	34	60	97	101	108	106	106	118
Leipzig	.	.	.	.	21	30	36	41	44
München	76	86	124	163	156	175	180	187	199
Nürnberg	14	16	28	41	44	46	50	50	56
Stuttgart	49	50	64	89	92	98	99	99	97
Fluggäste	38 170	49 003	55 580	80 647	79 750	89 240	96 050	103 044	111 766
Einsteiger	18 131	23 456	26 788	39 369	39 070	43 711	47 079	50 530	54 892
Aussteiger	18 228	23 683	26 897	39 530	39 298	43 989	47 402	50 883	55 234
Durchreisende	1 811	1 864	1 895	1 749	1 382	1 540	1 569	1 631	1 640
dar. Berlin[3])	3 990	4 480	4 553	6 710	7 669	9 027	9 745	10 232	11 063
Bremen	552	675	749	1 105	1 023	1 155	1 272	1 332	1 494
Dresden	.	.	.	.	.	.	1 209	1 464	1 648
Düsseldorf	5 218	7 226	8 227	11 912	11 291	12 202	13 001	13 923	15 210
Frankfurt-Main	12 757	17 605	20 225	29 368	27 872	30 634	32 328	34 978	38 413
Hamburg	3 645	4 554	4 854	6 843	6 454	6 907	7 330	7 656	8 272
Hannover	1 857	2 066	2 040	2 781	2 822	3 049	3 370	3 849	4 270
Köln-Bonn	1 825	2 009	2 042	3 078	3 032	3 491	3 836	3 920	4 803
Leipzig	.	.	.	.	.	.	1 381	1 858	2 036
München	4 540	6 037	8 049	11 364	10 763	11 988	12 692	13 422	14 952
Nürnberg	717	806	928	1 477	1 426	1 668	1 819	1 853	2 265
Stuttgart	2 332	2 767	3 042	4 402	4 228	4 757	5 119	5 523	5 194

1) Verkehrsflughäfen einschl. sonstiger Flugplätze.– 2) Passagier- und Nichtpassagierflüge. Bis 1980 ohne gewerbliche Schulflüge.– 3) Tegel und Tempelhof, ab 1991 einschl. Schönefeld (1991: 26 Tsd. Luftfahrzeugbewegungen, 892 Tsd. Fluggäste).

Flughäfen[1] – Gestartete und gelandete Luftfahrzeuge, Fluggäste – in 1 000

	1996	1997	1998	1999	2000	2001	2002	2003	2004
Gestartete und gelandete									
Luftfahrzeuge[2]	2 633	2 742	2 766	3 031	3 158	2 935	2 971	3 027	2 867
dar. Berlin[3]	184	190	188	182	196	189	183	187	171
Bremen	39	35	37	38	40	35	34	32	34
Dresden	35	35	34	34	30	28	27	25	28
Düsseldorf	166	173	173	178	179	180	177	174	188
Frankfurt-Main	377	386	406	426	447	446	449	445	463
Hamburg	122	127	126	130	137	133	126	127	130
Hannover	73	77	71	78	87	78	76	77	78
Köln-Bonn	126	136	122	130	135	131	121	135	136
Leipzig	42	41	37	39	36	32	30	32	31
München	218	254	260	277	301	320	329	341	369
Nürnberg	57	62	61	62	67	65	60	57	57
Stuttgart	109	110	115	118	124	122	121	123	137
Fluggäste[4]	115 013	121 009	128 986	137 914	147 676	141 830	140 820	147 717	159 971
Einsteiger	56 546	59 502	63 647	68 148	73 132	71 426	69 713	73 281	79 338
Aussteiger	56 893	59 874	63 523	68 128	73 050	69 228	69 544	73 070	79 261
Durchreisende	1 575	1 633	1 817	1 638	1 493	1 176	1 563	1 366	1 371
dar. Berlin[3]	10 853	11 507	11 535	12 170	13 193	12 498	12 118	13 244	14 804
Bremen	1 563	1 592	1 688	1 728	1 853	1 815	1 684	1 629	1 663
Dresden	1 641	1 657	1 616	1 525	1 735	1 630	1 500	1 545	1 613
Düsseldorf	14 288	15 437	15 609	14 468	15 978	15 365	14 702	14 231	15 202
Frankfurt-Main	38 621	40 142	40 063	43 557	49 278	48 464	48 372	48 271	50 034
Hamburg	8 138	8 601	8 944	8 741	9 904	9 450	8 908	9 474	9 842
Hannover	4 362	4 747	4 718	4 168	4 626	5 115	4 694	4 991	4 825
Köln-Bonn	5 160	5 318	5 305	5 330	5 597	5 686	5 352	7 739	8 088
Leipzig	2 116	2 200	1 973	1 623	2 240	2 147	1 932	1 925	1 999
München	15 547	17 803	19 043	20 983	23 057	23 579	23 094	24 150	26 755
Nürnberg	2 185	2 384	2 435	2 548	3 133	3 212	3 181	3 264	3 606
Stuttgart	6 440	6 857	7 070	7 095	7 180	7 596	7 237	7 542	8 779

[1] Verkehrsflughäfen einschl. sonstiger Flugplätze.– [2] Passagier- und Nichtpassagierflüge. Ab 1998 ohne Überführungsflüge.– [3] Tegel (2004: 132Tsd. Flugbewegungen und 11 Mio. Fluggäste), Schönefeld (2004: 39 Tsd. Flugbewegungen und 3,4 Mio. Fluggäste), Tempelhof (2004: 26 Tsd. Flugbewegungen und 0,4 Mio. Fluggäste).– [4] Ab 2001 ohne Doppelzählungen bei Ausland-Ausland-Umsteigern (2004: 11,8 Mio.).

Flughäfen[1] - Fracht und Post, Erwerbstätige, Einnahmen

		1975	1980	1985	1990	1991	1992	1993	1994	1995
Fracht und Post	1 000 t	750	1 011	1 251	1 777	1 745	1 815	1 897	2 097	2 232
dar. Berlin[2]	1 000 t	23,4	22,5	23,0	29,9	34,9	44,3	47,1	45,3	51,5
Bremen	1 000 t	5,7	6,4	6,9	6,6	7,0	7,6	8,0	7,6	9,1
Dresden	1 000 t	.	.	.	.	.	.	.	6,9	7,0
Düsseldorf	1 000 t	.	.	.	.	.	58,2	54,7	55,4	62,6
Frankfurt-Main	1 000 t	526,0	721,8	917,1	1 274,4	1 221,3	1 250,0	1 299,3	1 427,5	1 489,3
Hamburg	1 000 t	39,8	52,8	48,5	61,3	55,3	59,1	57,5	58,3	59,1
Hannover	1 000 t	14,8	16,0	15,9	22,8	25,2	26,1	22,4	23,0	24,5
Köln-Bonn	1 000 t	25,6	60,0	91,9	183,6	206,9	210,5	220,4	263,2	308,4
Leipzig	1 000 t	.	.	.	.	.	.	.	22,0	24,1
München	1 000 t	45,7	50,6	56,0	82,1	77,7	82,8	94,7	100,5	103,7
Nürnberg	1 000 t	8,6	9,8	12,0	21,0	22,8	24,9	32,3	40,9	51,2
Stuttgart	1 000 t	24,6	27,5	22,0	31,2	29,1	31,7	31,5	33,9	31,7
Fracht	1 000 t	623	854	1 059	1 515	1 449	1 492	1 552	1 742	1 859
Versand	1 000 t	265	389	570	718	685	718	757	884	942
Empfang	1 000 t	282	400	419	729	711	723	746	805	870
Durchgang	1 000 t	76	65	70	68	52	50	49	54	47
Post	1 000 t	127	157	192	262	297	324	346	354	373
Versand	1 000 t	61	77	94	127	149	160	171	174	183
Empfang	1 000 t	60	75	89	125	142	155	167	172	183
Durchgang	1 000 t	6	5	9	9	6	8	8	8	7
Erwerbstätige[3]	1 000	11	14	15	22	25	26	26	26	27
Einnahmen[4]	Mio. €	522	818	1 217	2 004	.	2 140	2 560	3 090	3 380

[1] Verkehrsflughäfen.- [2] Tegel und Tempelhof, ab 1991 einschl. Schönefeld (1991: 5,5 Tsd. t).- [3] Jahresdurchschnitt.- [4] Einschl. Mehrwertsteuer.

Flughäfen[1] – Fracht und Post, Erwerbstätige, Einnahmen

		1996	1997	1998	1999	2000	2001	2002	2003	2004*
Fracht und Post	1 000 t	2 312	2 404	2 297	2 402	2 605	2 496	2 593	2 641	2 967
dar. Berlin[2]	1 000 t	52,7	54,6	48,0	45,5	59,9	47,0	45,0	44,1	40,2
Bremen	1 000 t	8,2	7,7	7,2	7,1	7,3	6,8	6,3	2,2	0,9
Dresden	1 000 t	7,9	7,3	7,4	6,9	5,0	5,1	1,2	0,6	0,4
Düsseldorf	1 000 t	62,5	71,2	67,6	62,0	59,9	67,2	46,1	48,8	56,7
Frankfurt-Main	1 000 t	####	1 537,0	1 485,4	1 561,5	1 724,0	1 624,9	1 652,3	1 667,3	1 855,3
Hamburg	1 000 t	57,2	53,8	51,7	52,7	48,7	43,3	41,2	36,4	38,5
Hannover	1 000 t	22,4	19,7	19,5	15,9	17,6	15,4	14,4	16,5	16,5
Köln-Bonn	1 000 t	345,8	403,4	374,6	412,0	443,5	461,7	515,4	540,6	632,5
Leipzig	1 000 t	20,5	15,7	11,5	14,1	13,9	14,3	12,5	15,9	10,3
München	1 000 t	115,0	129,6	127,3	147,4	157,0	157,0	188,5	179,0	198,7
Nürnberg	1 000 t	53,5	60,0	43,6	28,0	30,2	26,0	23,9	16,7	14,2
Stuttgart	1 000 t	37,5	36,2	35,6	39,1	37,7	34,7	33,9	28,4	26,8
Fracht	1 000 t	1 958	2 101	2 023	2 126	2 331	2 232	2 336	2 417	2 767
Versand	1 000 t	1 000	1 086	1 026	1 083	1 206	1 162	1 199	1 219	1 384
Empfang	1 000 t	913	970	944	995	1 082	1 024	1 076	1 140	1 329
Durchgang	1 000 t	45	45	53	48	42	47	61	57	55
Post	1 000 t	353	303	274	275	274	264	257	224	200
Versand	1 000 t	172	148	133	133	133	130	127	110	96
Empfang	1 000 t	173	145	130	134	132	126	123	110	100
Durchgang	1 000 t	8	9	11	8	9	8	7	4	3
Erwerbstätige[3]	1 000	28	27	28	28	29	33	32	.	.
Einnahmen[4]	Mio. €	3 710	4 860	5 700	6 380	7 300	7 500	7 700	.	.

[1] Verkehrsflughäfen (Anzahl der Verkehrsflughäfen: bis 2002: 17, 2003: 18, 2004: 23).– [2] Tegel (2004: 21,5 Tsd. t), Schönefeld (2004: 18,3 Tsd. t), Tempelhof (2004: 0,4 Tsd. t).– [3] Jahresdurchschnitt.– [4] Einschl. Mehrwertsteuer.– * Zum Teil vorläufige Werte.

Rohrfernleitungen[1]

		1975	1980	1985	1990	1991	1992	1993	1994	1995
Länge der Rohrfernleitungen[2]	km	2 086	2 086	2 222	2 222	3 289	3 289	3 289	3 045	3 056
Rohölleitungen	km	1 579	1 579	1 715	1 715	2 704	2 704	2 704	2 460	2 460
Mineralölproduktenleitungen	km	507	507	507	507	585	585	585	585	596
Verkehrsaufkommen										
Beförderte Tonnen	Mio. t	80,3	84,0	69,2	74,1	90,7	92,6	94,7	98,7	98,4
dar. im grenzüberschreitenden Verkehr	Mio. t	59,6	65,0	55,2	59,9	73,9	76,0	77,2	80,7	77,1
Rohöl	Mio. t	71,8	76,1	56,8	64,4	79,3	81,5	83,4	87,4	87,2
dar. im grenzüberschreitenden Verkehr	Mio. t	.	.	.	.	64,8	66,9	68,0	71,5	68,1
Mineralölerzeugnisse	Mio. t	8,5	7,9	12,4	9,7	11,4	11,1	11,3	11,3	11,2
Verkehrsleistung[3]										
Tonnenkilometer	Mrd. tkm	14,6	14,3	10,5	13,3	15,7	15,7	16,1	16,8	16,6
Rohöl	Mrd. tkm	13,1	13,1	8,7	11,7	14,0	13,9	14,3	15,1	14,8
dar. im grenzüberschreitenden Verkehr	Mrd. tkm	.	.	.	.	10,8	10	11	11,2	11,0
Mineralölerzeugnisse	Mrd. tkm	1,5	1,2	1,8	1,6	1,7	1,8	1,8	1,7	1,8
Erwerbstätige[4]	1 000	1	1	1	1	1	1	1	1	1
Einnahmen[5]	Mio. €	194	307	327	302	.	360	370	400	410

[1] Rohöl- und Mineralölproduktenleitungen über 40 km Länge.- [2] Stand 31. 12. Einschl. der 244 km des seit Mitte 1982 vorübergehend stilliegenden zweiten Rohrstranges der Nord-West-Ölleitung Wilhelmshaven-Hünxe.- [3] Im Bundesgebiet.- [4] Jahresdurchschnitt.- [5] Lt. Umsatzsteuerstatistik; einschl. Mehrwertsteuer.

Rohrleitungen[1]

		1996	1997	1998	1999	2000	2001	2002	2003	2004*
Länge der Rohrleitungen[2]	km	3 056	3 056	2 966	2 966	2 966	2 966	2 966	2 966	2 966
Rohölleitungen	km	2 460	2 460	2 370	2 370	2 370	2 370	2 370	2 370	2 370
Mineralölproduktenleitungen	km	596	596	596	596	596	596	596	596	596
Verkehrsaufkommen[3]										
Beförderte Tonnen	Mio. t	89,4	87,4	90,7	89,3	89,4	90,2	90,9	92,3	93,8
dar. im grenzüberschreitenden Verkehr[4]	Mio. t	68,6	66,6	68,7	68,4	68,6	68,9	69,8	71,3	71,0
Verkehrsleistung[3][5]										
Tonnenkilometer	Mrd. tkm	14,5	13,2	14,8	15,0	15,0	15,8	15,2	15,4	16,2
dar. im grenzüberschreitenden Verkehr[4]	Mrd. tkm	10,2	8,8	10,4	10,5	10,7	11,1	10,7	10,8	11,3
Erwerbstätige[6]	1 000	1	1	1	1	1	1	1	1	1
Einnahmen[7]	Mio. €	430	800	790	780	790	700	650	780	820

[1] Rohöl- und Mineralölproduktenleitungen.- [2] Stand 31. 12. Einschl. der 244 km des seit Mitte 1982 vorübergehend stillliegenden zweiten Rohrstranges der Nord-West-Ölleitung Wilhelmshaven-Hünxe.- [3] Ab 1996 nur Rohöl.- [4] Ab 1996 einschl. Transit (1997 = 2 Mio. t, 0,4 Mrd. tkm).- [5] Im Bundesgebiet.- [6] Jahresdurchschnitt.- [7] Lt. Umsatzsteuerstatistik, einschl. Mehrwertsteuer.- * Vorläufige Werte.

A2

Rohrleitungen
Versand und Empfang von rohem Erdöl nach Verkehrsregionen 2003 und 2004 - in 1 000 t

Versand- verkehrsregion / Empfangsregion	Binnen- verkehr	Rotterdam	Marseille	Genua	Triest	Russische Föderation	Grenzüber- schreitender Empfang	Empfang insgesamt
2003								
Nord[1]	20 986	15 914	-	-	-	-	15 914	36 900
Süd[2]	-	-	8 756	-	24 369	-	33 125	33 125
Ost[3]	-	-	-	-	-	22 283	22 283	22 283
Versand insgesamt	20 986	15 914	8 756	-	24 369	22 283	71 322	92 308
2004								
Nord[1]	22 828	15 812	-	-	-	-	15 812	38 641
Süd[2]	-	-	7 581	-	26 176	-	33 757	33 757
Ost[3]	-	-	-	-	-	21 335	21 335	21 335
Versand insgesamt	22 828	15 812	7 581	-	26 176	21 335	70 904	93 733
Veränderung 2004/2003 in vH	8,8	-0,6	-13,4	-	7,4	-4,3	-0,6	1,5

[1] Hamburg, Emsland, Duisburg, Essen, Köln.- [2] Kaiserslautern, Mannheim, Karlsruhe, Regensburg, Ingolstadt, Rosenheim.- [3] Rostock, Frankfurt/Oder, Halle.

Der Verkehr in funktionaler Gliederung
Kennziffern

B1

Bevölkerung, Erwerbstätige, Schüler und Studenten, Private Haushalte

Jahr	Bevölkerung[1] insgesamt in 1 000	davon im Alter von ... bis unter ... Jahren			Erwerbstätige[2] in 1 000	Schüler[3] und Studenten[4] in 1 000	Private Haushalte[5] in Mio.
		unter 18	18-65	über 65			
1955	50 318	13 471	31 827	5 020	23 230	8 792	16,4
1960	55 958	14 182	35 676	6 100	26 247	8 894	19,1
1965	59 297	15 787	36 375	7 135	26 887	9 829	20,7
1970	60 651	16 451	36 209	7 991	26 668	11 537	22,2
1975	61 829	16 067	36 825	8 937	26 110	13 158	23,6
1980	61 566	14 368	37 647	9 551	27 059	12 829	24,6
1985	61 024	12 036	39 936	9 052	26 593	11 271	25,9
1990	63 726	11 693	42 289	9 744	28 495	10 763	27,8
1991	80 275	15 522	52 720	12 033	36 564	13 520	35,3
1992	80 975	15 713	53 085	12 176	35 854	13 763	35,7
1993	81 338	15 840	53 137	12 360	35 186	13 875	36,2
1994	81 539	15 872	53 125	12 542	34 881	14 056	36,7
1995	81 818	15 903	53 183	12 732	34 817	14 226	36,9
1996	82 012	15 921	53 234	12 857	36 089	14 387	37,3
1997	82 057	15 887	53 204	12 966	35 797	14 450	37,5
1998	82 037	15 745	53 225	13 067	37 479	14 521	37,5
1999	82 163	15 642	53 170	13 351	38 010	14 911	37,8
2000	82 260	14 587	52 942	13 694	38 687	14 503	38,1
2001	82 441	15 381	52 993	14 066	38 856	14 360	38,5
2002	82 537	15 237	52 861	14 439	38 994	14 449	38,7
2003	82 532	15 055	52 617	14 860	38 635	13 301	38,9
2004*	82 501	14 829	52 305	15 368	38 777	13 350	39,0

[1] Wohnbevölkerung.- [2] Erwerbstätige Inländer Jahresdurchschnitt (Erwerbstätige im Inland s. S. 44/45).- [3] Schulen der allgemeinen Ausbildung, der allgemeinen Fortbildung, der beruflichen Aus- und Fortbildung. Schuljahr (Beginn: Herbst).- [4] Universitäten, Kunst- und Fachhochschulen (jeweils zum Wintersemester).- [5] Ergebnisse des Mikrozensus.- * Vorläufige Zahlen.

Erwerbstätige, Schüler und Studierende – nach Pendlereigenschaft - 2000 und 2004[1]

	Erwerbstätige[2]				Schüler und Studenten[2]				Erwerbstätige, Schüler und Studenten[2]			
	2000		2004		2000		2004		2000		2004	
	in 1 000	in vH	in 1 000	in vH	in 1 000	in vH	in 1 000	in vH	in 1 000	in vH	in 1 000	in vH
männlich												
Innergemeindliche Pendler	9 523	52,7	8 927	51,9	4 569	71,8	4 415	70,0	14 092	57,7	13 342	56,7
Pendler zwischen Gemeinden des Landes	7 410	41,0	7 121	41,4	1 660	26,1	1 743	27,6	9 070	37,1	8 864	37,7
Pendler über die Landesgrenze	1 122	6,2	1 158	6,7	132	2,1	152	2,4	1 254	5,1	1 310	5,6
insgesamt	18 055	100	17 206	100	6 361	100	6 310	100	24 416	100	23 516	100
weiblich												
Innergemeindliche Pendler	8 810	62,7	8 698	61,4	4 328	72,1	4 190	70,3	13 138	65,5	12 888	64,0
Pendler zwischen Gemeinden des Landes	4 729	33,6	4 884	34,5	1 556	25,9	1 624	27,3	6 285	31,3	6 508	32,3
Pendler über die Landesgrenze	515	3,7	590	4,2	122	2,0	142	2,4	637	3,2	732	3,6
insgesamt	14 054	100	14 172	100	6 006	100	5 956	100	20 060	100	20 128	100
Pendler insgesamt												
Innergemeindliche Pendler	18 333	57,1	17 625	56,2	8 897	71,9	8 605	70,2	27 230	61,2	26 230	60,1
Pendler zwischen Gemeinden des Landes	12 139	37,8	12 004	38,3	3 216	26,0	3 367	27,4	15 355	34,5	15 372	35,2
Pendler über die Landesgrenze	1 637	5,1	1 748	5,6	254	2,1	294	2,4	1 891	4,3	2 042	4,7
insgesamt	32 109	100	31 377	100	12 367	100	12 266	100	44 476	100	43 644	100

B1

[1] Daten für 1994 siehe "Verkehr in Zahlen 2004/2005, für 1996 siehe "Verkehr in Zahlen 2000". - [2] Ohne Personen, die keine Angaben zum Pendlerverhalten oder zur Lage der der Arbeitsstätte/Hochschule gemacht haben (2000: 6 630, 2004: 12 454). Quelle: Mikrozensus, Statistisches Bundesamt.

Erwerbstätige, Schüler und Studierende

nach Zeitaufwand für den Weg zur Arbeits- bzw. Ausbildungsstätte - 2000 und 2004[1]

Zeitaufwand für den Hinweg von ... bis unter ... Minuten	Erwerbstätige[2]						Schüler und Studierende[2]					
	Insgesamt		männlich		weiblich		Insgesamt		männlich		weiblich	
	1 000	in vH	1 000	in vH	1 000	in vH	1 000	in vH	1 000	in vH	1 000	in vH
2000												
unter 10	8 125	26,5	4 125	24,0	4 000	29,7	3 816	31,5	1 997	32,0	1 819	30,9
10-30	14 594	47,6	8 076	47,0	6 518	48,3	6 204	51,2	3 174	50,9	3 030	51,4
30-60	5 319	17,3	3 274	19,0	2 045	15,2	1 654	13,6	829	13,3	825	14,0
60 und mehr	1 491	4,9	1 070	6,2	421	3,1	424	3,5	222	3,6	202	3,4
Ohne oder wechselnder Weg	1 160	3,8	655	3,8	505	3,7	28	0,2	12	0,2	16	0,3
Insgesamt	30 689	100	17 200	100	13 489	100	12 126	100	6 234	100	5 892	100
2004												
unter 10	8 054	26,9	3 990	24,4	4 064	29,9	3 663	30,5	1 910	30,9	1 753	30,0
10-30	14 207	47,5	7 627	46,7	6 580	48,5	6 101	50,7	3 126	50,5	2 975	50,9
30-60	5 193	17,4	3 130	19,1	2 063	15,2	1 777	14,8	897	14,5	880	15,1
60 und mehr	1 417	4,7	993	6,1	424	3,1	454	3,8	237	3,8	217	3,7
Ohne oder wechselnder Weg	1 055	3,5	609	3,7	446	3,3	33	0,3	16	0,3	17	0,3
Insgesamt	29 926	100	16 349	100	13 576	100	12 026	100	6 185	100	5 841	100

[1] Daten für 1994 siehe "Verkehr in Zahlen 2004/2005", für 1996 siehe "Verkehr in Zahlen 2000".- [2] Ohne Personen, die keine Angaben zum Pendlerverhalten oder zum Zeitaufwand gemacht haben (2000: 8 286, 2004: 8 291). Quelle: Mikrozensus, Statistisches Bundesamt.

Erwerbstätige, Schüler und Studierende

nach Entfernung für den Weg zur Arbeits- bzw. Ausbildungsstätte - 2000 und 2004[1]

Entfernung für den Hinweg von ... bis unter ... km	Erwerbstätige[2] Insgesamt 1000	in vH	männlich 1000	in vH	weiblich 1000	in vH	Schüler und Studierende[2] Insgesamt 1000	in vH	männlich 1000	in vH	weiblich 1000	in vH
2000												
unter 10	15 751	50,2	7 918	44,3	7 833	57,9	9 122	74,6	4 679	74,8	4 443	74,5
10-25	9 683	30,8	5 943	33,3	3 740	27,7	2 189	17,9	1 091	17,4	1 098	18,4
25-50	3 366	10,7	2 241	12,5	1 125	8,3	603	4,9	315	5,0	288	4,8
50 und mehr	1 434	4,6	1 114	6,2	320	2,4	279	2,3	158	2,5	121	2,0
Ohne oder wechselnder Weg	1 160	3,7	655	3,7	505	3,7	28	0,2	12	0,2	16	0,3
Insgesamt	31 394	100	17 871	100	13 523	100	12 221	100	6 255	100	5 966	100
2004												
unter 10	15 081	50,1	7 354	44,7	7 728	56,7	8 708	72,1	4 459	71,8	4 249	72,5
10-25	8 966	29,8	5 094	31,0	3 871	28,4	2 310	19,1	1 185	19,1	1 125	19,2
25-50	3 487	11,6	2 263	13,8	1 224	9,0	697	5,8	372	6,0	325	5,5
50 und mehr	1 491	5,0	1 124	6,8	367	2,7	321	2,7	174	2,8	148	2,5
Ohne oder wechselnder Weg	1 055	3,5	609	3,7	446	3,3	33	0,3	16	0,3	17	0,3
Insgesamt	30 080	100	16 444	100	13 636	100	12 070	100	6 206	100	5 864	100

B1

[1] Daten für 1994 siehe "Verkehr in Zahlen 2004/2005), für 1996 siehe "Verkehr in Zahlen 2000".- [2] Ohne Personen, die keine Angaben zum Pendlerverhalten oder zum Zeitaufwand gemacht haben (2000: 1 520, 2004: 8 094). Quelle: Mikrozensus, Statistisches Bundesamt.

Erwerbstätige, Schüler und Studierende

nach der Art der benutzten Verkehrsmittel[1] - 2000 und 2004

	Erwerbstätige				Schüler und Studierende				Erwerbstätige, Schüler und Studierende			
	2000	2004			2000	2004			2000	2004		
	insges.	insges.	männl.	weibl.	insges.	insges.	männl.	weibl.	insges.	insges.	männl.	weibl.
in 1 000												
Eisenbahn	534	560	324	236	385	455	226	229	919	1 015	550	465
U-Bahn, S-Bahn, Straßenbahn	1 787	1 790	767	1 023	1 077	1 150	567	583	2 864	2 940	1 334	1 606
Kraftomnibus	1 512	1 382	532	850	3 698	3 779	1 871	1 908	5 210	5 161	2 403	2 758
Öffentliche Verkehrsmittel	3 833	3 732	1 623	2 109	5 160	5 384	2 664	2 720	8 993	9 116	4 287	4 829
Selbstfahrer	18 634	18 575	11 048	7 527	1 102	1 117	624	493	19 736	19 692	11 672	8 020
Mitfahrer	1 023	899	417	482	495	549	279	270	1 518	1 448	696	752
Personenkraftwagen	19 657	19 474	11 465	8 000	1 597	1 666	903	763	21 254	21 140	12 368	8 772
Kraftrad, Moped, Mofa	386	322	270	52	110	88	67	21	496	410	337	73
Fahrrad	2 379	2 210	1 035	1 175	1 664	1 508	830	678	4 043	3 718	1 865	1 853
Sonstige Verkehrsmittel	159	173	119	54	38	48	30	18	197	221	149	72
Fußgänger	3 094	2 938	1 253	1 685	3 558	3 247	1 647	1 600	6 652	6 185	2 900	3 285
Ohne oder wechselnder Weg	1 160	1 055	609	446	28	33	16	17	1 188	1 088	625	463
Insgesamt	30 668	29 904	16 374	13 530	12 155	11 974	6 157	5 817	42 823	41 878	22 531	19 347
in vH												
Eisenbahn	1,7	1,9	2,0	1,7	3,2	3,8	3,7	3,9	2,1	2,4	2,4	2,4
U-Bahn, S-Bahn, Straßenbahn	5,8	6,0	4,7	7,6	8,9	9,6	9,2	10,0	6,7	7,0	5,9	8,3
Kraftomnibus	4,9	4,6	3,2	6,3	30,4	31,6	30,4	32,8	12,2	12,3	10,7	14,3
Öffentliche Verkehrsmittel	12,5	12,5	9,9	15,6	42,5	45,0	43,3	46,8	21,0	21,8	19,0	25,0
Selbstfahrer	60,8	62,1	67,5	55,6	9,1	9,3	10,1	8,5	46,1	47,0	51,8	41,5
Mitfahrer	3,3	3,0	2,5	3,6	4,1	4,6	4,5	4,6	3,5	3,5	3,1	3,9
Personenkraftwagen	64,1	65,1	70,0	59,2	13,1	13,9	14,7	13,1	49,6	50,5	54,9	45,3
Kraftrad, Moped, Mofa	1,3	1,1	1,6	0,4	0,9	0,7	1,1	0,4	1,2	1,0	1,5	0,4
Fahrrad	7,8	7,4	6,3	8,7	13,7	12,6	13,5	11,7	9,4	8,9	8,3	9,6
Sonstige Verkehrsmittel	0,5	0,6	0,7	0,4	0,3	0,4	0,5	0,3	0,5	0,5	0,7	0,4
Fußgänger	10,1	9,8	7,7	12,5	29,3	27,1	26,8	27,5	15,5	14,8	12,9	17,0
Ohne oder wechselnder Weg	3,8	3,5	3,7	3,3	0,2	0,3	0,3	0,3	2,8	2,6	2,8	2,4
Insgesamt	100	100	100	100	100	100	100	100	100	100	100	100

[1] Für die längste Wegstrecke zwischen Wohnung und Arbeitsstätte bzw. Ausbildungsstätte benutztes Verkehrsmittel. Quelle: Mikrozensus, Statistisches Bundesamt.

Länge der öffentlichen Straßen[1] - in 1 000 km

Jahr	Straßen des überörtlichen Verkehrs[2]					Gemeindestraßen[3]		
	ins-gesamt	Bundes-auto-bahnen	Bundes-straßen	Landes-straßen	Kreis-straßen	ins-gesamt	inner-orts	außer-orts
1960	135,3	2,515	25,0	57,7	50,1	227	110,1	116,9
1965	155,6	3,204	29,9	66,2	56,3	246	132,1	113,9
1970	162,4	4,110	32,2	65,4	60,7	270	151,7	118,3
1975	169,1	6,213	32,5	65,5	65,0	297	176,6	120,1
1980	172,4	7,538	32,6	65,6	66,7	310	187,9	122,1
1985	173,2	8,350	31,4	63,3	70,2	318	194,0	124,0
1990	174,0	8,959	30,9	63,2	71,0	327	199,4	127,6
1991	226,3	10,955	42,1	84,9	88,3	410	.	.
1992	226,8	11,013	42,2	85,2	88,4	413	.	.
1993	227,2	11,080	42,0	88,1	86,1	.	.	.
1994	228,6	11,143	41,8	86,5	89,2	.	.	.
1995	228,9	11,190	41,7	86,7	89,3	.	.	.
1996	231,1	11,246	41,5	86,8	91,6[4]	.	.	.
1997	231,1	11,309	41,4	86,8	91,5	.	.	.
1998	230,7	11,427	41,4	86,8	91,1	.	.	.
1999	230,7	11,515	41,3	86,8	91,1	.	.	.
2000	230,8	11,712	41,3	86,8	91,0	.	.	.
2001	230,8	11,786	41,2	86,8	91,0	.	.	.
2002	231,6	12,037	41,2	86,9	91,4	.	.	.
2003	231,4	12,044	41,1	86,8	91,4	.	.	.
2004	231,5	12,174	41,0	86,7	91,6	.	.	.

B1

[1] Stand 31. 12. Ohne Privatstraßen des öffentlichen Verkehrs (31. 12. 1975: 3 131 km).- [2] Einschl. Ortsdurchfahrten (1970: 32,7 Tsd. km, 1975: 33,9 Tsd. km, 1980: 34,2 Tsd. km, 1985: 35,3 Tsd. km, 1990: 35,7 Tsd. km). Die Angaben bis 1980 enthalten die Strecken einiger Fahrbahnäste.- [3] Mit Ausnahme der Jahre 1970 und 1975 Schätzungen. Ohne Ortsdurchfahrten der Straßen des überörtlichen Verkehrs (1970: 32,7 Tsd. km, 1975: 33,9 Tsd. km, 1980: 34,2 Tsd. km, 1985: 35,3 Tsd. km, 1990:35,7 Tsd. km).- [4] Kreisstraßen in Thüringen wurden 1996 erstmalig erfasst.

Länge der Straßen des überörtlichen Verkehrs[1] - nach Bundesländern - in 1 000 km

	Insgesamt		Bundesautobahnen		Bundesstraßen		Landesstraßen		Kreisstraßen	
	1999	2004	1999	2004	1999	2004	1999	2004	1999	2004
Baden-Württemberg	27,46	27,43	1,025	1,037	4,44	4,41	9,94	9,91	12,07	12,07
Bayern	41,68	41,78	2,241	2,298	6,81	6,76	13,93	13,94	18,70	18,78
Berlin	0,25	0,25	0,061	0,068	0,19	0,18	-	-	-	-
Brandenburg	12,53	12,53	0,766	0,790	2,79	2,81	5,80	5,81	3,17	3,13
Bremen	0,10	0,11	0,048	0,071	0,05	0,04	-	-	-	-
Hamburg	0,23	0,20	0,081	0,081	0,15	0,12	-	-	-	-
Hessen	15,94	16,29	0,956	0,957	3,13	3,12	7,19	7,20	4,67	5,02
Mecklenburg-Vorpommern	9,70	9,92	0,262	0,477	2,07	2,07	3,24	3,26	4,13	4,12
Niedersachsen	28,22	28,24	1,347	1,392	4,83	4,85	8,35	8,32	13,69	13,68
Nordrhein-Westfalen	29,57	29,72	2,178	2,178	5,08	5,06	12,58	12,68	9,74	9,81
Rheinland-Pfalz	18,43	18,47	0,839	0,868	3,02	2,97	7,18	7,20	7,39	7,44
Saarland	2,03	2,04	0,236	0,240	0,35	0,33	0,83	0,85	0,62	0,63
Sachsen	13,53	13,54	0,447	0,468	2,43	2,43	4,71	4,74	5,94	5,91
Sachsen-Anhalt	10,86	10,90	0,260	0,374	2,34	2,37	3,83	3,87	4,44	4,29
Schleswig-Holstein	9,89	9,88	0,481	0,492	1,72	1,60	3,60	3,67	4,09	4,12
Thüringen	10,31	10,16	0,287	0,383	1,95	1,87	5,65	5,31	2,43	2,60
Deutschland insgesamt	230,74	231,47	11,515	12,174	41,32	40,97	86,82	86,74	91,08	91,59

[1] Stand 31.12.; einschl. Ortsdurchfahrten, ohne Fahrbahnäste.

Länge der öffentlichen Straßen nach Fahrbahnbreiten - km

Fahrbahnbreite von ... bis unter ... m	Bundes- auto- bahnen	Bundes- straßen	Landes- straßen	Kreis- straßen	Gemeindestraßen	
					innerorts	außerorts
31.12.1975						
unter 4	-	15	716	4 594	33 479	68 838
4 - 5	-	138	8 143	16 989	45 001	34 499
5 - 6	-	1 644	24 237	25 316	50 163	12 422
6 - 7	-	9 237	20 620	14 557 ⎫	27 594	3 043
7 - 9	80*	15 772	9 048	2 675 ⎬		
9 - 12	-	3 020	1 823	532	20 389	1 310
12 und mehr	6 127	2 656	867	300 ⎭		
insgesamt[1]	6 213	32 490	65 484	64 959	176 625	120 112
31.12.1980						
unter 4	-	105	526	3 575	.	.
4 - 5	-	104	5 914	14 204	.	.
5 - 6	-	1 116	21 869	26 173	.	.
6 - 7	-	7 447	22 343	18 248	.	.
7 - 9	136*	17 161	11 575	3 455	.	.
9 - 12	-	3 436	2 284	662	.	.
12 und mehr	7 402	3 189	1 126	342	.	.
insgesamt	7 538	32 558	65 637	66 659	188 000**	122 000**
31.12.1985						
unter 5	-	55	4 378	15 814	.	.
5 - 6	-	749	19 145	27 684	.	.
6 - 7	-	6 229	23 098	21 032	.	.
7 - 9	94*	16 882	12 630	4 145	.	.
9 - 12	-	3 665	2 519	862	.	.
12 und mehr	8 256	3 596	1 207	421	.	.
insgesamt[2]	8 350	31 372	63 296	70 222	194 000**	124 000**
31.12.1995* ⎫**						
unter 5		503	.	.	.	.
5 - 7	229 ⎬	10 335	.	.	.	.
7 - 11[3]		25 463	.	.	.	.
11[3] - 20	1 851	4 106	.	.	.	.
20 und mehr	9 132	-	.	.	.	.
insgesamt	11 212	40 407	86 717	89 253	.	.

[1] Durch Runden der Messergebnisse für die einzelnen Teilstücke gleicher Deckenart weichen die nach Fahrbahnbreiten differenzierten Werte in der Summe geringfügig ab.- [2] In der jeweiligen Summe enthalten, aber nicht nach Fahrbahnbreiten nachgewiesen sind: 196 km Bundesstraßen, 319 km Landesstraßen, 264 km Kreisstraßen.- [3] Bei Bundesstraßen 12 m.- * Einbahnige Strecken.- ** Schätzung.- *** Die Werte weichen geringfügig von denen auf den Seiten 111/112 ausgewiesenen Werten ab, da nicht in allen Bundesländern 100 vH der Straßen erfasst wurden.

B1

115

Befestigte Flächen der öffentlichen Straßen - (Fahrbahnen ohne Mittelstreifen, Bankette, Böschungen usw.)

Straßenklassen	Straßenfläche in km²				Anteile der Straßenarten an der Straßenfläche insgesamt in vH				Anteile der Straßenfläche an der Fläche des Bundesgebi[ets] in vH		
	1971	1981	1986	1996	1971	1981	1986	1996	1971	1981	1986
Bundesautobahnen	108,5	200,5	223,2	245,5	4,3	6,8	7,3	.	0,04	0,08	0,09
Bundesstraßen	252,0	271,8	273,7	342,0	9,9	9,2	8,9	.	0,10	0,11	0,11
außerorts[2]	196,2	212,5	213,9	.	7,7	7,2	7,0	.	0,08	0,09	0,09
innerorts[3]	55,8	59,3	59,8	.	2,2	2,0	1,9	.	0,02	0,02	0,02
Landesstraßen	390,3	425,8	420,6	.	15,4	14,4	13,7	.	0,16	0,17	0,17
außerorts[2]	308,6	334,9	328,2	.	12,2	11,3	10,7	.	0,13	0,13	0,13
innerorts[3]	81,7	90,9	92,4	.	3,2	3,1	3,0	.	0,03	0,04	0,04
Kreisstraßen	327,4	380,0	409,4	.	12,9	12,8	13,4	.	0,13	0,15	0,16
außerorts[2]	265,2	305,2	324,6	.	10,4	10,3	10,6	.	0,11	0,12	0,13
innerorts[3]	62,2	74,8	84,8	.	2,5	2,5	2,8	.	0,02	0,03	0,03
Gemeindestraßen	1 436,2	1 666,9	1 720,0	.	56,6	56,3	56,2	.	0,58	0,67	0,69
Privatstraßen des öffentl. Verkehrs	23,6	16,4	15,0	.	0,9	0,5	0,5	.	0,01	0,01	0,01
Öffentliche Straßen insgesamt	2 538,0	2 961,4	3 061,9	.	100	100	100	100	1,02	1,19	1,23

1) Fläche des Bundesgebietes bis 1990 249 469 km², ab 1991 356 959 km².- 2) Freie Strecken.- 3) Ortsdurchfahrten in der Baulast des Bundes, der Länder, der Krei[se], Gemeinden.- Quelle: Berechnungen des Bundesministers für Verkehr und des Deutschen Instituts für Wirtschaftsforschung.

Länge der mit Radwegen[1] versehenen Straßen des überörtlichen Verkehrs[2] nach Bundesländern - in km

B1

	1999				2004			
	Insgesamt		darunter: Ortsdurchfahrten		Insgesamt		darunter: Ortsdurchfahrten	
	Radwege	Fuß- und Radwege[3]	Radwege	Fuß- und Radwege[3]	Radwege	Fuß- und Radwege[3]	Radwege	Fuß- und Radwege[3]
Baden-Württemberg	257	1 901	86	310	276	2 178	116	383
Bayern	321	4 017	283	835	345	4 726	286	949
Berlin	107	19	97	6	107	19	97	6
Brandenburg	612	479	332	262	590	885	373	372
Bremen	13	2	10	1	27	1	24	-
Hamburg	124	21	119	19	85	-	79	-
Hessen	199	938	151	131	212	1 052	156	130
Mecklenburg-Vorpommern	230	611	103	247	581	876	223	343
Niedersachsen	3 443	8 324	832	1 664	3 332	9 915	859	2 016
Nordrhein-Westfalen	.	5 365	.	559	932	6 374	716	876
Rheinland-Pfalz	.	.	.	.	24	1 118	10	167
Saarland	35	257	21	60	37	284	25	65
Sachsen	262	282	103	141	36	73	30	47
Sachsen-Anhalt	308	387	130	124	275	924	127	470
Schleswig-Holstein	2 129	2 133	671	501	681	3 843	388	903
Thüringen	54	187	26	105	56	249	29	136
Deutschland insgesamt	.	.	.	.	7 596	32 517	3 538	6 863

[1] Ein- und beidseitige Wege.- [2] Stand 31. 12.; Bundesstraßen, Landesstraßen, Kreisstraßen.- [3] Ohne Mehrzweckstreifen, die auch von Radfahrern mitbenutzt werden.

117

Anteil der mit Radwegen[1] versehenen Straßen an den Straßen des überörtlichen Verkehrs[2]

nach Bundesländern - in vH

	1999			2004		
	Insgesamt	darunter:		Insgesamt	darunter:	
		Radwege	Fuß- und Radwege[3]		Radwege	Fuß- und Radwege[3]
Baden-Württemberg	8,2	1,0	7,2	9,3	1,0	8,3
Bayern	11,0	0,8	10,2	12,8	0,9	12,0
Berlin	67,0	56,9	10,1	68,9	58,5	10,4
Brandenburg	9,3	5,2	4,1	12,6	5,0	7,5
Bremen	30,0	26,0	4,0	66,7	64,3	2,4
Hamburg	97,3	83,2	14,1	70,8	70,8	-
Hessen	7,6	1,3	6,3	8,2	1,4	6,9
Mecklenburg-Vorpommern	8,9	2,4	6,5	15,4	6,2	9,3
Niedersachsen	43,8	12,8	31,0	49,3	12,4	36,9
Nordrhein-Westfalen	.	.	19,6	26,5	3,4	23,1
Rheinland-Pfalz	.	.	.	6,5	0,1	6,4
Saarland	16,3	2,0	14,3	17,8	2,1	15,8
Sachsen	4,2	2,0	2,2	0,8	0,3	0,6
Sachsen-Anhalt	6,6	2,9	3,7	11,4	2,6	8,8
Schleswig-Holstein	45,3	22,6	22,7	48,2	7,3	40,9
Thüringen	2,4	0,5	1,9	3,1	0,6	2,5
Deutschland insgesamt	.	.	.	18,3	3,5	14,8

[1] Ein- und beidseitige Wege.- [2] Stand 31. 12.; Bundesstraßen, Landesstraßen, Kreisstraßen.- [3] Ohne Mehrzweckstreifen, die auch von Radfahrern mitbenutzt werden.

Straßenbelastung – Zählabschnittslänge der freien Strecken überörtlicher Straßen

nach der Verkehrsstärke - 1995*

DTV-Klasse[1] Kfz/24 h	Bundesautobahnen km 1995	Anteil in vH 1995	Anteil in vH 1990	Bundesstraßen km 1995	Anteil in vH 1995	Anteil in vH 1990	Landesstraßen km 1995	Anteil in vH 1995	Anteil in vH 1990	Kreisstraßen[2] km 1995	Anteil in vH 1995	Anteil in vH 1990	Straßen insgesamt km 1995	Anteil in vH 1995	Anteil in vH 1990
bis unter 1 000	-	-	-	72	0,2	0,2	6 700	9,8	12,4	.	.	45,9	.	.	21,0
1 000 bis unter 2 000	-	-	0,1	848	2,4	2,4	15 563	22,8	24,8	.	.	28,1	.	.	20,1
2 000 bis unter 3 000	1	0,0	0,1	2 066	5,9	5,7	13 368	19,6	19,6	.	.	12,3	.	.	13,3
3 000 bis unter 4 000	29	0,3	0,1	2 627	7,5	8,1	9 837	14,4	13,9	.	.	5,6	.	.	9,1
4 000 bis unter 5 000	9	0,1	0,3	3 293	9,4	10,1	6 650	9,7	8,4	.	.	2,9	.	.	6,3
5 000 bis unter 6 000	24	0,2	0,6	3 740	10,6	10,6	4 267	6,2	6,1	.	.	2,1	.	.	5,2
6 000 bis unter 8 000	122	1,1	1,3	6 474	18,4	17,5	5 669	8,3	7,2	.	.	1,7	.	.	6,9
8 000 bis unter 10 000	101	0,9	1,2	5 059	14,4	14,3	2 905	4,2	3,4	.	.	0,7	.	.	4,4
10 000 bis unter 12 000	139	1,3	1,7	3 545	10,1	10,0	1 530	2,2	1,9	.	.	0,3	.	.	2,9
12 000 bis unter 14 000	174	1,6	2,2	2 381	6,8	6,4	744	1,1	1,0	.	.	0,2	.	.	1,8
14 000 bis unter 16 000	320	2,9	2,6	1 427	4,1	4,6	452	0,7	0,5	.	.	0,1	.	.	1,2
16 000 bis unter 18 000	287	2,6	2,5	1 146	3,3	3,0	285	0,4	0,3	.	.	0,1	.	.	0,9
18 000 bis unter 20 000	347	3,1	4,2	716	2,0	1,9	146	0,2	0,3	.	.	0,0	.	.	0,7
20 000 bis unter 25 000	846	7,7	9,3	836	2,4	2,5	166	0,2	0,2	.	.	0,0	.	.	1,1
25 000 bis unter 30 000	1 001	9,1	8,2	337	1,0	1,0	36	0,1	0,0	.	.	0,0	.	.	0,7
30 000 bis unter 35 000	828	7,5	7,6	208	0,6	0,6	16	0,0	0,0	.	.	0,0	.	.	0,6
35 000 bis unter 40 000	1 147	10,4	7,1	155	0,4	0,4	11	0,0	0,0	.	.	0,0	.	.	0,5
40 000 bis unter 45 000	883	8,0	9,4	95	0,3	0,2	8	0,0	0,0	.	.	-	.	.	0,6
45 000 bis unter 50 000	710	6,4	7,3	59	0,2	0,1	3	0,0	0,0	.	.	-	.	.	0,5
50 000 bis unter 60 000	1 668	15,1	15,3	71	0,2	0,3	8	0,0	0,0	.	.	-	.	.	1,0
60 000 bis unter 70 000	981	8,9	9,0	49	0,1	0,1	2	0,0	0,0	.	.	-	.	.	0,6
70 000 bis unter 80 000	631	5,7	4,5	4	0,0	0,0	-	-	-	.	.	-	.	.	0,3
80 000 bis unter 90 000	360	3,3	3	1	0,0	0,0	-	-	-	.	.	-	.	.	0,1
90 000 und mehr	417	3,8	3	-	-	-	-	-	-	.	.	-	.	.	0,1
insgesamt	11 023	100	100	35 208	100	100	68 367	100	100	.	.	100	.	.	100

[1] Durchschnittliche tägliche Verkehrsstärke aller Tage des Jahres für den Kraftfahrzeugverkehr in beiden Richtungen.- [2] Keine Angaben wegen zu geringer Anzahl der Zählstellen in den neuen Bundesländern.- * Vergleichszahlen für 1990: alte Bundesländer. Angaben für 1973 siehe Verkehr in Zahlen 1975, für 1975 Verkehr in Zahlen 1979, für 1980 Verkehr in Zahlen 1981, für 1985 Verkehr in Zahlen 1991, für 1990 Verkehr in Zahlen 1996. Quelle: Bundesanstalt für Straßenwesen.

Straßenbelastung - Kraftfahrzeugverkehr auf den freien Strecken der überörtlichen Straßen

Durchschnittliche tägliche Verkehrsstärke (DTV) in Kfz je 24 Stunden

Jahr	Bundesautobahnen			Bundesstraßen			Landesstraßen			Kreisstraßen		
	DTV in Kfz/24 h	Personenverkehr in vH	Güterverkehr in vH	DTV Kfz/24 h	Personenverkehr in vH	Güterverkehr in vH	DTV Kfz/24 h	Personenverkehr in vH	Güterverkehr in vH	DTV Kfz/24 h	Personenverkehr in vH	Güterverkehr in vH
1953	4 578	.	.	1 640	73,1	26,9	567[1]	75,3	24,7	.	.	.
1958	9 291	.	.	3 047	.	.	.	.	.	.	.	.
1960	10 710	75,5	24,5	3 548	75,6	24,4	1 262[1]	74,1	25,9	453[3]	.	.
1963	13 626	75,5	24,5	4 099	77,0	23,0	.	.	.	.	.	.
1965	16 568	75,3	24,7	4 551	79,7	20,3	1 524[2]	76,2	23,8	663[3]	.	.
1968	18 234	77,0	23,0	4 784	79,5	20,5	1 633[2]	80,0	20,0	880[4]	80,5	19,5
1970	22 385	80,8	19,2	5 660	84,6	15,4	1 885[2]	85,9	14,1	964[5]	85,9	14,1
1973	23 531	80,3	19,7	6 016	85,2	14,8	2 153[2]	87,8	12,2	1 079[5]	87,8	12,2
1975	25 687	85,3	14,7	6 108	88,9	11,1	2 166[2]	90,3	9,7	1 132[6]	89,6	10,4
1978	29 120	84,4	15,6	6 601	89,3	10,7	.	.	.	.	.	.
1980	29 917	84,3	15,7	6 785	88,9	11,1	2 566	90,3	9,7	1 325[6]	90,1	9,9
1985	31 385	84,6	15,4	7 238	90,1	9,9	2 837	91,4	8,6	1 415[6]	91,0	9,0
1990	41 967	85,4	14,6	9 005	90,7	9,3	3 527	92,1	7,9	1 655[6]	91,7	8,3
1995	43 900	83,9	16,1	9 130	89,6	10,4	3 789	91,2	8,8	[7]	[7]	[7]
2000	47 800	84,9	15,1	9 270	91,6	8,4	.	.	.	.	.	.

1) Landesstraßen soweit von der Zählung erfasst.- 2) Erfasst wurden rund 90 vH der Landesstraßen.- 3) Erfasst wurden nur einzelne Abschnitte des Kreisstraßennetzes in einem Teil der Bundesrepublik.- 4) Erfasst wurden rund ein Sechstel der Kreisstraßen.- 5) Erfasst wurden rund die Hälfte der Kreisstraßen.- 6) Erfasst wurden rund zwei Drittel der Kreisstraßen.- 7) Keine Angabe wegen zu geringer Anzahl der Zählstellen in den neuen Bundesländern.- Quelle: Bundesanstalt für Straßenwesen.

Straßenbelastung - Kraftfahrzeugverkehr[1]

Netzlänge[2], durchschnittliche tägliche Verkehrsstärke (DTV) in Kfz je 24 Stunden,
Jahresfahrleistungen[3]

Jahr[4]	Autobahnen			Bundesstraßen		
	Netzlänge[2]	DTV	Jahresfahr-leistung[3]	Netzlänge[2]	DTV	Jahresfahr-leistung[3]
	in km	Kfz/24 h	Mrd. km	in km	Kfz/24 h	Mrd. km
1975	5 981	25 700	55,4	25 439	6 110	56,7
1980	7 415	29 700	80,6	25 142	6 790	62,5
1985	8 274	31 300	94,5	24 596	7 240	65,0
1990	8 890	41 800	135,6	24 428	9 010	81,0
1991	9 020	42 800	140,8	24 348	9 110	82,2
1992	9 110	44 000	146,6	24 271	9 250	82,9
1993	11 046	42 700	172,2	32 232	8 710	102,4
1994	11 111	43 300	175,7	32 124	8 970	105,2
1995	11 167	43 900	179,1	31 994	9 130	106,7
1996	11 218	44 300	181,7	31 888	9 150	106,8
1997	11 278	45 400	187,1	31 830	9 200	106,9
1998	11 368	46 500	193,1	31 838	9 240	107,3
1999	11 473	47 600	199,5	31 859	9 280	108,0
2000	11 614	47 800	203,4	31 879	9 270	108,2
2001	11 749	48 100	206,3	31 917	9 210	107,3
2002	11 886	48 500	210,4	31 990	9 250	108,0
2003	12 015	48 900	214,5	32 056	9 330	109,1
2004*	12 109	49 400	218,9	32 067	9 340	109,6

[1] Auf freien Strecken der überörtlichen Straßen.- [2] Stand 1.7.- [3] Inlandsfahrleistung.- [4] Bis 1992
alte Bundesländer.- * Vorläufige Werte. Quelle: Bundesanstalt für Straßenwesen.

B1

121

Straßenbelastung - Kraftfahrzeugverkehr auf Bundesautobahnen und Bundesstraßen

Durchschnittliche tägliche Verkehrsstärke (DTV) in Kfz je 24 Stunden nach Zeitbereichen und Fahrzeugarten[1]

Kraftfahrzeugart / Straßenart	Zeit-bereiche[2]	1985	1986	1987	1988	1989	1990	1991*	1992*	1993*	1994*
Kraftfahrzeuge insgesamt											
Bundesautobahnen	AT	31 300	33 600	35 400	37 800	39 800	41 800	42 800	44 000	45 300	45 900
	WT	30 500	33 200	34 700	37 500	40 000	42 200	43 200	44 700	46 000	47 000
	FT	34 200	36 100	38 500	40 600	42 400	44 200	45 200	46 500	47 800	48 000
	SF	28 300	30 200	31 900	33 900	34 800	36 400	37 300	38 200	38 800	38 700
Bundesstraßen - außerörtlich	AT	7 240	7 690	8 030	8 420	8 730	9 010	9 120	9 250	9 380	9 670
	WT	7 340	7 880	8 160	8 640	9 060	9 390	9 510	9 680	9 800	10 170
	FT	7 630	8 030	8 500	8 770	9 120	9 410	9 510	9 640	9 790	10 050
	SF	6 270	6 520	6 760	6 990	7 080	7 190	7 230	7 260	7 330	7 410
Personenkraftwagen[3]											
Bundesautobahnen	AT	27 100	29 300	30 900	33 100	34 900	36 500	37 300	38 400	39 500	39 900
	WT	25 550	28 000	29 400	32 000	34 300	36 100	36 800	38 000	39 200	39 900
	FT	29 600	31 400	33 500	35 400	36 900	38 300	39 000	40 000	41 400	41 300
	SF	28 300	30 200	31 900	33 900	34 800	36 400	37 300	38 200	38 800	38 700
Bundesstraßen - außerörtlich	AT	6 670	7 090	7 430	7 800	8 100	8 350	8 430	8 560	8 700	8 930
	WT	6 650	7 160	7 450	7 930	8 320	8 610	8 700	8 860	9 000	9 310
	FT	6 970	7 360	7 810	8 060	8 390	8 670	8 710	8 820	9 010	9 210
	SF	6 270	6 520	6 760	6 990	7 080	7 190	7 230	7 260	7 330	7 410
Lastkraftfahrzeuge, Omnibusse[4]											
Bundesautobahnen	AT	4 190	4 320	4 420	4 660	4 880	5 260	5 550	5 740	5 780	6 000
	WT	5 060	5 190	5 230	5 460	5 710	6 110	6 530	6 670	6 760	7 100
	FT	4 630	4 760	5 040	5 250	5 540	5 920	6 120	6 450	6 360	6 700
Bundesstraßen - außerörtlich	AT	570	590	600	610	640	660	680	690	690	740
	WT	690	720	710	710	740	770	790	800	800	860
	FT	660	670	690	700	730	740	780	820	780	840

Straßenbelastung - Kraftfahrzeugverkehr auf Bundesautobahnen und Bundesstraßen

Durchschnittliche tägliche Verkehrsstärke (DTV) in Kfz je 24 Stunden nach Zeitbereichen und Fahrzeugarten[1]

Kraftfahrzeugart / Straßenart	Zeitbereiche[2]	1995*	1996*	1997	1998	1999	2000	2001	2002	2003	2004**
Kraftfahrzeuge insgesamt											
Bundesautobahnen	AT	46 500	46 800	45 400	46 500	47 600	47 800	48 100	48 500	48 900	49 400
	WT	47 600	47 900	.	.	48 300	48 800	49 500	50 200	50 600	.
	FT	49 000	49 100	.	.	50 100	50 600	50 200	50 700	51 300	.
	SF	39 000	39 500	.	.	40 400	39 600	40 200	41 100	41 400	.
Bundesstraßen - außerörtlich	AT	9 850	9 930	9 200	9 240	9 280	9 270	9 210	9 250	9 330	9 340
	WT	10 370	10 470	.	.	9 730	9 800	9 770	9 810	9 910	.
	FT	10 230	10 320	.	.	9 740	9 750	9 640	9 650	9 700	.
	SF	7 570	7 540	.	.	6 980	6 800	6 680	6 770	6 810	.
Personenkraftwagen[3]											
Bundesautobahnen	AT	40 300	40 500	.	.	40 400	40 600	40 800	41 100	41 500	.
	WT	40 300	40 500	.	.	39 900	40 300	40 900	41 500	41 800	.
	FT	42 100	42 200	.	.	42 100	42 500	42 400	42 800	43 300	.
	SF	39 000	39 500	.	.	38 400	37 600	38 200	39 000	39 300	.
Bundesstraßen - außerörtlich	AT	9 100	9 170	.	.	8 500	8 490	8 440	8 490	8 560	.
	WT	9 490	9 580	.	.	8 820	8 880	8 860	8 910	9 010	.
	FT	9 370	9 460	.	.	8 850	8 860	8 770	8 800	8 840	.
	SF	7 570	7 540	.	.	6 770	6 580	6 460	6 540	6 850	.
Lastkraftfahrzeuge, Omnibusse[4]											
Bundesautobahnen	AT	6 200	6 300	.	.	7 250	7 270	7 260	7 360	7 420	.
	WT	7 300	7 400	.	.	8 430	8 540	8 560	8 710	8 800	.
	FT	6 900	6 900	.	.	8 010	8 120	7 960	7 930	7 990	.
	SF	.	.	.	.	1 950	1 960	2 010	2 080	2 100	.
Bundesstraßen - außerörtlich	AT	750	760	.	.	785	780	775	765	765	.
	WT	880	890	.	.	910	915	905	900	900	.
	FT	860	860	.	.	885	890	870	850	855	.
	SF	.	.	.	.	220	215	220	225	225	.

[1] Bezogen auf die Straßenlängen zum 1. 7. des jeweiligen Jahres.- [2] AT = alle Tage, WT = Werktage (Mo-Sa) außerhalb der Ferienzeit, FT = Werktage (Mo-Sa) innerhalb der Ferienzeit, SF = Sonn- und Feiertage.- [3] "Pkw-ähnliche" Kfz.- [4] "Lkw-ähnliche" Kfz.- * Alte Bundesländer. Für die neuen Bundesländer liegen nur Werte für Kraftfahrzeuge insgesamt vor. Autobahnen: 1993 30 100, 1994 30 400, 1995 31 200, 1996 32 300. Außerörtliche Bundesstraßen: 1993 6 670, 1994 6 870, 1995 6 990.-
** Vorläufige Werte. Quelle: Bundesanstalt für Straßenwesen.

B1

Transportbilanz / Leistungsbilanz der Bundesrepublik* - in Mio. Euro

(Mit dem Ausland)

	1975	1980	1985	1990*	1991	1992	1993	1994	1995
Transport insgesamt									
Einnahmen	6 375	9 327	13 098	13 571	14 695	14 717	14 737	15 199	15 844
Ausgaben	6 711	9 796	13 329	10 490	11 491	12 302	12 229	12 662	13 255
Saldo	-336	-468	-231	3 081	3 204	2 415	2 508	2 538	2 589
Frachten	441	541	427	4 310	4 452	3 960	4 165	4 313	4 580
Personenbeförderung	-77	-306	-103	-137	-293	-386	-373	-393	-516
Sonstige Transportleistungen	-700	-704	-556	-1 093	-954	-1 160	-1 284	-1 382	-1 476
dar. Seehäfendienste	-515	-497	-455	-511	-674	-831	-794	-1 080	-1 163
dar. Flughäfendienste				-111	85	41	153	210	276
Zum Vergleich:									
Saldo der Leistungsbilanz der Bundesrepublik[1]	5 444	-12 846	24 709	41 633	-14 507	-11 721	-8 260	-19 841	-15 171
Warenhandel	22 248	9 430	43 297	51 921	9 763	17 208	30 833	36 691	43 615
Dienstleistungen[2]	-7 959	-10 278	-3 714	-9 055	-12 702	-19 375	-23 049	-27 801	-27 978
Reiseverkehr	-7 285	-11 524	-12 134	-16 098	-18 637	-21 126	-22 625	-26 373	-26 282
Transport(-bilanz)	-172	-239	-118	3 081	3 204	2 415	2 508	2 538	2 589
Versicherungen[3]	-472	-524	-853	-469	-642	-492	-320	13	-4
Sonstige Dienstleistungen[4]	-31	2 010	9 391	4 430	3 373	-172	-2 613	-3 978	-4 281
Übertragungen[5]	-8 845	-11 998	-14 874	-1 232	-11 569	-9 554	-16 044	-28 731	-30 807

[1] Erfassung Warenhandel und Dienstleistungen auf Basis Ausfuhr (fob) / Einfuhr (cif), d.h. einschl. Fracht- und Versicherungskosten der Einfuhr.-
[2] Ohne die im cif-Wert der Einfuhr enthaltenen Fracht- und Versicherungskosten.- [3] In den Prämienzahlungen enthaltene Dienstleistungskomponenten.- [4] Transithandelserträge, Finanzdienstleistungen und sonstige Dienstleistungen.- [5] Erwerbs- und Vermögenseinkommen, Versicherungsleistungen (ohne Dienstleistungskomponenten), laufende öffentliche und private Übertragungen.- * Ab Juli 1990 einschl. Transaktionen der neuen Bundesländer mit dem Ausland.

Transportbilanz / Leistungsbilanz der Bundesrepublik* - in Mio. €

(Mit dem Ausland)	1996	1997	1998	1999	2000	2001	2002*	2003*	2004*
Transport insgesamt									
Einnahmen	16 728	18 901	20 079	20 649	24 044	25 426	27 050	25 852	28 955
Ausgaben	14 237	15 975	17 289	17 767	20 658	21 172	24 280	24 134	24 638
Saldo	2 492	2 926	2 790	2 882	3 386	4 254	2 770	1 718	4 317
Frachten	4 675	4 722	4 723	5 009	6 698	7 714	7 361	7 359	9 521
Personenbeförderung	282	1 052	1 173	1 395	1 396	1 394	573	-843	40
Sonstige Transportleistungen	-2 465	-2 848	-3 106	-3 522	-4 708	-4 854	-5 164	-4 798	-2 863
dar. Seehäfendienste	-1 633	-1 688	-1 912	-2 085	-2 755	-2 851	-2 861	-2 529	-2 863
dar. Flughäfendienste	-133	-307	-224	-174	-205	-292	-232	208	505
Zum Vergleich:									
Saldo der Leistungsbilanz der Bundesrepublik[1]									
Warenhandel	-6 115	-2 417	-6 051	-24 001	-32 676	3 316	48 155	45 172	83 510
Dienstleistungen[2]	50 382	59 549	64 919	65 211	59 128	95 495	132 788	129 921	155 119
Reiseverkehr	-28 290	-30 021	-34 128	-46 035	-49 006	-49 862	-35 473	-33 970	-30 964
Transport(-bilanz)	-27 111	-26 954	-27 989	-35 436	-37 188	-37 821	-35 154	-36 761	-34 822
Versicherungen[3]	2 492	2 926	2 790	2 882	3 386	4 254	2 770	1 718	4 317
Sonstige Dienstleistungen[4]	470	134	-804	669	-91	924	6 685	3 135	-1 182
Übertragungen[5]	-4 140	-6 127	-8 124	-14 150	-15 113	-17 219	-9 774	-2 062	723
	-28 206	-31 945	-36 842	-43 177	-42 798	-42 317	-49 160	-50 779	-40 645

B1

[1] Werte nicht saisonbereinigt. Erfassung Warenhandel und Dienstleistungen auf Basis Ausfuhr (fob) / Einfuhr (cif, d.h. einschl. Fracht- und Versicherungskosten der Einfuhr.- [2] Ohne die im cif-Wert der Einfuhr enthaltenen Fracht- und Versicherungskosten.- [3] In den Prämienzahlungen enthaltene Dienstleistungskomponenten.- [4] Transithandelserträge, Finanzdienstleistungen und sonstige Dienstleistungen.- [5] Erwerbs- und Vermögenseinkommen, Versicherungsleistungen (ohne Dienstleistungskomponenten) laufende öffentliche und private Übertragungen.- * Vorläufige Werte.

Länge der Binnenwasserstraßen des Bundes[1] - in km

Jahr	Insgesamt	Fluss-/Kanalstrecken			klassifizierte Wasserstraßen		sonstige Wasser-straßen[4]
		freie/ geregelte	stauge-regelte	Kanal-strecken	nationaler Bedeutung[2]	intern. Bedeutung[3]	
1960	.	.	.	.	.	.	.
1965	.	.	.	.	.	.	.
1970	.	.	.	.	.	.	.
1975	.	.	.	.	.	.	.
1980	.	.	.	.	.	.	.
1985	.	.	.	.	.	.	.
1990	.	.	.	.	.	.	.
1991	7 341	2 869	2 742	1 730	1 473	4 733	1 135
1992	7 341	2 869	2 742	1 730	1 473	4 733	1 135
1993	7 681	2 960	2 942	1 779	1 613	4 778	1 290
1994	7 681	2 960	2 942	1 779	1 613	4 778	1 290
1995	7 343	2 870	2 740	1 733	1 575	4 787	981
1996	7 339	2 829	2 781	1 729	1 378	4 983	978
1997	7 339	2 829	2 781	1 729	1 378	4 983	978
1998	7 300	2 533	3 032	1 735	1 252	5 068	980
1999	7 300	2 533	3 032	1 735	1 252	5 068	980
2000	7 300	2 533	3 032	1 735	1 256	5 085	959
2001	7 300	2 533	3 032	1 735	1 256	5 085	959
2002	7 305	2 540	3 030	1 735	1 257	5 073	975
2003	7 305	2 540	3 030	1 735	1 257	5 073	975
2004	7 305	2 540	3 030	1 735	1 257	5 073	975

[1] Stand 31.12. Ohne Delgationsstrecke Hamburg.- [2] Wasserstraßen nationaler Bedeutung = Wasserstraßenklassen I bis III.- [3] Wasserstraßen internationaler Bedeutung = Wasserstraßenklassen IV bis VIc.- [4] Nicht klassifizierte Binnenwasserstraßen und solche, die nicht dem allgemeinen Verkehr dienen.

Verkehrsausgaben

**Nettoausgaben des Bundes, der Länder und der Gemeinden für das Straßenwesen[1]
in Mio. €**

Jahr	Insge-samt	Bundes-auto-bahnen	Bundes- und Landes-straßen	Kreis-straßen	Gemeinde-straßen	Verwaltung und Sonstiges
1965	5 102	542	1 746	454	2 091	269
1970	7 614	1 293	2 254	466	3 216	385
1975[3]	8 980	2 002	2 323	563	3 691	401
1980	11 804	1 910	3 205	898	5 212	579
1985	10 413	1 656	2 942	766	4 468	581
1990	11 584	1 783	3 266	831	4 968	736
1991*	13 656	2 226	3 699	872	5 851	1 008
1992**	17 867	2 702	4 706	787	7 750	1 923
1993	16 437	2 846	4 697	725	6 939	1 229
1994	16 661	2 814	4 824	794	6 963	1 266
1995	16 397	3 008	4 747	820	6 597	1 226
1996	16 192	3 088	4 228	821	6 677	1 377
1997	16 080	3 215	3 949	857	6 681	1 378
1998	15 828	3 295	3 940	809	6 677	1 107
1999	16 456	3 301	3 917	887	7 218	1 133
2000	16 776	3 271	3 949	953	7 487	1 116
2001	17 469	3 317	4 673	924	7 336	1 219
2002	17 078	3 389	4 489	930	7 168	1 102
2003	.	.	.	.	.	.
2004	.	.	.	.	.	.

B1

[1] Einschl. der durch die "Deutsche Gesellschaft für öffentliche Arbeiten" (Öffa) über den Kreditmarkt finanzierten Ausgaben.- [2] Ab 1975 sind die Ergebnisse infolge der Erweiterung des finanzstatisti-schen Berichtskreises sowie der Neufassung der kommunalen Haushaltssystematik mit denen früherer Rechnungsjahre nicht voll vergleichbar. In den Angaben nach der neuen Abgrenzung und Methode fehlen u.a. die Ausgaben für die Tiefbauverwaltungen und die Bauhöfe und Gemeinden.- * Alte Bundesländer.- ** 1992 wurden zusätzlich 760 Mio. € aus Mitteln des "Aufschwungs Ost" für Bundesstraßen verwendet, die in den oben angegebenen Zahlen nicht enthalten sind.

Verkehrsausgaben – Ist-Ausgaben des Bundes für den Verkehr – in Mio. €

Jahr	Verkehr insgesamt	davon: Bundesfernstraßen	dar. Investitionen in vH	Verbesserung der Verkehrsverhältnisse der Gemeinden[1]	Bundeswasserstraßen	Eisenbahnen	Luftfahrt[2]	Übrige Verkehrsausgaben	Zum Vergleich: Ausgaben des Bundes[3] insgesamt	dar. Investitionen in vH	Anteil des Verkehrs an den Ausgaben des Bundes in vH	Anteil des Verkehrs an den Investitionen des Bundes in vH
1970	5 722	2 612	57	496	406	1 717	158	334	45 100	17	12,7	43
1975	9 819	2 978	46	1 094	743	4 122	288	594	81 823	16	12,0	35
1980	12 416	3 492	49	1 238	828	5 827	283	748	110 994	15	11,2	38
1985	12 920	3 149	49	1 344	937	6 698	231	562	132 294	13	9,8	37
1990	13 273	3 438	50	1 345	993	6 336	493	667	162 255	13	8,2	30
1991	18 099	4 277	48	1 682	1 192	9 955	501	491	205 422	15	8,8	28
1992	20 426	5 041	56	2 438	1 250	10 536	625	535	218 408	15	9,4	34
1993	22 423	5 332	57	3 155	1 382	11 623	350	582	233 896	15	9,6	38
1994	26 966	5 471	45	3 139	1 365	15 995	359	637	241 212	13	11,2	43
1995	26 879	5 449	47	3 080	1 481	15 747	482	641	237 768	14	11,3	37
1996	25 425	5 200	46	3 070	1 535	14 649	425	546	232 919	13	10,9	37
1997	21 905	5 197	43	1 682	1 524	12 521	442	540	225 950	13	10,0	33
1998	21 995	5 292	43	1 650	1 594	12 473	488	497	233 774	12	9,0	34
1999	20 563	5 212	49	1 625	1 649	11 115	503	459	246 869	12	8,3	35
2000	19 986	5 070	48	1 631	1 616	10 715	491	463	244 405	12	8,2	35
2001	18 343	5 578	59	1 598	1 552	8 589	434	591	243 145	11	7,5	40
2002	21 027	5 631	54	1 702	1 601	11 013	513	567	249 286	10	8,4	48
2003	20 683	5 572	56	1 721	1 604	10 713	449	623	256 703	10	8,1	45
2004	19 517	5 848	56	1 700	1 574	9 502	448	446	251 594	10	7,8	49

1) In 1997 Wegfall von 1,5 Mrd. €, die im Rahmen des GVFG bereitgestellt wurden. Stattdessen standen den Ländern 1997 ca. 6 Mrd. € gem. Regionalisierungsgesetz für den ÖPNV zur Verfügung.– 2) Einschl. Luftfahrt-Bundesamt; bis 1994 einschl. Flugsicherung, ab 1995 einschl. Deutscher Wetterdienst.– 3) Einschl. Ergänzungszuweisungen an finanzschwache Länder im Rahmen des Finanzausgleichs.

Der Verkehr in funktionaler Gliederung
Führerscheine, Fahrzeuge

B2

Luftfahrt - Bestand an Luftfahrzeugen[1]

Jahr	Insgesamt[2]	Flugzeuge	mit einem Startgewicht			Hubschrauber	nachrichtl.: Segelflugzeuge[3]
			bis 2 t[2]	über 2 t bis 20 t	über 20 t		
1955	99	97	77	12	8	2	.
1960	1 111	1 096	975	83	38	15	.
1965	2 052	1 982	1 729	187	66	70	.
1970	3 792	3 666	3 263	288	115	126	.
1975	5 998	5 754	5 165	449	140	244	.
1980	7 769	7 403	6 565	685	153	366	.
1985	7 958	7 544	6 823	543	178	414	6 536
1990	9 158	8 690	7 702	682	306	468	6 961
1991	9 929	9 398	8 228	815	355	531	7 465
1992	10 691	10 069	8 791	884	394	622	7 608
1993	11 124	10 460	9 046	983	431	664	7 724
1994	11 435	10 748	9 333	980	435	687	7 767
1995	11 631	10 927	9 508	979	440	704	7 777
1996	11 718	11 011	9 612	939	460	707	7 845
1997	11 638	10 958	9 696	796	466	680	7 862
1998	11 645	10 973	9 698	782	493	672	7 805
1999	11 668	10 975	9 647	801	527	693	7 811
2000	11 623	10 923	9 551	800	572	700	7 778
2001	11 609	10 888	9 454	822	612	721	7 771
2002	11 581	10 850	9 433	798	619	731	7 728
2003	11 556	10 831	9 396	782	653	725	7 686
2004	11 553	10 833	9 453	761	619	720	7 703

[1] Im Bundesgebiet (bis 1990 ohne Berlin-West). Stand 31.12.- [2] Ohne Segelflugzeuge. Einschl. Motorsegler (2004 = 2 584). Ohne Luftschiffe und Ballone (2004 = 1 355).- [3] Klasse S.

Allgemeine Fahrerlaubnisse[1) - in 1 000

Jahr	Erteilungen insgesamt	Klasse[2)						Entziehungen[3) insgesamt	dar. infolge Trunkenheit
		1/1 a	1 b	2	3	4	5		
1965	1 598	119	-	111	1 177	136	55	100,4	81,3
1970	1 603	93	-	115	1 260	120	15	150,3	133,8
1975	1 701	226	-	117	1 187	163	8	179,6	156,2
1980	2 110	380	115	143	1 343	122	7	204,0	174,4
1985	1 788	294	110	132	1 230	5	16	176,2	150,0
1990	1 724	298	49	180	1 170	16	12	182,2	146,7
1991*	2 223	254	61	139	1 636	20	13	198,3	160,7
1992*	1 927	262	86	137	1 412	19	11	214,7	172,1
1993	1 977	415	95	126	1 314	18	9	227,2	178,3
1994	1 887	362	105	113	1 277	21	9	245,4	193,3
1995	1 869	362	106	118	1 253	22	8	239,8	186,0
1996	1 842	349	118	117	1 223	27	8	234,5	179,9
1997	1 778	357	102	104	1 172	35	7	231,5	177,0
1998	1 760	334	97	112	1 170	41	7	217,2	162,6
		A/A1	B	BE	C	D	L, M, T		
1999	.	.	.	.	.	.	.	187,3	140,4
2000	.	.	.	.	.	.	.	188,4	135,7
2001	.	.	.	.	.	.	.	187,7	130,9
2002	1 537	263	949	53	191	11	71	186,1	124,0
2003	1 403	214	942	49	116	9	73	187,0	123,4
2004	.	.	.	.	.	.	.	.	.

B2

[1) Ersterteilungen, Erweiterungen, Umschreibungen und erneute Erteilungen. Ohne Erteilungen und Entziehungen von Bundeswehr, Bundesbahn, Bundespost, Bundesgrenzschutz und Polizei.- [2) Abgrenzung der Fahrerlaubnisklassen nach der jeweiligen Rechtslage.- [3) Einschl. isolierte Sperren nach § 69 b StGB sowie Aberkennung nach § 69 b Abs. 1 StGB und §11 Abs. 2 IntKfzVo.- * Ohne Umschreibungen von Fahrerlaubnissen aus der DDR (1991: 158 Tsd., 1992: 171 Tsd.).

131

Allgemeine Fahrerlaubnisse - Besitz von Pkw-Fahrerlaubnissen[1] nach Altersgruppen - 2003

Einwohner im Alter von ... bis ... Jahren	Einwohner ab 18 Jahre insgesamt in 1 000	davon mit Pkw-Fahrerlaubnisbesitz in 1 000	in vH	davon ohne Pkw-Fahrerlaubnisbesitz in 1 000	in vH	keine Angabe[2] in 1 000	in vH
Insgesamt	64 417	52 034	80,8	12 288	19,1	94	0,1
Männer	31 759	28 287	89,1	3 444	10,8	29	0,1
18 - 25	3 890	3 024	77,7	852	21,9	13	0,3
26 - 30	2 436	2 175	89,3	261	10,7	0	0,0
31 - 40	7 039	6 661	94,6	378	5,4	0	0,0
41 - 60	11 118	10 192	91,7	925	8,3	1	0,0
61 - 80	7 277	6 235	85,7	1 028	14,1	14	0,2
Frauen	32 658	23 748	72,7	8 844	27,1	65	0,2
18 - 25	3 750	2 852	76,1	896	23,9	1	0,0
26 - 30	2 340	1 960	83,8	376	16,0	4	0,2
31 - 40	6 650	5 860	88,1	778	11,7	13	0,2
41 - 60	10 935	8 791	80,4	2 136	19,5	8	0,1
61 - 80	8 982	4 285	47,7	4 659	51,9	39	0,4

[1] Fahrerlaubnisse der Klassen 2 oder 3.- [2] Zum Fahrerlaubnisbesitz. Quellen: Sozio-Ökonomisches Panel, Statistisches Bundesamt, Berechnungen des DIW.

Allgemeine Fahrerlaubnisse – Besitz von Fahrerlaubnissen nach Erlaubnisklassen[1] - 2003

| | Einwohner 16 bis 80 Jahre insgesamt | mit Fahrerlaubnisbesitz | | | | | | ohne Fahrerlaubnisbesitz | keine Angabe[2] |
		Klasse 1/1a	Klasse 1+2	Klasse 1+3	Klasse 2	Klasse 3	Klasse 4/1b		
					in 1 000				
Insgesamt	66 278	192	3 318	7 323	2 231	39 208	1 906	12 006	94
Männer	32 714	146	3 244	5 648	1 996	17 415	407	3 830	29
Frauen	33 564	46	73	1 675	235	21 794	1 499	8 176	65

1) Personen mit mehrfachem Fahrerlaubnisbesitz sind in der jeweils höchsten Fahrerlaubnisklasse enthalten.- 2) Zum Fahrerlaubnisbesitz.
Quelle: Sozio-Ökonomisches Panel, Statistisches Bundesamt, Berechnungen des DIW.

Pkw-Verfügbarkeit nach Altersgruppen - 2003

| Einwohner im Alter von ... bis ... | Einwohner 18 bis 80 Jahre insgesamt | mit Pkw-Verfügbarkeit | | | | keine Pkw-Verfügbarkeit | | keine Angabe[1] | |
| | | ständig | | zeitweise | | | | | |
	in 1 000	in 1 000	in vH	in 1 000	in vH	in 1 000	in vH	in 1 000	in vH
Insgesamt	64 428	42 002	65,2	6 550	10,2	15 793	24,5	83	0,1
Männer	31 763	24 153	76,0	2 389	7,5	5 179	16,3	43	0,1
18 - 25	3 890	2 128	54,7	645	16,6	1 116	28,7	0	0,0
26 - 40	9 475	7 537	79,5	786	8,3	1 133	12,0	19	0,2
41 - 60	11 118	8 885	79,9	760	6,8	1 453	13,1	20	0,2
60 - 80	7 281	5 602	76,9	197	2,7	1 477	20,3	4	0,1
Frauen	32 665	17 850	54,6	4 161	12,7	10 614	32,5	40	0,1
18 - 25	3 750	1 742	46,5	818	21,8	1 190	31,7	0	0,0
26 - 40	8 990	5 979	66,5	1 473	16,4	1 523	16,9	16	0,2
41 - 60	10 935	6 766	61,9	1 406	12,9	2 747	25,1	16	0,1
60 - 80	8 990	3 363	37,4	465	5,2	5 154	57,3	8	0,1

1) Zur Pkw-Verfügbarkeit.- Quelle: Sozio-Ökonomisches Panel, Statistisches Bundesamt, Berechnungen des DIW.

B2

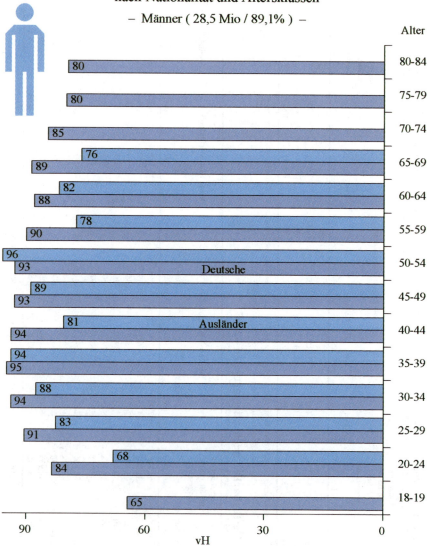

Pkw-Fahrerlaubnis 2003
nach Nationalität und Altersklassen
– Männer (28,5 Mio / 89,1%) –

Quelle: Sozio-ökonomisches Panel, Berechnungen des DIW.

Pkw-Fahrerlaubnis 2003
nach Nationalität und Altersklassen

– Frauen (23,9 Mio / 71,3 %) –

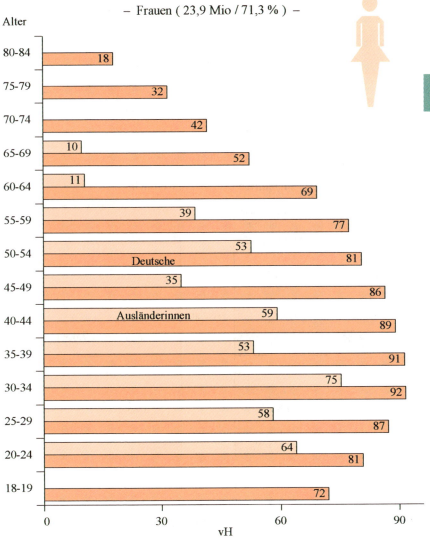

Alter

B2

Deutsche

Ausländerinnen

Alter	
80-84	18
75-79	32
70-74	42
65-69	10 / 52
60-64	11 / 69
55-59	39 / 77
50-54	53 / 81
45-49	35 / 86
40-44	59 / 89
35-39	53 / 91
30-34	75 / 92
25-29	58 / 87
20-24	64 / 81
18-19	72

0   30   60   90

vH

Quelle: Sozio-ökonomisches Panel, Berechnungen des DIW.

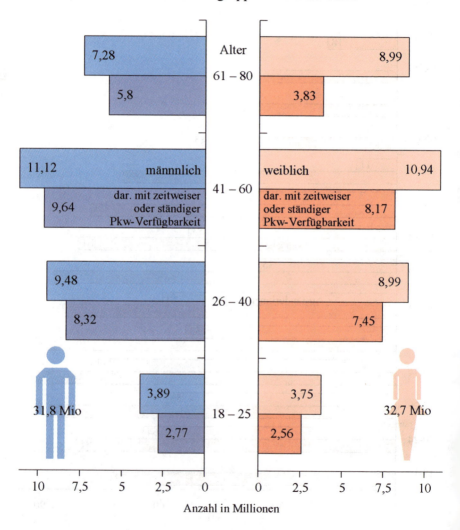

Pkw-Verfügbarkeit 2003
unter den Einwohnern zwischen 18 und 80
Jahren nach Altersgruppen und Geschlecht

Alter

61 – 80

7,28
5,8
8,99
3,83

männnlich
dar. mit zeitweiser
oder ständiger
Pkw-Verfügbarkeit

weiblich
dar. mit zeitweiser
oder ständiger
Pkw-Verfügbarkeit

41 – 60

11,12
9,64
10,94
8,17

26 – 40

9,48
8,32
8,99
7,45

18 – 25

3,89
2,77
3,75
2,56

31,8 Mio

32,7 Mio

10   7,5   5   2,5   0   0   2,5   5   7,5   10

Anzahl in Millionen

Quelle: Sozio-ökonomisches Panel, Berechnungen des DIW.

Personen mit Fahrerlaubnis auf Probe

	2001	2002	2003	2004
Personen mit Fahrerlaubnis auf Probe[1]	1 669 511	1 706 606	879 270	933 885
nach Fahrerlaubnisklassen				
Klasse:				
1A und 1B	6	2	2	-
2	-	-	-	-
3	193	86	53	3
Kombinationen 1 - 3	7	1	1	-
A und A1	108 725	104 667	86 101	85 476
B	1 427 888	1 481 613	700 021	749 149
BE	23 589	27 033	17 399	20 028
C, CE, C1, C1E	27 191	9 344	8 773	8 765
D, DE, D1, D1E	53	68	59	60
Kombinationen A -D	81 686	83 683	66 792	70 304
ohne Fahrerlaubnisangabe	173	109	69	100
nach dem Alter der Personen				
unter 18	99 261	98 477	77 848	18 765
18	370 384	376 926	191 410	215 593
19	522 799	532 047	273 665	282 515
20 bis unter 22	221 254	227 008	157 591	159 098
22 bis unter 26	235 492	262 203	58 079	143 333
26 bis unter 30	64 584	63 132	34 593	34 401
30 bis unter 40	103 720	97 629	56 324	52 542
40 bis unter 50	39 987	38 025	22 675	20 915
50 und mehr	12 030	11 159	7 085	6 723

B2

[1] Stand 31.12.

Im Verkehrszentralregister erfasste Personen und Eintragungen - in 1 000

	1975	1980	1985	1990	1991	1992	1993	1994	1995
Im Verkehrszentralregister erfasste Personen									
Stand 1. 1.	4 141	4 609	3 920	4 601	4 739	4 971	5 208	5 460	5 848
Zugang	1 270	1 701	1 330	1 812	1 969	2 059	2 231	2 351	2 414
Namenslöschungen	928	1 599	1 318	1 674	1 737	1 822	1 980	1 962	2 053
Stand 31. 12.	4 483	4 711	3 933	4 739	4 971	5 208	5 460	5 848	6 210
Eintragungen im Verkehrszentralregister									
Mitteilungen von:									
Gerichten	554,0	645,3	473,6	460,8	472,6	515,8	524,5	578,4	568,0
Verurteilungen[1]	389,2	390,1	335,0	319,7	330,9	368,4	378,0	422,6	416,7
Bußgeldentscheidungen	67,5	82,2	46,0	42,5	43,2	43,4	46,6	54,3	54,6
Einstellungen nach § 153 a StPO[2]	3,7	66,2	-	-	-	-	-	-	-
Vorläufige Entziehungen[3] und Aufhebungen	93,7	106,8	92,7	98,7	98,6	104,1	99,9	101,4	96,8
Bußgeldbehörden[4]	1 396,7	1 988,6	1 440,2	2 113,2	2 237,1	2 355,5	2 462,2	2 733,4	2 942,5
anderen Behörden[5]	145,6	183,5	164,4	157,2	170,8	188,6	186,6	194,6	197,7
Mitteilungen insgesamt	2 096,4	2 817,4	2 078,2	2 731,2	2 880,5	3 059,9	3 173,3	3 506,4	3 708,2
dar. Bußgeldentscheidungen[6]	1 464,2	2 070,9	1 486,2	2 155,7	2 280,3	2 398,9	2 508,8	2 787,7	2 997,1

[1] Einschl. ergänzender Mitteilungen (z.B. über Gnadenentscheidungen, Gestattungen, vorzeitig eine neue Fahrerlaubnis zu erteilen, Wiederaufnahmeverfahren in geringer Anzahl).- [2] Einstellung des Verfahrens bei Erfüllung von Auflagen und Weisungen; auch von Staatsanwaltschaften (werden aufgrund der VZR-Reform ab 1. 6. 1983 nicht mehr erfasst).- [3] Der Fahrerlaubnis nach § 111 a StPO.- [4] Bußgeldentscheidungen.- [5] Versagung, Entziehung, Aberkennung, Widerruf/Rücknahme (Fahrlehrerlaubnis), Wiedererteilung, Verzicht und Aufhebung oder Änderung einer Maßnahme.- [6] Eintragungsgrenze: bis 31.8.72 20,- DM, 1.9.72 bis 31.5.1983 = 40,- DM, seit 1.6.1983 = 80,- DM.

Im Verkehrszentralregister erfasste Personen und Eintragungen - in 1 000

	1996	1997	1998	1999	2000	2001	2002	2003	2004
Im Verkehrszentralregister erfasste Personen									
Stand 1. 1.	6 210	6 444	6 666	6 934	6 782	6 757	6 785	6 780	7 080
Zugang	2 465	2 572	2 756	2 412	2 787	2 508	2 514	2 734	2 841
Namenslöschungen	2 231	2 350	2 487	2 564	2 812	2 480	2 518	2 435	2 343
Stand 31. 12.	6 444	6 666	6 934	6 782	6 757	6 785	6 780	7 080	7 578
Eintragungen im Verkehrszentralregister									
Mitteilungen von:									
Gerichten	550,8	565,6	542,5	509,6	516,0	502,1	493,7	488,1	498,7
Verurteilungen[1]	410,8	423,7	408,0	368,7	341,2	331,3	328,5	321,6	327,7
Bußgeldentscheidungen	47,4	49,7	52,5	46,4	55,6	52,2	50,8	51,2	55,4
Vorläufige Entziehungen[2] und Aufhebungen	92,5	92,2	82,0	94,6	119,2	118,7	114,4	115,3	115,6
Bußgeldbehörden[3]	3 071,1	3 314,5	3 396,8	3 255,8	3 412,3	3 341,0	3 265,0	3 600,8	3 874,6
anderen Behörden[4]	200,6	208,3	206,3	221,8	468,1	497,3	589,2	596,8	674,3
Mitteilungen insgesamt	3 822,5	4 088,4	4 145,6	3 987,2	4 396,4	4 340,4	4 347,9	4 685,7	5 047,6
dar. Bußgeldentscheidungen[5]	3 118,5	3 364,3	3 449,2	3 302,2	3 467,9	3 393,2	3 315,7	3 652,0	3 930,0

B2

[1] Einschl. ergänzender Mitteilungen (z.B. über Gnadenentscheidungen, Gestattungen, vorzeitig eine neue Fahrerlaubnis zu erteilen, Wiederaufnahmeverfahren in geringer Anzahl).- [2] Der Fahrerlaubnis nach § 111 a StPO.- [3] Bußgeldentscheidungen.- [4] Versagung, Entziehung, Aberkennung, Widerruf/Rücknahme (Fahrlehrerlaubnis), Wiedererteilung, Verzicht und Aufhebung oder Änderung einer Maßnahme.- [5] Eintragungsgrenze: seit 1.6.1983: 80,- DM, ab 1.1.2002: 40,- €.

Ergebnisse der Hauptuntersuchungen

von Straßenfahrzeugen[1] - nach Schwere der Mängel

Jahr	Geprüfte Fahrzeuge	davon			
		ohne Mängel	mit Mängeln[2]		
			geringe	erhebliche	verkehrs-
	in 1 000				unsicher[3]
Kraftfahrzeuge und Kfz-Anhänger insgesamt					
1980	11 256	5 196	3 646	2 396	18,2
1985	11 964	5 377	4 124	2 440	23,3
1990	15 014	7 072	5 204	2 719	19,6
1991	16 903	7 620	5 858	3 399	26,2
1992	17 858	8 202	6 241	3 393	21,5
1993	18 727	9 053	6 427	3 230	16,8
1994	19 025	9 702	6 267	3 042	14,2
1995	19 797	9 913	6 778	3 091	14,6
1996	20 011	9 811	6 968	3 218	13,4
1997	20 599	10 067	7 144	3 374	14,4
1998	20 718	10 162	7 147	3 395	13,8
1999	22 146	.	.	.	.
2000	21 963	11 449	6 790	3 709	15,5
2001	23 574	12 389	7 178	3 991	16,0
2002	23 573	12 145	7 227	4 184	16,4
2003	24 430	12 261	7 529	4 623	17,7
2004	24 079	12 098	7 455	4 509	17,2
Personen- und Kombinationskraftwagen[4]					
1975	6 564	2 639	1 879	2 024	21,1
1980	8 787	4 046	2 703	2 023	15,9
1985	9 093	3 911	3 067	2 095	19,8
1990	11 779	5 450	3 999	2 313	17,5
1991	13 043	5 707	4 446	2 867	23,5
1992	13 682	6 104	4 741	2 818	18,6
1993	14 456	6 866	4 906	2 670	14,3
1994	14 440	7 238	4 712	2 478	11,9
1995	15 129	7 480	5 119	2 518	12,0
1996	15 039	7 255	5 192	2 582	10,5
1997	15 432	7 401	5 314	2 706	11,0
1998	15 541	7 460	5 363	2 708	9,9
1999	16 483	.	.	.	.
2000	16 230	8 270	5 078	2 871	10,4
2001	17 365	8 859	5 390	3 105	11,3
2002	17 347	8 659	5 422	3 254	11,5
2003	17 865	8 593	5 655	3 604	11,9
2004	17 714	8 525	5 647	3 530	11,8

[1] Prüfungen der Technischen Prüf- oder Überwachungsstellen nach §§ 17, 29 und Anlage VIII StVZO sowie § 41 BOKraft.- [2] Geringe Mängel sind solche, die keinen nennenswerten Einfluss auf die Verkehrssicherheit haben.- [3] Verkehrsunsicher sind Fahrzeuge mit Mängeln, die zu einer unmittelbaren Verkehrsgefährdung führen.- [4] Ab 1995 einschl. M1-Fahrzeuge.

Ergebnisse der Hauptuntersuchungen

von Straßenfahrzeugen[1] - nach Schwere der Mängel

Jahr	Geprüfte Fahrzeuge	ohne Mängel	davon		
			\ mit Mängeln[2]		
			geringe	erhebliche	verkehrs-
	in 1 000				unsicher[3]

Krafträder[4]					
1980	196	92	57	47	0,9
1985	432	232	127	72	1,0
1990	455	256	135	63	0,4
1991	545	304	161	80	0,6
1992	577	329	167	80	0,5
1993	618	353	183	82	0,4
1994	685	415	195	75	0,3
1995	759	460	218	81	0,3
1996	824	498	235	90	0,3
1997	918	574	251	93	0,4
1998	957	610	252	94	0,3
1999	1 152	.	.	.	.
2000	1 170	816	250	104	0,3
2001	1 341	947	276	117	0,4
2002	1 357	953	282	121	0,4
2003	1 460	1 032	297	130	0,4
2004	1 405	1 018	264	122	0,4
Omnibusse, Lastkraftwagen, Zugmaschinen und sonstige Kfz[5]					
1980	1 660	753	662	244	0,9
1985	1 694	814	675	203	1,8
1990	1 805	834	734	236	1,1
1991	2 018	894	816	307	1,3
1992	2 105	948	830	325	1,6
1993	2 154	999	837	317	1,3
1994	2 234	1 089	830	314	1,2
1995	2 253	1 047	882	323	1,4
1996	2 364	1 070	935	358	1,4
1997	2 385	1 072	935	376	1,7
1998	2 366	1 057	919	388	2,0
1999	2 507	.	.	.	.
2000	2 502	1 154	867	477	3,0
2001	2 632	1 241	889	499	2,9
2002	2 630	1 211	894	521	3,0
2003	2 701	1 221	905	572	3,2
2004	2 630	1 190	886	552	3,0

B2

[1] Prüfungen der Technischen Prüf- oder Überwachungsstellen nach §§ 17, 29 und Anlage VIII StVZO sowie § 41 BOKraft.- [2] Geringe Mängel sind solche, die keinen nennenswerten Einfluss auf die Verkehrssicherheit haben.- [3] Verkehrsunsicher sind Fahrzeuge mit Mängeln, die zu einer unmittelbaren Verkehrsgefährdung führen.- [4] Einschl. Leicht- und Kleinkrafträder mit amtlichen Kennzeichen.- [5] Ohne Krafträder und Kraftfahrzeuganhänger.

Ergebnisse der Hauptuntersuchungen
von Straßenfahrzeugen[1] - nach Art der Mängel[2]

Jahr	Festgestellte Mängel in 1 000	Beleuchtung	Lenkung	Bremsen	Bereifung[3]	Fahrgestell und Aufbau[4]	Geräusch- u. Abgasverhalten[5]
	Kraftfahrzeuge und Kfz-Anhänger insgesamt						
1980	12 436	2 489	830	2 487	530	2 989	953
1985	13 136	2 586	860	2 582	594	3 903	1 022
1990	15 905	3 214	920	3 156	940	5 066	1 155
1991	19 128	3 922	1 097	3 729	1 149	5 579	1 517
1992	19 514	3 975	1 026	3 878	1 313	5 709	1 480
1993	18 862	3 803	971	3 766	1 348	5 615	1 432
1994	17 656	3 522	885	3 534	1 316	5 168	1 620
1995	18 396	3 674	924	3 722	1 420	5 402	1 606
1996	19 322	3 869	974	3 915	1 511	5 752	1 583
1997	19 604	3 995	978	3 973	1 503	5 915	1 568
1998	20 617	4 201	995	4 087	1 583	6 338	1 619
1999	.	.	.	.	.	.	.
2000	24 271	5 033	912	5 151	3 649	3 408	1 541
2001	26 059	6 120	951	5 514	4 013	3 607	1 617
2002	27 050	6 329	967	5 727	4 232	3 681	1 647
2003	29 811	6 298	1 089	6 215	4 786	3 914	1 717
2004	29 603	6 115	1 097	6 291	4 820	3 693	1 670
	Personen- und Kombinationskraftwagen[6]						
1980	9 824	2 005	675	2 034	375	2 335	876
1985	10 505	2 019	703	2 115	431	3 172	929
1990	12 918	2 489	753	2 628	743	4 225	1 057
1991	15 461	2 986	905	3 088	908	4 586	1 402
1992	15 722	2 978	838	3 235	1 077	4 692	1 370
1993	15 088	2 802	785	3 132	1 084	4 570	1 319
1994	13 885	2 503	689	2 914	1 028	4 133	1 469
1995	14 451	2 596	719	3 077	1 114	4 306	1 459
1996	14 964	2 667	748	3 191	1 167	4 541	1 435
1997	14 964	2 748	745	3 243	1 153	4 667	1 415
1998	15 983	2 897	752	3 327	1 215	5 035	1 463
1999	.	.	.	.	.	.	.
2000	18 540	3 618	658	4 009	2 849	2 488	1 374
2001	20 108	4 303	691	4 364	3 169	2 672	1 449
2002	20 958	4 459	702	4 534	3 361	2 744	1 475
2003	23 226	4 561	801	4 944	3 825	2 928	1 542
2004	23 205	4 898	812	4 589	3 877	2 745	1 499

[1] Prüfungen der Technischen Prüf- oder Überwachungsstellen nach §§ 17, 29 und Anlage VIII StVZO sowie § 41 StVZO sowie § 41 BOKraft.- [2] Fahrzeuge mit Mängeln verschiedener Art sind unter jeder der in Frage kommenden Art erfasst.- [3] Ab 2000 "Achsen, Räder, Reifen, Aufhängungen".- [4] Ab 2000 "Fahrgestell/Rahmen".- [5] Bei Kraftfahrzeuganhängern nur Geräuschentwicklung.- [6] Ab 1995 einschl. M1-Fahrzeuge.

Ergebnisse der Hauptuntersuchungen

von Straßenfahrzeugen[1] - nach Art der Mängel[2]

Jahr	Festge- stellte Mängel in 1 000	Beleuch- tung	Lenkung	Bremsen	Berei- fung[3]	Fahrge- stell und Aufbau[4]	Geräusch- u. Abgas- verhalten
				Krafträder[5]			
1980	196	32	22	27	17	41	10
1985	349	69	38	52	30	87	17
1990	339	78	36	47	31	90	24
1991	393	89	36	54	37	106	25
1992	381	85	32	52	39	104	22
1993	407	92	33	55	42	117	21
1994	403	94	32	53	45	115	21
1995	448	104	33	59	53	129	22
1996	505	116	35	66	61	146	24
1997	520	122	36	65	64	149	24
1998	541	132	36	68	69	149	25
1999	.	.	.	.	.	.	.
2000	556	122	30	71	98	121	24
2001	599	171	31	78	111	122	24
2002	602	164	31	81	118	115	23
2003	649	147	32	88	133	116	23
2004	614	139	32	84	131	105	21
			Omnibusse, Lastkraftwagen, Zugmaschinen und sonstige Kfz[6]				
1980	1 909	364	127	310	98	467	66
1985	1 761	384	115	287	95	490	75
1990	1 953	466	126	334	111	554	74
1991	2 357	571	149	405	133	630	90
1992	2 372	422	151	397	145	634	88
1993	2 354	572	149	385	141	661	91
1994	2 278	559	159	354	147	634	129
1995	2 390	590	168	375	156	673	125
1996	2 618	653	187	415	173	745	124
1997	2 667	670	195	423	175	766	128
1998	2 767	700	203	433	181	805	131
1999	.	.	.	.	.	.	.
2000	3 513	812	215	662	456	529	139
2001	3 623	984	222	670	470	541	144
2002	3 690	964	226	677	479	546	148
2003	3 955	975	248	711	514	574	152
2004	3 876	965	252	677	502	556	150

B2

[1] Prüfungen der Technischen Prüf- oder Überwachungsstellen nach §§ 17, 29 und Anlage VIII StVZO sowie § 41 StVZO sowie § 41 BOKraft.- [2] Fahrzeuge mit Mängeln verschiedener Art sind unter jeder der in Frage kommenden Art erfasst.- [3] Ab 2000 "Achsen, Räder, Reifen, Aufhängungen".- [4] Ab 2000 "Fahrgestell/Rahmen".- [5] Einschl. Leicht- und Kleinkrafträder mit amtlichen Kennzeichen.- [6] Ohne Krafträder und Kraftfahrzeuganhänger.

Fahrräder[1] - Produktion und Bestand

Jahr	Produk-tion[2)5] in 1 000	Einfuhr[3] in 1 000	Ausfuhr[3] in 1 000	Inlandsanlieferungen[4)5] insgesamt in 1 000	dar. Klappräder in vH	Bestand[5)6] insgesamt in Mio.	dar. Klappräder in vH
1960	1 678	11	410	1 279	-	18,6	-
1965	1 655	188	240	1 603	4,0	19,3	0,0
1970	2 351	460	554	2 257	48,0	22,1	10,0
1975	3 071	536	634	2 973	35,0	29,3	24,1
1980	4 497	1 122	879	4 740	7,1	36,5	13,8
1985	3 427	767	1 130	3 064	2,0	44,2	4,0
1990	4 452	2 816	835	5 783	0,7	51,9	0,9
1991	4 347	3 785	651	6 753	0,5	64,2	0,6
1992	4 271	3 590	563	6 256	0,5	67,3	0,5
1993	3 943	3 969	487	6 273	0,5	70,0	0,4
1994	3 477	3 648	391	5 574	0,5	72,3	0,4
1995	2 489	3 373	348	4 570	0,7	73,5	0,4
1996	2 291	3 256	365	4 180	0,8	73,9	0,3
1997	2 565	3 311	483	4 197	0,9	74,0	0,3
1998	2 624	3 854	571	4 360	0,8	74,0	0,3
1999	2 901	4 281	432	4 799	0,6	74,1	0,3
2000	3 038	5 099	448	5 064	0,5	74,5	0,3
2001	2 882	4 642	439	4 558	0,5	74,6	0,3
2002	2 840	4 866	572	4 272	0,5	74,1	0,3
2003	2 752	5 741	836	4 622	0,5	73,7	0,3
2004	2 319	5 277	635	4 042	0,5	73,0	0,3

[1] Ohne Kinderspielfahrräder.- [2] Bis 2002 einschl.Fahrradrahmen.- [3] Einschl. Fahrradrahmen.- [4] Produktion und Einfuhr, abzüglich Ausfuhr; ab 1987 ohne Doppelzählungen von Fahrradrahmen (1993 = 750 Tsd.).- [5] Bei Produktion und Inlandsanlieferungen ab 1995 ohne Fahrräder ohne Kugellager.- [6] 1.7. des jeweiligen Jahres.

Bestand an Kraftfahrzeugen
nach Fahrzeugart

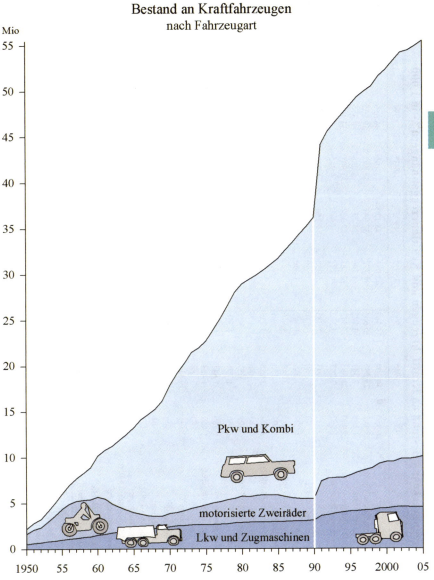

Mio

B2

Pkw und Kombi

motorisierte Zweiräder

Lkw und Zugmaschinen

1950 55 60 65 70 75 80 85 90 95 2000 05

Daten siehe Seite 146/147 und Verkehr in Zahlen 1991

Kraftfahrzeugverkehr - Bestand an Kraftfahrzeugen und Kraftfahrzeuganhängern[1] - in 1 000

	1980	1985	1990	1991*	1992*	1993*	1994	1995	1996
Kraftfahrzeuge[2]	26 950	30 204	35 567	43 085	44 130	45 190	46 356	47 286	48 118
Personenkraftwagen und Kombi	23 192	25 845	30 685	36 772	37 947	38 892	39 765	40 404	40 988
dar. mit Dieselmotor	1 138	2 341	4 122	4 340	4 731	5 088	5 358	5 545	5 631
Personenkraftwagen	21 430	23 583	27 313	32 581	33 327	33 907	34 407	34 670	.
Kombinationskraftwagen	1 762	2 262	3 372	4 191	4 620	4 985	5 359	5 734	.
Krafträder[3]	572	993	1 233	1 958	1 750	1 723	1 895	2 067	2 247
Kraftomnibusse und Obusse	70	69	70	90	89	89	88	86	85
Lastkraftwagen	1 277	1 281	1 389	1 660	1 849	2 020	2 114	2 215	2 273
Ladekapazität (in 1 000 t)	3 897	3 715	4 118	.	.	.	5 913	6 020	6 087
mit Normalaufbau	1 194	1 193	1 285	.	.	1 876	1 970	2 069	2 124
Ladekapazität (in 1 000 t)	3 292	3 058	3 233	.	.	.	4 593	4 638	4 640
mit Spezialaufbau	83	88	104	.	.	144	144	147	150
Ladekapazität (in 1 000 t)	605	657	885	.	.	.	1 320	1 382	1 448
Zugmaschinen	1 640	1 705	1 756	1 992	1 900	1 891	1 898	1 900	1 900
Ackerschlepper[4]	1 580	1 641	1 678	1 892	1 788	1 770	1 778	1 776	1 769
dar. in der Landwirtschaft	1 469	1 484	1 374	1 522	1 366	1 302	1 261	1 217	1 167
Sattelzugmaschinen	60	64	78	100	113	120	121	124	130
Übrige Kraftfahrzeuge[5]	198	311	434	613	595	575	596	613	625
Kraftfahrzeuganhänger[2]	1 329	1 763	2 246	.	.	.	3 875	4 101	4 263
zur Lastenbeförderung	861	1 225	1 631	.	.	.	2 900	3 029	3 139
Ladekapazität (in 1 000 t)	3 433	4 060	5 200	.	.	.	8 291	8 579	8 879
dar. Sattelanhänger	65	75	96	.	.	151	156	161	167
Ladekapazität (in 1 000 t)	1 338	1 629	2 211	.	.	.	3 740	3 888	4 072
zur sonstigen Verwendung	468	538	615	.	.	.	975	1 072	1 124
Mopeds, Mofas und Mokicks[6]	2 110	1 474	954	1 612	2 051	1 963	1 691	1 667	1 728
Leicht- und Kleinkrafträder[7]	166	414	181	173	172	179	188	201	223

[1] Einschl. der vorübergehend abgemeldeten Fahrzeuge. Stand 1.7.– [2] Zulassungspflichtige Fahrzeuge, einschl. zulassungsfreie Arbeitsmaschinen mit und (ab 1970) ohne Fahrzeugbrief.– [3] Ohne Leicht- und Kleinkrafträder mit amtlichen Kennzeichen (bis 1980: bis 50 cm³ Hubraum, seit 1981: bis 80 cm³ Hubraum).– [4] Einschl. gewöhnliche Straßenzugmaschinen und Geräteträger.– [5] Krankenkraftwagen, Feuerwehrfahrzeuge, Straßenreinigungs- und Arbeitsmaschinen mit und (ab 1970) ohne Fahrzeugbrief u.ä.– Weitere Anmerkungen siehe folgende Seite.

Kraftfahrzeugverkehr - Bestand an Kraftfahrzeugen und Kraftfahrzeuganhängern [19)] - in 1 000

	1997	1998	1999	2000	2001[9)]	2002	2003	2004	2005
Kraftfahrzeuge[2)]	48 698	49 186	50 140	50 794	51 889	52 667	52 988	53 390	53 807
Personenkraftwagen und Kombi	41 372	41 674	42 324	42 840	43 772	44 383	44 657	45 023	45 376
dar. mit Dieselmotor	5 587	5 487	5 633	5 961	6 357	6 975	7 608	8 294	9 072
Krafträder[3)10)]	2 396	2 525	2 708	2 767	2 813	2 918	2 989	3 053	3 115
Kraftomnibusse und Obusse	84	83	85	86	87	86	86	86	86
Lastkraftwagen	2 315	2 371	2 466	2 527	2 611	2 649	2 619	2 586	2 572
Ladekapazität (in 1 000 t)	6 047	6 068	6 214	·	·	·	·	·	·
mit Normalaufbau	2 166	2 221	2 313	2 374	2 454	2 494	2 471	2 444	2 433
Ladekapazität (in 1 000 t)	4 573	4 561	4 639	·	·	·	·	·	·
mit Spezialaufbau	149	150	153	152	157	155	148	142	140
Ladekapazität (in 1 000 t)	1 474	1 507	1 574	·	·	·	·	·	·
Zugmaschinen	1 900	1 903	1 916	1 920	1 942	1 951	1 952	1 952	1 962
Ackerschlepper[4)]	1 765	1 762	1 763	1 758	1 771	1 773	1 774	1 773	1 777
dar. in der Landwirtschaft	1 116	1 072	1 031	989	980	944	907	868	832
Sattelzugmaschinen	135	141	154	162	171	178	178	179	185
Übrige Kraftfahrzeuge[5)]	631	630	642	655	665	679	684	689	697
Kraftfahrzeuganhänger[2)]	4 405	4 521	4 656	4 853	4 960	5 105	5 211	5 317	5 449
zur Lastenbeförderung	3 253	3 371	3 502	3 632	3 719	3 841	3 935	4 030	4 149
Ladekapazität (in 1 000 t)	9 108	9 448	10 027	·	·	·	·	·	·
dar. Sattelanhänger	172	180	194	205	213	221	225	227	243
Ladekapazität (in 1 000 t)	4 212	4 435	4 834	·	·	·	·	·	·
zur sonstigen Verwendung	1 152	1 150	1 153	1 221	1 241	1 264	1 276	1 288	1 300
Mopeds, Mofas und Mokicks[6)]	1 667	1 634	1 747	1 743	1 595	1 683	1 584	1 635	1 750
Leicht- und Kleinkrafträder[7)]	321	401	469	571	598	639	668	692	713

Beginn der Anmerkungen siehe vorige Seite.- [6)] Zulassungsfreie Fahrzeuge mit Versicherungskennzeichen. Ab 1992 Bestand am Ende des Versicherungsjahres (28./29.2.).- [7)] Zulassungsfreie Fahrzeuge mit amtlichen Kennzeichen (bis 1980: bis 50 cm³ Hubraum, seit 1981: bis 80 cm³ Hubraum).- [8)] Ab 1995 geänderte Abgrenzung (einschl. M1-Fahrzeuge). Daher keine getrennte Ausweisung von Pkw und Kombi möglich.- [9)] Ab 2001 Stand 1.1. und von 12 auf 18 Monate geänderte Stilllegungsfrist.- [10)] Ab 2001 einschl. drei- und leichte vierrädrige Fahrzeuge.- * Bestand für die neuen Bundesländer 1991 - 1993 Berechnungen des DIW.

B2

Kraftfahrzeugverkehr

Zulassungen von fabrikneuen Kraftfahrzeugen und Kraftfahrzeuganhängern - in 1 000

	1975	1980	1985	1990	1991	1992	1993	1994	1995
Kraftfahrzeuge									
Personenkraftwagen und Kombi	3 685	2 774	2 633	3 377	4 657	4 459	3 672	3 687	3 797
dar. mit Dieselmotor	3 209	2 426	2 379	3 041	4 159	3 930	3 194	3 209	3 314
Personenkraftwagen	544	196	531	338	498	589	477	544	484
Personenkraftwagen	2 567	2 205	2 111	2 587	3 510	3 280	2 631	2 567	2 655
Kombinationskraftwagen	642	221	269	453	649	650	563	642	659
Krafträder[1]	187,6	125,3	84,4	102,4	133,3	159,1	185,7	187,6	194,5
Kraftomnibusse und Obusse	6,2	6,5	4,0	4,6	6,0	7,5	7,7	6,2	5,4
Lastkraftwagen	216,6	143,7	106,8	157,8	267,2	271,3	209,9	216,6	212,2
mit Normalaufbau	205,6	134,5	99,8	145,9	250,2	255,5	197,8	205,6	198,6
mit Spezialaufbau	11,0	9,2	7,1	11,9	17,0	15,8	12,1	11,0	13,6
Zugmaschinen	38,9	53,4	41,5	41,7	51,9	48,5	40,1	38,9	42,4
Ackerschlepper[2]	27,4	45,5	34,8	30,0	31,8	30,9	28,7	27,4	26,5
dar. in der Landwirtschaft	10,1	37,9	26,9	14,5	13,5	13,1	11,7	10,1	8,7
Sattelzugmaschinen	11,5	7,9	6,8	11,7	20,1	17,6	11,5	11,5	15,9
Übrige Kraftfahrzeuge[3]	26,6	18,9	16,9	29,4	40,6	42,6	33,7	28,2	28,3
Kraftfahrzeuganhänger	247,8	137,5	118,9	158,7	213,0	223,1	228,3	247,8	218,7
zur Lastenbeförderung	161,0	95,5	87,3	119,5	164,7	168,3	157,7	161,0	164,2
dar. Sattelanhänger	11,9	6,8	4,8	9,5	21,7	18,5	12,5	11,9	14,5
zur sonstigen Verwendung	86,8	42,0	31,6	39,2	48,3	54,8	70,6	86,8	54,5
Leicht- und Kleinkrafträder[4]	25,2	16,7	38,0	8,8	10,9	16,8	18,8	25,2	23,3

1) Ohne Leicht- und Kleinkrafträder mit amtlichen Kennzeichen (bis 1980 bis 50 cm³ Hubraum, seit 1981 bis 80 cm³ Hubraum).- 2) Einschl. gewöhnliche Straßenzugmaschinen und Geräteträger.- 3) Krankenkraftwagen, Feuerwehrfahrzeuge, Straßenreinigungs- und Arbeitsmaschinen mit und (ab 1970) ohne Fahrzeugbrief u.ä.- Weitere Anmerkungen siehe folgende Seite.

Kraftfahrzeugverkehr
Zulassungen von fabrikneuen Kraftfahrzeugen und Kraftfahrzeuganhängern - in 1 000

	1996	1997	1998	1999	2000	2001	2002	2003	2004
Kraftfahrzeuge	3 981	4 021	4 246	4 351	3 896	3 832	3 707	3 688	3 734
Personenkraftwagen und Kombi[5]	3 496	3 528	3 736	3 802	3 378	3 342	3 253	3 237	3 267
dar. mit Dieselmotor	525	525	657	.	1 026	1 155	1 236	1 293	1 437
Krafträder[1]	206,7	202,0	185,9	195,9	176,9	169,3	158,0	162,9	158,4
Kraftomnibusse und Obusse	5,9	5,5	5,8	6,3	6,2	6,1	5,7	5,7	5,4
Lastkraftwagen	199,8	213,0	237,2	258,2	246,8	229,2	207,8	202,4	215,0
mit Normalaufbau	188,0	200,6	223,3	242,2	231,7	216,2	197,5	191,2	202,2
mit Spezialaufbau	11,9	12,4	13,9	16,0	15,1	13,0	10,3	11,2	12,8
Zugmaschinen	44,5	45,2	52,5	56,5	53,9	50,8	49,4	49,3	56,4
Ackerschlepper[2]	27,4	23,9	25,5	25,6	26,0	24,8	25,6	26,3	25,7
dar. in der Landwirtschaft	9,0	7,7	7,9	8,0	6,7	6,0	5,8	4,7	4,7
Sattelzugmaschinen	17,1	19,3	25,0	28,5	27,9	26,0	23,8	25,6	30,7
Übrige Kraftfahrzeuge[3]	27,5	27,0	28,9	31,9	33,9	35,3	33,3	31,0	32,3
Kraftfahrzeuganhänger	217,4	223,5	234,2	250,5	254,8	236,2	214,9	220,5	240,3
zur Lastenbeförderung	162,1	171,1	181,9	197,6	201,3	186,5	169,2	175,3	196,0
dar. Sattelanhänger	14,1	15,6	21,8	23,5	22,6	20,4	18,7	19,6	25,6
zur sonstigen Verwendung	55,3	52,5	52,3	52,9	53,5	49,7	45,7	45,3	44,3
Leicht- und Kleinkrafträder[4]	65,1	111,9	104,1	86,5	76,2	59,4	50,3	44,5	40,2

Beginn der Anmerkungen siehe vorige Seite.- [4] Mit amtlichen Kennzeichen (bis 80 cm³ Hubraum).- [5] Ab 1995 geänderte Abgrenzung (einschl. M1-Fahrzeuge). Daher keine getrennte Ausweisung von Pkw und Kombi möglich.

Kraftfahrzeugverkehr - Personen- und Kombinationskraftwagen[1]

Bestand und Neuzulassungen nach Höchstgeschwindigkeitsklassen

Höchstge-schwindigkeit	1991		1992		1993*		1994		1995		1996		1997	
	1 000	vH	1 000	vH	1 000	vH	1 000	vH	1 000	vH	1 000	vH	1 000	vH
Bestand[2]														
bis 100	·	·	·	·	981	2,5	875	2,2	721	1,8	585	1,4	459	1,1
101 bis 120	·	·	·	·	743	1,9	672	1,7	601	1,5	533	1,3	465	1,1
121 bis 140	·	·	·	·	4 105	10,6	3 845	9,7	3 482	8,6	3 100	7,6	2 723	6,6
141 bis 160	·	·	·	·	12 715	32,8	12 735	32,0	12 628	31,3	12 506	30,5	12 269	29,7
161 bis 180	·	·	·	·	11 297	29,1	11 925	30,0	12 627	31,3	13 286	32,4	13 743	33,2
181 bis 200	·	·	·	·	6 225	16,1	6 608	16,6	6 990	17,3	7 322	17,9	7 704	18,6
über 200	·	·	·	·	2 558	6,6	2 840	7,1	3 053	7,6	3 484	8,5	3 866	9,3
ohne Angabe	·	·	·	·	349	0,9	266	0,7	211	0,5	172	0,4	143	0,3
insgesamt	·	·	·	·	38 772	100	39 765	100	40 314	100	40 988	100	41 372	100
Neuzulassungen														
bis 100	·	·	3	0,1	2	0,1	1	0,0	1	0,0	1	0,0	1	0,0
101 bis 120	·	·	15	0,4	6	0,2	4	0,1	3	0,1	2	0,1	1	0,0
121 bis 140	·	·	228	5,8	169	5,3	135	4,2	104	3,2	84	2,4	71	2,0
141 bis 160	·	·	967	24,6	752	23,5	719	22,4	830	25,0	856	24,5	819	23,2
161 bis 180	·	·	1 476	37,6	1 270	39,8	1 301	40,5	1 244	37,5	1 258	36,0	1 164	33,0
181 bis 200	·	·	781	19,9	623	19,5	648	20,2	678	20,5	740	21,2	856	24,3
über 200	·	·	461	11,7	372	11,7	400	12,5	454	13,7	554	15,9	616	17,5
insgesamt	4 159	100	3 930	100	3 194	100	3 209	100	3 314	100	3 496	100	3 528	100

[1] Ab 1995 einschl. M1-Fahrzeuge.- [2] Stand 1.7., einschl. der vorübergehend abgemeldeten Fahrzeuge.- * Bestand für die neuen Bundesländer: Im Zentralen Fahrzeugregister (ZFZR) bereits erfasste Fahrzeuge (ca. 98 vH des Gesamtbestandes).

Kraftfahrzeugverkehr - Personen- und Kombinationskraftwagen[1]

Bestand und Neuzulassungen nach Höchstgeschwindigkeitsklassen

Höchstge-schwindigkeit	1998		1999		2000		2001		2002		2003		2004	
	1 000	vH	1 000	vH	1 000	vH	1 000	vH	1 000	vH	1 000	vH	1 000	vH
Bestand[2]														
bis 100	358	0,9	276	0,7	216	0,5	207	0,5	169	0,4	139	0,3	118	0,3
101 bis 120	398	1,0	340	0,8	291	0,7	283	0,6	246	0,6	211	0,5	182	0,4
121 bis 140	2 361	5,7	2 058	4,9	1 840	4,3	1 821	4,2	1 670	3,8	1 522	3,4	1 401	3,1
141 bis 160	11 912	28,6	11 493	27,2	11 138	26,0	11 206	25,6	10 891	24,5	10 485	23,5	10 124	22,5
161 bis 180	14 040	33,7	14 317	33,8	14 368	33,5	14 595	33,3	14 622	32,9	14 537	32,6	14 521	32,3
181 bis 200	8 198	19,7	8 953	21,2	9 646	22,5	10 029	22,9	10 544	23,8	10 962	24,5	11 340	25,2
über 200	4 287	10,3	4 786	11,3	5 251	12,3	5 545	12,7	6 162	13,9	6 726	15,1	7 265	16,1
ohne Angabe	121	0,3	100	0,2	89	0,2	86	0,2	80	0,2	75	0,2	71	0,2
insgesamt	41 674	100	42 324	100	42 840	100	43 772	100	44 383	100	44 657	100	45 023	100
Neuzulassungen														
bis 100	1	0,0	1	0,0	1	0,0	0	0,0	0	0,0	0	0,0	0	0,0
101 bis 120	1	0,0	1	0,0	1	0,0	1	0,0	0	0,0	0	0,0	0	0,0
121 bis 140	75	2,0	103	2,7	90	2,7	79	2,4	65	2,0	52	1,6	40	1,2
141 bis 160	723	19,4	702	18,5	585	17,3	502	15,0	423	13,0	381	11,8	354	10,8
161 bis 180	1 172	31,4	1 031	27,1	868	25,7	840	25,1	831	25,6	891	27,5	910	27,9
181 bis 200	1 071	28,7	1 240	32,6	1 077	31,9	990	29,6	974	29,9	951	29,4	969	29,7
über 200	693	18,5	725	19,1	757	22,4	929	27,8	959	29,5	962	29,7	994	30,4
insgesamt	3 736	100	3 802	100	3 378	100	3 342	100	3 253	100	3 237	100	3 267	100

B2

1) Einschl. M1-Fahrzeuge.- 2) Bis 2000 Stand 1.7., ab 2001 Stand 1.1.; einschl. der vorübergehend abgemeldeten Fahrzeuge (ab 2001 von 12 auf 18 Monate geänderte Stilllegungsfrist).

Personen- und Kombinationskraftwagen
Bestand nach fünf Höchstgeschwindigkeitsklassen

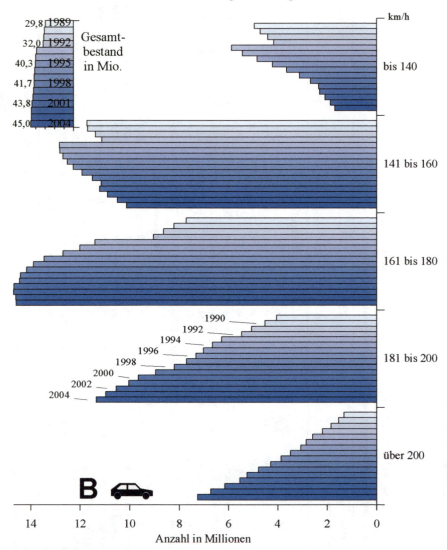

km/h

Gesamt-
bestand
in Mio.

29,8 1989
32,0 1992
40,3 1995
41,7 1998
43,8 2001
45,0 2004

bis 140

141 bis 160

161 bis 180

1990
1992
1994
1996
1998
2000
2002
2004

181 bis 200

über 200

B

14   12   10   8   6   4   2   0

Anzahl in Millionen

Daten siehe Seite 150, bis 1992 alte Bundesländer

Personen- und Kombinationskraftwagen
Neuzulassungen nach fünf Höchstgeschwindigkeitsklassen

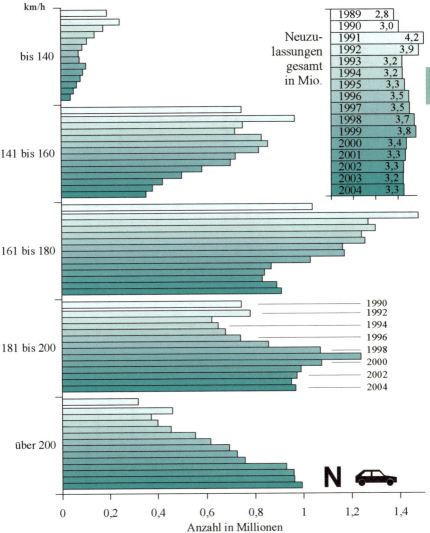

Neuzu-
lassungen
gesamt
in Mio.

Jahr	Mio.
1989	2,8
1990	3,0
1991	4,2
1992	3,9
1993	3,2
1994	3,2
1995	3,3
1996	3,5
1997	3,5
1998	3,7
1999	3,8
2000	3,4
2001	3,3
2002	3,3
2003	3,2
2004	3,3

B2

km/h

bis 140

141 bis 160

161 bis 180

181 bis 200

über 200

1990
1992
1994
1996
1998
2000
2002
2004

N

0   0,2   0,4   0,6   0,8   1   1,2   1,4
Anzahl in Millionen

Daten siehe Seite 151, bis 1992 alte Bundesländer

153

Kraftfahrzeugverkehr - Personenkraftwagen[1] - Bestand, Neuzulassungen, Löschungen

		1980	1985	1990	1991	1992	1993	1994	1995
Pkw-Bestand[2]									
nach Hubraumklassen									
bis 999 cm³	1 000	1 897	1 941	2 033			3 393	3 221	2 944
1 000 bis 1 499 cm³	1 000	9 065	9 135	9 229			11 254	10 155	10 301
1 500 bis 1 999 cm³	1 000	9 493	11 302	14 984			18 800	20 897	21 567
2 000 cm³ und mehr[3]	1 000	2 737	3 466	4 439			5 326	5 493	5 592
bis 999 cm³	vH	8,2	7,5	6,6			8,7	8,1	7,3
1 000 bis 1 499 cm³	vH	39,1	35,4	30,1			29,0	25,5	25,5
1 500 bis 1 999 cm³	vH	40,9	43,7	48,8			48,5	52,6	53,4
2 000 cm³ und mehr[3]	vH	11,8	13,4	14,5			13,7	13,8	13,8
nach Haltergruppen									
Unternehmen/Selbständige[4][5]	1 000	4 060	4 345	3 907			4 343	4 402	4 430
Arbeitnehmer[5][6]	1 000	19 132	21 500	26 778			34 430	35 363	35 975
Insgesamt	1 000	23 192	25 845	30 685	36 772	37 947	38 772	39 765	40 404
Pkw-Neuzulassungen									
nach Hubraumklassen									
bis 999 cm³	1 000	178	172	113	153	121	124	103	98
1 000 bis 1 499 cm³	1 000	947	604	754	1 234	1 053	753	741	875
1 500 bis 1 999 cm³	1 000	925	1 249	1 721	2 183	2 129	1 803	1 870	1 856
2 000 cm³ und mehr[3]	1 000	376	354	452	589	626	514	495	484
bis 999 cm³	vH	7,3	7,2	3,7	3,7	3,1	3,9	3,2	3,0
1 000 bis 1 499 cm³	vH	39,0	25,4	24,8	29,6	26,8	23,6	23,1	26,4
1 500 bis 1 999 cm³	vH	38,2	52,5	56,6	52,5	54,2	56,4	58,3	56,0
2 000 cm³ und mehr[3]	vH	15,5	14,9	14,9	14,2	15,9	16,1	15,4	14,6
nach Haltergruppen									
Pkw-Löschungen[7]									
Unternehmen/Selbständige[4][5]	1 000	781	888	1 117	1 271	1 302	1 182	1 225	1 255
Arbeitnehmer[5][6]	1 000	1 645	1 491	1 924	2 888	2 628	2 012	1 984	2 060
Insgesamt	1 000	2 426	2 379	3 041	4 159	3 930	3 194	3 209	3 314
Zahl der Fahrzeuge	1 000	1 939	1 776	2 633		1 873	2 253	2 695	2 950
Durchschnittsalter der Fahrzeuge	Jahre	11,6	9,8	10,0		11,3	11,6	11,8	11,8

[1] Personen- und Kombinationskraftwagen.- [2] Stand 1.7.; ab 2001 Stand 1.1.; einschl. der vorübergehend abgemeldeten Fahrzeuge (1.7.1978 = 2 234 Tsd von 12 auf 18 Monate geänderte Stillegungsfrist. Bestand neue Bundesländer: 1991 und 1992 Schätzungen des DIW, 1993 im Zentralen Fahrzeugregister bereits erfasste Fahrzeuge (ca. 98 vH des Gesamtbestandes).- [3] Einschl. Fahrzeuge mit Rotationskolbenmotoren.- Weitere Anmerkungen siehe folgende S

Kraftfahrzeugverkehr - Personenkraftwagen[1] - Bestand, Neuzulassungen, Löschungen

		1997	1998	1999	2000	2001	2002	2003	2004	2005
Pkw-Bestand[2]										
nach Hubraumklassen										
bis 999 cm³	1 000	2 433	2 311	2 257	2 264	2 332	2 346	2 325	2 292	2 260
1 000 bis 1 399 cm³	1 000	10 649	10 724	10 784	10 790	10 937	10 981	10 988	11 054	11 114
1 400 bis 1 999 cm³	1 000	22 530	22 842	23 331	23 681	24 193	24 541	24 658	24 811	23 979
2 000 cm³ und mehr[3]	1 000	5 760	5 797	5 952	6 105	6 309	6 516	6 686	6 867	8 023
bis 999 cm³	vH	5,9	5,5	5,3	5,3	5,3	5,3	5,2	5,1	5,0
1 000 bis 1 399 cm³	vH	25,7	25,7	25,5	25,2	25,0	24,7	24,6	24,6	24,5
1 400 bis 1 999 cm³	vH	54,5	54,8	55,1	55,3	55,3	55,3	55,2	55,1	52,8
2 000 cm³ und mehr[3]	vH	13,9	13,9	14,1	14,3	14,4	14,7	15,0	15,3	17,7
nach Haltergruppen										
Unternehmen/Selbständige[4][5]	1 000	4 459	4 466	4 455	4 508	4 708	4 783	4 746	4 740	4 800
Arbeitnehmer[5][6]	1 000	36 913	37 207	37 869	38 332	39 065	39 600	39 912	40 283	40 576
Insgesamt	1 000	41 372	41 674	42 324	42 840	43 772	44 383	44 657	45 023	45 376
Pkw-Neuzulassungen										
nach Hubraumklassen										
bis 999 cm³	1 000	165	217	276	231	202	154	115	94	.
1 000 bis 1 399 cm³	1 000	806	846	785	669	670	665	680	667	.
1 400 bis 1 999 cm³	1 000	1 986	2 061	2 091	1 833	1 800	1 725	1 735	1 811	.
2 000 cm³ und mehr[3]	1 000	571	613	650	645	670	709	707	694	.
bis 999 cm³	vH	4,7	5,8	7,3	6,8	6,1	4,7	3,5	2,9	.
1 000 bis 1 399 cm³	vH	22,8	22,6	20,6	19,8	20,0	20,5	21,0	20,4	.
1 400 bis 1 999 cm³	vH	56,3	55,2	55,0	54,3	53,9	53,0	53,6	55,4	.
2 000 cm³ und mehr[3]	vH	16,2	16,4	17,1	19,1	20,0	21,8	21,9	21,3	.
nach Haltergruppen										
Unternehmen/Selbständige[4][5]	1 000	1 486	1 687	1 518	1 661	1 696	1 647	1 655	1 715	.
Arbeitnehmer[5][6]	1 000	2 043	2 049	2 284	1 717	1 645	1 606	1 582	1 552	.
Insgesamt	1 000	3 528	3 736	3 802	3 378	3 342	3 253	3 237	3 267	.
Pkw-Löschungen[7][8]										
Zahl der Fahrzeuge	1 000	3 392	3 469	3 046	2 554	3 024	3 216	3 057	3 068	.
Durchschnittsalter der Fahrzeuge	Jahre	11,5	11,8	11,6	11,6	11,8	11,9	11,9	11,9	.

Beginn der Anmerkungen siehe vorige Seite.- [4] Einschließlich Gebietskörperschaften, Sozialversicherung, Organisationen ohne Erwerbscharakter.- [5] Von 1987 bis Anfang Juni 1992 wurden in Berlin (West) keine Haltergruppen ermittelt; die in diesem Zeitraum zugelassenen Fahrzeuge sind insgesamt bei Arbeitnehmern ausgewiesen.- [6] Einschl. Nichterwerbspersonen.- [7] Einschl. Abmeldungen wegen Ausfuhr.- [8] Ab 2001 von 12 auf 18 Monate geänderte Stilllegungsfrist.

B2

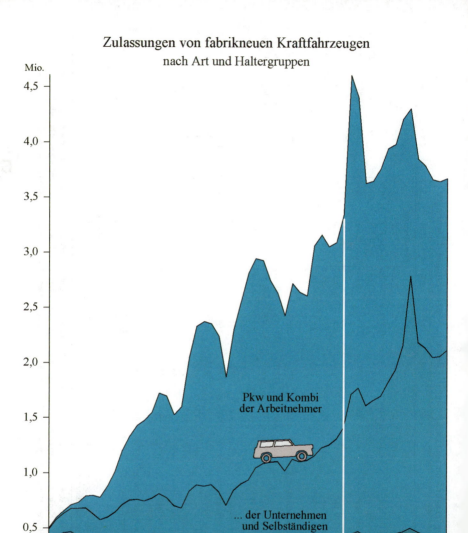

Zulassungen von fabrikneuen Kraftfahrzeugen
nach Art und Haltergruppen

Mio.

4,5

4,0

3,5

3,0

2,5

2,0

Pkw und Kombi
der Arbeitnehmer

1,5

1,0

... der Unternehmen
und Selbständigen

0,5

räder

Kraft-
Lkw und Zugmaschinen

0

1950 55 60 65 70 75 80 85 90 95 2000

Daten siehe Seite 148-155 und Verkehr in Zahlen 1991

Kraftfahrzeugverkehr - Neuzulassungen und Bestand schadstoffreduzierter Personen- und Kombinationskraftwagen

Antriebsart / Schadstoffgruppen[1]	1991	1993	1995	1997	1999	2001	2003	2004	2005
Bestand[7] - in 1 000									
mit Ottomotor									
US-Norm[1]	.	11 724	11 400	10 820	10 145	9 452	7 787	6 842	5 843
Europa-Norm[2]	.	3 573	3 383	2 968	1 997	1 542	943	719	550
Schadstoffarm E1[3] und E2[4]	.	2 478	7 333	8 118	7 337	7 152	6 469	6 102	5 635
Euro 3 und 4[5]	-	-	-	-	.	498	3 331	4 864	8 459
insgesamt[6]	.	20 638	25 636	29 825	33 568	35 339	35 810	35 710	35 414
mit Dieselmotor									
US-Norm[1]	.	1 370	1 295	1 125	972	931	624	505	399
Europa-Norm[2]	.	1 865	1 716	1 434	481	539	313	242	189
Schadstoffarm E1[3] und E2[4]	.	289	1 058	1 077	702	803	605	531	454
Euro 3 und 4[5]	-	-	-	-	.	641	2 512	3 415	4 663
insgesamt[6]	.	4 623	5 162	5 203	5 424	6 211	7 509	8 208	8 996
Anteil am Gesamtbestand - in vH									
mit Ottomotor	.	61,3	74,0	83,3	91,5	94,5	96,7	97,2	97,5
mit Dieselmotor	.	91,0	93,0	93,1	96,3	97,7	98,7	99,0	99,2
Neuzulassungen - in 1 000									
mit Ottomotor									
US-Norm[1]	3 431	27	0	.	.	.	.	.	.
Europa-Norm[2]	65	3	1	1	1	0	.	.	.
Schadstoffarm E1[3] und E2[4]	11	.	1 543	18	1	17	0	0	.
Euro 3 und 4[5]	-	-	-	-	47	1 326	1 528	1 799	.
insgesamt[6]	3 578	2 665	2 826	3 000	2 947	2 185	1 941	1 828	.
mit Dieselmotor									
US-Norm[1]	268	7	0	1	1	0	.	.	.
Europa-Norm[2]	144	4	0	1	1	0	.	.	.
Schadstoffarm E1[3] und E2[4]	2	374	209	2	0	0	0	0	.
Euro 3 und 4[5]	-	-	-	.	70	994	1 029	1 223	.
insgesamt[6]	416	474	483	525	853	1 155	1 292	1 437	.
Anteil an den Neuzulassungen - in vH									
mit Ottomotor	97,7	99,8	99,8	99,9	99,9	99,9	99,9	99,9	.
mit Dieselmotor	83,5	99,4	99,9	100,0	100,0	100,0	100,0	100,0	.

1) Anlage XXIII StVZO.- 2) Anlage XXV StVZO.- 3) Richtlinie 70/220/EWG bis einschl. der Fassung 89/491/EWG.- 4) Richtlinie 70/220/EWG in der Fassung 91/441/EWG bzw. 94/12/EG.- 5) Gem. Richtlinie 98/69/EG.- 6) Einschl. sonstiger EG-Richtlinien und Ausnahmeregelungen.- 7) Stand 1.7.; einschl. der vorübergehend abgemeldeten Fahrzeuge. Ab 2001 Stand 1.1. und von 12 auf 18 Monate geänderte Stilllegungsfrist.

B2

Kraftfahrzeugverkehr - Personen- und Kombinationskraftwagen - Bestand[1] nach kW- und PS-Klassen

kW- bzw. PS-Klassen		1980	1985	1990	1991	1992	1993*	1994	1995	1996
		in 1 000								
bis 25 kW/bis 34 PS		1 593	1 093	761	·	·	1 588	1 428	1 227	1 043
bis 29 kW/bis 40 PS		1 145	974	717	·	·	656	632	586	527
bis 37 kW/bis 50 PS		3 474	2 999	2 891	·	·	3 609	3 625	3 583	3 573
bis 44 kW/bis 60 PS		4 998	5 602	6 325	·	·	7 284	7 282	7 225	7 135
bis 54 kW/bis 74 PS		2 291	2 853	3 908	·	·	4 629	4 683	4 673	4 529
bis 59 kW/bis 80 PS		2 535	3 472	3 990	·	·	5 262	5 448	5 515	5 644
bis 74 kW/bis 101 PS		3 945	4 090	5 104	·	·	6 438	6 819	7 210	7 614
bis 89 kW/bis 121 PS		1 648	2 289	3 469	·	·	4 716	4 946	5 123	5 272
bis 119 kW/bis 162 PS		1 017	1 689	2 363	·	·	3 005	3 223	3 500	3 805
ab 120 kW/ab 163 PS		546	784	1 157	·	·	1 586	1 680	1 763	1 846
insgesamt		23 192	25 845	30 685	·	·	38 772	39 765	40 404	40 988
Durchschnittliche	kW	53	57	60	·	·	61	62	63	64
Motorleistung	PS	72	78	82	·	·	83	84	85	87
		Anteile in vH								
bis 25 kW/bis 34 PS		6,9	4,2	2,5	·	·	4,1	3,6	3,0	2,5
bis 29 kW/bis 40 PS		4,9	3,8	2,3	·	·	1,7	1,6	1,4	1,3
bis 37 kW/bis 50 PS		15,0	11,6	9,4	·	·	9,3	9,1	8,9	8,7
bis 44 kW/bis 60 PS		21,6	21,8	20,7	·	·	18,8	18,3	17,9	17,4
bis 54 kW/bis 74 PS		9,9	11,0	12,7	·	·	11,9	11,8	11,6	11,0
bis 59 kW/bis 80 PS		10,9	13,4	13,0	·	·	13,6	13,7	13,6	13,8
bis 74 kW/bis 101 PS		17,0	15,8	16,6	·	·	16,6	17,1	17,8	18,6
bis 89 kW/bis 121 PS		7,1	8,9	11,3	·	·	12,2	12,4	12,7	12,9
bis 119 kW/bis 162 PS		4,4	6,5	7,7	·	·	7,8	8,1	8,7	9,3
ab 120 kW/ab 163 PS		2,4	3,0	3,8	·	·	4,1	4,2	4,4	4,5
insgesamt		100	100	100	100	100	100	100	100	100

[1] Stand 1.7., einschl. der vorübergehend abgemeldeten Fahrzeuge.- * Bestand für die neuen Bundesländer: Im Zentralen Fahrzeugregister (ZFZR) bereits erfasste Fahrzeuge (ca. 98 vH des Gesamtbestandes).

Kraftfahrzeugverkehr - Personen- und Kombinationskraftwagen[2] - Bestand[1] nach kW- und PS-Klassen

kW-Klasse	1997	1998	1999	kW-Klasse	2001	2002	2003	2004	2005
					in 1 000				
bis 25 kW	870	721	588	bis 25 kW	465	392	326	276	239
bis 29 kW	469	412	361	bis 30 kW	354	334	314	295	276
bis 37 kW	3 535	3 441	3 274	bis 35 kW	1 832	1 700	1 565	1 440	1 322
bis 44 kW	7 000	6 843	6 661	bis 45 kW	7 833	7 705	7 472	7 220	6 955
bis 54 kW	4 227	3 897	3 645	bis 55 kW	8 863	8 664	8 450	8 295	8 104
bis 59 kW	5 827	5 872	5 913	bis 65 kW	2 025	2 035	2 053	2 119	2 156
bis 74 kW	7 910	8 243	8 650	bis 80 kW	9 491	9 810	10 017	10 179	10 377
bis 89 kW	5 449	5 653	6 017	bis 90 kW	5 385	5 524	5 604	5 670	5 692
bis 119 kW	4 146	4 484	4 885	bis 120 kW	4 876	5 381	5 876	6 394	6 942
ab 120 kW	1 940	2 109	2 331	ab 120 kW	2 647	2 839	2 980	3 135	3 314
insgesamt	41 372	41 674	42 324	**insgesamt**	43 772	44 383	44 657	45 023	45 376
Durchschnittliche kW	65	66	67		70	71	72	73	74
Motorleistung PS	88	89	90		94	.	.	.	.
					Anteile in vH				
bis 25 kW	2,1	1,7	1,4	bis 25 kW	1,1	0,9	0,7	0,6	0,5
bis 29 kW	1,1	1,0	0,9	bis 30 kW	0,8	0,8	0,7	0,7	0,6
bis 37 kW	8,5	8,3	7,7	bis 35 kW	4,2	3,8	3,5	3,2	2,9
bis 44 kW	16,9	16,4	15,7	bis 45 kW	17,9	17,4	16,7	16,0	15,3
bis 54 kW	10,2	9,4	8,6	bis 55 kW	20,2	19,5	18,9	18,4	17,9
bis 59 kW	14,1	14,1	14,0	bis 65 kW	4,6	4,6	4,6	4,7	4,8
bis 74 kW	19,1	19,8	20,4	bis 80 kW	21,7	22,1	22,4	22,6	22,9
bis 89 kW	13,2	13,6	14,2	bis 90 kW	12,3	12,4	12,5	12,6	12,5
bis 119 kW	10,0	10,8	11,5	bis 120 kW	11,1	12,1	13,2	14,2	15,3
ab 120 kW	4,7	5,1	5,5	ab 120 kW	6,0	6,5	6,8	7,2	7,3
insgesamt	100	100	100	**insgesamt**	100	100	100	100	100

[1] Stand 1.7., einschl. der vorübergehend abgemeldeten Fahrzeuge. Ab 2001 Stand 1.1.- [2] Ab 1995 einschl. M1-Fahrzeuge.

Kraftfahrzeugverkehr - Bestand und Neuzulassungen an Kraftfahrzeugen und Kraftfahrzeuganhängern[1] nach Bundesländern

	Baden-Württemberg	Bayern	Berlin	Brandenburg	Bremen	Hamburg	Hessen	Mecklenburg-Vorpommern	Niedersachsen
Bestand am 1.1.2005 - in 1 000									
Kraftfahrzeuge[1]	7 463,4	9 183,7	1 419,2	1 697,8	338,7	961,0	4 245,3	1 061,5	5 404,8
Personenkraftwagen	6 150,1	7 300,8	1 218,0	1 429,1	292,7	835,8	3 563,5	897,1	4 461,4
Krafträder[2]	567,3	757,9	93,1	90,8	20,0	48,0	303,1	51,6	382,7
Kraftomnibusse und Obusse	9,5	14,6	2,5	2,9	0,4	1,6	6,3	1,9	8,4
Lastkraftwagen	298,5	378,9	81,5	118,7	17,5	54,3	183,0	72,0	242,0
mit Spezialaufbau	18,5	25,6	4,1	5,1	1,2	1,9	9,5	2,6	14,5
Zugmaschinen	339,4	602,4		37,5	2,9	6,6	137,4	27,8	233,5
Sattelzugmaschinen	18,6	27,4	2,5	7,6	1,7	3,4	11,3	5,6	22,2
Übrige Kraftfahrzeuge[3]	98,6	129,0	20,0	18,8	5,1	14,7	51,9	11,1	76,8
Kraftfahrzeuganhänger	757,0	947,8	74,5	239,6	31,2	59,5	335,9	150,1	686,9
Sattelanhänger	24,3	33,9	2,2	14,0	4,3	8,0	13,1	6,0	32,3
Neuzulassungen 2004 - in 1 000									
Kraftfahrzeuge[1]	504,6	650,4	97,4	86,4	28,0	153,7	337,4	58,6	361,4
Personenkraftwagen	443,7	555,1	83,4	71,3	24,3	139,1	292,5	48,3	313,4
Krafträder[2]	25,5	44,7	4,7	5,0	1,1	2,7	19,3	3,1	17,6
Kraftomnibusse und Obusse	0,9	1,0	0,2	0,2	0,0	0,2	0,3	0,1	0,4
Lastkraftwagen	23,9	32,1	7,5	7,3	2,0	10,3	18,9	4,7	19,6
mit Spezialaufbau	1,6	2,3	0,4	0,4	0,1	0,3	1,0	0,2	1,4
Zugmaschinen	6,2	11,6	0,9	2,0	0,3	0,7	4,0	1,9	6,7
Sattelzugmaschinen	3,0	4,4	0,8	1,1	0,3	0,6	2,4	1,0	3,6
Übrige Kraftfahrzeuge[3]	4,3	5,9	0,7	0,7	0,3	0,7	2,4	0,5	3,7
Kraftfahrzeuganhänger	30,4	44,0	3,3	8,9	1,6	3,2	15,8	6,1	31,5
Sattelanhänger	2,4	3,6	0,2	1,6	0,4	0,9	1,5	0,7	3,9

[1] Zulassungspflichtige Fahrzeuge, einschl. der vorübergehend abgemeldeten und der zulassungsfreien Arbeitsmaschinen mit Fahrzeugbrief.- [2] Einschl. Leicht- und Kleinkrafträder mit amtlichen Kennzeichen., sowie drei- und leichte vierrädrige Kraftfahrzeuge.- [3] Krankenkraftwagen, Feuerwehrfahrzeuge, Straßenreinigungs- und Arbeitsmaschinen, Wohnmobile, u.ä.

Kraftfahrzeugverkehr - Bestand und Neuzulassungen an Kraftfahrzeugen und Kraftfahrzeuganhängern nach Bundesländern

B2

	Nordrhein-Westfalen	Rheinland-Pfalz	Saarland	Sachsen	Sachsen-Anhalt	Schleswig-Holstein	Thüringen	Deutschland insgesamt
Bestand am 1.1.2005 - in 1 000								
Kraftfahrzeuge[1]	11 426,5	2 911,8	751,4	2 675,3	1 540,8	1 906,3	1 518,9	54 519,7
Personenkraftwagen	9 733,8	2 389,1	636,0	2 293,8	1 318,8	1 568,8	1 282,0	45 375,5
Krafträder[2]	818,8	221,4	57,8	127,0	73,6	134,5	80,0	3 827,9
Kraftomnibusse und Obusse	18,1	5,4	1,3	4,3	2,6	2,9	2,7	85,5
Lastkraftwagen	497,1	123,9	32,9	180,5	97,3	94,0	99,2	2 572,1
mit Spezialaufbau	27,7	6,3	1,8	8,4	4,8	4,4	4,7	139,6
Zugmaschinen	224,2	136,5	15,4	46,8	34,2	71,8	41,0	1 961,9
Sattelzugmaschinen	41,7	8,6	2,3	10,4	8,0	7,9	6,2	185,4
Übrige Kraftfahrzeuge[3]	134,5	35,6	8,0	23,0	14,3	34,3	14,0	696,6
Kraftfahrzeuganhänger	952,6	288,5	72,4	282,1	176,6	226,8	163,9	5 449,1
Sattelanhänger	55,0	11,7	2,8	11,0	9,0	8,6	7,0	243,1
Neuzulassungen 2004 - in 1 000								
Kraftfahrzeuge[1]	824,1	163,0	47,9	163,8	90,1	112,7	94,5	3 774,6
Personenkraftwagen	725,2	139,0	41,5	139,0	75,7	95,1	79,8	3 266,8
Krafträder[2]	37,9	10,4	2,9	7,5	4,9	6,3	5,1	198,7
Kraftomnibusse und Obusse	1,2	0,2	0,1	0,2	0,2	0,2	0,1	5,4
Lastkraftwagen	43,1	8,9	2,7	13,1	6,7	7,0	7,2	215,0
mit Spezialaufbau	2,6	0,6	0,2	0,7	0,4	0,3	0,4	12,8
Zugmaschinen	10,0	2,9	0,5	2,9	1,9	2,4	1,7	56,4
Sattelzugmaschinen	6,6	1,4	0,3	1,8	1,1	1,3	1,0	30,7
Übrige Kraftfahrzeuge[3]	6,7	1,7	0,3	1,1	0,7	1,7	0,6	32,3
Kraftfahrzeuganhänger	46,2	13,4	3,5	9,3	6,2	10,4	6,4	240,3
Sattelanhänger	5,4	1,0	0,3	1,3	0,9	0,9	0,9	25,6

[1] Zulassungspflichtige Fahrzeuge, einschl. der vorübergehend abgemeldeten und der zulassungsfreien Arbeitsmaschinen mit Fahrzeugbrief.- [2] Einschl. Leicht- und Kleinkrafträder mit amtlichen Kennzeichen, sowie drei- und leichte vierrädrige Kraftfahrzeuge.- [3] Krankenkraftwagen, Feuerwehrfahrzeuge, Straßenreinigungs- und Arbeitsmaschinen. Wohnmobile, u.ä.

Kraftfahrzeugverkehr

Lastkraftwagen, Kfz-Anhänger und Sattelzugmaschinen nach Nutzlast- bzw. kW-Klassen - Bestand¹⁾ in 1 000

Nutzlast- bzw. kW-Klasse	1980	1985	1990	1991*	1992*	1993*	1994	1995	1996
Lastkraftwagen									
- mit Normal- und Spezialaufbau -	1 277	1 281	1 389	1 660	1 849	2 015	2 114	2 215	2 273
unter 1 t	321	435	560	.	.	851	930	1 011	1 069
1 t bis unter 4 t	656	573	544	.	.	761	787	815	821
4 t bis unter 7,5 t	135	122	105	.	.	156	145	135	126
7,5 t bis unter 9 t	93	79	79	.	.	86	83	79	76
9 t und mehr	72	72	101	.	.	161	169	175	181
Kraftfahrzeuganhänger									
- zur Lastenbeförderung -	861	1 225	1 631	.	.	2 677	2 900	3 029	3 139
Gewöhnliche Anhänger	796	1 150	1 535	.	.	2 526	2 744	2 868	2 972
einachsige	629	985	1 329	.	.	2 134	2 322	2 415	2 491
mehrachsige	167	165	206	.	.	392	422	452	481
unter 4 t	17,1	14,1	39,6	.	.	137,6	167,6	198,0	226,8
4 t bis unter 8 t	44,7	38,3	37,8	.	.	68,7	66,7	63,9	61,8
8 t bis unter 10 t	12,6	11,9	12,7	.	.	33,3	32,7	31,1	29,5
10 t bis unter 12 t	38,8	39,4	36,3	.	.	41,8	40,8	39,3	38,2
12 t bis unter 16 t	25,7	29,5	40,8	.	.	65,7	70,1	76,3	81,4
16 t bis unter 20 t	25,6	29,4	35,9	.	.	40,9	40,3	39,8	39,1
20 t und mehr	2,2	2,4	2,8	.	.	3,9	4,0	4,0	4,1
Sattelanhänger	65,3	75,4	95,6	.	.	150,6	155,8	160,8	167,2
unter 12 t	10,9	9,6	10,3	.	.	15,1	15,0	15,0	15,2
12 t bis unter 18 t	5,2	5,5	6,3	.	.	8,2	8,2	8,2	8,2
18 t bis unter 20 t	3,7	3,4	3,0	.	.	4,2	4,0	3,9	3,8
20 t und mehr	45,5	56,9	76,0	.	.	123,1	128,5	133,7	140,1
dar. ab 26 t	7,5	12,2	39,0	.	.	76,6	81,8	87,4	93,9
Sattelzugmaschinen	60,3	63,7	78,2	99,8	112,6	120,1	120,7	124,1	130,4
bis 147 kW	12,8	9,9	7,3	.	.	7,7	6,6	5,8	5,0
148 kW und mehr	47,5	53,8	70,9	.	.	112,4	114,2	118,3	125,4
dar. ab 185 kW	37,5	47,7	63,4	.	.	103,3	105,6	110,2	117,6

¹⁾ Stand 1.7.; einschl. der vorübergehend abgemeldeten Fahrzeuge.- * Neue Bundesländer: 1991 und 1992 Berechnungen des DIW, 1993 : Im Zentralen Fahrzeugregister (ZFZR) bereits erfasste Fahrzeuge (ca. 98 vH des Gesamtbestandes).

Kraftfahrzeugverkehr

Lastkraftwagen, Kfz-Anhänger und Sattelzugmaschinen nach Nutzlast- bzw. kW-Klassen - Bestand[1] in 1 000

Nutzlast- bzw. kW-Klasse	1997	1998	1999	2000	2001	2002	2003	2004	2005
Lastkraftwagen									
- mit Normal- und Spezialaufbau -	2 315	2 371	2 466	2 527	2 611	2 649	2 619	2 586	2 572
unter 1 t	1 124	1 178	1 241	1 288	1 334	1 363	1 363	1 354	1 350
1 t bis unter 4 t	821	831	881	884	914	931	923	914	912
4 t bis unter 7,5 t	117	111	89	103	104	99	93	90	89
7,5 t bis unter 9 t	72	68	67	253	64	61	57	52	49
9 t und mehr	181	182	187		195	194	185	176	172
Kraftfahrzeuganhänger									
- zur Lastenbeförderung -	3 253	3 371	3 502	3 632	3 719	3 841	3 935	4 030	4 149
Gewöhnliche Anhänger	3 081	3 192	3 309	3 427	3 506	3 620	3 710	3 803	3 914
einachsige	2 573	2 650	2 730	2 810	2 865	2 947	3 015	3 085	3 167
mehrachsige	508	542	579	617	642	674	695	717	747
unter 4 t	256,8	291,4	324,6	.	377,1	407,2	432,3	458,3	487,9
4 t bis unter 8 t	59,6	57,7	56,4	.	57,4	57,3	56,0	54,7	54,1
8 t bis unter 10 t	28,1	26,8	26,0	.	25,7	25,3	24,5	23,9	23,6
10 t bis unter 12 t	36,5	34,8	33,7	.	32,3	31,1	29,7	28,4	27,9
12 t bis unter 16 t	85,5	90,8	98,6	.	110,4	115,2	116,7	117,8	120,6
16 t und mehr	41,7	40,2	39,5	.	38,5	37,3	35,7	34,3	33,3
Sattelanhänger	172,1	179,8	193,6	205,0	212,7	221,3	224,8	227,1	234,6
unter 12 t	15,3	15,1	14,8	.	14,5	14,1	13,7	13,1	12,7
12 t bis unter 20 t	11,8	11,5	11,4	.	11,3	10,9	10,5	10,1	9,6
20 t und mehr	145,0	153,1	167,4	.	186,9	196,2	200,6	203,8	212,3
dar. ab 26 t	99,5	108,1	122,2	.	141,9	151,7	157,6	155,8	162,3
Sattelzugmaschinen	134,8	140,5	153,5	.	171,1	177,9	178,1	179,2	185,4
bis 147 kW[2]	4,4	4,0	3,6	.	3,4	3,1	2,8	2,6	2,3
148 kW und mehr[2]	130,4	136,6	150,0	.	167,7	174,8	175,3	176,6	183,0
dar. ab 185 kW[3]	123,1	129,9	143,8	.	159,3	161,1	168,7	170,9	178,0

B2

[1] Stand 1.7.; einschl. der vorübergehend abgemeldeten Fahrzeuge. Ab 2001 Stand 1.1.- [2] Ab 2001 Abgrenzung bei 150 kW.- [3] Ab 2001 ab 200 kW.

Fahrleistungen von Kraftfahrzeugen

Aus der amtlichen Statistik sind Informationen zur Fahrleistung von Kraftfahrzeugen nur für Teilbereiche verfügbar. Vom DIW Berlin werden daher auf Basis einer Modellrechnung jährlich die Fahrleistungen aller Kraftfahrzeuge differenziert nach sieben Kraftfahrzeugarten sowie den Antriebsarten Diesel- und Ottomotor ermittelt.

Der Grundgedanke der Fahrleistungs- und Verbrauchsrechnung besteht darin, dass die in einem Jahr im Straßenverkehr verbrauchte Kraftstoffmenge sich einerseits weitgehend aus den von Tankstellen abgesetzten Mengen ergibt. Andererseits lässt sie sich als Produkt aus dem Fahrzeug-bestand, dem durchschnittlichen Verbrauch und der durchschnittlichen Fahrleistung der Fahrzeuge berechnen, d.h. es ist Menge [Liter] = Bestand [Fzg] * durchschnittliche Fahrleistung [km/Fzg] * durchschnittlicher Verbrauch [Liter/km]. In einem iterativen Prozess werden die Elemente der Rechnung so bestimmt, dass diese Äquivalenz hergestellt ist, d. h. die Fahrleistungswerte dem Kraftstoffverbrauch entsprechen.

Mit den Ergebnissen der Fahrleistungserhebung 2002, der Haushaltserhebung Mobilität in Deutschland 2002 und der Wirtschaftsverkehrserhebung Kraftverkehr in Deutschland liegen nunmehr umfangreiche empirische Informationen zur Nutzung von Kraftfahrzeugen vor, die bereits im letzten Jahr eine Aktualisierung und inhaltliche Weiterentwicklung der Fahrleistungs- und Verbrauchsrechnung möglich machten.

Zusätzlich zu Kraftfahrzeugbestand und Kraftstoffabsatz im Inland wurden dabei weitere wesentliche Einflussfaktoren und Bestimmungsgrößen einbezogen:

- Bei der Ermittlung der Kraftstoffmenge wurden neben dem Kraftstoffabsatz nunmehr die Kraftstoffpreisentwicklung im In- und Ausland und, verbunden damit, der graue Im- und Export von Kraftstoff berücksichtigt. Hierfür lagen bislang nur qualitativ orientierte Studien vor. Für die Aktualisierung der Rechnung wurden daher Schätzungen auf Basis der Kraftstoffpreisdifferenzen zu den angrenzenden Nachbarländern, der Zahl der Fahrzeuge im grenzüberschreitenden Verkehr, und deren durchschnittlich zurückgelegten Strecken differenziert nach Zwecken vorgenommen.

- In den letzten Jahren ist der Anteil der Dieselfahrzeuge am Pkw-Bestand kräftig gestiegen. In welchem Umfang Diesel-Pkw auch von Autofahrern mit niedriger Jahresfahrleistung gekauft wurden, konnte früher nur grob geschätzt werden. Die Ergebnisse der Fahrleistungserhebung 2002 zeigten, dass insbesondere dieses Segment erheblich unterschätzt worden war.

- Weiterhin konnte durch Verknüpfung der Pkw-Mikrodaten der Fahrleistungserhebung 2002 mit entsprechenden Test- und Normverbrauchswerten eines jeden Fahrzeugtyps eine Justierung der durchschnittlichen Verbrauchswerte (differenziert nach Antriebsart und Halter) vorgenommen werden. Sowohl für Vergaser- als auch für Dieselkraftstoff wurden die früheren Werte hier etwas nach unten korrigiert.

B2

Ausführliche Informationen zur Revision der Fahrleistungs- und Verbrauchsrechnung und der Neuberechnung der Zeitreihe ab 1994 finden sich im Wochenbericht des DIW Berlin, Nr. 41/2004 (im Internet unter: http://www.diw.de/deutsch/produkte/publikationen/wochenberichte/docs/04-41-2.html).

Kraftfahrzeugverkehr - Fahrleistungen nach Kraftfahrzeugarten[1]

	1975	1980	1985	1990	1991	1992	1993	1994	1995
Durchschnittliche Fahrleistungen - in 1 000 km									
- einschl. der vorübergehend abgemeldeten Fahrzeuge -									
Mopeds	3,2	2,8	2,6	2,3	2,4	2,3	2,3	2,5	2,5
Krafträder	4,8	4,5	4,3	4,1	4,1	4,0	3,9	4,2	4,1
Personenkraftwagen und Kombi	14,6	13,6	12,9	14,1	13,5	13,4	13,3	13,3	13,2
Kraftomnibusse	41,8	41,9	41,7	43,8	44,9	43,8	42,7	42,3	42,4
Lastkraftwagen[2]	22,8	25,9	23,3	23,8	26,1	25,1	23,3	23,9	23,8
Sattelzugmaschinen	59,7	66,5	68,3	74,2	83,1	77,7	74,3	77,5	78,5
Sonstige Kraftfahrzeuge[3]	8,2	8,2	8,5	8,5	8,7	8,5	8,2	8,2	8,2
Gesamtfahrleistungen - in Mrd. km									
Kraftfahrzeuge insgesamt	301,8	367,9	384,3	488,3	574,1	590,0	597,5	613,6	624,5
Mopeds	6,8	7,6	4,7	2,7	4,9	4,6	3,9	4,2	4,3
Krafträder	2,2	3,3	6,1	5,9	8,7	7,8	7,4	8,6	9,3
Personenkraftwagen und Kombi	260,5	314,3	332,5	431,5	496,4	510,0	517,8	528,1	535,1
Kraftomnibusse	2,5	3,0	2,9	3,1	3,9	3,9	3,8	3,7	3,7
Lastkraftwagen[2]	25,6	33,1	29,9	33,1	43,4	46,4	47,1	50,5	52,8
Sattelzugmaschinen	2,7	4,0	4,4	5,8	8,3	8,7	8,9	9,4	9,7
Sonstige Kraftfahrzeuge[3]	1,7	2,5	4,0	6,3	8,6	8,6	8,6	9,1	9,6

[1] Errechnet als Inländerfahrleistung (d.h. einschl. der Auslandsstrecken deutscher Kfz, aber ohne die Inlandsstrecken ausländischer Kfz). Nicht enthalten sind die Fahrleistungen der Kraftfahrzeuge der Bundeswehr, des Bundesgrenzschutzes und der ausländischen Streitkräfte.- [2] Mit Normal- und Spezialaufbau.- [3] Sonderkraftfahrzeuge nicht zur Lastenbeförderung (Polizei- und Feuerwehrfahrzeuge, Krankenkraftwagen, Müllfahrzeuge, Wohnmobile) und gewöhnliche Zugmaschinen (außer in der Landwirtschaft).

Kraftfahrzeugverkehr - Fahrleistungen nach Kraftfahrzeugarten[1]

	1996	1997	1998	1999	2000	2001	2002	2003	2004
Durchschnittliche Fahrleistungen - in 1 000 km									
- einschl. der vorübergehend abgemeldeten Fahrzeuge -									
Mopeds	2,5	2,5	2,5	2,5	2,4	2,4	2,4	2,4	2,4
Krafträder	4,1	4,0	3,9	3,9	3,9	3,9	3,3	3,4	3,3
Personenkraftwagen und Kombi[2]	13,2	13,1	13,2	13,4	13,1	13,0	13,1	12,9	13,1
Kraftomnibusse	43,4	44,8	45,0	44,1	43,7	42,9	42,5	41,6	41,5
Lastkraftwagen[3]	23,5	23,4	23,5	23,6	23,2	22,8	22,2	22,2	22,5
Sattelzugmaschinen	77,4	78,6	82,7	83,0	80,7	77,6	76,6	79,2	80,7
Sonstige Kraftfahrzeuge[4]	8,1	8,1	8,0	8,1	8,0	8,0	8,0	7,9	7,8
Gesamtfahrleistungen - in Mrd. km									
Kraftfahrzeuge insgesamt	630,9	636,6	648,0	668,6	663,3	682,7	687,3	682,2	697,1
Mopeds	4,2	4,0	4,3	4,3	3,8	4,0	3,8	3,9	4,2
Krafträder	10,1	10,9	11,4	12,4	13,0	13,8	12,2	12,5	12,7
Personenkraftwagen und Kombi[2]	539,5	542,7	550,8	566,2	559,5	575,5	583,6	577,8	591,2
Kraftomnibusse	3,7	3,8	3,8	3,7	3,7	3,7	3,6	3,6	3,6
Lastkraftwagen[3]	53,4	54,3	55,6	58,2	58,7	60,2	58,3	57,7	58,1
Sattelzugmaschinen	10,1	10,6	11,7	12,7	13,1	13,7	13,7	14,2	14,7
Sonstige Kraftfahrzeuge[4]	9,9	10,3	10,6	11,1	11,4	11,8	12,2	12,4	12,6

B2

[1] Errechnet als Inländerfahrleistung (d.h. einschl. der Auslandsstrecken deutscher Kfz, aber ohne die Inlandsstrecken ausländischer Kfz). Nicht enthalten sind die Fahrleistungen der Kraftfahrzeuge der Bundeswehr, des Bundesgrenzschutzes und der ausländischen Streitkräfte.- [2] Ab 1995 einschl. M1-Fahrzeuge.- [3] Mit Normal- und Spezialaufbau.- [4] Sonderkraftfahrzeuge nicht zur Lastenbeförderung (Polizei- und Feuerwehrfahrzeuge, Krankenwagen, Müllfahrzeuge, Wohnmobile) und gewöhnliche Zugmaschinen (außer in der Landwirtschaft).- [4] Ab 1.1.2001 von 12 auf 18 Monate erhöhte Stillegungsfrist.

Kraftfahrzeugverkehr - Gurtanlegequoten[1] von erwachsenen Pkw-Insassen - in vH

Jahr	Monat	Innerortsstraßen			Landstraßen			Autobahnen			Querschnitt[2]		
		Fahrer	Beifahrer	Fond	Fahrer	Beifahrer	Fond	Fahrer	Beifahrer	Fond	Fahrer	Beifahrer	Fond
1984	September	88	88	·	94	93	·	97	97	·	92	91	·
1985	September	91	91	10	95	95	23	96	95	18	93	93	17
1986	September	93	93	31	96	95	48	98	98	53	95	95	41
1987	September	91	93	31	96	97	50	98	98	49	94	94	42
1988	September	92	91	39	96	97	49	98	98	44	94	94	44
1989	September	94	93	47	97	97	56	98	98	62	96	96	53
1990	September	94	94	39	97	97	52	99	99	57	96	96	47
1991	Juni ABL	92	92	37	96	97	63	99	98	69	96	96	58
	September NBL	93	93	29	96	97	39	98	98	52	96	97	40
1992	Juni ABL	91	92	45	95	95	63	98	98	73	95	95	61
	September NBL	91	91	45	96	97	62	98	97	73	96	96	62
1993	Juni ABL	92	91	54	96	96	73	98	98	78	96	95	69
	September NBL	91	93	58	95	97	71	99	99	89	97	97	77
1994	Juni ABL	93	94	61	97	97	72	99	99	76	93	97	70
	September NBL	88	89	60	93	94	67	96	96	69	92	94	67
1995	Juni ABL	85	85	52	92	94	70	97	95	80	93	92	68
	September NBL	85	84	50	94	95	64	97	97	71	92	94	64
1996	Juni ABL	86	87	44	92	94	71	97	97	81	92	93	67
	September NBL	86	88	55	92	94	65	97	97	65	92	94	64
1997	Juni / September	87	84	65	93	93	78	97	97	81	91	91	74
1998	Juni / September	90	90	76	94	95	85	97	97	86	93	94	82
1999	Juni / September	91	91	71	94	97	80	98	98	88	94	95	79
2000	Juni / September	90	91	74	95	96	83	98	98	89	94	95	82
2001	Juni / September	92	93	77	95	98	86	98	98	93	95	96	85
2002	Juni / September	90	90	82	93	96	87	97	96	91	93	94	86
2003	Juni / September	90	91	79	93	97	89	97	97	90	93	95	86
2004	Juni / September	91	92	84	94	96	91	97	97	93	94	95	90

[1] Die Daten wurden durch direkte Beobachtungen von rund 18 800 Fahrzeugen mit rund 27 000 Insassen (Innerortsstraßen: 8 400 Pkw mit 11 000 Insassen, ab 1997 10 600 Pkw mit 14 700 Insassen; Landstraßen: 4 800 Pkw mit rund 7 000 Insassen, ab 1997 7 000 Pkw mit rund 10 400 Insassen; Autobahnen: 5 600 Pkw mit 9 000 Insassen, ab 1997 7 400 Pkw mit 11 300 Insassen. Ab 1991 Personen ab dem 12. Lebensjahr.- [2] Zur Berechnung der Quoten im Verkehrsquerschnitt aller Straßentypen (gesamter Straßenverkehr) wurden die Werte der einzelnen Straßentypen im Verhältnis der Fahrleistungswerte der jeweiligen Straßen gewichtet.

Der Verkehr in funktionaler Gliederung
Straßenverkehrsunfälle

B3

Straßenverkehrsunfälle – Unfälle mit Personen- und Sachschaden

Jahr	mit Personenschaden							mit schwerem Sachschaden[3]				
	insgesamt	mit Getöteten	mit Verletzten	innerhalb[1] von Ortschaften		außerhalb[2] von Ortschaften		insgesamt	innerhalb[1] von Ortschaften		außerhalb[2] von Ortschaften	
	in 1 000	in 1 000	in 1 000	in 1 000	in vH	in 1 000	in vH	in 1 000	in 1 000	in vH	in 1 000	in vH
1965	316,4	14,6	301,7	214,7	67,9	101,7	32,1	111,7	71,0	63,5	40,7	36,5
1970	377,6	17,5	360,1	254,2	67,3	123,4	32,7	166,5	113,1	68,0	53,4	32,0
1975	337,7	13,5	324,2	231,2	68,5	106,5	31,5	234,3	166,3	71,0	68,0	29,0
1980	379,2	11,9	367,3	261,3	68,9	117,9	31,1	462,1	337,6	73,0	124,5	27,0
1985	327,7	7,7	320,1	225,6	68,8	102,1	31,2	242,2	159,4	65,8	82,8	34,2
1990	340,0	7,1	333,0	218,2	64,2	121,9	35,8	260,5	157,8	60,6	102,8	39,4
1991	385,1	10,1	375,1	245,6	63,8	139,5	36,2	221,3	125,0	56,5	96,4	43,5
1992	395,5	9,5	385,9	385,9	64,4	140,6	35,6	248,6	143,4	57,7	105,2	42,3
1993	385,4	9,0	376,4	243,0	63,0	142,4	37,0	265,6	152,5	57,5	112,7	42,5
1994	392,8	8,9	383,9	249,0	63,4	143,8	36,6	258,7	151,0	58,3	107,8	41,7
1995	388,0	8,5	379,5	246,6	63,6	141,4	36,4	163,7	100,0	61,1	63,7	38,9
1996	373,1	7,9	365,2	236,0	63,3	137,1	36,7	152,5	92,7	60,8	59,7	39,2
1997	380,8	7,7	373,1	243,2	63,9	137,7	36,1	140,7	85,9	61,0	54,8	39,0
1998	377,3	7,0	370,2	240,2	63,7	137,0	36,3	136,0	80,7	59,4	55,3	40,6
1999	395,7	7,1	388,6	252,1	63,7	143,6	36,3	137,4	81,0	58,9	56,5	41,1
2000	382,9	6,8	376,1	245,5	64,1	137,5	35,9	133,3	80,2	60,1	53,1	39,9
2001	375,3	6,4	369,0	239,9	63,9	135,5	36,1	134,8	78,1	57,9	56,7	42,1
2002	362,1	6,2	355,8	233,9	64,6	128,2	35,4	129,8	76,4	58,9	53,4	41,1
2003	354,5	6,1	348,5	230,5	65,0	124,0	35,0	124,8	75,0	60,1	49,8	39,9
2004	339,3	5,4	333,9	223,3	65,8	116,0	34,2	120,8	72,4	59,9	48,4	40,1

1) Ohne Autobahnen.– 2) Einschl. Autobahnen.– 3) Bis 1994 Unfälle ohne Personenschaden ab einer bestimmten Schadenshöhe (bis 1963 200,- DM und mehr, ab 1983 3 000,- DM und mehr, ab 1991 4 000,- DM und mehr bei einem der Geschädigten). Ab 1995 schwerwiegende Unfälle mit Sachschaden: Unfälle ohne Personenschaden, bei denen als Unfallursache eine Straftat oder Ordnungswidrigkeit vorliegt und bei denen ein Kfz aufgrund des Unfallschadens abgeschleppt werden muss sowie sonstige Unfälle unter Alkoholeinfluss.

Straßenverkehrsunfälle - Getötete und verletzte Verkehrsteilnehmer

	Getötete			Verletzte			Schwer-verletzte			Leicht-verletzte		
	ins-gesamt Anzahl	innerhalb[1] von Ortschaften Anzahl	außerhalb[2] Anzahl	ins-gesamt in 1 000	innerhalb[1] von Ortschaften in 1 000	außerhalb[2] in 1 000	in 1 000	innerhalb[1] von Ortschaften in 1 000	außerhalb[2] in 1 000	in 1 000	innerhalb[1] von Ortschaften in 1 000	außerhalb[2] in 1 000
1965	15 733	7 411	8 342	433,5	273,6	159,9	132,7	76,1	56,6	300,8	197,5	103,3
1970	19 193	8 494	10 699	531,8	331,2	200,6	164,4	92,9	71,6	367,4	238,3	129,0
1975	14 870	6 071	8 799	457,8	292,5	165,3	138,0	78,7	59,4	319,8	213,8	106,0
1980	13 041	5 132	7 909	500,5	324,2	176,3	149,0	85,0	64,0	351,5	239,2	112,3
1985	8 400	2 915	5 485	422,1	272,6	149,5	115,5	64,5	51,1	306,6	208,2	98,4
1990	7 906	2 205	5 701	448,2	265,6	182,5	103,4	49,8	53,6	344,8	215,9	128,9
1991	11 300	3 349	7 951	505,5	298,7	206,8	131,1	64,0	67,1	374,4	234,7	139,7
1992	10 631	3 109	7 522	516,8	308,7	208,1	130,4	63,6	66,8	386,4	245,1	141,3
1993	9 949	2 832	7 117	505,6	295,1	210,5	125,9	59,8	66,0	397,7	235,2	144,5
1994	9 814	2 594	7 220	516,4	303,0	213,4	126,7	60,3	66,4	389,7	242,7	147,0
1995	9 454	2 435	7 019	512,1	301,5	210,6	123,0	57,7	65,2	389,2	243,8	145,4
1996	8 758	2 131	6 627	493,2	289,0	204,2	116,5	54,3	62,2	376,7	234,7	142,0
1997	8 549	2 064	6 485	501,1	297,3	203,8	115,4	54,6	60,8	385,7	242,7	142,9
1998	7 792	1 908	5 884	497,3	294,4	202,9	108,9	51,0	57,9	388,4	243,4	145,0
1999	7 772	1 878	5 894	521,1	309,1	212,0	109,6	51,2	58,3	411,6	257,9	153,7
2000	7 503	1 829	5 674	504,1	300,8	203,3	102,4	47,7	54,7	401,7	253,1	148,6
2001	6 977	1 726	5 251	494,8	294,7	200,1	95,0	44,5	50,5	399,7	250,2	149,6
2002	6 842	1 684	5 158	476,4	288,1	188,3	88,4	42,1	46,3	388,0	246,0	142,1
2003	6 613	1 646	4 967	462,2	281,5	180,7	85,6	41,0	44,6	376,6	240,5	136,1
2004	5 842	1 484	4 358	440,1	272,0	168,1	80,8	39,7	41,1	359,3	232,3	127,0

[1] Ohne Autobahnen.- [2] Einschl. Autobahnen.

B3

Straßenverkehrsunfälle - Getötete nach Bundesländern und Art der Verkehrsbeteiligung - 2004

| | Getötete insgesamt | | darunter: Führer und Mitfahrer von: | | | | | Fußgänger |
	Anzahl	Veränderung gegenüber 2003 in vH	in vH	Mofas, Mopeds[1] in vH	Krafträdern[2] in vH	Personenkraftwagen[3] in vH	Fahrrädern in vH	in vH
Baden-Württemberg	697	- 10,1	100	1,4	19,7	52,5	8,6	12,5
Bayern	1 112	- 12,4	100	2,2	14,9	56,6	7,8	12,5
Berlin	70	- 9,1	100	2,9	11,4	20,0	15,7	48,6
Brandenburg	280	- 15,2	100	2,1	15,4	56,8	9,3	9,6
Bremen	7	- 65,0	100	-	28,6	-	28,6	28,6
Hamburg	48	+ 9,1	100	-	8,3	35,4	8,3	45,8
Hessen	428	- 15,1	100	3,0	12,9	59,3	6,8	11,9
Mecklenburg-Vorpommern	206	- 27,5	100	0,5	11,7	67,5	8,7	7,3
Niedersachsen	740	- 4,4	100	1,2	12,8	61,1	7,7	12,7
Nordrhein-Westfalen	865	- 8,2	100	3,0	14,8	47,6	9,6	20,0
Rheinland-Pfalz	292	- 18,9	100	2,7	18,8	54,1	5,5	13,7
Saarland	76	- 3,8	100	-	23,7	52,6	2,6	15,8
Sachsen	320	- 9,1	100	1,9	15,0	55,0	8,4	15,9
Sachsen-Anhalt	261	- 14,1	100	1,9	8,8	61,7	9,6	10,7
Schleswig-Holstein	212	+ 3,9	100	1,9	11,8	59,9	6,6	14,6
Thüringen	228	- 22,7	100	2,2	11,8	58,8	6,1	14,0
Deutschland insgesamt	5 842	- 11,7	100	2,1	14,7	55,4	8,1	14,3

1) Einschl. Kleinkrafträder.- 2) Mit amtlichem Kennzeichen.- 3) Einschl. Kombinationskraftwagen.

Straßenverkehrsunfälle
Getötete nach Bundesländern 2004

Insgesamt : 5842

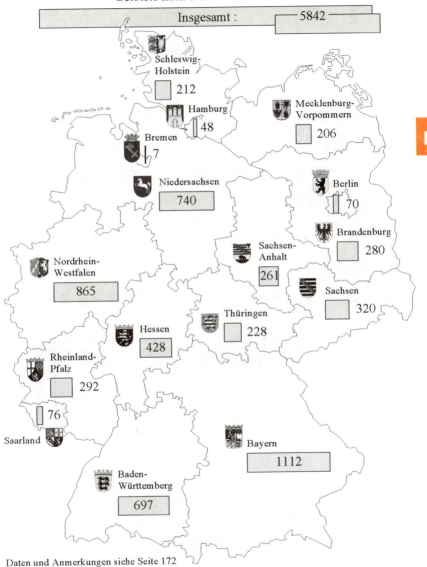

Schleswig-Holstein 212

Hamburg 48

Bremen 7

Mecklenburg-Vorpommern 206

B3

Niedersachsen 740

Berlin 70

Brandenburg 280

Nordrhein-Westfalen 865

Sachsen-Anhalt 261

Sachsen 320

Thüringen 228

Hessen 428

Rheinland-Pfalz 292

Saarland 76

Bayern 1112

Baden-Württemberg 697

Daten und Anmerkungen siehe Seite 172

173

Straßenverkehrsunfälle – Verletzte nach Bundesländern und Art der Verkehrsbeteiligung - 2004

| | Verletzte insgesamt | | darunter: Führer und Mitfahrer von: | | | | Fahrrädern | Fußgänger |
	in 1 000	Veränderung gegenüber 2003 in vH	in vH	Mofas, Mopeds[1] in vH	Krafträdern[2] in vH	Personenkraftwagen[3] in vH	in vH	in vH
Baden-Württemberg	54,0	- 2,4	100	3,1	9,8	60,7	14,9	7,0
Bayern	77,3	- 5,6	100	3,4	7,5	63,1	15,2	6,0
Berlin	16,5	- 1,0	100	4,2	8,7	43,5	25,1	13,5
Brandenburg	12,9	- 8,2	100	2,2	8,1	56,6	22,7	5,9
Bremen	3,7	- 1,5	100	4,7	5,3	43,3	30,8	10,2
Hamburg	11,2	- 1,6	100	1,4	7,0	55,8	19,4	10,4
Hessen	33,7	- 2,7	100	4,6	6,8	66,6	10,4	6,8
Mecklenburg-Vorpommern	9,6	- 7,6	100	0,8	8,6	62,7	16,8	6,7
Niedersachsen	44,2	- 6,9	100	4,0	6,1	61,9	17,8	5,7
Nordrhein-Westfalen	85,6	- 3,0	100	6,1	7,8	52,1	18,6	10,4
Rheinland-Pfalz	22,6	- 7,9	100	5,4	9,5	61,9	11,3	7,2
Saarland	6,7	- 0,1	100	2,2	10,4	68,5	8,7	6,8
Sachsen	20,3	- 8,6	100	3,9	7,5	57,5	17,4	8,9
Sachsen-Anhalt	13,2	- 6,0	100	3,0	7,7	58,4	18,8	7,2
Schleswig-Holstein	16,5	- 6,7	100	4,1	6,3	57,6	22,0	6,1
Thüringen	12,2	- 6,7	100	3,1	7,5	65,3	10,9	7,5
Deutschland insgesamt	**440,1**	**- 4,8**	**100**	**4,0**	**7,8**	**59,0**	**16,6**	**7,7**

1) Einschl. Kleinkrafträder.- 2) Mit amtlichem Kennzeichen.- 3) Einschl. Kombinationskraftwagen.

Straßenverkehrsunfälle
Verletzte nach Bundesländern 2004

Insgesamt :　440 126

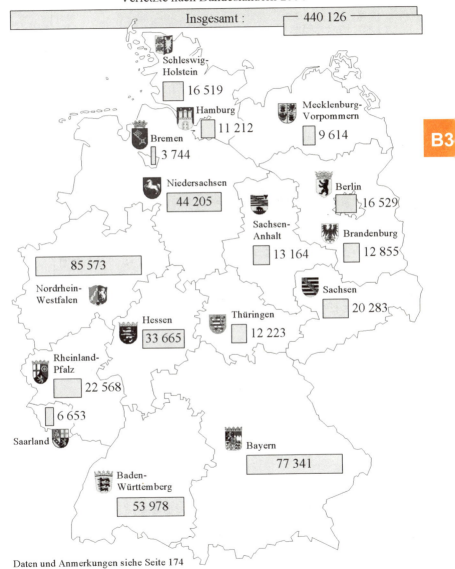

Schleswig-Holstein　16 519

Hamburg　11 212

Mecklenburg-Vorpommern　9 614

Bremen　3 744

Niedersachsen　44 205

Berlin　16 529

Sachsen-Anhalt　13 164

Brandenburg　12 855

85 573

Nordrhein-Westfalen

Sachsen　20 283

Hessen　33 665

Thüringen　12 223

Rheinland-Pfalz　22 568

6 653

Saarland

Bayern　77 341

Baden-Württemberg　53 978

Daten und Anmerkungen siehe Seite 174

B3

Straßenverkehrsunfälle - Unfälle, Getötete und Verletzte nach Straßenkategorien

	1975	1980	1985	1990	1991	1992	1993	1994	1995
Unfälle mit Personenschaden - in 1 000	337,7	379,2	327,7	340,0	385,1	395,5	385,4	392,8	388,0
Bundesautobahnen	13,6	16,2	14,5	24,3	27,3	26,2	26,1	26,5	25,5
Bundesstraßen	81,5	87,0	73,3	76,8	89,3	91,9	88,8	89,7	88,3
Landesstraßen	68,4	81,8	69,3	73,1	79,7	83,0	84,2	86,7	84,6
Kreisstraßen	28,3	35,8	33,4	34,4	38,3	38,1	38,4	38,1	36,8
Gemeindestraßen	145,9	158,4	137,2	131,4	150,5	156,2	147,9	151,7	152,7
Getötete - Anzahl	14 870	13 041	8 400	7 906	11 300	10 631	9 949	9 814	9 454
Bundesautobahnen	949	804	669	936	1 552	1 201	1 109	1 105	978
Bundesstraßen	4 779	4 158	2 595	2 495	3 656	3 607	3 257	3 189	3 257
Landesstraßen	3 825	3 755	2 340	2 146	2 816	2 756	2 770	2 862	2 676
Kreisstraßen	1 725	1 643	1 137	1 033	1 324	1 200	1 173	1 134	1 113
Gemeindestraßen	3 592	2 681	1 659	1 296	1 952	1 867	1 640	1 524	1 430
Schwerverletzte - in 1 000	138,0	149,0	115,5	103,4	131,1	130,4	125,9	126,7	123,0
Bundesautobahnen	5,9	6,3	5,5	8,4	11,0	10,2	9,7	9,9	9,6
Bundesstraßen	35,6	36,9	28,0	25,2	33,7	34,4	32,5	32,5	31,6
Landesstraßen	33,4	38,3	28,9	26,3	31,5	32,1	32,9	33,8	32,2
Kreisstraßen	14,5	17,2	14,5	12,8	15,5	14,5	14,4	14,0	14,0
Gemeindestraßen	48,6	50,3	38,7	30,7	39,4	39,1	36,3	36,5	35,6
Leichtverletzte - in 1 000	319,8	351,5	306,6	344,8	374,4	386,4	379,7	389,7	389,2
Bundesautobahnen	16,5	18,8	16,6	30,7	32,3	31,3	31,6	32,2	31,4
Bundesstraßen	81,3	84,7	72,7	83,0	90,9	94,1	92,0	93,7	93,5
Landesstraßen	63,3	74,2	63,5	72,8	76,5	79,4	81,1	83,8	82,5
Kreisstraßen	24,6	30,7	29,0	32,2	34,8	35,0	35,8	35,7	34,5
Gemeindestraßen	134,1	143,2	124,7	126,1	139,9	146,5	139,3	144,3	147,2

Straßenverkehrsunfälle – Unfälle, Getötete und Verletzte nach Straßenkategorien

	1996	1997	1998	1999	2000	2001	2002	2003	2004
Unfälle mit Personenschaden - in 1 000	373,1	380,8	377,3	395,7	383,0	375,3	362,1	354,5	339,3
Bundesautobahnen	25,0	24,8	24,5	26,6	25,6	26,0	24,6	22,6	21,5
Bundesstraßen	84,6	85,5	84,9	87,3	83,7	81,1	78,5	74,3	69,6
Landesstraßen	82,1	84,1	84,2	87,0	84,6	83,5	80,0	78,8	74,7
Kreisstraßen	35,5	36,7	37,0	39,0	37,6	37,8	36,4	36,3	34,4
Gemeindestraßen	146,0	149,7	146,6	155,7	151,5	146,9	142,6	142,5	139,2
Getötete - Anzahl	8 758	8 549	7 792	7 772	7 503	6 977	6 842	6 613	5 842
Bundesautobahnen	1 020	933	803	911	907	770	857	811	694
Bundesstraßen	2 852	2 905	2 580	2 397	2 326	2 128	2 070	2 024	1 756
Landesstraßen	2 515	2 423	2 296	2 217	2 185	2 072	2 059	1 838	1 689
Kreisstraßen	1 099	1 089	969	1 013	965	970	877	930	824
Gemeindestraßen	1 272	1 199	1 144	1 234	1 120	1 037	979	1 010	879
Schwerverletzte - in 1 000	116,5	115,4	108,9	109,6	102,4	95,0	88,4	85,6	80,8
Bundesautobahnen	9,0	8,8	8,3	8,7	8,2	7,7	7,2	6,7	6,1
Bundesstraßen	29,6	29,2	27,1	26,9	24,8	22,5	21,1	19,7	18,2
Landesstraßen	31,1	30,7	29,4	29,0	27,6	25,4	23,4	22,5	21,2
Kreisstraßen	13,4	13,5	13,1	13,4	12,3	11,7	10,9	10,8	10,1
Gemeindestraßen	33,3	33,2	31,0	31,6	29,5	27,7	25,8	25,8	25,2
Leichtverletzte - in 1 000	376,7	385,7	388,4	411,6	401,7	399,7	388,0	376,6	252,1
Bundesautobahnen	30,8	30,6	30,3	33,2	32,0	33,3	31,4	28,6	26,9
Bundesstraßen	90,4	91,8	93,3	96,9	94,2	92,6	90,5	84,9	79,3
Landesstraßen	80,7	83,1	84,8	89,1	87,2	87,7	84,6	83,3	78,5
Kreisstraßen	33,6	34,9	35,8	38,0	36,8	37,9	36,7	36,4	34,7
Gemeindestraßen	141,2	145,3	144,2	154,4	151,5	148,2	144,8	143,4	32,7

B3

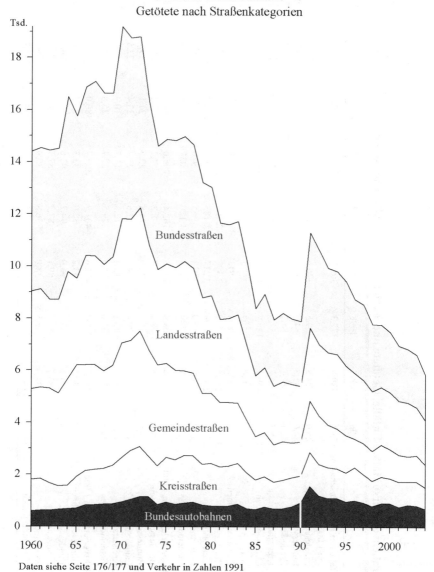

Straßenverkehrsunfälle
Getötete nach Straßenkategorien

Tsd.

Bundesstraßen

Landesstraßen

Gemeindestraßen

Kreisstraßen

Bundesautobahnen

Daten siehe Seite 176/177 und Verkehr in Zahlen 1991

Straßenverkehrsunfälle – Unfälle, Getötete und Verletzte nach Fahrleistungen

B3

	Unfälle mit Personenschaden je Mrd. Fahrzeugkilometer		Getötete je Mrd. Fahrzeugkilometer		Verletzte je Mrd. Fahrzeugkilometer	
	Straßen insg.	Bundes-autobahnen	Straßen insg.	Bundes-autobahnen	Straßen insg.	Bundes-autobahnen
1970	1 513	449	77	27	2 131	774
1975	1 124	245	49	17	1 523	404
1980	1 036	201	36	10	1 367	311
1985	856	153	22	7	1 102	234
1990	698	179	16	7	920	288
1991	671	.	20	.	881	.
1992	670	.	18	.	857	.
1993	645	152	17	6	846	240
1994	640	151	16	6	842	240
1995	621	142	15	5	820	229
1996	591	137	14	6	782	219
1997	598	133	13	5	787	210
1998	582	127	12	4	767	200
1999	592	133	12	5	779	210
2000	577	126	11	4	760	198
2001	550	126	10	4	725	199
2002	527	117	10	4	693	184
2003	520	105	10	4	677	165
2004*	487	98	8	3	631	151

* Vorläufige Werte.

Straßenverkehrsunfälle – Getötete und Verletzte nach der Art der Verkehrsbeteiligung

Jahr	Getötete insgesamt	Mofas, Mopeds	Kraft-rädern[1]	Personen-kraft-wagen[2]	Fahr-rädern	Fuß-gänger	Verletzte insgesamt	Mofas, Mopeds	Kraft-rädern[1]	Personen-kraft-wagen[2]	Fahr-rädern	Fuß-gänger
	Anzahl	Führer und Mitfahrer von: (darunter)					in 1 000	Führer und Mitfahrer von: (darunter)				
1965	15 753	632	801	6 062	1 643	5 855	433,5	24,6	30,1	242,5	41,4	70,5
1970	19 193	700	853	8 989	1 835	6 056	531,8	19,7	27,3	342,3	40,5	77,4
1975	14 870	721	1 211	7 050	1 409	3 973	457,8	33,0	37,7	269,1	40,4	60,0
1980	13 041	765	1 232	6 440	1 142	3 095	500,5	51,0	45,4	279,6	50,4	56,5
1985	8 400	325	1 070	4 182	768	1 790	422,1	22,3	56,6	226,0	59,3	43,4
1990	7 906	170	769	4 558	711	1 459	448,2	12,4	32,4	283,3	64,1	39,2
1991	11 300	243	992	6 801	925	1 918	505,5	15,7	39,4	313,6	70,0	46,3
1992	10 631	251	903	6 431	906	1 767	516,8	16,1	36,3	320,1	77,5	46,4
1993	9 949	226	885	6 128	821	1 580	505,6	14,8	34,3	320,9	71,2	43,8
1994	9 814	222	934	5 966	825	1 469	516,4	16,1	37,4	323,9	73,5	43,4
1995	9 454	183	912	5 929	751	1 336	512,1	15,6	37,2	322,6	71,6	42,5
1996	8 758	134	864	5 622	594	1 178	493,2	15,4	36,0	313,8	65,4	40,7
1997	8 549	169	974	5 249	679	1 147	501,1	17,8	41,2	308,2	72,0	39,7
1998	7 792	147	864	4 741	637	1 084	497,3	18,8	38,7	311,5	67,7	38,8
1999	7 772	147	981	4 640	662	983	521,1	19,4	42,8	320,0	75,0	39,3
2000	7 503	157	945	4 396	659	993	504,1	19,2	40,2	309,5	72,7	38,1
2001	6 977	138	964	4 023	635	900	494,8	18,7	37,7	306,4	71,1	37,1
2002	6 842	131	913	4 005	583	873	476,4	17,9	37,4	292,0	70,2	36,3
2003	6 613	134	946	3 773	616	812	462,2	18,2	38,3	273,0	75,7	35,0
2004	5 842	122	858	3 238	475	838	440,1	17,8	34,5	259,6	73,2	34,1

1) Einschl. Kraftrollern.- 2) Einschl. Kombinationskraftwagen.

Straßenverkehrsunfälle
Getötete nach Art der Verkehrsbeteiligung

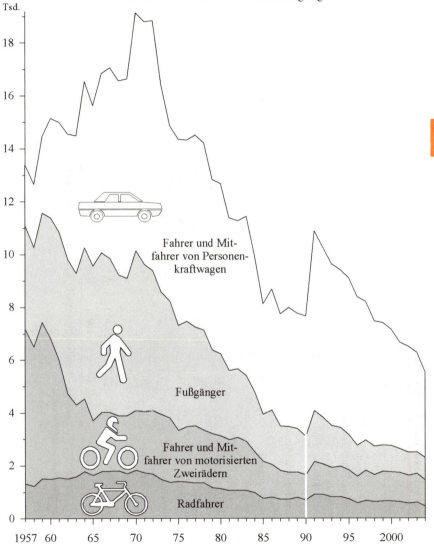

Tsd.

Fahrer und Mit-
fahrer von Personen-
kraftwagen

Fußgänger

Fahrer und Mit-
fahrer von motorisierten
Zweirädern

Radfahrer

1957 60 65 70 75 80 85 90 95 2000

Daten siehe Seite 180 und Verkehr in Zahlen 1991

B3

Straßenverkehrsunfälle – Unfallursachen bei Unfällen mit Personenschaden[1]

	1975	1980	1985	1990	1991	1992	1993	1994	1995
Ursachen bei Fahrzeugführern[2]	80,2	82,1	83,4	85,5	85,6	86,0	85,5	86,1	85,4
Ursachen bei Fahrradfahrern	.	6,3	8,6	8,9	8,6	9,4	9,5	9,1	8,9
Zu schnelles Fahren	17,0	18,4	17,8	17,0	17,5	16,8	17,5	16,9	17,0
Vorfahrt, Verkehrsregelung	12,3	12,2	12,1	11,7	11,5	11,7	11,3	11,6	11,6
Einbiegen, Ein- oder Ausfahren, Wenden	10,2	10,9	11,9	11,8	11,1	11,3	10,8	11,2	11,2
Zu dichtes Auffahren	5,4	5,9	6,1	8,7	7,9	8,4	8,6	9,2	9,1
Alkoholeinfluß	8,5	7,7	6,4	5,8	6,4	6,2	6,4	6,2	5,8
Falsche Fahrbahnbenutzung	.	6,4	6,4	6,1	6,1	6,0	5,9	6,1	6,2
Überholen, Vorbeifahren	11,5	5,0	5,0	4,8	5,0	4,9	4,8	5,0	4,9
Falsches Verhalten gegenüber Fußgängern	4,1	3,9	4,1	4,0	3,7	3,9	3,9	3,9	3,8
Übrige Ursachen	11,2	11,8	13,6	15,5	16,3	16,8	16,5	15,9	15,7
Ursachen bei Fahrzeugen[2)3)]	1,4	1,2	1,2	1,1	1,0	1,0	1,0	1,0	0,9
Ursachen bei Fußgängern	10,9	8,3	6,9	5,9	6,2	6,0	5,6	5,6	5,4
Straßenverhältnisse	5,3	6,8	6,8	5,5	5,2	4,9	5,8	5,1	6,1
Übrige Ursachen	2,2	1,6	1,7	2,0	2,1	2,1	2,1	2,2	2,1
Insgesamt	100	100	100	100	100	100	100	100	100

1) Polizeilich festgestellte Unfallursachen.- 2) Kraftfahrzeuge einschl. Krafträder, Mopeds und Mokicks sowie Fahrräder und sonstige Fahrzeuge.-
3) Technische Mängel, Wartungsmängel.

Straßenverkehrsunfälle – Unfallursachen bei Unfällen mit Personenschaden[1]

	1996	1997	1998	1999	2000	2001	2002	2003	2004
Ursachen bei Fahrzeugführern[2]	84,6	85,4	86,9	87,4	88,2	87,6	87,7	87,7	88,2
Ursachen bei Fahrradfahrern	8,5	9,4	9,1	9,7	9,7	9,6	9,8	10,9	9,7
Zu schnelles Fahren	17,1	16,0	16,9	16,6	16,3	16,7	15,7	15,6	16,3
Vorfahrt, Verkehrsregelung	11,5	11,8	12,4	12,5	12,8	12,6	12,8	12,6	12,8
Einbiegen, Ein- oder Ausfahren, Wenden	11,1	11,8	12,1	12,5	12,7	12,6	12,8	13,0	12,7
Zu dichtes Auffahren	9,0	9,3	9,9	10,1	10,5	10,5	10,5	10,0	10,5
Alkoholeinfluß	5,7	5,4	4,9	4,7	4,7	4,5	4,6	4,5	4,7
Falsche Fahrbahnbenutzung	6,0	6,1	6,1	6,3	6,2	6,1	6,0	6,3	6,2
Überholen, Vorbeifahren	4,9	5,1	5,0	5,2	5,2	4,9	5,1	5,0	5,2
Falsches Verhalten gegenüber Fußgängern	3,8	3,7	3,6	3,5	3,5	3,5	3,5	3,5	3,5
Übrige Ursachen	15,5	16,3	16,0	16,1	16,2	16,3	16,7	17,2	16,2
Ursachen bei Fahrzeugen[2][3]	0,9	0,9	0,9	0,9	0,9	0,9	0,9	0,9	0,9
Ursachen bei Fußgängern	5,3	5,1	5,2	4,9	5,0	4,7	4,6	4,4	5,0
Straßenverhältnisse	7,1	6,4	4,9	4,6	3,8	4,7	4,0	3,8	3,8
Übrige Ursachen	2,1	2,1	2,1	2,2	2,1	2,1	2,7	3,1	2,1
Insgesamt	100	100	100	100	100	100	100	100	100

[1] Polizeilich festgestellte Unfallursachen.– [2] Kraftfahrzeuge einschl. Krafträder, Mopeds und Mokicks sowie Fahrräder und sonstige Fahrzeuge. [3] Technische Mängel, Wartungsmängel.

B3

Straßenverkehrsunfälle - Unfallursachen nach Bundesländern bei Unfällen mit Personenschaden[1] - 2004

Unfallursachen	Baden-Württemberg	Bayern	Berlin	Branden-burg	Bremen	Hamburg	Hessen	Mecklenburg-Vorpommern
	\- Anteile in vH -							
Ursachen bei Fahrzeugführern[2]	88,7	83,1	86,5	89,9	85,7	89,7	86,4	86,2
Ursachen bei Fahrradfahrern	11,8	10,3	15,9	13,2	20,4	12,3	7,0	9,4
Zu schnelles Fahren	19,0	12,4	7,7	15,7	5,9	12,7	16,0	14,9
Vorfahrt, Verkehrsregelung	14,4	12,8	11,4	12,1	12,1	10,0	12,0	10,9
Ausfahren, Wenden	11,4	11,5	23,0	11,9	16,9	17,7	11,5	8,6
Zu dichtes Auffahren	10,0	8,9	17,4	9,6	14,4	14,6	11,0	8,5
Alkoholeinfluß	5,2	4,0	3,2	4,9	4,1	3,1	5,5	6,1
Falsche Fahrbahnbenutzung	6,3	8,8	6,4	7,5	5,9	6,3	3,8	4,7
Überholen, Vorbeifahren	4,9	5,0	4,9	5,5	4,0	5,4	5,4	5,1
Falsches Verhalten gegenüber Fußgängern	2,8	2,5	7,5	3,0	3,8	4,7	3,2	2,9
Übrige Ursachen	14,7	17,1	5,0	19,7	18,5	15,1	17,9	24,4
Ursachen bei Fahrzeugen[2)3)]	1,0	0,9	0,7	1,0	0,7	0,6	1,1	0,8
Ursachen bei Fußgängern	4,1	3,0	9,5	3,2	6,8	7,2	4,1	2,9
Straßenverhältnisse	4,3	6,2	2,6	3,1	5,7	1,2	5,4	6,2
Übrige Ursachen	1,8	6,8	0,7	2,8	1,1	1,4	2,9	4,0
Insgesamt	100	100	100	100	100	100	100	100

1) Polizeilich festgestellte Unfallursachen.- 2) Kraftfahrzeuge einschließlich Krafträder, Mopeds und Mokicks sowie Fahrräder und sonstige Fahrzeuge.-
3) Technische Mängel, Wartungsmängel.

Straßenverkehrsunfälle - Unfallursachen nach Bundesländern bei Unfällen mit Personenschaden[1] - 2004

Unfallursachen	Nieder-sachsen	Nordrhein-Westfalen	Rheinland-Pfalz	Saarland	Sachsen	Sachsen-Anhalt	Schleswig-Holstein	Thüringen
				- Anteile in vH -				
Ursachen bei Fahrzeugführern[2]	85,7	82,2	87,8	91,8	87,1	89,0	90,2	88,5
Ursachen bei Fahrradfahrern	8,9	10,4	8,3	6,5	11,0	12,3	13,7	7,3
Zu schnelles Fahren	13,4	12,2	20,5	15,1	18,3	19,5	17,2	24,4
Vorfahrt, Verkehrsregelung	13,8	12,0	11,7	14,4	15,4	12,9	11,1	11,5
Einbiegen, Ein- oder Ausfahren, Wenden	13,5	13,8	10,0	10,6	12,4	12,1	13,6	8,6
Zu dichtes Auffahren	8,3	8,7	10,7	5,7	10,5	10,3	9,5	9,2
Alkoholeinfluss	4,0	3,3	5,0	6,5	5,0	4,8	4,7	5,2
Falsche Fahrbahnbenutzung	3,8	4,7	4,9	3,4	7,0	8,0	6,1	6,8
Überholen, Vorbeifahren	4,3	3,9	5,3	5,9	5,3	5,2	4,1	6,0
Falsches Verhalten gegenüber Fußgängern	3,8	4,2	2,8	3,0	5,0	3,2	3,3	4,0
Übrige Ursachen	20,8	19,5	17,0	27,1	8,2	13,0	20,6	13,0
Ursachen bei Fahrzeugen[2][3]	0,7	0,8	1,2	0,7	1,0	0,7	1,0	0,8
Ursachen bei Fußgängern	2,8	5,0	3,4	3,5	5,0	4,0	3,5	2,9
Straßenverhältnisse	5,5	3,7	3,6	2,8	3,4	4,2	3,1	5,4
Übrige Ursachen	5,4	8,3	3,9	1,2	3,5	2,2	2,2	2,3
Insgesamt	100	100	100	100	100	100	100	100

[1] Polizeilich festgestellte Unfallursachen.- [2] Kraftfahrzeuge einschließlich Krafträder, Mopeds und Mokicks sowie Fahrräder und sonstige Fahrzeuge.- [3] Technische Mängel, Wartungsmängel.

B3

Straßenverkehrsunfälle – Getötete und Verletzte nach Altersgruppen

| Jahr | Getötete - Anzahl | | | | | | Verletzte - in 1 000 | | | | | |
| | Alter von ... bis unter ... Jahren | | | | | | Alter von ... bis unter ... Jahren | | | | | |
	-6	6-15	15-25	25-65	65 und mehr[1]	insgesamt	-6	6-15	15-25	25-65	65 und mehr[1]	insgesamt
1965	624	990	3 171	7 464	3 504	15 753	15,4	37,5	131,4	221,8	27,4	433,5
1970	732	1 435	4 287	8 702	4 037	19 193	18,8	51,6	168,9	259,6	32,9	531,8
1975	469	954	4 311	5 888	3 248	14 870	14,4	48,6	167,8	198,0	29,0	457,8
1980	314	704	4 268	5 016	2 739	13 041	11,9	47,0	209,3	200,5	31,8	500,5
1985	151	309	2 852	3 404	1 684	8 400	10,4	32,8	173,0	178,7	27,2	422,1
1990	155	200	2 250	3 722	1 579	7 906	10,9	32,2	148,7	226,6	29,8	448,2
1991	201	310	3 164	5 754	1 871	11 300	12,7	38,0	162,3	259,5	33,0	505,5
1992	161	313	2 868	5 502	1 787	10 631	12,8	39,8	160,4	270,7	33,0	516,8
1993	152	293	2 682	5 196	1 626	9 946	11,8	38,8	153,0	269,9	32,1	505,6
1994	130	301	2 587	5 185	1 611	9 814	11,6	39,6	153,5	278,6	33,1	516,4
1995	129	289	2 593	4 916	1 527	9 454	11,1	39,9	148,7	279,2	33,2	512,1
1996	107	251	2 392	4 654	1 354	8 758	9,9	38,3	142,7	269,8	32,5	493,2
1997	115	196	2 315	4 540	1 383	8 549	9,8	39,7	142,5	275,0	34,1	501,1
1998	91	213	2 083	4 074	1 331	7 792	9,2	37,1	143,8	273,6	33,8	497,3
1999	98	219	2 075	4 071	1 309	7 772	9,4	39,5	150,9	285,0	36,4	521,1
2000	58	182	2 072	3 876	1 315	7 503	8,6	36,6	144,8	277,0	37,1	504,1
2001	74	157	1 892	3 571	1 283	6 977	8,4	34,2	140,3	274,1	37,8	494,8
2002	67	149	1 868	3 522	1 236	6 842	8,3	32,7	133,3	264,1	37,5	476,4
2003	47	161	1 708	3 368	1 329	6 613	7,7	32,3	127,0	255,7	38,8	462,2
2004	48	105	1 533	2 950	1 206	5 842	7,1	30,0	120,7	242,4	39,9	440,1

[1] Einschl. ohne Altersangabe.

Straßenverkehrsunfälle – Beteiligte Personenkraftwagen[1] nach Höchstgeschwindigkeitsklassen – 2004

Höchstgeschwindigkeit von ... bis unter ... km/h	Bestand an Pkw[2] in 1 000	Unfälle mit Personenschaden[3]				Verunglückte[3]				Unfälle mit schwerem Sachschaden[4][5]
		Insgesamt	mit Getöteten	mit Schwerverletzten	mit Leichtverletzten	Insgesamt	Getötete	Schwerverletzte	Leichtverletzte	
unter 120	300	390	10	100	280	506	11	112	383	146
120 - 140	1 401	4 501	67	804	3 630	6 214	72	991	5 151	1 252
140 - 160	10 124	45 522	576	8 339	36 607	62 731	632	10 060	52 039	15 266
160 - 180	14 521	71 880	995	13 059	57 826	99 049	1 100	16 033	81 916	26 029
180 - 200	11 340	56 551	884	10 013	45 654	77 567	990	12 321	64 256	21 296
200 - 220	4 811	24 359	389	4 171	19 799	33 058	450	5 131	27 477	9 708
220 - 240	1 900	9 540	171	1 580	7 789	13 060	197	1 987	10 876	3 921
240 und mehr	555	2 974	62	507	2 405	4 025	78	638	3 309	1 391
Insgesamt	44 952	215 717	3 154	38 573	173 990	296 210	3 530	47 273	245 407	79 009
					- Anteile in vH -					
unter 120	0,7	0,2	0,3	0,3	0,2	0,2	0,3	0,2	0,2	0,2
120 - 140	3,1	2,1	2,1	2,1	2,1	2,1	2,0	2,1	2,1	1,6
140 - 160	22,5	21,1	18,3	21,6	21,0	21,2	17,9	21,3	21,2	19,3
160 - 180	32,3	33,3	31,5	33,9	33,2	33,4	31,2	33,9	33,4	32,9
180 - 200	25,2	26,2	28,0	26,0	26,2	26,2	28,0	26,1	26,2	27,0
200 - 220	10,7	11,3	12,3	10,8	11,4	11,2	12,7	10,9	11,2	12,3
220 - 240	4,2	4,4	5,4	4,1	4,5	4,4	5,6	4,2	4,4	5,0
240 und mehr	1,2	1,4	2,0	1,3	1,4	1,4	2,2	1,3	1,3	1,8
Insgesamt	100	100	100	100	100	100	100	100	100	100

1) Als Hauptverursacher.- 2) Stand 1.1. Ohne 71,4 Tsd. Fahrzeuge mit fehlender Angabe im Fahrzeugbrief.- 3) Ohne Unfälle, bei denen die Höchstgeschwindigkeitsklasse nicht erfasst wurde (Anzahl der Unfälle mit Personenschaden 2004: 22 Tsd.).- 4) Unfälle, bei denen als Unfallursache eine Ordnungswidrigkeit oder Straftat vorliegt und wenn gleichzeitig ein Kfz aufgrund des Unfallschadens abgeschleppt werden muss.

Der Verkehr in funktionaler Gliederung
Grenzüberschreitender Verkehr

Grenzüberschreitender Güterverkehr

B4

Grenzüberschreitender Kraftfahrzeugverkehr

Ein- und Durchfahrten[1] nach Fahrzeugarten - in 1 000

Jahr	Ins-gesamt	Kraft-räder	Personen-kraft-wagen[2]	Kraft-omni-busse	dar. ausl. Fahrz.	Lastkraft-fahr-zeuge[3]	dar. ausl. Fahrz.	dar. Transit
1955*	12 465	2 309	9 612	158	65	386	199	9
1960	49 091	6 040	41 532	467	220	1 052	615	25
1965	76 205	2 561	70 926	942	465	1 776	1 115	88
1970	88 828	1 457	83 765	956	476	2 650	1 710	177
1975	119 766	1 820	112 259	1 172	560	4 515	3 025	454
1980	134 992	2 127	125 432	1 257	603	6 176	3 988	655
1985	133 393	2 323	122 541	1 355	620	7 175	4 509	953
1990	181 319	2 169	167 300	1 571	740	10 280	6 748	1 393
1991	201 138	2 392	185 980	1 612	747	11 154	7 462	1 365
1992	219 103	2 633	202 995	1 685	761	11 791	7 892	1 412
1993	217 147	2 427	200 765	1 564	717	12 390	8 497	1 663
1994	231 079	2 589	213 360	1 591	713	13 540	9 324	2 036
1995	234 259	2 661	215 712	1 639	732	14 247	9 823	2 181
1996	238 263	2 930	219 212	1 640	733	14 480	10 012	2 525
1997	234 133	3 028	217 367	1 574	701	17 707	12 163	3 093
1998	248 133	3 330	229 980	1 684	757	17 095	13 139	3 243
1999	259 737	3 378	235 929	1 766	806	18 664	14 371	3 519
2000	265 332	3 440	240 894	1 803	827	19 195	14 628	4 074
2001	262 433	3 427	237 636	1 800	828	19 570	14 734	4 415
2002	273 714	3 676	247 804	1 871	869	20 362	15 503	4 849
2003	.	.	.	.	.	.	.	.
2004	.	.	.	.	.	.	.	.

[1] 1960 bis 1990 einschl. kleiner Grenzverkehr.- [2] Einschl. Kombinationskraftwagen.- [3] Bis 1990 einschl. Durchfahrten im Verkehr mit der ehemaligen DDR einschl. Berlin (Ost).- * Ohne ausländische Kraträder und Pkw.- ** Werte lagen bei Redaktionsschluß noch nicht vor.

Grenzüberschreitender Verkehr
Durchfahrten der Lastkraftfahrzeuge

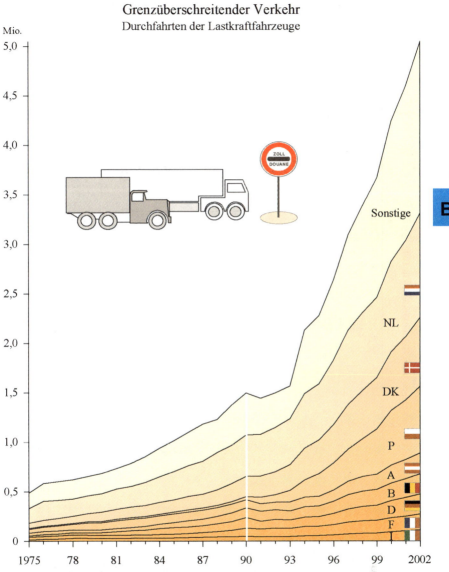

Mio.

Sonstige

NL

DK

P

A

B

D

F

B4

Daten siehe Seite 194/195 und Verkehr in Zahlen 1991

Grenzüberschreitender Kraftfahrzeugverkehr

Ein- und Durchfahrten von Lastkraftfahrzeugen nach Heimatländern - in 1000

	1970	1975	1980	1985	1990	1991	1992	1993	1994
EU-Länder insgesamt	·	3 883,3[3)]	5 192	6 033	8 845	9 390	9 739	9 778	10 334
Bundesrepublik Deutschland		1 467	2 188	2 666	3 532	3 692	3 899	3 894	4 216
Belgien		373	426	522	875	925	880	797	791
Dänemark		206	286	308	456	495	535	577	628
Frankreich		425	518	479	876	964	1 003	1 058	1 094
Griechenland[1)]		16	23	34	56	53	62	116	133
Großbritannien		38	65	57	125	149	148	135	138
Irland	·	·	3	4	11	13	13	12	13
Italien		100	175	216	282	296	321	347	376
Luxemburg		39	50	79	168	190	227	198	196
Niederlande		1 236	1 481	1 668	2 351	2 465	2 502	2 492	2 591
Portugal[2)]		1	3	7	19	21	21	19	20
Spanien[2)]		7	12	25	93	126	128	133	138
DDR	·	23	40	85	92	-	-	-	
Bulgarien	·	9	17	19	20	22	22	23	31
Finnland	·	9	17	21	28	28	26	44	63
Jugoslawien	·	17	20	36	59	58	54	55	86
Norwegen	·	15	21	32	45	44	36	39	39
Österreich	·	239	410	441	498	541	555	727	856
Polen	·	14	21	29	98	265	374	422	554
Rumänien	·	5	5	12	12	12	12	14	31
Schweden	·	32	38	59	73	73	71	101	128
Schweiz	·	166	240	215	221	215	215	337	395
Sowjetunion	·	6	17	17	25	30	40	42	48
Tschechoslowakei	·	47	68	75	118	325	513	548	712
Türkei	·	11	8	30	47	46	35	35	38
Ungarn	·	11	20	35	81	87	84	88	117
Sonstige	·	4	3	3	17	100	83	138	88
Insgesamt	·	4 514	6 176	7 175	10 280	11 154	11 791	12 390	13 540

1) EU-Mitgliedschaft ab 1981.- 2) EU-Mitgliedschaft ab 1986.- 3) EU-Länder ohne Irland.

Grenzüberschreitender Kraftfahrzeugverkehr

Ein- und Durchfahrten von Lastkraftfahrzeugen nach Heimatländern - in 1 000

	1995	1996	1997	1998	1999	2000	2001	2002	2003*
EU-Länder insgesamt	11 750	11 749	14 446	13 477	14 605	14 705	14 806	15 310	.
Bundesrepublik Deutschland	4 424	4 468	5 544	3 957	4 296	4 566	4 836	4 858	.
Belgien	800	772	931	980	1 052	1 012	976	1 007	.
Dänemark	649	673	780	788	844	899	928	992	.
Finnland	69	78	92	103	112	119	123	131	.
Frankreich	1 093	1 049	1 295	1 438	1 556	1 476	1 414	1 455	.
Griechenland	133	148	161	143	158	163	168	177	.
Großbritannien	140	145	168	174	183	178	176	183	.
Irland	13	14	17	18	18	19	19	19	.
Italien	396	392	469	502	547	529	514	532	.
Luxemburg	203	199	243	270	294	283	272	279	.
Niederlande	2 644	2 617	3 243	3 411	3 664	3 579	3 491	3 633	.
Österreich	889	885	1 126	1 266	1 421	1 418	1 432	1 561	.
Portugal	20	19	22	23	24	25	26	27	.
Schweden	139	155	183	206	224	229	230	243	.
Spanien	137	136	171	197	211	208	201	213	.
Litauen	57	67	87	113	107	127	146	172	.
Norwegen	40	44	53	59	66	73	79	84	.
Polen	678	755	863	971	1 097	1 254	1 340	1 424	.
Russische Föderation	.	42	49	49	59	65	63	75	.
Schweiz	438	455	555	554	611	608	609	627	.
Slowakische Republik	98	100	113	128	140	154	178	203	.
Slowenien	48	51	74	90	110	114	116	121	.
Tschechische Republik	684	740	807	927	1 086	1 249	1 340	1 388	.
Ukraine	.	29	45	51	48	56	64	71	.
Ungarn	113	117	148	170	197	214	226	233	.
Weißrußland	.	44	66	72	83	88	98	115	.
Sonstige	342	287	401	436	457	486	507	538	.
Insgesamt	14 247	14 480	17 707	17 095	18 667	19 195	19 570	20 362	.

* Werte lagen bei Redaktionsschluß noch nicht vor.

193

Grenzüberschreitender Kraftfahrzeugverkehr
Durchfahrten von Lastkraftfahrzeugen nach Heimatländern - in 1 000

	1970	1975	1980	1985	1990	1991	1992	1993	1994
EU-Länder insgesamt	.	306[3]	413,0	634,5	1 059,0	1 044,7	1 119,2	1 154,0	1 361,6
Bundesrepublik Deutschland	.	14,8	30,3	65,2	106,3	80,4	86,6	84,7	97,1
Belgien		27,1	26,0	51,3	98,9	100,4	99,6	91,5	103,3
Dänemark		53,0	93,7	124,4	205,4	213,3	232,2	263,0	319,7
Frankreich		26,5	31,3	37,7	80,5	79,4	86,6	83,2	94,5
Griechenland[1]		5,3	7,6	14,2	23,5	21,9	31,3	38,4	46,3
Großbritannien		17,0	16,7	15,5	34,0	40,4	42,7	38,7	42,8
Irland		.	0,7	0,8	2,6	3,0	3,0	3,3	4,1
Italien		17,1	28,2	36,5	52,2	43,7	46,5	48,0	52,9
Luxemburg		0,5	0,4	3,6	15,9	17,5	18,6	17,2	19,4
Niederlande		150,0	185,7	285,3	418,9	419,8	445,7	461,0	553,2
Portugal[2]		0,2	0,5	1,2	4,6	4,5	5,0	4,9	6,0
Spanien[2]		0,9	1,4	4,9	16,4	20,4	21,5	20,1	22,3
DDR		22,0	37,6	77,2	78,6	-	-	-	-
Bulgarien		2,8	6,1	3,8	8,9	8,9	8,1	8,3	14,5
Finnland		5,6	10,6	12,2	16,0	16,2	14,0	27,5	39,3
Jugoslawien		5,4	6,6	13,8	19,7	15,7	12,5	.	.
Norwegen		9,0	12,6	21,8	31,4	29,0	21,0	24,0	25,8
Österreich		38,2	74,8	88,0	81,5	75,9	73,6	90,6	95,7
Polen		8,4	12,9	17,0	30,0	65,4	77,9	114,1	173,2
Rumänien		3,2	2,7	6,5	5,6	4,8	3,9	4,3	12,7
Schweden		16,4	21,2	34,4	35,5	30,9	25,6	47,4	61,6
Schweiz		27,0	29,4	35,4	23,5	20,0	18,8	28,9	38,1
Sowjetunion		2,7	5,2	6,7	8,1	8,6	10,2	.	.
Tschechoslowakei		25,7	31,1	30,3	48,4	69,5	76,2	80,9	173,2
Türkei		5,0	3,4	14,3	21,1	17,5	12,8	12,2	15,0
Ungarn		5,4	7,9	15,2	30,0	29,3	23,0	39,2	47,2
Sonstige		1,5	0,7	0,6	1,3	9,2	1,2	116,1	69,8
Insgesamt	.	490,0	685,2	1 017,7	1 498,9	1 445,6	1 498,0	1 747,5	2 133,7

1) EU-Mitgliedschaft ab 1981.- 2) EU-Mitgliedschaft ab 1986.- 3) EU-Länder ohne Irland.

Grenzüberschreitender Kraftfahrzeugverkehr

Durchfahrten von Lastkraftfahrzeugen nach Heimatländern - in 1 000

	1995	1996	1997	1998	1999	2000	2001	2002	2003*
EU-Länder insgesamt	1 609,7	1 845,9	2 141,4	2 281,0	2 386,5	2 706,3	2 899,0	3 148,2	.
Bundesrepublik Deutschland	99,3	113,4	133,3	144,0	151,1	172,1	186,2	201,2	.
Belgien	105,8	120,7	146,0	155,8	158,7	178,0	189,9	203,3	.
Dänemark	339,9	388,5	451,9	487,9	518,0	594,4	640,5	697,9	.
Finnland	40,9	47,0	54,8	59,6	64,6	74,2	80,2	87,5	.
Frankreich	93,7	103,1	118,0	125,7	128,3	141,2	149,9	162,4	.
Griechenland	48,8	56,2	66,6	72,0	79,8	89,5	96,3	104,1	.
Großbritannien	42,8	52,8	56,2	56,0	54,9	58,4	62,4	66,7	.
Irland	4,2	5,3	6,1	6,7	6,8	8,4	8,7	8,8	.
Italien	56,9	65,3	73,6	78,8	83,3	95,9	104,0	113,1	.
Luxemburg	21,2	24,3	28,7	31,4	35,4	42,1	44,9	47,4	.
Niederlande	568,5	652,1	752,7	788,2	812,5	912,5	972,1	1 055,0	.
Österreich	99,1	115,3	135,0	146,6	156,6	180,1	193,4	211,3	.
Portugal	6,5	7,5	8,8	9,7	10,5	12,3	13,7	14,7	.
Schweden	59,2	67,2	78,5	85,6	92,4	105,8	113,7	124,3	.
Spanien	23,1	27,3	31,4	33,2	33,5	41,3	43,1	50,6	.
Litauen	14,4	25,1	27,8	53,2	58,2	75,7	87,5	106,0	.
Norwegen	26,2	29,7	33,4	36,0	39,2	44,0	47,5	50,3	.
Polen	227,0	271,9	321,7	380,8	455,2	552,0	603,2	671,4	.
Russische Föderation	.	20,2	26,2	25,4	32,3	37,6	35,5	43,8	.
Schweiz	35,9	36,9	41,8	41,8	42,5	40,6	39,5	36,1	.
Slowakische Republik	41,4	45,5	53,8	64,0	70,5	78,7	93,0	109,2	.
Slowenien	0,4	0,5	0,6	0,7	1,0	1,2	1,4	1,3	.
Tschechische Republik	181,9	217,6	256,4	305,6	370,0	456,8	513,6	574,0	.
Ukraine	.	13,9	20,8	23,2	23,9	27,6	35,6	39,2	.
Ungarn	35,2	34,0	36,7	42,7	47,8	59,0	64,4	65,6	.
Weißrußland	.	20,2	29,7	34,7	39,3	47,0	53,8	66,1	.
Sonstige	108,4	76,9	103,0	97,6	103,9	119,5	127,8	139,3	.
Insgesamt	2 280,5	2 638,5	3 093,2	3 386,8	3 670,1	4 245,8	4 601,7	5 050,6	.

B4

* Werte lagen bei Redaktionsschluß noch nicht vor.

Grenzüberschreitender Luftverkehr - Reisende nach Endzielländern - in vH

Endzielländer[1]	1975	1980	1985	1990	1991	1992	1993	1994	1995
Europa	79,7	72,3	71,4	73,8	71,8	70,6	71,3	72,0	72,3
dar. EU-Länder[2]	29,1	27,6	31,1	52,0	50,8	48,1	48,0	49,6	53,0
dar. Frankreich	6,0	5,3	4,7	5,2	4,7	4,5	4,3	4,3	4,2
Griechenland	3,0	5,0	5,4	5,9	6,0	6,7	6,7	7,2	6,1
Großbritannien	11,1	11,3	11,1	11,3	9,4	8,5	8,7	8,5	8,3
Italien	5,6	5,5	4,9	5,0	4,9	4,5	2,4	2,4	4,9
Spanien	22,6	18,0	19,3	17,1	19,0	17,4	17,5	4,6	18,6
Österreich	2,8	2,8	2,8	2,7	2,6	2,6	4,4		2,3
Schweiz	4,3	4,0	3,8	4,2	3,4	3,1	2,9	2,6	2,6
Türkei	5,8	3,7	3,6	6,2	6,5	8,0	8,2	7,4	8,9
Afrika	4,0	5,9	5,4	5,1	4,8	5,9	5,5	5,7	5,4
dar. Ägypten	0,4	0,6	0,8	0,9	0,8	1,3	0,9	0,8	0,8
Kenia	0,4	0,6	0,5	0,6	0,6	0,5	0,4	0,4	0,4
Marokko	0,5	0,5	0,8	0,5	0,4	0,5	0,6	0,7	0,6
Tunesien	1,4	2,3	1,8	2,1	1,7	2,4	2,4	2,6	2,3
Amerika	11,7	14,7	14,8	13,7	15,5	15,5	14,9	13,8	13,9
dar. Brasilien	0,4	0,4	0,4	0,4	0,4	0,4	0,4	0,4	0,4
Kanada	1,5	1,5	1,6	1,2	1,4	1,4	1,5	1,4	1,4
USA	8,6	11,2	11,9	10,7	11,6	11,6	10,6	9,5	9,6
Asien[1]	4,3	6,6	8,1	7,0	7,5	7,7	7,9	8,1	8,0
dar. Hongkong	0,1	0,2	0,4	0,6	0,5	0,5	0,5	0,5	0,5
Indien	0,3	0,6	0,9	1,0	0,9	0,9	0,9	0,8	0,8
Israel	0,6	1,3	1,3	0,8	0,7	0,9	0,8	0,8	0,8
Japan	0,7	0,8	1,0	0,9	1,0	1,0	0,9	1,0	1,0
Thailand	0,5	0,5	0,5	0,8	1,0	0,9	1,0	1,0	1,0
Australien/Ozeanien	0,3	0,4	0,3	0,3	0,4	0,5	0,5	0,4	0,4
Insgesamt - Mio.	9,9	13,1	15,7	24,4	24,2	28,2	30,6	33,5	36,4

[1] Bis 1991 wurden die Werte der gesamten Sowjetunion Europa zugeordnet, ab 1992 sind die Werte für die asiatischen Nachfolgestaaten (Kasachstan, Kirgisien, Tadschikistan, Turkmenistan, Usbekistan) bei Asien ausgewiesen.- [2] Belgien, Luxemburg, Niederlande, Frankreich, Italien, Dänemark, Großbritannien, Irland. Griechenland (seit 1981), Spanien und Portugal (seit 1986).

Grenzüberschreitender Luftverkehr - Reisende nach Endzielländern - in vH

Endzielländer	1996	1997	1998	1999	2000[2]	2001	2002	2003	2004
Europa	72,1	72,6	72,9	71,4	73,4	75,3	75,5	77,2	77,1
dar. EU-Länder[1]	52,4	52,6	53,5	54,6	55,1	54,9	53,0	55,5	58,0
dar. Frankreich	4,3	4,6	4,7	4,7	4,5	4,3	4,1	4,4	4,2
Griechenland	5,5	5,6	5,4	5,7	5,7	5,7	5,7	5,1	4,6
Großbritannien	8,0	7,9	7,8	7,8	8,4	8,3	8,3	9,1	9,1
Italien	5,0	5,1	5,4	5,5	5,1	5,1	4,8	6,6	6,6
Österreich	2,3	2,3	2,4	2,4	2,2	2,3	2,4	2,8	3,1
Spanien	18,7	18,4	18,9	19,6	20,7	20,9	19,9	20,0	19,6
Schweiz	2,4	2,4	2,6	2,6	2,5	2,4	2,3	2,5	2,8
Türkei	9,5	9,7	8,8	6,6	8,5	10,3	11,7	10,5	10,7
Afrika	5,4	5,4	4,9	5,8	6,2	6,1	5,7	5,0	3,6
dar. Ägypten	1,1	1,1	0,8	1,4	2,0	1,9	2,1	1,8	1,9
Kenia	0,3	0,3	0,2	0,1	0,1	0,2	0,2	0,2	0,2
Marokko	0,5	0,5	0,6	0,5	0,5	0,5	0,4	0,3	0,3
Tunesien	2,2	2,2	2,2	2,3	2,4	2,4	1,7	1,3	1,4
Amerika	13,9	13,6	13,9	14,1	12,9	11,2	10,8	10,2	9,7
dar. Brasilien	0,4	0,5	0,6	0,5	0,4	0,4	0,4	0,4	0,4
Kanada	1,4	1,3	1,4	1,4	1,2	1,2	1,1	0,9	0,9
USA	9,6	9,4	9,4	9,4	8,5	7,1	7,1	6,6	6,4
Asien	8,1	8,0	8,0	8,4	7,1	6,9	7,5	7,0	7,4
dar. Hongkong	0,6	0,5	0,4	0,4	0,3	0,3	0,4	0,2	0,3
Indien	0,8	0,8	0,8	0,8	0,4	0,4	0,4	0,4	0,4
Israel	0,8	0,7	0,7	0,8	0,7	0,5	0,4	0,4	0,4
Japan	1,0	1,1	1,1	1,1	0,9	0,6	0,8	0,7	0,7
Thailand	1,0	1,0	1,0	1,0	0,9	0,7	0,9	0,8	0,8
Australien/Ozeanien	0,4	0,4	0,4	0,4	0,4	0,4	0,5	0,6	0,6
Insgesamt - Mio.	38,0	40,7	42,7	46,0	42,4	40,2	37,9	40,0	45,4

[1] Belgien, Luxemburg, Niederlande, Frankreich, Italien, Dänemark, Großbritannien, Irland, Griechenland, Spanien und Portugal. Finnland, Österreich und Schweden. 1994 einschl. Estland, Lettland, Litauen, Malta, Polen, Slowakei, Slowenien, Tschechien, Ungarn, Zypern.- [2] Ab 2000 bereinigt um Ausland-Ausland-Umsteiger (2000: ca. 7,0 Mio., 2001: 8,5 Mio., 2002: 9,4 Mio., 2003: 11,4, 2004: 11,8 Mio.) und Ausland-Inland-Umsteiger (2000: ca. 6,1 Mio., 2001: 6,3 Mio., 2002: 6,1 Mio., 2003: 6,1, 2004: 6,6 Mio.).

B4

Grenzüberschreitender Luftverkehr
Reisende nach Zielländern 2004 in vH (45,44 Mio. absolut)

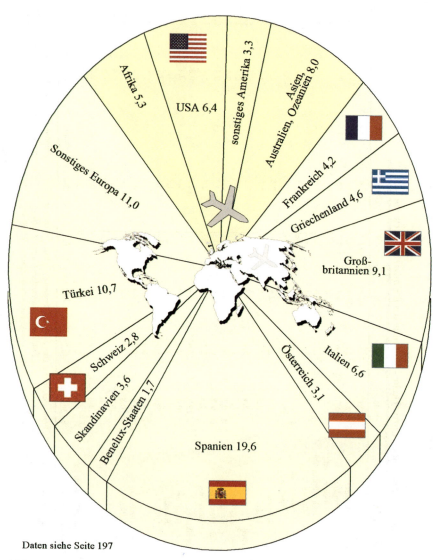

USA 6,4

sonstiges Amerika 3,3

Afrika 5,3

Australien, Asien, Ozeanien 8,0

Sonstiges Europa 11,0

Frankreich 4,2

Griechenland 4,6

Groß-
britannien 9,1

Türkei 10,7

Italien 6,6

Schweiz 2,8

Österreich 3,1

Skandinavien 3,6

Benelux-Staaten 1,7

Spanien 19,6

Daten siehe Seite 197

Grenzüberschreitender Güterverkehr

Das Verkehrsaufkommen im grenzüberschreitenden Verkehr als Teil des gesamten Güterverkehrs umfasst den Versand der Bundesrepublik Deutschland in das Ausland und den Empfang aus dem Ausland (bis 1990 ohne den Verkehr mit der DDR). Der Durchgangsverkehr vom Ausland durch die Bundesrepublik in das Ausland ist in diesen Angaben nicht enthalten, sondern auf Seite 206/207 nachgewiesen.

Die Zuordnung nach Verkehrsbereichen - Eisenbahn-, Straßen-, Binnenschiffs-, See- und Luftverkehr - richtet sich nach der Verkehrsmittelart, mit der das Gut über die Grenze transportiert wurde. Sie sagt nichts darüber aus, in welchem Verkehrsbereich der Transport zum Empfangsort bzw. vom Herkunftsort überwiegend durchgeführt wurde. So wird in der Verkehrsstatistik z. B. ein Exportgut für Asien, das nach einem ausländischen Seehafen mit dem Lastkraftwagen über die Grenze der Bundesrepublik Deutschland transportiert wurde, im grenzüberschreitenden Straßenverkehr nachgewiesen. In der Außenhandelsstatistik dagegen wird, nach Herkunfts- bzw. Empfangsländern differenziert, in diesem Fall der Transport dem Verkehrsbereich Seeschifffahrt zugeordnet.

B4

Den tonnenkilometrischen Leistungen liegt diejenige Wegstrecke zugrunde, die auf dem Gebiet (im Luftverkehr: über dem Gebiet) der Bundesrepublik zurückgelegt wurde. Auslandsstrecken sind nicht berücksichtigt, mit einer Ausnahme: In der Seeschifffahrt sind die durchschnittlichen Versandweiten bis zum Zielhafen Grundlage der Berechnung, die vom DIW als Ergänzung der amtlichen Statistik durchgeführt wurde. Damit ist es nun möglich, auch die Leistungen der Seeschifffahrt im grenzüberschreitenden Verkehr, für Versand und Empfang getrennt, zu publizieren.

Grenzüberschreitender Straßengüterverkehr

Für *deutsche* Lastkraftfahrzeuge wurden vom DIW im Auftrag des Bundesverkehrsministeriums nur Eckwerte entsprechend der neuen Verkehrsleistungsstatistik von 1991 bis 1993 geschätzt (siehe auch Seite 234). Daher ist die Einzeldarstellung des grenzüberschreitenden Güterverkehrs für diese Jahre nicht möglich.

Für *ausländische* Lastkraftfahrzeuge liegen ab 1995 nur noch Eckwerte vor, so dass hier auf detailliertere Angaben wie Gütergruppen verzichtet werden muß.

Grenzüberschreitender Verkehr

Güterverkehr - Versand und Empfang - in Mio. t

Jahr	Ins-gesamt	Eisen-bahnen[1]	Straßen-verkehr[2]	Binnen-schifffahrt	See-schifffahrt[3]	Rohr-fernlei-tungen[4]	Luft-verkehr[5] (in 1 000)
1955	140,7	36,3	4,2	50,2	50,0	.	9
1960	213,5	52,3	11,7	72,9	74,2	2,4	36
1965	291,3	55,3	24,3	87,2	96,5	27,9	96
1970	428,0	68,8	41,4	121,9	128,7	67,0	218
1975	447,2	56,6	70,6	132,9	127,2	59,6	275
1980	527,2	66,4	106,7	139,9	148,8	65,0	458
1985	516,3	59,5	125,0	140,7	135,3	55,2	570
1990	586,4	60,4	176,9	148,7	140,0	59,5	914
1991	457,4	78,8	.	145,5	158,2	73,9	887
1992	470,7	76,2	.	144,2	173,4	76,0	930
1993	457,3	66,3	.	135,7	176,9	77,2	1 356
1994	704,2	74,8	211,0	146,4	189,8	80,7	1 547
1995	720,3	76,7	221,2	146,4	197,2	77,1	1 648
1996	697,7	75,0	211,7	142,0	198,6	68,6	1 720
1997	757,8	81,1	253,8	149,1	205,3	66,6	1 868
1998	786,4	84,4	270,1	151,4	209,9	68,7	1 810
1999	800,6	81,9	291,5	145,3	211,6	68,4	1 906
2000	837,8	90,1	285,7	158,1	233,3	68,6	2 105
2001	836,4	88,4	285,1	154,4	237,5	68,9	2 022
2002	829,3	85,4	281,4	150,9	238,0	71,5	2 120
2003*	856,3	88,7	302,5	145,1	246,5	71,3	2 231
2004*	917,9	97,4	327,1	156,5	263,5	71,0	2 583

[1] Ohne Expressgut und Stückgut.- [2] Bis 1990 ohne tarifliches Stückgut. Ab 1994 ohne Transporte deutscher Lastkraftfahrzeuge bis 6 t zulässiges Gesamtgewicht oder 3,5 t Nutzlast. S. Anmerkungen S. 199.- [3] Ohne Eigengewichte der Reise- und Transportfahrzeuge, Container, Trailer, Trägerschiffs-leichter. Einschl. Umladungen. Ab 2000 Änderung der Methodik der Seeverkehrsstatistik (u.a. Einschluß des Seeverkehrs der Binnenhäfen).- [4] Rohölleitungen. Ohne Erdgasleitungen. 1970 bis 1995 einschl. Mineralölproduktenleitungen. Ab 1996 einschl. Transit (1998 = 0,5 Mio. t).- [5] Ohne Luftpost. Ab 1993 einschl. Umladungen.- * Zum Teil vorläufige Werte.

Grenzüberschreitender Verkehr

Güterverkehr - Versand und Empfang - in Mrd. tkm[1]

Jahr	Ins- gesamt	Eisen- bahnen[2]	Straßen- verkehr[3]	Binnen- schifffahrt	Rohr- fernlei- tungen[4]	Luft- verkehr[5] (in Mio. tkm)	nachrichtl. Seeschiff- fahrt[6]
1955	.	.	.	.	.	.	.
1960	.	.	.	.	.	.	.
1965	.	.	.	.	.	.	.
1970	.	.	.	.	.	.	.
1975	60,1	12,0	14,4	25,9	7,6	125	994
1980	74,3	15,8	23,0	27,6	7,7	190	1 065
1985	78,8	16,5	28,2	28,0	5,8	249	786
1990	98,2	18,3	41,1	31,3	7,1	358	785
1991	.	23,7	.	32,1	10,5	342	844
1992	.	23,2	.	32,7	10,8	348	851
1993	.	21,3	.	33,0	11,3	372	854
1994	131,6	24,0	60,6	34,7	11,9	417	934
1995	129,3	24,4	57,6	35,0	11,8	431	967
1996	128,2	25,1	57,9	34,5	10,2	450	957
1997	144,5	28,6	70,9	35,7	8,8	477	1 014
1998	153,3	30,1	75,5	36,7	10,4	569	1 022
1999	158,3	29,4	82,5	35,3	10,5	605	1 108
2000	165,1	32,9	82,5	38,4	10,7	669	1 253
2001	164,8	32,1	82,7	38,3	11,1	645	1 257
2002	163,8	31,9	84,2	36,4	10,6	694	1 324
2003*	168,3	33,8	89,2	33,7	10,8	756,6	1 412
2004*	184,1	37,6	97,3	37,0	11,3	881,1	1 479

B4

[1] Verkehrsleistungen (außer in der Seeschifffahrt) im Bundesgebiet.- [2] Ohne Expressgut und Stückgut.- [3] Bis 1990 ohne tarifliches Stückgut. Ab 1994 ohne Transporte deutscher Lastkraftfahrzeuge bis 6 t zulässiges Gesamtgewicht oder 3,5 t Nutzlast. Siehe Anmerkungen S. 199.- [4] Rohölleitungen. Ohne Ergasleitungen. Bis 1995 einschl Mineralölproduktenleitungen. Ab 1996 einschl. Transit (1997 = 0,4 Mrd. tkm).- [5] Ohne Luftpost. Ab 1998 neue Kilometrierung im Luftverkehr.- [6] Ohne Eigengewichte der Reise- und Transportfahrzeuge, Container, Trailer, Trägerschiffsleichter. Einschl. Umladungen. Ab 2000 Änderung der Methodik der Seeverkehrsstatistik (u.a. Einschluß des Seeverkehrs der Binnenhäfen).- *Zum Teil vorläufige Werte.

Grenzüberschreitender Verkehr

Güterverkehr - Versand - in Mio. t

Jahr	Ins- gesamt	Eisen- bahnen[1]	Straßen- verkehr[2]	Binnen- schifffahrt	See- schifffahrt[3]	Luft- verkehr[4] (in 1 000)
1955	57,9	21,7	1,5	19,6	15,1	6
1960	76,8	28,6	3,8	27,9	16,5	20
1965	89,3	30,8	8,9	31,7	17,9	44
1970	125,2	36,9	17,2	48,6	22,4	118
1975	140,4	31,1	32,6	49,2	27,4	131
1980	174,2	37,7	52,3	49,2	34,8	225
1985	186,4	33,4	64,0	44,5	44,3	348
1990	219,6	33,1	89,6	52,5	44,0	443
1991	.	40,4	.	47,3	48,5	421
1992	.	36,6	.	47,1	55,5	458
1993	.	29,9	.	45,2	57,5	683
1994	242,9	31,8	97,5	47,9	65,0	813
1995	247,2	32,9	100,1	44,9	68,4	860
1996	247,1	33,8	99,5	43,8	69,1	903
1997	271,7	38,1	118,9	44,7	69,1	992
1998	278,9	40,2	126,0	42,7	69,1	946
1999	291,1	38,4	133,1	44,7	73,9	997
2000	305,6	42,3	127,4	48,7	86,0	1 114
2001	304,6	41,3	127,6	49,0	85,7	1 080
2002	303,1	40,5	127,5	49,1	88,5	1 122
2003*	313,7	41,3	133,1	46,1	92,0	1 155
2004*	344,3	46,1	145,9	51,4	99,7	1 319

[1] Ohne Expressgut und Stückgut.- [2] Bis 1990 ohne tarifliches Stückgut. Ab 1994 ohne Transporte deutscher Lastkraftfahrzeuge bis 6 t zulässiges Gesamtgewicht oder 3,5 t Nutzlast. Siehe Anmerkungen S. 199.- [3] Ohne Eigengewichte der Reise- und Transportfahrzeuge, Container, Trailer, Trägerschiffsleichter. Einschl. Umladungen. Ab 2000 Änderung der Methodik der Seeverkehrsstatistik (u.a. Einschluß des Seeverkehrs der Binnenhäfen).- [4] Ohne Luftpost. Ab 1993 einschl. Umladungen.- * Zum Teil vorläufige Werte.

Grenzüberschreitender Verkehr

Güterverkehr - Versand - in Mrd. tkm[1]

Jahr	Ins-gesamt	Eisen-bahnen[2]	Straßen-verkehr[3]	Binnen-schifffahrt	Luft-verkehr[4] (in Mio. tkm)	nachrichtl. Seeschiff-fahrt[5]
1955	.	.	.	.	.	.
1960	.	.	.	.	.	.
1965	.	.	.	.	.	.
1970	.	.	.	.	.	.
1975	23,0	7,4	6,6	8,9	62	169
1980	30,6	10,3	11,0	9,2	95	222
1985	33,3	10,5	13,9	8,7	144	265
1990	40,7	10,6	19,5	10,4	178	295
1991	.	12,7	.	10,3	168	323
1992	.	12,1	.	10,8	173	327
1993	.	10,5	.	11,2	186	364
1994	49,7	11,2	26,3	11,9	217	430
1995	47,9	11,5	24,8	11,4	224	438
1996	49,7	13,1	25,2	11,1	235	436
1997	57,6	15,0	30,9	11,4	254	426
1998	59,9	15,8	32,6	11,2	298	409
1999	61,7	15,3	34,5	11,6	316	499
2000	64,2	17,0	33,9	12,9	353	590
2001	63,8	16,5	34,2	12,8	343	558
2002	63,5	16,6	33,7	12,7	362	594
2003*	65,2	16,9	36,2	11,7	386	638
2004*	72,7	19,2	39,6	13,4	443	665

[1] Verkehrsleistungen (außer in der Seeschifffahrt) im Bundesgebiet.- [2] Ohne Expressgut und Stückgut.- [3] Ohne tarifliches Stückgut. Ab 1994 ohne Transporte deutscher Lastkraftfahrzeuge bis 6 t zulässiges Gesamtgewicht oder 3,5 t Nutzlast. Siehe Anmerkungen S. 199.- [4] Ohne Luftpost. Ab 1998 neue Kilometrierung im Luftverkehr.- [5] Eigengewichte der Reise- und Transportfahrzeuge, Container, Trailer, Trägerschiffsleichter. Einschl. Umladungen. Ab 2000 Änderung der Methodik der Seeverkehrsstatistik (u.a. Einschluß des Seeverkehrs der Binnenhäfen).- *Zum Teil vorläufige Werte.

Grenzüberschreitender Verkehr

Güterverkehr - Empfang - in Mio. t

Jahr	Ins- gesamt	Eisen- bahnen[1]	Straßen- verkehr[2]	Binnen- schifffahrt	See- schifffahrt[3]	Rohr- fernlei- tungen[4]	Luft- verkehr[5] (in 1 000 t)
1955	82,8	14,6	2,7	30,6	34,9	-	1
1960	136,7	23,7	7,9	45,0	57,7	2,4	16
1965	202,0	24,5	15,4	55,5	78,6	27,9	52
1970	302,8	31,9	24,2	73,3	106,3	67,0	100
1975	306,7	25,5	38,0	83,7	99,8	59,6	144
1980	353,1	28,7	54,4	90,7	114,0	65,0	234
1985	329,8	26,1	61,0	96,2	91,0	55,2	223
1990	366,8	27,3	87,3	96,2	96,0	59,5	471
1991	.	38,5	.	98,2	109,7	73,9	465
1992	.	39,6	.	97,1	117,9	76,0	473
1993	.	36,4	.	90,5	119,3	77,2	672
1994	461,2	43,0	113,5	98,5	124,8	80,7	734
1995	473,1	43,8	121,0	101,5	128,9	77,1	788
1996	450,5	41,2	112,2	98,3	129,5	68,6	816
1997	486,1	43,0	134,9	104,4	136,2	66,6	876
1998	507,5	44,3	144,1	108,7	140,8	68,7	864
1999	509,5	43,6	158,3	100,5	137,8	68,4	909
2000	532,2	47,7	158,3	109,4	147,2	68,6	991
2001	531,8	47,2	157,5	105,4	151,9	68,9	942
2002	525,9	44,8	159,0	101,8	149,5	69,8	998
2003*	542,6	47,4	169,4	99,0	154,5	71,3	1 076
2004*	573,6	51,3	181,2	105,1	163,8	71,0	1 264

[1] Ohne Expressgut und Stückgut.- [2] Bis 1990 ohne tarifliches Stückgut. Ab 1994 ohne Transporte deutscher Lastkraftfahrzeuge bis 6 t zulässiges Gesamtgewicht oder 3,5 t Nutzlast. Siehe Anmerkungen S. 199.- [3] Ohne Eigengewichte der Reise- und Transportfahrzeuge, Container, Trailer, Trägerschiffsleichter. Einschl. Umladungen. Ab 2000 Änderung der Methodik der Seeverkehrsstatistik (u.a. Einschluß des Seeverkehrs der Binnenhäfen).- [4] Rohölleitungen. Ohne Erdgasleitungen. 1970 bis 1995 einschl. Mineralölproduktenleitungen. Ab 1996 einschl. Transit (1998 = 0,5 Mio. t).- [5] Ohne Luftpost. Ab 1993 einschl. Umladungen.- * Zum Teil vorläufige Werte.

Grenzüberschreitender Verkehr

Güterverkehr - Empfang - in Mrd. tkm[1]

Jahr	Ins-gesamt	Eisen-bahnen[2]	Straßen-verkehr[3]	Binnen-schifffahrt	Rohr-fernlei-tungen[4]	Luft-verkehr[5] (in Mio. tkm)	nachrichtl. Seeschiff-fahrt[6]
1955	.	.	.	.	.	.	.
1960	.	.	.	.	.	.	.
1965	.	.	.	.	.	.	.
1970	.	.	.	.	.	.	.
1975	37,1	4,6	7,8	17,0	7,6	63	825
1980	43,7	5,5	12,0	18,4	7,7	95	844
1985	45,5	6,0	14,3	19,3	5,8	105	521
1990	57,5	7,7	21,6	20,9	7,1	180	490
1991	.	11,0	.	21,9	10,5	174	521
1992	.	11,1	.	21,9	10,8	175	524
1993	.	10,8	.	21,8	11,3	186	490
1994	82,0	12,8	34,3	22,8	11,9	200	504
1995	81,4	13,0	32,8	23,7	11,8	207	529
1996	78,5	12,0	32,7	23,4	10,2	215	520
1997	87,0	13,6	40,0	24,3	8,8	223	588
1998	93,4	14,3	42,9	25,5	10,4	271	613
1999	96,6	14,1	48,0	23,7	10,5	289	609
2000	100,9	15,9	48,6	25,4	10,7	315	663
2001	101,1	15,6	48,5	25,5	11,1	302	699
2002	100,3	15,2	50,4	23,7	10,7	333	731
2003*	103,1	16,9	52,9	22,0	10,8	371	774
2004*	111,5	18,4	57,7	23,6	11,3	438	814

[1] Verkehrsleistungen (außer in der Seeschifffahrt) im Bundesgebiet.- [2] Ohne Expressgut und Stückgut.- [3] Bis 1990 ohne tarifliches Stückgut. Ab 1994 ohne Transporte deutscher Lastkraftfahrzeuge bis 6 t zulässiges Gesamtgewicht oder 3,5 t Nutzlast. Siehe Anmerkungen S. 199.- [4] Rohölleitungen. Ohne Ergasleitungen. Bis 1995 einschl Mineralölproduktenleitungen. Ab 1996 einschl. Transit (1997 = 0,4 Mrd. tkm).- [5] Ohne Luftpost. Ab 1998 neue Kilometrierung im Luftverkehr.- [6] Ohne Eigengewichte der Reise- und Transportfahrzeuge, Container, Trailer, Trägerschiffsleichter. Einschl. Umladungen. Ab 2000 Änderung der Methodik der Seeverkehrsstatistik (u.a. Einschluß des Seeverkehrs der Binnenhäfen).- *Zum Teil vorläufige Werte.

B4

Grenzüberschreitender Verkehr - Güterverkehr nach Hauptgütergruppen - Versand

Eisenbahnen[1]

	1993	1994	1995	1996	1997	1998	1999	2000	2001	2002	2003	2004
in Mio. t												
Land- und forstwirtschaftliche Erzeugnisse	3,1	2,7	3,3	3,3	3,3	3,2	3,1	4,2	3,2	3,3	2,6	3,2
Nahrungs- und Futtermittel	1,3	1,2	1,4	1,3	1,4	1,3	1,2	1,2	1,2	1,0	1,2	1,1
Kohle	1,1	1,0	0,5	0,4	0,4	0,3	0,3	0,5	0,3	0,3	0,3	0,3
Rohes Erdöl	0,0	0,0	0,0	0,0	-	-	-	-	-	-	-	-
Mineralölerzeugnisse	2,1	2,3	2,0	2,2	2,2	2,7	2,7	2,7	2,6	2,7	2,8	4,0
Erze und Metallabfälle	2,5	2,6	2,6	2,6	3,1	3,4	3,2	3,1	3,3	3,1	3,0	3,8
Eisen, Stahl und NE-Metalle	4,3	4,5	5,1	4,9	6,4	6,9	6,4	7,9	6,9	7,0	6,4	7,3
Steine und Erden	2,6	2,9	2,9	2,7	2,9	3,0	2,7	2,7	2,5	2,5	2,6	3,3
Düngemittel	0,7	0,7	0,7	0,9	1,2	1,5	1,2	1,0	1,0	1,0	1,0	1,1
Chemische Erzeugnisse	2,9	3,1	3,3	3,4	3,5	3,7	3,3	3,6	3,4	3,6	3,7	4,2
Fahrzeuge, Maschinen, Halb- und Fertigwaren[2]	9,5	10,8	11,0	12,1	13,6	14,2	14,2	15,4	16,8	16,1	17,6	17,7
Insgesamt	29,9	31,8	32,9	33,8	38,1	40,2	38,4	42,3	41,3	40,5	41,3	46,1
in vH												
Land- und forstwirtschaftliche Erzeugnisse	10,2	8,4	10,1	9,7	8,6	7,9	8,1	10,0	7,7	8,2	6,3	7,0
Nahrungs- und Futtermittel	4,3	3,9	4,3	3,9	3,7	3,3	3,2	2,8	3,0	2,4	2,9	2,3
Kohle	3,5	3,1	1,5	1,3	1,0	0,7	0,7	1,1	0,7	0,6	0,6	0,7
Rohes Erdöl	0,0	0,0	0,0	0,0	-	-	-	-	-	-	-	-
Mineralölerzeugnisse	7,0	7,1	6,0	6,6	5,9	6,6	6,9	6,4	6,4	6,7	6,7	8,8
Erze und Metallabfälle	8,2	8,3	8,0	7,6	8,2	8,5	8,3	7,3	8,0	7,6	7,4	8,3
Eisen, Stahl und NE-Metalle	14,3	14,3	15,5	14,5	16,9	17,2	16,8	18,7	16,7	17,3	15,6	15,7
Steine und Erden	8,8	9,1	8,7	8,1	7,7	7,5	7,2	6,3	6,1	6,2	6,2	7,2
Düngemittel	2,2	2,1	2,1	2,8	3,3	3,8	3,2	2,5	2,5	2,4	2,5	2,4
Chemische Erzeugnisse	9,6	9,8	10,1	9,9	9,2	9,1	8,6	8,6	8,3	8,9	9,1	9,2
Fahrzeuge, Maschinen, Halb- und Fertigwaren[2]	31,8	34,0	33,6	35,6	35,7	35,4	37,0	36,3	40,7	39,8	42,6	38,4
Insgesamt	100	100	100	100	100	100	100	100	100	100	100	100

[1] Wagenladungsverkehr.- [2] Einschl. besondere Transportgüter.

Grenzüberschreitender Verkehr – Güterverkehr nach Hauptgütergruppen – Empfang

Eisenbahnen[1]

	1993	1994	1995	1996	1997	1998	1999	2000	2001	2002	2003	2004
						in Mio. t						
Land- und forstwirtschaftliche Erzeugnisse	1,3	1,4	1,3	1,1	1,1	1,0	1,2	1,4	0,8	0,6	1,0	0,9
Nahrungs- und Futtermittel	0,5	0,8	0,8	0,6	0,6	0,6	0,5	0,5	0,5	0,4	0,4	0,6
Kohle	5,9	5,5	5,9	5,7	7,4	9,0	8,2	9,7	10,5	8,8	9,6	10,4
Rohes Erdöl	0,0	0,2	0,2	0,1	0,0	0,0	0,1	0,1	0,1	0,0	0,0	0,0
Mineralölerzeugnisse	1,0	0,8	0,8	0,8	0,9	0,9	1,0	1,0	0,9	0,9	0,7	1,2
Erze und Metallabfälle	2,4	2,5	2,6	2,9	3,4	3,8	4,3	5,2	5,9	6,6	7,0	7,9
Eisen, Stahl und NE-Metalle	5,0	6,9	7,5	6,0	6,4	6,7	6,6	7,6	6,8	6,1	6,2	6,4
Steine und Erden	7,9	10,1	9,6	8,6	6,8	5,6	5,0	4,8	4,2	4,1	3,9	4,0
Düngemittel	0,6	0,6	0,5	0,4	0,4	0,3	0,2	0,2	0,2	0,1	0,2	0,2
Chemische Erzeugnisse	3,0	3,3	3,3	3,2	3,5	3,4	3,4	3,6	3,5	3,5	3,4	5,1
Fahrzeuge, Maschinen, Halb- und Fertigwaren[2]	8,8	10,9	11,2	11,6	12,7	13,0	13,2	13,7	13,8	13,7	15,1	14,7
Insgesamt	36,4	43,0	43,8	41,2	43,0	44,3	43,6	47,7	47,2	44,8	47,4	51,3
						in vH						
Land- und forstwirtschaftliche Erzeugnisse	3,5	3,2	3,0	2,7	2,5	2,3	2,7	2,9	1,7	1,4	2,0	1,8
Nahrungs- und Futtermittel	1,4	1,9	1,9	1,5	1,3	1,3	1,2	1,1	1,0	0,9	0,9	1,1
Kohle	16,2	12,9	13,5	13,9	17,1	20,3	18,9	20,3	22,2	19,7	20,2	20,2
Rohes Erdöl	0,1	0,5	0,5	0,2	0,1	0,1	0,1	0,1	0,1	0,0	0,0	0,0
Mineralölerzeugnisse	2,7	1,8	1,9	2,1	2,0	2,1	2,2	2,1	2,0	2,0	1,5	2,3
Erze und Metallabfälle	6,6	5,9	6,0	7,0	7,9	8,6	9,9	10,8	12,5	14,7	14,8	15,5
Eisen, Stahl und NE-Metalle	13,8	16,0	17,0	14,7	15,0	15,0	15,0	15,9	14,4	13,6	13,2	12,5
Steine und Erden	21,6	23,4	21,9	20,8	15,8	12,6	11,4	10,1	9,0	9,2	8,1	7,9
Düngemittel	1,8	1,3	1,1	1,1	0,8	0,6	0,5	0,5	0,3	0,3	0,4	0,3
Chemische Erzeugnisse	8,3	7,8	7,6	7,7	8,1	7,8	7,9	7,5	7,4	7,8	7,2	9,9
Fahrzeuge, Maschinen, Halb- und Fertigwaren[2]	24,1	25,3	25,5	28,3	29,5	29,3	30,2	28,6	29,3	30,6	31,8	28,6
Insgesamt	100	100	100	100	100	100	100	100	100	100	100	100

[1] Wagenladungsverkehr.– [2] Einschl. besondere Transportgüter.

B4

Grenzüberschreitender Verkehr - Güterverkehr nach Hauptgütergruppen

Straßengüterverkehr deutscher Lastkraftfahrzeuge[1]

	1996	1997	1998	1999	2000	2001	2002	2003	2004
					Aufkommen - in Mio. t				
Land- und forstwirtschaftliche Erzeugnisse	7,3	7,9	7,7	8,2	8,4	9,4	8,5	8,8	9,7
Nahrungs- und Futtermittel	7,7	9,2	9,2	10,2	12,5	12,5	13,8	15,1	16,7
Kohle	0,8	0,9	1,0	0,0	.	.	1,0	0,6	1,8
Rohes Erdöl	0,0	0,0	0,0	0,0	.	0,0	0,0	0,0	0,1
Mineralölerzeugnisse	1,7	1,9	2,1	1,9	2,1	2,1	1,8	1,6	1,6
Erze und Metallabfälle	1,4	1,7	1,2	1,5		1,7	1,5	1,1	1,5
Eisen, Stahl und NE-Metalle	4,8	6,1	6,7	7,2	6,4	7,5	6,3	7,4	9,1
Steine und Erden	12,0	12,5	13,6	14,5	14,7	15,9	13,8	16,6	18,2
Düngemittel	0,8	1,1	1,4	.	.	.	0,8	1,0	1,1
Chemische Erzeugnisse	10,6	10,5	12,2	12,4	13,1	14,3	14,2	18,2	19,0
Fahrzeuge, Maschinen, Halb- und Fertigwaren[2]	18,9	22,2	23,5	28,2	31,8	36,0	36,4	38,9	44,4
Insgesamt	66,1	74,0	78,6	86,5	92,1	100,8	98,1	109,5	123,1
					in vH				
Land- und forstwirtschaftliche Erzeugnisse	11,0	10,7	9,7	9,5	9,1	9,4	8,7	8,1	7,9
Nahrungs- und Futtermittel	11,6	12,5	11,6	11,7	13,6	12,4	14,0	13,8	13,6
Kohle	1,2	1,2	1,3	.	.	.	1,1	0,5	1,4
Rohes Erdöl	0,1	0,0	0,1	0,0	.	0,0	0,0	0,0	0,1
Mineralölerzeugnisse	2,6	2,5	2,7	2,2	2,2	2,1	1,8	1,5	1,3
Erze und Metallabfälle	2,2	2,3	1,6	1,8		1,6	1,5	1,0	1,2
Eisen, Stahl und NE-Metalle	7,3	8,2	8,6	8,4	7,0	7,4	6,4	6,8	7,4
Steine und Erden	18,2	16,9	17,2	16,8	16,0	15,8	14,1	15,1	14,8
Düngemittel	1,1	1,5	1,8	.	.	.	0,8	0,9	0,9
Chemische Erzeugnisse	16,0	14,2	15,5	14,4	14,2	14,2	14,5	16,6	15,4
Fahrzeuge, Maschinen, Halb- und Fertigwaren[2]	28,7	30,0	29,9	32,6	34,5	35,7	37,1	35,6	36,1
Insgesamt	100	100	100	100	100	100	100	100	100

[1] Ohne Lastkraftwagen und Sattelzugmaschinen bis 3,5 t Nutzlast bzw. 6 t zulässiges Gesamtgewicht.- [2] Einschl. besondere Transportgüter und Leergut.

Grenzüberschreitender Verkehr - Güterverkehr nach Hauptgütergruppen

Straßengüterverkehr deutscher Lastkraftfahrzeuge[1] - Aufkommen in Mio. t

	1996	1997	1998	1999	2000	2001	2002	2003	2004
Versand									
Land- und forstwirtschaftliche Erzeugnisse	4,0	4,4	3,7	4,1	4,3	5,2	4,7	4,7	5,6
Nahrungs- und Futtermittel	3,6	4,5	4,6	4,9	5,8	6,1	6,9	7,5	8,4
Kohle	0,5	0,6	0,7	-	-	.	0,7	0,3	1,3
Rohes Erdöl	0,0	0,0	-	-	-	0,0	-	-	0,0
Mineralölerzeugnisse	0,8	0,9	0,8	0,8	0,7	0,8	1,0	0,6	0,8
Erze und Metallabfälle	1,2	1,0	0,9	1,3	1,5	1,1	0,8	0,7	0,9
Eisen, Stahl und NE-Metalle	2,4	3,2	3,6	3,7	3,5	3,7	3,5	4,3	4,7
Steine und Erden	5,8	5,4	6,4	7,2	7,2	8,5	7,8	10,4	11,5
Düngemittel	0,2	0,3	0,4	.	.	.	0,3	0,5	0,4
Chemische Erzeugnisse	6,9	6,7	7,4	7,5	7,8	8,7	8,7	10,5	11,0
Fahrzeuge, Maschinen, Halb- und Fertigwaren[2]	11,2	12,6	13,7	16,6	18,8	21,2	21,1	22,6	26,3
Insgesamt	36,6	39,7	42,2	47,5	50,2	55,8	55,5	62,1	70,9
Empfang									
Land- und forstwirtschaftliche Erzeugnisse	3,3	3,5	4,0	4,1	4,1	4,3	3,9	4,1	4,1
Nahrungs- und Futtermittel	4,0	4,7	4,5	5,2	6,7	6,4	6,8	7,6	8,3
Kohle	0,3	0,3	0,4	.	.	.	0,3	0,3	0,4
Rohes Erdöl	0,0	0,0	0,0	0,0	.	0,0	0,0	0,0	0,1
Mineralölerzeugnisse	0,9	1,0	1,3	1,1	.	1,4	0,8	1,0	0,8
Erze und Metallabfälle	0,2	0,7	0,4	0,2	0,6	0,5	0,6	0,4	0,6
Eisen, Stahl und NE-Metalle	2,4	2,9	3,1	3,6	2,9	3,7	2,8	3,1	4,4
Steine und Erden	6,3	7,0	7,2	7,3	7,5	7,4	6,1	6,2	6,7
Düngemittel	0,6	0,8	1,0	.	.	.	0,5	0,5	0,7
Chemische Erzeugnisse	3,7	3,8	4,7	4,9	5,3	5,6	5,6	7,7	8,0
Fahrzeuge, Maschinen, Halb- und Fertigwaren[2]	7,8	9,6	9,8	11,6	13,0	14,8	15,2	16,3	18,1
Insgesamt	29,4	34,3	36,4	39,0	41,9	45,0	42,6	47,4	52,2

[1] Ohne Lastkraftwagen und Sattelzugmaschinen bis 3,5 t Nutzlast bzw. 6 t zulässiges Gesamtgewicht.- [2] Einschl. besondere Transportgüter und Leergut.

Grenzüberschreitender Verkehr - Güterverkehr nach Hauptgütergruppen - Versand

Binnenschifffahrt

	1993	1994	1995	1996	1997	1998	1999	2000	2001	2002	2003	2004
in Mio. t												
Land- und forstwirtschaftliche Erzeugnisse	2,8	3,1	2,9	2,6	3,1	2,9	2,9	3,9	3,4	3,1	2,6	2,7
Nahrungs- und Futtermittel	2,8	2,8	3,0	2,6	2,6	3,1	3,0	2,9	3,1	3,3	2,9	3,3
Kohle	1,1	1,5	1,3	1,1	1,0	0,9	0,9	0,9	0,8	0,7	0,7	1,0
Rohes Erdöl	0,0	0,0	0,0	0,0	0,0	0,0	0,0	0,0	0,0	0,0	0,0	0,0
Mineralölerzeugnisse	4,6	4,5	3,4	2,9	2,4	1,7	2,4	2,7	2,9	2,5	2,4	3,8
Erze und Metallabfälle	4,1	3,8	3,3	3,0	2,9	2,5	2,4	2,6	2,5	2,4	2,4	2,4
Eisen, Stahl und NE-Metalle	6,4	5,9	5,3	5,4	5,9	4,8	5,0	5,6	5,4	5,6	5,8	5,5
Steine und Erden	16,7	17,4	16,7	16,3	16,4	16,2	16,6	17,4	18,2	17,3	15,4	17,4
Düngemittel	1,4	1,9	1,9	2,1	2,0	2,0	2,1	2,2	2,1	2,0	1,6	1,8
Chemische Erzeugnisse	3,7	4,6	4,7	4,9	5,0	4,7	5,1	5,5	5,1	5,5	5,5	6,1
Fahrzeuge, Maschinen, Halb- und Fertigwaren[1]	1,7	2,3	2,4	2,8	3,4	3,8	4,3	4,9	5,5	6,4	6,7	7,5
Insgesamt	45,2	47,9	44,9	43,8	44,7	42,7	44,7	48,7	49,0	49,1	46,1	51,4
in vH												
Land- und forstwirtschaftliche Erzeugnisse	6,1	6,5	6,4	6,0	6,9	6,8	6,6	8,0	6,9	6,4	5,7	5,4
Nahrungs- und Futtermittel	6,2	5,8	6,6	5,8	5,8	7,2	6,7	6,0	6,4	6,8	6,2	6,3
Kohle	2,4	3,2	3,0	2,6	2,2	2,2	2,0	1,8	1,6	1,5	1,6	1,9
Rohes Erdöl	0,0	0,0	0,0	0,0	0,0	0,0	0,0	0,0	0,0	0,0	0,0	0,0
Mineralölerzeugnisse	10,1	9,4	7,7	6,7	5,3	3,9	5,4	5,6	5,9	5,2	5,3	7,5
Erze und Metallabfälle	9,1	8,0	7,3	6,9	6,4	5,9	5,3	5,3	5,1	5,0	5,3	4,6
Eisen, Stahl und NE-Metalle	14,1	12,3	11,8	12,3	13,1	11,2	11,2	11,6	11,1	11,5	12,6	10,7
Steine und Erden	36,9	36,3	37,2	37,4	36,6	38,0	37,1	35,6	37,1	35,3	33,4	33,8
Düngemittel	3,1	4,0	4,1	4,8	4,6	4,8	4,7	4,6	4,3	4,1	3,5	3,5
Chemische Erzeugnisse	8,1	9,5	10,5	11,2	11,3	11,1	11,5	11,3	10,5	11,2	11,9	11,8
Fahrzeuge, Maschinen, Halb- und Fertigwaren[1]	3,8	4,9	5,4	6,4	7,7	8,9	9,6	10,1	11,1	13,0	14,6	14,6
Insgesamt	100	100	100	100	100	100	100	100	100	100	100	100

1) Einschl. besondere Transportgüter.

Grenzüberschreitender Verkehr - Güterverkehr nach Hauptgütergruppen - Empfang

Binnenschifffahrt

B4

in Mio. t

	1993	1994	1995	1996	1997	1998	1999	2000	2001	2002	2003	2004
Land- und forstwirtschaftliche Erzeugnisse	2,3	2,2	2,6	2,2	1,7	1,8	1,9	2,2	1,9	2,1	2,0	1,8
Nahrungs- und Futtermittel	7,0	7,4	7,1	6,8	7,0	7,1	6,7	6,7	6,8	6,8	7,1	7,2
Kohle	7,5	8,7	8,1	10,2	11,5	16,2	16,2	17,2	19,2	19,6	19,3	20,9
Rohes Erdöl	0,0	0,0	0,0	0,0	0,0	0,0	0,0	0,0	0,0	0,0	0,0	0,0
Mineralölerzeugnisse	20,8	19,7	21,4	22,0	23,2	21,7	18,6	19,7	20,3	17,9	16,4	15,9
Erze und Metallabfälle	28,7	32,6	31,7	29,9	33,2	32,3	28,2	32,1	28,7	28,5	27,9	30,4
Eisen, Stahl und NE-Metalle	3,1	4,0	4,8	3,6	4,0	5,0	3,9	4,4	4,1	3,7	3,7	4,4
Steine und Erden	12,2	13,5	14,4	12,4	12,0	11,6	10,8	11,7	10,1	9,6	9,0	9,7
Düngemittel	3,0	3,3	3,8	3,2	3,1	3,3	3,2	3,6	3,0	2,9	3,0	3,0
Chemische Erzeugnisse	4,6	5,3	5,6	5,7	6,1	6,8	7,9	8,5	7,8	7,2	6,7	7,3
Fahrzeuge, Maschinen, Halb-und Fertigwaren[1]	1,2	1,7	2,0	2,2	2,7	2,9	3,1	3,2	3,4	3,6	3,9	4,4
Insgesamt	90,5	98,5	101,5	98,3	104,4	108,7	100,5	109,4	105,4	101,8	99,0	105,1

in vH

	1993	1994	1995	1996	1997	1998	1999	2000	2001	2002	2003	2004
Land- und forstwirtschaftliche Erzeugnisse	2,5	2,3	2,6	2,3	1,6	1,6	1,9	2,0	1,8	2,0	2,1	1,7
Nahrungs- und Futtermittel	7,7	7,5	7,0	6,9	6,7	6,5	6,6	6,1	6,5	6,7	7,2	6,9
Kohle	8,3	8,9	8,0	10,4	11,0	14,9	16,1	15,8	18,3	19,3	19,5	19,9
Rohes Erdöl	0,0	0,0	0,0	0,0	0,0	0,0	0,0	0,0	0,0	0,0	0,0	0,0
Mineralölerzeugnisse	22,9	20,0	21,1	22,4	22,2	19,9	18,5	18,1	19,3	17,5	16,6	15,1
Erze und Metallabfälle	31,8	33,1	31,2	30,4	31,8	29,7	28,0	29,3	27,2	28,0	28,2	28,9
Eisen, Stahl und NE-Metalle	3,4	4,1	4,7	3,7	3,8	4,6	3,9	4,0	3,9	3,6	3,7	4,2
Steine und Erden	13,5	13,7	14,2	12,6	11,5	10,7	10,7	10,7	9,6	9,4	9,1	9,2
Düngemittel	3,3	3,4	3,8	3,3	3,0	3,1	3,2	3,3	2,9	2,8	3,0	2,8
Chemische Erzeugnisse	5,1	5,4	5,5	5,8	5,8	6,2	7,8	7,8	7,4	7,1	6,7	7,0
Fahrzeuge, Maschinen, Halb-und Fertigwaren[1]	1,3	1,8	2,0	2,3	2,6	2,7	3,1	2,9	3,2	3,6	4,0	4,2
Insgesamt	100	100	100	100	100	100	100	100	100	100	100	100

[1] Einschl. besondere Transportgüter.

Grenzüberschreitender Verkehr - Güterverkehr nach Hauptgütergruppen¹⁾ - Versand

Seeschifffahrt

	1993	1994	1995	1996	1997	1998	1999	2000	2001	2002	2003	2004
in Mio. t												
Land- und forstwirtschaftliche Erzeugnisse	4,9	7,4	9,8	7,6	5,4	7,0	8,9	11,6	9,2	8,4	9,4	7,1
Nahrungs- und Futtermittel	6,4	6,4	6,2	5,6	6,4	6,6	6,1	6,0	7,3	7,1	7,0	7,2
Kohle	0,2	0,2	0,2	0,2	0,3	0,1	0,2	0,1	0,1	0,1	0,1	0,2
Rohes Erdöl	0,1	1,1	0,9	1,9	3,5	1,5	1,9	3,3	1,2	1,2	0,5	1,0
Mineralölerzeugnisse	7,1	7,6	7,7	7,8	6,5	9,1	8,9	10,5	9,8	10,2	9,7	12,2
Erze und Metallabfälle	2,7	3,0	2,5	2,5	2,4	1,7	1,8	1,7	1,8	1,8	1,6	1,6
Eisen, Stahl und NE-Metalle	5,0	5,6	4,9	5,9	5,4	4,5	3,7	5,6	5,7	6,1	5,8	6,5
Steine und Erden	1,7	1,8	1,8	1,9	2,0	2,1	2,3	2,0	2,4	2,9	3,1	3,7
Düngemittel	4,1	4,5	4,5	4,5	4,5	4,3	3,9	3,7	3,8	3,7	4,3	3,8
Chemische Erzeugnisse	7,8	8,2	8,5	8,1	8,2	8,2	7,7	8,2	8,5	8,7	9,0	9,9
Fahrzeuge, Maschinen, Halb- und Fertigwaren¹⁾	17,5	19,2	21,5	23,2	24,5	23,9	28,4	33,5	36,1	38,4	41,5	46,5
Insgesamt	57,5	65,0	68,4	69,1	69,1	69,1	73,9	86,0	85,7	88,5	92,0	99,7
in vH												
Land- und forstwirtschaftliche Erzeugnisse	8,5	11,5	14,3	11,0	7,9	10,1	12,0	13,5	10,8	9,5	10,2	7,2
Nahrungs- und Futtermittel	11,0	9,9	9,0	8,0	9,3	9,5	8,3	7,0	8,5	8,1	7,6	7,3
Kohle	0,3	0,2	0,3	0,3	0,4	0,1	0,3	0,1	0,1	0,1	0,1	0,2
Rohes Erdöl	0,2	1,7	1,4	2,7	5,0	2,2	2,5	3,8	1,3	1,3	0,6	1,0
Mineralölerzeugnisse	12,4	11,7	11,3	11,2	9,4	13,2	12,1	12,2	11,4	11,5	10,6	12,2
Erze und Metallabfälle	4,7	4,6	3,6	3,6	3,4	2,4	2,4	2,0	2,1	2,0	1,7	1,6
Eisen, Stahl und NE-Metalle	8,8	8,6	7,1	8,5	7,8	6,6	5,0	6,5	6,6	6,9	6,3	6,5
Steine und Erden	3,0	2,8	2,6	2,8	3,0	3,1	3,2	2,3	2,8	3,2	3,4	3,7
Düngemittel	7,2	6,9	6,6	6,6	6,5	6,2	5,3	4,2	4,4	4,2	4,7	3,8
Chemische Erzeugnisse	13,6	12,6	12,4	11,8	11,9	11,9	10,5	9,5	9,9	9,9	9,7	9,9
Fahrzeuge, Maschinen, Halb- und Fertigwaren¹⁾	30,4	29,6	31,4	33,5	35,4	34,6	38,4	38,9	42,1	43,3	45,1	46,7
Insgesamt	100	100	100	100	100	100	100	100	100	100	100	100

¹⁾ Ohne Eigengewichte der Reise- und Transportfahrzeuge, Container, Trailer, Trägerschiffsleichter. Ab 2000 Änderung der Methodik der Seeverkehrsstatistik (u.a. Einschluß des Seeverkehrs der Binnenhäfen).- ²⁾ Einschl. besondere Transportgüter. Stückgut einschl. in Containern verladenes Gut wird vollständig der Gütergruppe "Fahrzeuge, Maschinen, Halb- und Fertigwaren" zugeordnet.

Grenzüberschreitender Verkehr – Güterverkehr nach Hauptgütergruppen1) – Empfang

Seeschifffahrt

	1992	1993	1994	1995	1996	1997	1998	1999	2000	2001	2002	2003	2004
							in Mio. t						
Land- und forstwirtschaftliche Erzeugnisse	6,1	5,7	6,1	5,7	5,6	5,7	5,7	6,2	6,8	6,3	6,7	6,4	5,9
Nahrungs- und Futtermittel	10,6	10,3	9,9	9,6	9,8	10,4	10,3	9,4	9,8	10,1	10,4	11,3	11,1
Kohle	5,0	4,9	5,9	6,3	6,7	7,4	8,1	8,6	9,0	12,0	11,4	12,3	13,7
Rohes Erdöl	31,4	31,8	33,0	32,2	34,2	33,7	41,0	35,3	35,6	35,8	34,7	34,5	38,3
Mineralölerzeugnisse	12,9	13,2	11,2	10,4	11,6	13,0	10,6	9,0	9,1	11,8	8,7	9,8	8,7
Erze und Metallabfälle	12,4	12,5	14,1	16,3	14,3	16,9	16,3	16,3	18,1	18,7	18,0	18,5	19,2
Eisen, Stahl und NE-Metalle	3,6	2,5	2,3	2,3	2,0	2,2	2,6	2,7	3,2	3,0	3,0	3,1	3,6
Steine und Erden	9,7	9,4	11,5	11,3	10,6	11,6	10,5	11,0	11,1	9,8	9,6	9,1	9,2
Düngemittel	1,5	1,4	1,3	1,6	1,2	1,2	1,4	1,5	1,1	1,4	1,1	1,3	1,3
Chemische Erzeugnisse	6,1	5,8	6,0	5,6	5,7	6,2	6,3	6,2	6,5	6,3	7,1	7,1	7,5
Fahrzeuge, Maschinen, Halb- und Fertigwaren1)	18,5	21,7	23,6	27,7	27,7	28,0	28,2	31,6	36,4	37,7	38,6	41,1	45,3
Insgesamt	117,9	119,3	124,8	128,9	129,5	136,2	140,8	137,8	147,2	149,5	149,5	154,5	163,8
							in vH						
Land- und forstwirtschaftliche Erzeugnisse	5,2	4,8	4,9	4,4	4,4	4,1	4,1	4,5	4,6	4,2	4,5	4,1	3,6
Nahrungs- und Futtermittel	9,0	8,7	7,9	7,4	7,6	7,6	7,3	6,8	6,7	6,7	7,0	7,3	6,8
Kohle	4,2	4,1	4,7	4,9	5,1	5,4	5,7	6,2	6,1	8,1	7,6	7,9	8,4
Rohes Erdöl	26,6	26,7	26,4	25,0	26,4	24,8	29,1	25,6	24,2	24,0	23,2	22,3	23,4
Mineralölerzeugnisse	11,0	11,0	9,0	8,1	9,0	9,5	7,5	6,6	6,2	7,9	5,8	6,3	5,3
Erze und Metallabfälle	10,5	10,5	11,3	12,7	11,1	12,4	11,6	11,8	12,3	12,5	12,1	12,0	11,7
Eisen, Stahl und NE-Metalle	3,0	2,1	1,8	1,8	1,6	1,6	1,8	1,9	2,2	2,0	2,0	2,0	2,2
Steine und Erden	8,3	7,9	9,2	8,7	8,2	8,5	7,5	8,0	7,5	6,6	6,4	5,9	5,6
Düngemittel	1,3	1,2	1,1	1,2	0,9	0,9	1,0	1,1	1,0	0,9	0,7	0,9	0,8
Chemische Erzeugnisse	5,2	4,9	4,8	4,4	4,4	4,6	4,5	4,5	4,4	4,2	4,8	4,6	4,6
Fahrzeuge, Maschinen, Halb- und Fertigwaren1)	15,7	18,2	18,9	21,5	21,4	20,6	20,0	23,0	24,8	25,2	25,8	26,6	27,6
Insgesamt	100	100	100	100	100	100	100	100	100	100	100	100	100

1) Ohne Eigengewichte der Reise- und Transportfahrzeuge, Container, Trailer, Trägerschiffsleichter. Ab 2000 Änderung der Methodik der Seeverkehrsstatistik (u.a. Einschluß des Seeverkehrs der Binnenhäfen).- 2) Einschl. besondere Transportgüter. Stückgut einschl. in Containern verladenes Gut wird vollständig der Gütergruppe 'Fahrzeuge, Maschinen, Halb- und Fertigwaren' zugeordnet.

B4

Grenzüberschreitender Verkehr

Seeschifffahrt nach Fahrtgebieten - Versand

Fahrtgebiete	1991	1992	1993	1994	1995	1996	1997
in Mio. t							
Europa	26,6	33,3	32,7	36,5	39,8	40,4	41,3
Nord- und Ostsee	.	.	.	.	.	.	.
Mittelmeer	.	.	.	.	.	.	.
Afrika	2,8	2,6	2,3	2,4	3,0	2,9	2,4
Mittelmeer	.	.	.	.	.	.	.
West- und Ostafrika	.	.	.	.	.	.	.
Südafrika	.	.	.	.	.	.	.
Amerika	7,1	8,5	9,5	10,4	9,4	10,3	10,3
Nordamerika	6,0	5,9	6,3	6,2	5,7	6,9	6,7
Mittel- und Südamerika	1,1	2,5	3,2	4,1	3,8	3,3	3,6
Asien	11,5	10,7	12,6	15,2	15,7	15,1	14,5
Nah- und Mittelost	.	.	.	.	.	.	.
Fernost	.	.	.	.	.	.	.
Australien	0,4	0,4	0,4	0,5	0,5	0,5	0,5
Insgesamt[1]	48,5	55,5	57,5	65,0	68,4	69,1	69,1
in Mrd. tkm[2]							
Europa	29,8	37,2	36,6	40,8	44,6	45,2	46,3
Nord- und Ostsee	.	.	.	.	.	.	.
Mittelmeer	.	.	.	.	.	.	.
Afrika	23,5	21,7	19,0	20,1	25,1	24,4	20,2
Mittelmeer	.	.	.	.	.	.	.
West- und Ostafrika	.	.	.	.	.	.	.
Südafrika	.	.	.	.	.	.	.
Amerika	64,6	76,9	86,7	94,2	85,7	93,3	93,6
Nordamerika	54,4	53,7	57,0	56,4	51,2	62,6	60,7
Mittel- und Südamerika	10,2	23,3	29,8	37,8	34,5	30,7	32,8
Asien	194,0	180,8	211,9	262,2	270,9	262,5	254,5
Nah- und Mittelost	.	.	.	.	.	.	.
Fernost	.	.	.	.	.	.	.
Australien	10,6	10,5	9,9	12,5	12,2	11,0	11,5
Insgesamt[1]	322,6	327,3	364,2	429,9	438,4	436,5	426,0

[1] Einschl. nicht ermittelte Länder.- [2] Leistung vom Versand- bis zum Zielhafen.

Grenzüberschreitender Verkehr

Seeschifffahrt[1] nach Fahrtgebieten - Versand

Fahrtgebiete	1998	1999	2000	2001	2002	2003	2004
in Mio. t							
Europa	41,0	40,5	46,8	47,8	49,2	50,5	56,2
Nord- und Ostsee	.	.	43,2	44,8	45,9	46,8	52,1
Mittelmeer	.	.	3,7	3,0	3,3	3,8	4,0
Afrika	3,6	3,6	4,0	4,8	4,3	3,6	3,3
Mittelmeer	.	.	2,7	3,2	2,5	1,7	1,6
West- und Ostafrika	.	.	0,8	1,0	1,0	1,0	0,7
Südafrika	.	.	0,5	0,6	0,8	0,9	1,0
Amerika	11,7	12,5	13,7	14,4	15,1	15,4	17,7
Nordamerika	8,1	8,9	9,1	10,6	11,2	11,5	13,8
Mittel- und Südamerika	3,7	3,6	4,7	3,8	3,9	3,9	4,0
Asien	12,2	16,7	21,0	18,1	19,4	21,8	21,7
Nah- und Mittelost	.	.	6,8	4,2	4,0	5,5	4,7
Fernost	.	.	14,1	13,8	15,4	16,4	17,0
Australien	0,5	0,5	0,5	0,5	0,6	0,7	0,7
Insgesamt[2]	69,1	73,9	86,0	85,7	88,5	92,0	99,7
in Mrd. tkm[3]							
Europa	45,9	45,3	61,4	59,3	61,8	65,3	72,0
Nord- und Ostsee	.	.	40,7	42,3	43,3	44,1	49,1
Mittelmeer	.	.	20,7	17,0	18,5	21,2	22,9
Afrika	29,8	29,9	29,4	35,7	34,7	31,7	29,9
Mittelmeer	.	.	14,2	16,7	13,3	9,0	8,5
West- und Ostafrika	.	.	8,3	11,0	10,2	10,1	7,5
Südafrika	.	.	6,9	8,0	11,3	12,5	14,0
Amerika	106,6	113,4	120,8	126,0	131,5	134,3	154,4
Nordamerika	72,9	80,2	77,2	90,1	95,1	97,9	117,1
Mittel- und Südamerika	33,7	33,2	43,6	35,9	36,4	36,4	37,4
Asien	215,1	298,1	361,8	324,1	351,9	389,8	392,6
Nah- und Mittelost	.	.	84,2	52,4	49,7	67,6	58,4
Fernost	.	.	277,6	271,7	302,2	322,1	334,2
Australien	10,8	12,6	12,1	13,1	13,6	16,8	16,3
Insgesamt[2]	409,2	499,4	585,5	558,3	593,5	637,8	665,2

B4

[1] Ab 2000 einschl Seeverkehr der Binnenseehäfen mit Häfen außerhalb des Bundesgebietes.-
[2] Einschl. nicht ermittelte Länder.-   [3] Leistung vom Versand- bis zum Zielhafen.

Grenzüberschreitender Verkehr

Seeschifffahrt nach Fahrtgebieten - Empfang

Fahrtgebiete	1991	1992	1993	1994	1995	1996	1997
				in Mio. t			
Europa	70,1	78,9	84,3	89,6	91,7	92,8	94,8
Nord- und Ostsee	.	.	.	.	.	.	.
Mittelmeer	.	.	.	.	.	.	.
Afrika	8,7	8,4	7,5	8,5	7,6	8,7	9,7
Mittelmeer	.	.	.	.	.	.	.
West- und Ostafrika	.	.	.	.	.	.	.
Südafrika					.	.	.
Amerika	21,4	21,1	18,1	17,1	19,5	18,2	20,1
Nordamerika	7,3	8,7	7,4	6,7	8,5	8,1	7,8
Mittel- und Südamerika	14,1	12,4	10,7	10,4	11,0	10,1	12,2
Asien	7,4	7,6	8,2	8,1	8,4	8,5	9,5
Nah- und Mittelost	.	.	.	.	.	.	.
Fernost	.	.	.	.	.	.	.
Australien	2,1	1,9	1,2	1,6	1,7	1,2	2,1
Insgesamt[1]	109,7	117,9	119,3	124,8	128,9	129,5	136,2
				in Mrd. tkm[2]			
Europa	78,5	88,3	94,4	100,3	102,6	103,8	106,1
Nord- und Ostsee	.	.	.	.	.	.	.
Mittelmeer	.	.	.	.	.	.	.
Afrika	72,7	70,5	62,6	71,0	63,7	73,1	81,5
Mittelmeer	.	.	.	.	.	.	.
West- und Ostafrika	.	.	.	.	.	.	.
Südafrika	.	.	.	.	.	.	.
Amerika	196,1	192,6	165,3	156,0	178,3	166,5	183,2
Nordamerika	66,2	78,7	66,4	60,3	77,0	73,1	70,6
Mittel- und Südamerika	129,9	113,8	98,9	95,6	101,3	93,4	112,6
Asien	125,1	128,6	139,0	139,2	144,8	147,6	166,6
Nah- und Mittelost	.	.	.	.	.	.	.
Fernost	.	.	.	.	.	.	.
Australien	48,9	44,0	28,7	37,2	39,2	29,5	50,8
Insgesamt[1]	521,2	524,0	490,0	503,7	528,7	520,5	588,2

[1] Einschl. nicht ermittelte Länder.- [2] Leistung vom Versand- bis zum Zielhafen.

Grenzüberschreitender Verkehr

Seeschifffahrt[1] nach Fahrtgebieten - Empfang

Fahrtgebiete	1998	1999	2000	2001	2002	2003	2004
in Mio. t							
Europa	97,5	94,0	100,2	105,2	100,5	103,7	110,1
Nord- und Ostsee	.	.	98,5	103,4	98,6	102,0	108,3
Mittelmeer	.	.	1,7	1,8	1,9	1,7	1,8
Afrika	10,8	11,9	12,7	10,9	12,2	10,5	11,6
Mittelmeer	.	.	6,2	2,3	3,1	2,1	4,9
West- und Ostafrika	.	.	3,4	4,2	4,6	3,9	2,5
Südafrika	.	.	3,1	4,3	4,5	4,4	4,2
Amerika	20,2	20,0	20,8	21,6	20,6	22,3	22,0
Nordamerika	7,8	7,0	7,7	8,1	8,3	8,3	8,0
Mittel- und Südamerika	12,5	13,0	13,2	13,5	12,3	14,0	14,0
Asien	10,1	10,1	12,2	13,1	15,1	16,6	19,0
Nah- und Mittelost	.	.	1,5	1,5	2,1	2,1	2,3
Fernost	.	.	10,6	11,5	13,0	14,5	16,7
Australien	2,1	1,8	1,3	1,2	1,0	1,4	1,0
Insgesamt[2]	140,8	137,8	147,2	151,9	149,5	154,5	163,8
in Mrd. tkm[2]							
Europa	109,2	105,2	103,2	108,4	104,1	106,5	112,7
Nord- und Ostsee	.	.	93,5	98,2	93,4	96,6	102,5
Mittelmeer	.	.	9,8	10,2	10,7	9,9	10,1
Afrika	90,3	100,1	110,8	115,4	126,0	113,0	110,2
Mittelmeer	.	.	32,2	12,1	16,1	10,9	25,7
West- und Ostafrika	.	.	34,6	43,0	46,8	40,0	25,5
Südafrika	.	.	44,0	60,3	63,1	62,1	59,1
Amerika	184,9	182,6	188,4	194,9	186,0	201,6	199,2
Nordamerika	70,3	63,2	65,3	68,7	70,8	70,8	68,4
Mittel- und Südamerika	114,6	119,4	123,1	126,2	115,2	130,8	130,8
Asien	177,8	179,1	234,5	252,7	289,5	319,4	367,4
Nah- und Mittelost	.	.	22,3	22,1	29,5	29,9	32,6
Fernost	.	.	212,2	230,6	259,9	289,5	334,8
Australien	49,5	41,6	30,8	27,6	24,9	33,3	24,8
Insgesamt[2]	612,6	608,8	667,7	699,1	730,5	773,7	814,2

B4

[1] Ab 2000 einschl Seeverkehr der Binnenseehäfen mit Häfen außerhalb des Bundesgebietes.-
[2] Einschl. nicht ermittelte Länder.- [3] Leistung vom Versand- bis zum Zielhafen.

Durchgangsverkehr[1] - von Ausland zu Ausland

Güterverkehr - in Mio. t

Jahr	Ins- gesamt	Eisen- bahnen	Straßen- verkehr[2]	Binnen- schifffahrt	Luft- verkehr[3] (in 1 000 t)
1955	10,1	3,3	0,1	6,7	.
1960	10,7	3,5	0,3	6,9	1
1965	13,8	4,5	1,1	8,1	11
1970	21,3	6,6	2,4	12,3	39
1975	24,3	5,6	6,6	12,0	69
1980	31,3	7,6	9,7	14,0	92
1985	34,9	8,0	14,7	12,0	113
1990	46,3	8,6	21,8	15,8	167
1991	.	.	.	14,8	163
1992	.	.	.	15,3	162
1993	.	.	.	16,0	42
1994	55,3	8,1	30,3	16,9	48
1995	60,5	8,6	32,7	19,1	43
1996	63,3	9,0	36,0	18,3	42
1997	70,8	9,2	42,2	19,3	41
1998	77,0	9,9	46,0	21,0	36
1999	80,3	9,3	49,9	21,1	31
2000	91,2	10,5	57,4	23,3	24
2001	96,4	10,2	61,5	24,7	24
2002	103,0	10,7	67,3	25,0	40
2003*	103,6	11,8	70,3	21,5	38
2004*	114,1	12,8	77,1	24,2	29

[1] Verkehr durch das Gebiet der Bundesrepublik. Nicht enthalten ist die Seeschifffahrt mit dem Güterverkehr, der den Nord-Ostsee-Kanal passiert, sowie dem Durchgangsverkehr mit Umladung, der im "Grenzüberschreitenden Verkehr" jeweils als Empfang und Versand enthalten ist.- [2] Ab 1994 ohne Transporte deutscher Lastkraftfahrzeuge bis 6 t zulässiges Gesamtgewicht oder 3,5 t Nutzlast. Anmerkungen zum Straßengüterverkehr siehe S. 199.- [3] Ohne Luftpost. Ab 1993 ohne Umladungen.- * Vorläufige Werte.

Durchgangsverkehr - von Ausland zu Ausland

Güterverkehr - in Mrd. tkm[1)]

Jahr	Ins-gesamt	Eisen-bahnen	Straßenverkehr		Binnen-schifffahrt
			insg.[2)]	dar.: ausl. Lkw	
1955	.	.	.	.	.
1960	.	.	.	.	.
1965	.	.	.	.	.
1970	.	.	.	.	.
1975	14,1	3,2	4,1	4,1	6,8
1980	18,2	4,4	6,0	5,8	7,8
1985	20,1	4,9	8,5	8,4	6,7
1990	27,5	5,7	13,1	11,5	8,7
1991	.	4,8	.	.	8,3
1992	.	4,5	.	.	8,5
1993	.	4,2	.	.	9,3
1994	36,9	5,8	21,0	20,5	10,1
1995	38,9	6,0	21,1	20,5	11,8
1996	42,1	6,9	23,9	23,2	11,4
1997	46,8	7,2	27,7	27,0	11,9
1998	51,1	7,7	30,3	29,6	13,1
1999	54,9	7,3	34,1	33,5	13,4
2000	60,7	8,1	37,8	37,5	14,7
2001	64,2	7,8	40,6	40,3	15,8
2002	68,4	7,8	44,5	44,2	16,1
2003*	68,8	8,5	46,7	46,5	13,6
2004*	75,2	8,8	51,0	49,3	15,3

B4

[1)] Verkehrsleistungen im Bundesgebiet. Nicht enthalten ist der Luftverkehr und die Seeschifffahrt mit dem Güterverkehr, der den Nord-Ostsee-Kanal passiert, sowie dem Durchgangsverkehr mit Umladung, der im "Grenzüberschreitenden Verkehr" jeweils als Empfang und Versand enthalten ist.- [2)] Ab 1994 ohne Transporte deutscher Lastkraftfahrzeuge bis 6 t zulässiges Gesamtgewicht oder 3,5 t Nutzlast. Anmerkungen zum Straßengüterverkehr siehe S. 199.- * Zum Teil vorläufige Werte.

Der Verkehr in funktionaler Gliederung
Personenverkehr

B5

Personenverkehr

Der Personenverkehr wird unterschieden nach nichtmotorisiertem Verkehr (zu Fuß, mit dem Fahrrad) und motorisiertem Verkehr. Dazu gehören der öffentliche Straßenpersonenverkehr (ÖSPV: Omnibus, Straßenbahn, U-Bahn), der Eisenbahnverkehr (einschließlich S-Bahn), der Luftverkehr und der motorisierte Individualverkehr (MIV: Pkw / Kombi, motorisierte Zweiräder).

Für den öffentlichen Verkehr (Eisenbahn-, öffentlicher Straßenpersonen- und Luftverkehr) weist die amtliche Statistik jährlich die Zahl der beförderten Personen (Verkehrsaufkommen) und die Personenkilometer (Verkehrsleistung) nach.

Im Öffentlichen Straßenpersonenverkehr hat im Jahr 2004 durch Inkrafttreten des Gesetzes zur Neuregelung des Rechts der Verkehrstatistik eine grundlegende Veränderung des Ausweises der Daten in der amtlichen Statistik stattgefunden. Hier werden zukünftig Eckwerte für den Linienverkehr (beförderte Personen und Personenkilometer) quartalsweise für die Unternehmen mit mehr als 250 000 Beförderungsfällen erhoben. Nur diese Daten lagen bei Redaktionsschluß vor. Der Gelegenheitsverkehr wurde für das Jahr 2004 geschätzt. Zusätzlich wird es eine Jahreserhebung geben, nach der per Hochrechnung auch der Gelegenheitsverkehr sowie die kleineren Unternehmen abgebildet werden können. Alle 5 Jahre wird eine Totalerhebung es ermöglichen diese Hochrechnung entsprechend zu eichen.

Über den motorisierten Individualverkehr und den nicht motorisierten Verkehr gibt die amtliche Statistik keine Auskunft. Mithilfe eines Personenverkehrsmodells werden vom DIW Berlin daher jährlich das Aufkommen und die Leistung dieser Verkehrsarten bestimmt und wird weiterhin innerhalb jeder Verkehrsarten eine Differenzierung nach Zwecken vorgenommen. Das Personenverkehrsmodell ist für den Teil der Fahrleistungen von Pkw und motorisierten Zweirädern mit der Fahrleistungs- und Verbrauchsrechnung (S. 164 - 165) verknüpft.

Als Input für das Personenverkehrsmodell wird eine Vielzahl von Datenquellen zum Verkehr ausgewertet. Hierzu gehören die amtliche Statistik, spezifische Erhebungen für einzelne Verkehrsträger, Befragungen zu einzelnen Fahrt- bzw. Wegezwecken und Bevölkerungsgruppen, der Mikrozensus (Verkehrsmittelnutzung im Berufs- und Ausbildungsverkehr) und weitere empirische Erhebungen zum Verkehrsverhalten. Darüber hinaus wird die Entwicklung gesamtwirtschaftlicher Leitdaten (z. B. Wohnbevölkerung, Erwerbstätige, Schüler, Arbeitstage, Pkw-Bestand) berücksichtigt.

Im Jahr 2002 fand mit „Mobilität in Deutschland 2002" (www.mid2002.de) die erste gesamtdeutsche Haushaltserhebung zum Verkehrsverhalten statt. Zeitgleich wurden eine Reihe weiterer für den Personenverkehr bedeutsamer Erhebungen im Verkehrsbereich durchgeführt: Kraftverkehr in Deutschland (Schwerpunkt Wirtschaftsverkehr), DATELINE (Fernverkehr in Europa), INVERMO (Fernverkehrspanel) und Fahrleistungserhebung (Fahrleistung der Kraftfahrzeuge).

Die Ergebnisse dieser empirischen Erhebungen machten eine Aktualisierung und Erweiterung der bisher verwendeten Modelle möglich. Bei der Fahrleistungs- und Verbrauchsrechnung führte dies zu erheblich höheren Fahrleistungen bei Pkw im Vergleich zu den bisherigen Ergebnissen. Zur Revision der Fahrleistungs- und Verbrauchsrechnung und der Zeitreihe ab 1994 s. S. 164/165.

B5

Für den gesamten Personenverkehr nach Zwecken und Verkehrsarten werden ab dem Jahr 2002 revidierte Werte ausgewiesen (siehe Seite 234 - 241). Diese sind aufgrund einer weitreichenderen und differenzierteren Erfassung der Personenverkehrsmobilität und teilweiser Veränderungen in den Abgrenzungen nur bedingt mit denen der vorangehenden Jahre vergleichbar:

Die auf den Seiten 226 - 229 ausgewiesenen Werte für den MIV sind das Ergebnis einer pauschalen Rückrechnung. Die Werte unterscheiden sich von der Rückrechnung in *Verkehr in Zahlen 2004/2005*, die auf Basis der vorläufigen Werte für 2002 vorgenommen worden war.

Der nach Zwecken und Verkehrsarten ausgewiesene Personenverkehr basiert auf dem Verhalten der inländischen Wohnbevölkerung und wurde, soweit möglich, auf die Eckwerte in Aufkommen und Leistung der amtlichen Statistik abgestimmt. Die Ergebnisse weisen damit im motorisierten und nichtmotorisierten Individualverkehr den Verkehr der Inländer und im öffentlichen Verkehr (ÖSPV, Bahn, Luftverkehr) den Verkehr in amtlicher Abgrenzung (Inlandsverkehr) aus. Im Luftverkehr wurden bereits ab 2002 durchgängig 23 ausgewählte Flughäfen zugrundegelegt, die im Vergleich zu Seiten 226 -229etwas höheren Werte im Luftverkehr gehen somit auf Abgrenzungsunterschiede zurück.

Der Personenverkehr wird nach sieben Fahrt- bzw. Wegezwecken unterschieden:

- Der Berufsverkehr umfasst alle Fahrten bzw. Wege zwischen Wohnung und Arbeitsstätte, bei denen Hin- und Rückfahrt oder -weg innerhalb eines Zeitraumes von 24 Stunden liegen, jedoch nicht die von der Arbeitsstätte ausgehenden beruflich bedingten Fahrten oder Wege innerhalb der Arbeitszeit. Fahrten oder Wege von Wochenendpendlern werden dem Freizeitverkehr zugeordnet.

- Im Ausbildungsverkehr sind alle Fahrten oder Wege zwischen Wohnung und Schule bzw. Ausbildungsstätte zusammengefasst.

- Der Geschäfts- und Dienstreiseverkehr enthält alle beruflich bedingten Fahrten oder Wege außer dem oben definierten Berufsverkehr. Neben den längeren geschäftlichen Reisen sind diesem Zweck die Teile des Wirtschaftsverkehrs zugeordnet, die nicht ausschließlich der Beförderung von Gütern und Personen dienen. Durch die Erhebungen des Jahres 2002 sind nunmehr auch zu Umfang und Struktur der letztgenannten Wege detaillierte Informationen verfügbar.

- Als Einkaufsverkehr gelten alle Fahrten oder Wege, die dem Einkauf von Gütern, der Inanspruchnahme von Dienstleistungen (z. B. Arztbesuch) oder der Erledigung persönlicher Angelegenheiten (z. B. bei der Behörde) dienen.

- Der Urlaubsverkehr ist die Summe aller Freizeitfahrten mit fünf und mehr Tagen Dauer.

- Der Zweck Begleitung setzt sich zusammen aus "aktiven" Service- oder Begleitwegen (Bringen/Holen von Personen) und "passiven" Begleitwegen (mitgenommen werden). Letzteres ist ein häufiger Zweck bei kleinen Kindern. Die erstgenannten Servicewege wurden bislang dem Zweck Freizeit zugeordnet, die letztgenannten dem Zweck der mitnehmenden Person.

- Im Freizeitverkehr sind alle übrigen Fahrten oder Wege erfasst, die nicht den anderen definierten sechs Fahrt- bzw. Wegezwecken zuzuordnen sind, also z. B. Wochenenderholungsfahrten, Verwandten- und Bekanntenbesuche, Besuch kultureller Veranstaltungen, Fahrten oder Wege in Ausübung eines Hobbys.

Kriterium für die Zuordnung einer Fahrt oder eines Weges zu einem Zweck ist die Aktivität am Zielort. Ausgenommen von dieser Regel sind Fahrten oder Wege, deren Ziel die eigene Wohnung ist. Hier ist die hauptsächliche Aktivität seit Verlassen der Wohnung entscheidend für die Zweckzuordnung.

Werden für eine Fahrt / einen Weg mehrere Verkehrsmittel benutzt, erfolgt die Zurechnung nach der längsten Wegstrecke. Umsteiger zwischen ÖSPV, Bahn und Flugzeug werden hingegen bei jedem Verkehrsmittel erfasst.

Bei dem seit 1994 im Auftrag des Bundesministeriums für Verkehr, Bau und Wohnungswesen durchgeführten Haushaltspanel zum Verkehrsverhalten (S. 244/245) handelt es sich um eine Wiederholungsbefragung einer repräsentativen Stichprobe deutschsprachiger Haushalte. Aufgrund der Unterschiede zwischen dem Verfahren dieser Erhebung und der Ermittlung der Werte des Personenverkehrs durch das DIW Berlin ist ein Vergleich dieser Ergebnisse nur eingeschränkt möglich (Internet-Homepage des Mobilitätspanels: http://mobilitaetspanel.ifv.uni-karlsruhe.de).

B5

Personenverkehr – Verkehrsaufkommen – Beförderte Personen in Mio.

	1975	1980	1985	1990	1991	1992	1993	1994	1995
Eisenbahnen[1]	1 081	1 167	1 134	1 172	1 519	1 551	1 494	1 509	1 619
Schienennahverkehr[2]	947	1 016	994	1 058	1 381	1 421	1 362	1 369	1 470
dar. Berufsverkehr[3]	351	365	344	344	427	431	480	·	·
Schülerverkehr[3]	250	264	231	205	232	261	266	·	·
Schienenfernverkehr[4]	133	152	140	114	137	130	133	139	149
Öffentl. Straßenpersonenverkehr[5]	6 732	6 745	5 808	5 878	7 861	7 847	7 919	7 928	7 873
Linienverkehr	6 641	6 636	5 731	5 797	7 775	7 761	7 835	7 846	7 795
Gelegenheitsverkehr	91	109	76	81	86	86	84	81	79
Luftverkehr	27,7	35,9	41,7	62,6	62,5	71,0	76,8	83,0	90,0
dar. Inlandsverkehr	7,1	8,7	9,4	13,0	13,2	13,8	14,6	14,8	16,1
Linienverkehr	18,4	24,8	28,9	45,4	45,3	50,1	54,3	60,7	80,6
Gelegenheitsverkehr	9,3	11,1	12,8	17,2	17,2	20,9	22,5	22,3	9,5
dar. Pauschalflugreiseverkehr	6,8	8,7	10,3	15,5	15,6	19,3	20,7	20,7	3,6
Öffentlicher Verkehr	7 841	7 948	6 984	7 113	9 442	9 469	9 490	9 519	9 583
dar. Öffentl. Personennahverkehr[7]	7 588	7 652	6 725	6 855	9 156	9 183	9 197	9 216	9 265
Motorisierter Individualverkehr[8]	28 586	34 209	35 024	38 600	46 774	47 572	48 338	53 710	54 048
Verkehr insgesamt	36 427	42 157	42 008	45 713	56 216	57 042	57 828	63 229	63 631

[1] Schienenverkehr einschl. S-Bahnverkehr (bis 1980 ohne S-Bahn Berlin-West: 1985: 29,5 Mio.). Ab 1993 Berechnung auf Basis des Reisendenerfassungssystems (RES) der DB, einschl. Doppelzählungen bei Umsteigern.- [2] S-Bahnverkehr, Berufs- und Schülerverkehr, sowie bis 1992 Verkehr im Regeltarif bis 50 km Reiseweite, ab 1993 Zuordnung nach Zuggattungen.- [3] Zu ermäßigten Tarifen.- [4] Verkehr zu Sondertarifen des Militärverkehrs und bis 1992 im Regeltarif über 50 km Reiseweite, ab 1993 Zuordnung nach Zuggattungen.- Weitere Anmerkungen siehe folgende Seite.

Personenverkehr - Verkehrsaufkommen - Beförderte Personen in Mio.

	1996	1997	1998	1999	2000	2001	2002	2003	2004*
Eisenbahnen[1]	1 681	1 733	1 910	1 941	2 000	2 003	1 973	2 024	2 071
Schienennahverkehr[2]	1 530	1 581	1 761	1 795	1 855	1 866	1 844	1 907	1 955
Schienenfernverkehr[4]	151	152	149	147	145	136	128	117	115
Öffentl. Straßenpersonenverkehr[5]	7 835	7 848	7 762	7 794	7 865	7 946	7 981	8 111	8 780
Linienverkehr									
Linien-Nahverkehr	7 753	7 769	7 684	7 714	7 783	7 866	7 905	8 034	8 706
Gelegenheitsverkehr	81	78	78	80	82	80	76	77	74
Luftverkehr[9]	93,2	99,3	103,9	111,4	116,9	96,9	91,8	94,4	106,3
dar. Inlandsverkehr	15,9	16,8	17,9	19,0	17,9	16,5	16,3	17,1	15,2
Linienverkehr[6]	83,3	87,6	93,6	101,1	104,8	84,7	79,9	84,8	95,7
Gelegenheitsverkehr[6]	9,9	11,7	10,3	10,3	12,0	12,2	11,9	9,6	10,6
dar. Pauschalflugreiseverkehr	3,9	4,6	4,2	4,2	5,0	5,2	.		
Öffentlicher Verkehr	9 609	9 680	9 776	9 847	9 982	10 045	10 046	10 230	10 957
dar. Öffentl. Personennahverkehr[7]	9 284	9 350	9 444	9 508	9 638	9 732	9 749	9 941	10 661
Motorisierter Individualverkehr[8]	54 147	54 221	55 205	56 772	55 430	56 500	57 203	56 980	58 335
Verkehr insgesamt	63 756	63 901	64 981	66 618	65 412	66 545	67 249	67 210	69 292

Beginn der Anmerkungen siehe vorige Seite.- [5] Stadtschnellbahn- (U-Bahn-), Straßenbahn- Obus- und Kraftomnibusverkehr kommunaler, gemischtwirtschaftlicher und privater Unternehmen sowie Kraftomnibusverkehr der Deutschen Bundesbahn (bis 1990), der Deutschen Bundespost (bis 1985) und der nichtbundeseigenen Eisenbahnen, jedoch ohne Beförderungsleistung (Ein- und Durchfahrten) ausländischer Unternehmen. **Bis 2003 ohne Mehrfachzählung durch Wechsel der Transportmittel. 1985 bis 2003 ohne Verkehr der Kleinunternehmen mit weniger als 6 Kraftomnibussen. 2004 ohne Verkehr der Unternehmen mit weniger als 250 000 beförderten Personen pro Jahr (s. Seite 222).-** [6] Ab 1995 Linienflugverkehr einschl. des Pauschalreiseflugverkehrs auf dem Gebiet der EU. Ab 2001 ohne Doppelzählungen bei Inland-Ausland-Umsteigern (2004: 6,6 Mio.) und Ausland-Ausland-Umsteigern (2004 : 12 Mio.).- [7] Öffentlicher Personennahverkehr (ÖPNV) = Schienennahverkehr der Eisenbahnen und Linienverkehr (ab 2004 Linien-Nahverkehr) im Öffentlichen Straßenpersonenverkehr.- [8] Verkehr mit mot. Zweirädern, Personen- und Kombinationskraftwagen, einschl. Taxi- und Mietwagenverkehr (siehe Anmerkungen S. 222-225). [9] Verkehr auf Verkehrsflughäfen (Anzahl bis 2002: 17, 2003: 18, 2004: 23).* Zum Teil vorläufige Werte.

B5

Personenverkehr - Verkehrsleistung[1] - Personenkilometer in Mrd.

	1975	1980	1985	1990	1991	1992	1993	1994	1995
Eisenbahnen[2]	39,2	41,0	43,5	44,6	57,0	57,2	63,4	65,2	71,0
Schienennahverkehr[3]	16,1	14,7	15,7	17,2	23,3	24,6	29,9	30,3	34,7
dar. Berufsverkehr[4]	6,3	6,0	5,8	6,3	7,8	8,4	9,6	.	.
Schülerverkehr[4]	3,9	3,8	3,5	2,9	3,5	3,9	4,3	.	.
Schienenfernverkehr[5]	23,1	26,4	27,7	27,4	33,7	32,6	33,5	34,8	36,3
Öffentl. Straßenpersonenverkehr[6]	67,7	74,1	62,3	65,0	81,6	80,4	79,6	77,5	77,0
Linienverkehr	50,6	50,8	42,0	40,9	54,0	53,2	53,0	52,3	52,0
Gelegenheitsverkehr	17,1	23,3	20,3	24,0	27,7	27,2	26,6	25,2	25,0
Luftverkehr[7]	8,4	11,0	12,7	18,4	22,6	25,6	27,7	30,0	32,5
dar. Inlandsverkehr	3,2	4,0	4,5	6,0	5,8	6,2	6,6	6,7	7,3
Linienverkehr	5,9	7,9	9,2	13,6	.	.	.	.	.
Gelegenheitsverkehr	2,5	3,1	3,5	4,8	.	.	.	.	.
Öffentlicher Verkehr	115,3	126,1	118,5	127,9	161,2	163,3	170,7	172,6	180,4
dar. Öffentl. Personennahverkehr[8]	66,7	65,5	57,8	58,1	77,3	77,8	82,9	82,6	86,7
Motorisierter Individualverkehr[9]	441,1	477,4	495,1	601,8	713,5	731,5	740,8	821,4	830,5
Verkehr insgesamt	556,4	603,5	613,5	729,7	874,7	894,8	911,5	994,0	1 011,0

[1] Im Bundesgebiet.- [2] Schienenverkehr einschl. S-Bahnverkehr (bis 1980 ohne S-Bahn Berlin (West): 1985 = 246 Mio. Pkm). Ab 1993 Berechnung auf Basis des Reisendenerfassungssystems (RES) der DB.- [3] S-Bahnverkehr, Berufs- und Schülerverkehr sowie bis 1992 Verkehr im Regeltarif bis zu 50 km Reiseweite, ab 1993 Zuordnung nach Zuggattungen.- [4] Zu ermäßigten Tarifen.- [5] Verkehr zu Sondertarifen des Militärverkehrs und bis 1992 im Regeltarif über 50 km Reiseweite, ab 1993 Zuordnung nach Zuggattungen.- Weitere Anmerkungen siehe folgende Seite.

Personenverkehr - Verkehrsleistung[1] - Personenkilometer in Mrd.

	1996	1997	1998	1999	2000	2001	2002	2003	2004*
Eisenbahnen[2]	71,7	72,4	72,7	73,8	75,4	75,8	71,4	71,3	72,6
Schienennahverkehr[3]	36,1	37,2	38,1	38,9	39,2	40,4	38,2	39,7	40,2
Schienenfernverkehr[5]	35,6	35,2	34,6	34,9	36,2	35,3	33,2	31,6	32,4
Öffentl. Straßenpersonenverkehr[6]	76,7	76,2	75,7	76,2	77,3	77,0	75,7	75,8	74,3
Linienverkehr	51,9	52,2	51,3	51,3	51,7	52,1	52,2	52,7	51,8
Linien-Nahverkehr									49,9
Gelegenheitsverkehr	24,7	24,0	24,4	24,9	25,6	24,9	23,5	23,1	22,5
Luftverkehr[7]	33,6	35,8	37,5	39,9	42,7	41,9	40,8	43,3	48,4
dar. Inlandsverkehr	7,2	7,8	8,5	8,9	9,5	9,0	8,7	9,1	9,3
Linienverkehr[10]	.	.	33,4	36,0	38,1	37,0	35,9	39,3	43,9
Gelegenheitsverkehr[10]	.	.	4,1	3,9	4,6	4,9	4,9	4,0	4,5
Öffentlicher Verkehr	182,0	184,5	185,9	189,9	195,5	194,7	187,9	190,4	195,3
dar. Öffentl. Personennahverkehr[8]	88,0	89,5	89,4	90,2	90,9	92,5	90,4	92,4	92,0
Motorisierter Individualverkehr[9]	831,8	833,4	845,3	866,7	849,6	872,0	888,7	885,8	907,0
Verkehr insgesamt	1 013,8	1 017,9	1 031,2	1 056,5	1 045,1	1 066,7	1 076,6	1 076,2	1 102,3

Beginn der Anmerkungen siehe vorige Seite.- [6] Stadtschnellbahn- (U-Bahn), Straßenbahn-, Obus- und Kraftomnibusverkehr kommunaler, gemischtwirtschaftlicher und privater Unternehmen sowie Kraftomnibusverkehr der Deutschen Bundesbahn (bis 1990), der Deutschen Bundespost (bis 1985) und der nichtbundeseigenen Eisenbahnen, jedoch ohne Beförderungsleistung (Ein- und Durchfahrten ausländischer Unternehmen). **1985 bis 2003 ohne Verkehr der Kleinunternehmen mit weniger als 6 Kraftomnibussen. 2004 ohne Verkehr der Unternehmen mit weniger als 250 000 beförderten Personen pro Jahr (s. Seite 222).**- [7] Verkehr auf Verkehrsflughäfen (Anzahl bis 2002: 17, 2003: 18, 2004: 23). Ab 1991 neue Kilometrierung im Luftverkehr (Kilometrierung 1998 vom Statistischen Bundesamt bis 1991 zurückgerechnet).- [8] Öffentlicher Personennahverkehr (ÖPNV) = Schienennahverkehr der Eisenbahnen und Linienverkehr (ab 2004 Linien-Nahverkehr) im Öffentlichen Straßenpersonenverkehr.- [9] Verkehr mit mot. Zweirädern, Personen und Kombinationskraftwagen; einschl. Taxi- und Mietwagenverkehr (siehe S. 222- 225).- [10] Ab 1995 Linienverkehr einschl. Pauschalreiseflugverkehr auf dem Gebiet der E

* Zum Teil vorläufige Werte.

229

Personenverkehr - Anteile der Verkehrsbereiche

B5

	1975	1980	1985	1990	1991	1992	1993	1994	1995
Verkehrsaufkommen[1]									
Eisenbahnen	3,0	2,8	2,7	2,6	2,7	2,7	2,6	2,4	2,5
Öffentl. Straßenpersonenverkehr	18,5	16,0	13,8	12,9	14,0	13,8	13,7	12,5	12,4
Luftverkehr	0,1	0,1	0,1	0,1	0,1	0,1	0,1	0,1	0,1
Öffentlicher Verkehr	21,5	18,9	16,6	15,6	16,8	16,6	16,4	15,1	15,1
dar. Öffentl. Personennahverkehr	20,8	18,2	16,0	15,0	16,3	16,1	15,9	14,6	14,6
Motorisierter Individualverkehr	78,5	81,1	83,4	84,4	83,2	83,4	83,6	84,9	84,9
Verkehr insgesamt	100	100	100	100	100	100	100	100	100
Verkehrsleistung[1]									
Eisenbahnen	7,0	6,8	7,1	6,1	6,5	6,4	7,0	6,6	7,0
Öffentl. Straßenpersonenverkehr	12,2	12,3	10,2	8,9	9,3	9,0	8,7	7,8	7,6
Luftverkehr	1,5	1,8	2,1	2,5	2,6	2,9	3,0	3,0	3,2
Öffentlicher Verkehr	20,7	20,9	19,3	17,5	18,4	18,2	18,7	17,4	17,8
dar. Öffentl. Personennahverkehr	12,0	10,9	9,4	8,0	8,8	8,7	9,1	8,3	8,6
Motorisierter Individualverkehr	79,3	79,1	80,7	82,5	81,6	81,8	81,3	82,6	82,2
Verkehr insgesamt	100	100	100	100	100	100	100	100	100

[1] Anmerkungen siehe Seiten 226 - 229.

Personenverkehr – Anteile der Verkehrsbereiche – in vH

	1996	1997	1998	1999	2000	2001	2002	2003	2004*
Verkehrsaufkommen[1]									
Eisenbahnen	2,6	2,7	2,9	2,9	3,1	3,0	2,9	3,0	3,0
Öffentl. Straßenpersonenverkehr	12,3	12,3	11,9	11,7	12,0	11,9	11,9	12,1	12,7
Luftverkehr	0,1	0,2	0,2	0,2	0,2	0,1	0,1	0,1	0,2
Öffentlicher Verkehr	15,1	15,1	15,0	14,8	15,3	15,1	14,9	15,2	15,8
dar. Öffentl. Personennahverkehr	14,6	14,6	14,5	14,3	14,7	14,6	14,5	14,8	15,4
Motorisierter Individualverkehr	84,9	84,9	85,0	85,2	84,7	84,9	85,1	84,8	84,2
Verkehr insgesamt	100	100	100	100	100	100	100	100	100
Verkehrsleistung[1]									
Eisenbahnen	7,1	7,1	7,0	7,0	7,2	7,1	6,6	6,6	6,6
Öffentl. Straßenpersonenverkehr	7,6	7,5	7,3	7,2	7,4	7,2	7,0	7,0	6,7
Luftverkehr	3,3	3,5	3,6	3,8	4,1	3,9	3,8	4,0	4,4
Öffentlicher Verkehr	18,0	18,1	18,0	18,0	18,7	18,2	17,4	17,7	17,7
dar. Öffentl. Personennahverkehr	8,7	8,8	8,7	8,5	8,7	8,7	8,4	8,6	8,3
Motorisierter Individualverkehr	82,0	81,9	82,0	82,0	81,3	81,8	82,6	82,3	82,3
Verkehr insgesamt	100	100	100	100	100	100	100	100	100

B5

[1] Anmerkungen siehe Seiten 226-229,- * Zum Teil vorläufige Werte.

Personenverkehr – Öffentlicher Straßenpersonenverkehr[1] nach Bundesländern

Jahr	Baden-Württemberg	Bayern	Berlin	Brandenburg	Bremen	Hamburg	Hessen	Mecklenburg-Vorpommern
Verkehrsaufkommen - Beförderte Personen - in Mio.								
1993	828	1 088	985	173	114	383	469	157
1994	837	1 091	933	174	113	390	467	149
1995	860	1 102	846	174	113	392	458	147
1996	881	1 113	792	179	110	390	437	149
1997	886	1 119	.	176	.	.	445	144
1998	870	1 107	740	177	137	386	461	140
1999	888	1 113	764	171	136	348	448	139
2000	911	1 115	773	167	134	348	475	136
2001	937	1 151	776	169	137	352	471	136
2002	931	1 160	777	155	138	352	453	134
2003	950	1 162	823	144	140	356	464	128
2004	.	.	.	.	.	.	.	.
Verkehrsleistung - Personenkilometer - in Mio.								
1993	9 095	16 491	6 570	1 678	682	2 494	5 494	1 258
1994	9 095	15 419	6 099	1 707	682	2 458	5 380	1 248
1995	8 952	15 126	4 716	1 794	677	2 534	6 120	1 280
1996	8 973	14 755	4 506	2 128	646	2 564	6 055	1 459
1997	8 883	14 629	.	1 862	.	.	6 278	1 478
1998	8 617	14 271	4 343	2 162	967	2 553	5 829	1 478
1999	8 638	14 276	4 672	2 070	957	2 304	5 290	1 462
2000	8 875	14 273	4 676	2 309	953	2 353	5 851	1 525
2001	8 981	13 951	4 809	2 334	952	2 241	5 532	1 483
2002	8 937	13 699	4 783	2 079	959	2 152	5 394	1 457
2003	9 018	13 477	4 696	2 079	952	2 156	5 415	1 423
2004	.	.	.	.	.	.	.	.

[1] Ohne Taxis, Mietwagen und Verkehr der Kleinunternehmen mit weniger als 6 Kraftomnibussen.

Personenverkehr - Öffentlicher Straßenpersonenverkehr[1] nach Bundesländern

Jahr	Niedersachsen	Nordrhein-Westfalen	Rheinland-Pfalz	Saarland	Sachsen	Sachsen-Anhalt	Schleswig-Holstein	Thüringen
Verkehrsaufkommen - Beförderte Personen - in Mio.								
1993	509	1 805	247	76	482	216	185	201
1994	522	1 829	254	78	487	228	187	208
1995	498	1 820	251	84	502	225	193	207
1996	517	1 832	250	83	488	225	182	215
1997	533	1 856	254	89	480	225	171	203
1998	501	1 855	266	100	431	219	205	213
1999	478	1 855	283	100	440	219	199	213
2000	505	1 851	280	101	444	213	199	213
2001	505	1 863	283	104	445	210	204	203
2002	509	1 918	286	107	435	202	204	195
2003	523	1 999	283	105	433	201	213	189
2004	.	.	.	.	.	.	.	.
Verkehrsleistung - Personenkilometer - in Mio.								
1993	7 073	14 008	3 564	1 122	3 489	2 076	2 695	1 671
1994	6 891	13 997	3 635	1 138	3 754	2 314	2 718	1 756
1995	7 035	13 254	3 691	1 213	3 899	2 236	2 665	1 757
1996	6 800	13 458	3 649	1 179	3 636	2 266	2 734	1 752
1997	6 712	13 546	3 591	1 237	3 701	2 319	2 437	1 758
1998	6 446	13 659	3 799	1 349	3 607	2 317	2 603	1 966
1999	6 320	14 202	3 979	1 284	3 924	2 343	2 515	1 952
2000	6 427	13 842	4 041	1 262	4 037	2 409	2 574	1 931
2001	6 261	14 096	4 180	1 242	4 172	2 409	2 463	1 878
2002	6 268	13 941	4 018	1 222	3 971	2 342	2 531	1 779
2003	6 159	14 401	3 971	1 227	3 985	2 265	2 793	1 801
2004	.	.	.	.	.	.	.	.

[1] Ohne Taxis, Mietwagen und Verkehr der Kleinunternehmen mit weniger als 6 Kraftomnibussen.

B5

233

Personenverkehr – Verkehrsaufkommen – Bef. Personen

Anteile der Verkehrsarten an den Zwecken[1] - in vH

	1976	1983	1990	1992	1994	1996	1998	2000	2002*	2003
Beruf										
Fußwege	18,9	14,7	12,1	12,1	11,5	11,1	11,0	10,8	8,7	8,7
Fahrradverkehr	7,6	9,0	9,1	10,1	9,2	9,0	8,8	8,7	9,0	9,0
ÖSPV[2]	13,0	11,0	10,0	10,5	10,0	9,4	9,1	9,1	9,0	9,1
Eisenbahnverkehr[3]	3,5	3,2	3,3	3,5	3,8	3,9	3,8	3,8	4,6	4,7
MIV[4]	57,0	62,1	65,6	63,9	65,6	66,6	67,4	67,6	68,7	68,5
Luftverkehr[5]	-	-	-	-	-	-	-	-	-	-
Summe	100	100	100	100	100	100	100	100	100	100
Ausbildung										
Fußwege	35,4	26,6	27,3	27,7	27,1	27,1	26,6	26,2	25,5	25,1
Fahrradverkehr	16,5	19,7	18,3	19,2	18,5	18,5	18,5	18,5	12,2	12,1
ÖSPV[2]	31,1	31,1	30,4	30,7	31,7	31,5	31,6	31,7	32,1	32,3
Eisenbahnverkehr[3]	3,2	4,3	4,3	4,1	4,7	4,6	4,5	4,6	4,4	4,5
MIV[4]	13,8	18,4	19,7	18,2	18,1	18,3	18,7	19,0	25,9	25,9
Luftverkehr[5]	-	-	-	-	-	-	-	-	-	-
Summe	100	100	100	100	100	100	100	100	100	100
Geschäft										
Fußwege	4,9	4,3	4,0	4,0	3,9	3,9	3,8	3,7	5,2	5,2
Fahrradverkehr	1,4	1,9	1,6	1,7	1,7	1,7	1,6	1,6	2,3	2,2
ÖSPV[2]	1,4	2,4	2,3	2,4	2,4	2,4	2,3	2,3	2,4	3,0
Eisenbahnverkehr[3]	0,6	0,8	1,0	1,0	1,1	1,3	1,2	1,2	2,1	2,3
MIV[4]	91,4	90,2	90,6	90,5	90,5	90,3	90,5	90,6	87,5	86,7
Luftverkehr[5]	0,3	0,3	0,5	0,4	0,3	0,4	0,5	0,6	0,6	0,6
Summe	100	100	100	100	100	100	100	100	100	100
Einkauf										
Fußwege	49,2	39,8	39,0	39,4	38,6	38,3	38,0	38,8	27,1	27,2
Fahrradverkehr	8,9	11,8	10,4	10,7	10,4	10,3	10,2	10,6	8,7	8,7
ÖSPV[2]	7,9	9,2	8,5	8,8	8,7	8,5	8,3	8,6	7,0	7,0
Eisenbahnverkehr[3]	0,6	1,0	0,9	1,0	1,1	1,1	1,1	1,2	0,9	1,0
MIV[4]	33,4	38,2	41,2	40,2	41,3	41,9	42,5	40,8	56,3	56,1
Luftverkehr[5]	-	-	-	-	-	-	-	-	-	-
Summe	100	100	100	100	100	100	100	100	100	100

Freizeit

Verkehrsart										
Fußwege	36,9	32,9	32,5	33,1	32,6	32,3	32,1	32,8	29,9	29,9
Fahrradverkehr	8,8	10,9	9,5	9,9	9,8	9,8	9,8	10,1	10,5	10,5
ÖSPV[2]	5,1	5,2	4,9	5,2	5,1	4,9	4,9	5,3	6,1	6,2
Eisenbahnverkehr[3]	0,9	0,9	0,9	1,0	1,0	1,2	1,1	1,2	1,7	1,7
MIV[4]	48,3	49,9	52,1	50,9	51,6	51,8	52,1	50,6	51,7	51,6
Luftverkehr[5]	0,0	0,0	0,0	0,0	0,0	0,0	0,0	0,0	0,0	0,0
Insgesamt	100	100	100	100	100	100	100	100	100	100

Begleitung

Verkehrsart										
Fußwege	.	.	.	.	.	.	.	.	21,3	21,1
Fahrradverkehr	.	.	.	.	.	.	.	.	5,0	5,0
ÖSPV[2]	.	.	.	.	.	.	.	.	2,4	2,5
Eisenbahnverkehr[3]	.	.	.	.	.	.	.	.	0,4	0,4
MIV[4]	.	.	.	.	.	.	.	.	70,8	71,0
Luftverkehr[5]	.	.	.	.	.	.	.	.	-	-
Insgesamt	.	.	.	.	.	.	.	.	100	100

Urlaub

Verkehrsart										
Fußwege	-	-	-	-	-	-	-	-	-	-
Fahrradverkehr	1,2	0,1	0,4	0,5	0,4	0,4	0,4	0,4	0,0	0,0
ÖSPV[2]	6,0	8,9	7,6	10,1	10,1	8,9	8,9	8,4	10,7	10,9
Eisenbahnverkehr[3]	16,0	12,8	8,4	8,0	8,4	7,4	7,1	6,5	6,5	6,9
MIV[4]	63,7	61,0	59,8	57,9	54,1	53,2	51,3	51,0	53,0	51,4
Luftverkehr[5]	13,1	17,3	23,8	23,5	27,0	30,0	32,3	33,7	30,4	31,4
Insgesamt	100	100	100	100	100	100	100	100	100	100

Summe

Verkehrsart										
Fußwege	34,3	28,4	27,3	27,7	27,2	27,0	26,7	26,9	23,3	23,3
Fahrradverkehr	8,7	10,8	9,6	10,1	9,8	9,7	9,6	9,8	8,8	8,8
ÖSPV[2]	9,5	9,3	8,4	8,8	8,7	8,5	8,4	8,7	8,1	8,2
Eisenbahnverkehr[3]	1,5	1,7	1,6	1,7	1,9	2,0	1,9	2,0	2,0	2,0
MIV[4]	46,0	49,8	53,0	51,6	52,4	52,7	53,3	52,5	57,8	57,6
Luftverkehr[5]	0,0	0,1	0,1	0,1	0,1	0,1	0,1	0,1	0,1	0,1
Insgesamt	100	100	100	100	100	100	100	100	100	100

1) Berechnungen des DIW. Definitionen der Zwecke siehe Seiten 222 bis 225.- 2) Einschl. Aufkommen der Kleinunternehmen mit weniger als 6 Bussen und der ausländischen Unternehmen.- 4) Einschl. S-Bahn.- 5) Motorisierter Individualverkehr (Pkw und motorisierte Zweiräder).- 6) Ohne Doppelzählungen der Inland-Ausland-Umsteiger im innerdeutschen Luftverkehr und ohne Ausland-Ausland-Umsteiger und Transit im grenzüberschreitenden Verkehr.- * Die ausgewiesenen Werte ab 2002 sind aufgrund geänderter Abgrenzungen und Neuberechnungen nur eingeschränkt mit den Vorjahren vergleichbar - siehe Anmerkungen Seiten 222 bis 225.

Personenverkehr - Verkehrsleistung - Personen-km

Anteile der Verkehrsarten an den Zwecken[1] - in vH

	1976	1983	1990	1992	1994	1996	1998	2000	2002*	2003
Beruf										
Fußwege	2,1	1,6	1,1	1,1	1,1	1,0	1,0	1,0	0,8	0,8
Fahrradverkehr	2,1	2,4	2,1	2,4	2,2	2,0	2,1	2,0	2,2	2,3
ÖSPV[2]	15,7	14,2	11,9	11,6	10,5	9,9	9,7	9,7	5,5	5,5
Eisenbahnverkehr[3]	9,6	8,4	8,3	8,6	11,5	11,5	10,7	11,0	8,3	8,5
MIV[4]	70,5	73,5	76,6	76,2	74,7	75,6	76,6	76,4	83,1	83,0
Luftverkehr	-	-	-	-	-	-	-	-	-	-
Summe	100	100	100	100	100	100	100	100	100	100
Ausbildung										
Fußwege	7,0	4,1	4,0	4,5	4,3	4,3	4,2	4,1	5,6	5,6
Fahrradverkehr	6,8	7,2	6,3	7,3	6,9	6,8	6,8	6,7	5,1	5,1
ÖSPV[2]	49,9	39,7	40,0	41,0	38,7	38,5	38,6	38,0	36,1	35,8
Eisenbahnverkehr[3]	11,4	14,3	14,4	13,9	18,7	18,0	17,1	17,5	11,8	12,0
MIV[4]	24,9	34,7	35,3	33,3	31,5	32,4	33,4	33,7	41,4	41,5
Luftverkehr	-	-	-	-	-	-	-	-	-	-
Summe	100	100	100	100	100	100	100	100	100	100
Geschäft										
Fußwege	0,3	0,3	0,2	0,2	0,2	0,2	0,2	0,2	0,5	0,6
Fahrradverkehr	0,2	0,3	0,2	0,2	0,2	0,2	0,2	0,2	0,2	0,2
ÖSPV[2]	2,0	2,6	2,2	2,2	2,2	2,1	2,0	1,9	2,3	2,4
Eisenbahnverkehr[3]	2,1	3,1	3,7	3,9	4,6	5,1	4,8	4,8	7,3	6,5
MIV[4]	88,7	87,3	86,1	86,3	85,7	83,7	83,3	81,8	79,4	79,6
Luftverkehr	6,7	6,4	7,6	7,2	7,1	8,7	9,6	11,1	10,3	10,7
Summe	100	100	100	100	100	100	100	100	100	100
Einkauf										
Fußwege	11,4	8,6	7,8	8,2	8,0	7,9	7,8	8,1	5,6	5,6
Fahrradverkehr	4,1	4,9	4,0	4,1	4,0	3,9	3,9	4,1	2,9	3,0
ÖSPV[2]	14,6	14,7	13,7	13,3	12,4	11,9	11,7	12,2	5,7	5,6
Eisenbahnverkehr[3]	3,2	5,0	3,8	4,2	5,6	5,7	5,3	5,9	2,6	2,6
MIV[4]	66,8	66,8	70,7	70,2	69,9	70,5	71,4	69,6	83,2	83,2
Luftverkehr	-	-	-	-	-	-	-	-	-	-
Summe	100	100	100	100	100	100	100	100	100	100

Freizeit

Verkehrsart	1	2	3	4	5	6	7	8	9	10
Fußwege	5,0	4,4	4,0	4,3	4,3	4,2	4,2	4,3	5,2	5,2
Fahrradverkehr	2,2	3,4	2,7	2,9	2,9	2,9	2,9	3,0	4,2	4,2
ÖSPV[2]	7,0	7,4	7,1	7,0	6,6	6,3	6,2	6,8	6,2	6,2
Eisenbahnverkehr[3]	5,3	4,4	4,5	5,0	5,6	6,3	6,0	6,6	6,8	6,9
MIV[4]	80,3	80,3	81,5	80,7	80,5	80,1	80,6	78,6	76,8	76,6
Luftverkehr	0,2	0,2	0,2	0,2	0,2	0,2	0,3	0,7	0,8	1,0
Summe	100	100	100	100	100	100	100	100	100	100

Begleitung

Verkehrsart	1	2	3	4	5	6	7	8	9	10
Fußwege	·	·	·	·	·	·	·	·	3,6	3,5
Fahrradverkehr	·	·	·	·	·	·	·	·	1,3	1,3
ÖSPV[2]	·	·	·	·	·	·	·	·	1,9	1,9
Eisenbahnverkehr[3]	·	·	·	·	·	·	·	·	1,3	1,3
MIV[4]	·	·	·	·	·	·	·	·	92,0	92,0
Luftverkehr	·	·	·	·	·	·	·	·	-	-
Summe	·	·	·	·	·	·	·	·	100	100

Urlaub

Verkehrsart	1	2	3	4	5	6	7	8	9	10
Fußwege	-	-	-	-	-	-	-	-	-	-
Fahrradverkehr	0,2	0,0	0,0	0,1	0,1	0,1	0,1	0,1	0,0	0,0
ÖSPV[2]	3,9	5,8	5,0	6,4	6,4	5,8	5,7	5,4	9,9	9,9
Eisenbahnverkehr[3]	13,9	11,3	7,5	6,9	7,3	6,3	6,2	5,7	5,7	6,2
MIV[4]	73,6	71,5	71,0	66,7	62,8	61,6	59,7	59,3	58,9	57,8
Luftverkehr	8,5	11,4	16,5	20,0	23,4	26,3	28,3	29,5	25,5	26,1
Summe	100	100	100	100	100	100	100	100	100	100

Summe

Verkehrsart	1	2	3	4	5	6	7	8	9	10
Fußwege	4,3	3,5	3,0	3,1	3,1	3,0	3,0	3,0	3,4	3,4
Fahrradverkehr	2,3	2,9	2,3	2,5	2,4	2,4	2,4	2,4	2,6	2,6
ÖSPV[2]	11,2	10,8	9,5	9,4	8,9	8,6	8,4	8,6	6,6	6,6
Eisenbahnverkehr[3]	6,4	6,1	5,8	6,0	7,4	7,7	7,2	7,6	6,2	6,2
MIV[4]	74,3	75,0	77,0	76,2	75,1	74,9	75,2	74,0	77,5	77,2
Luftverkehr	1,5	1,7	2,4	2,7	3,1	3,4	3,8	4,4	3,7	3,9
Summe	100	100	100	100	100	100	100	100	100	100

B5

1) Berechnungen des DIW. Definitionen der Fahrtzwecke siehe Seiten 222 bis 225.– 2) Öffentlicher Straßenpersonenverkehr. Bis 2000 einschl. der Kleinunternehmen mit weniger als 6 Bussen.– 3) Einschl. S-Bahn.– 4) Motorisierter Individualverkehr (Pkw und motorisierte Zweiräder).– * Die ausgewiesenen Werte ab 2002 sind aufgrund geänderter Abgrenzungen und Neuberechnungen nur eingeschränkt mit den Vorjahren vergleichbar - siehe Anmerkungen Seiten 222 bis 225.

Personenverkehr - Verkehrsaufkommen - Bef. Personen in Mio. - Verkehrsarten nach Zwecken[1]

	1976	1983	1990	1992	1994	1996	1998	2000	2002*	2003
Fußwege										
Beruf	2 561	1 967	1 757	2 202	2 058	1 975	1 976	1 966	1 275	1 261
Ausbildung	2 218	1 500	1 391	1 842	1 903	1 946	1 932	1 879	1 715	1 700
Geschäft	255	242	253	315	317	309	311	311	324	321
Einkauf	9 625	7 439	7 578	9 631	9 606	9 592	9 506	9 378	8 679	8 728
Freizeit	9 471	8 441	8 908	11 516	11 575	11 700	11 619	11 554	9 297	9 322
Begleitung	-	-	-	-	-	-	-	·	1 726	1 688
Urlaub	-	-	-	-	-	-	-	·	-	-
Summe	24 130	19 589	19 886	25 505	25 459	25 524	25 343	25 089	23 017	23 020
Fahrradverkehr										
Beruf	1 028	1 203	1 322	1 838	1 662	1 604	1 590	1 583	1 325	1 315
Ausbildung	1 031	1 110	932	1 280	1 296	1 326	1 338	1 326	819	819
Geschäft	74	105	102	130	134	134	135	132	141	138
Einkauf	1 737	2 208	2 026	2 603	2 584	2 580	2 550	2 569	2 781	2 801
Freizeit	2 248	2 803	2 606	3 439	3 476	3 543	3 539	3 577	3 259	3 260
Begleitung	-	-	-	-	-	-	-	·	403	397
Urlaub	1	0	0	1	1	1	1	·	0	0
Summe	6 120	7 429	6 989	9 291	9 153	9 188	9 154	9 188	8 728	8 729
Öffentlicher Straßenpersonenverkehr[2]										
Beruf	1 768	1 471	1 453	1 918	1 789	1 680	1 645	1 655	1 320	1 329
Ausbildung	1 946	1 752	1 550	2 047	2 221	2 263	2 294	2 274	2 158	2 187
Geschäft	76	136	147	187	194	195	193	193	148	188
Einkauf	1 552	1 729	1 641	2 139	2 160	2 124	2 083	2 090	2 234	2 265
Freizeit	1 319	1 344	1 344	1 800	1 796	1 788	1 765	1 859	1 906	1 922
Begleitung	-	-	-	-	-	-	-	·	197	202
Urlaub	5	9	10	17	19	16	16	15	18	19
Summe	6 666	6 441	6 144	8 107	8 179	8 067	7 996	8 087	7 981	8 111
Eisenbahnverkehr[3]										
Beruf	471	431	476	631	682	700	677	701	670	680
Ausbildung	201	241	221	275	328	329	328	333	294	305
Geschäft	33	46	62	82	90	105	102	103	133	140
Einkauf	121	179	168	241	267	280	267	280	303	311

	1	2	3	4	5	6	7	8	9
Freizeit	225	235	246	336	367	431	412	526	540
Begleitung	·	·	·	·	·	·	·	35	36
Urlaub	14	13	11	13	16	13	13	11	12
Summe	1 064	1 145	1 184	1 578	1 750	1 857	1 798	1 973	2 024
Motorisierter Individualverkehr[4]									
Beruf	7 738	8 309	9 552	11 649	11 782	11 882	12 151	10 088	9 965
Ausbildung	864	1 037	1 003	1 215	1 270	1 315	1 359	1 746	1 753
Geschäft	4 801	5 019	5 706	7 093	7 299	7 236	7 474	5 469	5 380
Einkauf	6 532	7 139	8 000	9 807	10 292	10 495	10 646	18 019	18 023
Freizeit	12 407	12 797	14 262	17 712	18 343	18 734	18 894	16 057	16 077
Begleitung	·	·	·	·	·	·	·	·	·
Urlaub	55	61	75	96	103	94	93	89	90
Summe	32 397	34 362	38 600	47 572	49 090	49 756	50 616	57 203	56 980
Luftverkehr[5]									
Beruf	-	-	-	-	-	-	-	-	-
Ausbildung	-	-	-	-	-	-	-	-	-
Geschäft	15	16	29	29	28	35	40	36	35
Einkauf	-	-	-	-	-	-	-	-	-
Freizeit	2	1	2	2	2	2	3	7	9
Begleitung	-	-	-	-	-	-	-	-	-
Urlaub	11	17	30	39	51	53	59	51	55
Summe	28	34	61	69	81	91	101	94	99
Summe									
Beruf	13 567	13 381	14 559	18 237	17 973	17 842	18 039	14 678	14 550
Ausbildung	6 260	5 640	5 097	6 659	7 018	7 179	7 252	6 731	6 764
Geschäft	5 254	5 564	6 299	7 835	8 062	8 014	8 254	6 252	6 202
Einkauf	19 566	18 694	19 413	24 421	24 909	25 072	25 051	32 016	32 129
Freizeit	25 671	25 621	27 368	34 806	35 560	36 199	36 231	31 053	31 130
Begleitung	·	·	·	·	·	·	·	·	·
Urlaub	87	100	126	166	190	177	182	168	175
Summe	70 405	69 000	72 863	92 123	93 712	94 482	95 009	98 995	98 962

1) Berechnungen des DIW. Definitionen der Zwecke siehe Seiten 222 bis 225.- 2) Bis 2000 einschl. Aufkommen der Kleinunternehmen mit weniger als 6 Bussen und der ausländischen Unternehmen.- 3) Einschl. S-Bahn.- 4) Pkw und motorisierte Zweiräder.- 5) Ohne Doppelzählungen der Inland-Ausland-Umsteiger im innerdeutschen Luftverkehr und ohne Ausland-Ausland-Umsteiger und Transit im grenzüberschreitenden Verkehr.- * Die ausgewiesenen Werte ab 2002 sind aufgrund geänderter Abgrenzungen und Neuberechnungen nur eingeschränkt mit den Vorjahren vergleichbar - siehe Anmerkungen Seiten 222 bis 225.

B5

Personenverkehr - Verkehrsleistung - Personen-km
in Mrd. - Verkehrsarten nach Zwecken[1]

	1976	1983	1990	1992	1994	1996	1998	2000	2002*	2003
Fußwege										
Beruf	2,6	2,0	1,8	2,3	2,1	2,0	2,0	2,0	1,6	1,6
Ausbildung	2,4	1,6	1,5	2,0	2,0	2,1	2,1	2,0	2,3	2,3
Geschäft	0,2	0,3	0,3	0,3	0,3	0,3	0,3	0,3	0,9	0,8
Einkauf	8,0	6,9	7,1	9,0	9,0	9,0	8,9	8,8	10,9	11,0
Freizeit	12,9	11,8	12,7	16,4	16,6	16,8	16,8	16,8	20,8	20,9
Begleitung	-	.	-	-	.	.	.	.	2,1	2,1
Urlaub	-	.	-	.	.	.	.	-	-	-
Summe	26,0	22,6	23,4	30,0	30,1	30,3	30,2	30,0	38,7	38,7
Fahrradverkehr										
Beruf	2,6	3,1	3,4	4,7	4,2	4,1	4,0	4,0	4,6	4,6
Ausbildung	2,3	2,8	2,4	3,2	3,3	3,3	3,4	3,3	2,1	2,1
Geschäft	0,2	0,2	0,2	0,3	0,3	0,3	0,3	0,3	0,4	0,4
Einkauf	2,8	3,9	3,6	4,5	4,5	4,5	4,4	4,5	5,7	5,8
Freizeit	5,6	9,1	8,5	11,0	11,3	11,5	11,6	11,7	16,8	16,8
Begleitung	.	.	.	.	.	.	.	.	0,8	0,8
Urlaub	0,1	0,0	0,0	0,0	0,0	0,0	0,0	0,0	0,0	0,0
Summe	13,6	19,2	18,1	23,8	23,6	23,8	23,8	23,9	30,3	30,4
Öffentlicher Straßenpersonenverkehr[2]										
Beruf	19,4	18,4	19,6	23,1	20,6	19,7	19,5	19,7	11,3	11,1
Ausbildung	16,9	15,3	15,0	18,2	18,4	18,7	19,0	18,8	14,9	14,9
Geschäft	1,6	2,3	2,8	3,4	3,3	3,3	3,1	3,1	3,6	3,7
Einkauf	10,2	11,8	12,3	14,6	13,9	13,7	13,4	13,3	11,1	11,0
Freizeit	18,0	20,0	22,3	26,9	25,6	25,5	24,9	26,5	24,8	24,7
Begleitung	.	.	.	.	.	.	.	.	1,1	1,1
Urlaub	1,4	2,4	2,6	4,5	5,1	4,3	4,3	4,1	9,0	9,3
Summe	67,5	70,2	74,6	90,6	86,9	85,2	84,2	85,4	75,7	75,8
Eisenbahnverkehr[3]										
Beruf	11,9	10,9	13,6	17,2	22,6	22,8	21,4	22,3	17,1	17,1
Ausbildung	3,8	5,5	5,4	6,2	8,8	8,7	8,4	8,6	4,9	5,0
Geschäft	1,7	2,7	4,6	5,9	6,8	7,9	7,6	7,9	11,5	10,0
Einkauf	2,2	4,1	3,4	4,6	6,3	6,5	6,1	6,4	5,0	5,1

Freizeit	27,5	27,0	25,6	24,2	25,4	21,9	19,1	14,1	11,8	13,6
Begleitung	0,8	0,8	.	.	.	.	.	.	.	.
Urlaub	5,8	5,2	4,3	4,7	4,7	5,9	4,9	3,9	4,7	5,1
Summe	71,3	71,4	75,1	72,4	76,0	72,3	57,8	45,0	39,7	38,3
Motorisierter Individualverkehr[4]										
Beruf	167,9	170,5	155,2	153,3	150,5	146,5	151,6	126,3	95,5	87,2
Ausbildung	17,2	17,1	16,7	16,5	15,8	14,9	14,8	13,2	13,4	8,4
Geschäft	122,6	124,9	133,5	132,4	128,8	127,8	130,9	106,2	77,8	70,9
Einkauf	162,5	162,3	75,6	81,8	80,7	78,3	77,2	63,6	53,7	46,7
Freizeit	306,6	305,7	305,2	325,1	322,8	313,4	310,1	255,5	217,4	205,7
Begleitung	54,8	55,1	.	.	.	.	.	.	.	.
Urlaub	54,1	53,3	45,0	45,1	45,8	50,3	46,9	37,0	30,0	27,1
Summe	885,8	888,7	731,2	754,2	744,3	731,2	731,5	601,8	487,8	445,9
Luftverkehr										
Beruf	-	-	-	-	-	-	-	-	-	-
Ausbildung	-	-	-	-	-	-	-	-	-	-
Geschäft	16,4	16,2	18,1	15,2	13,4	10,6	10,9	9,3	5,7	5,4
Einkauf	0,0	0,0	-	-	-	-	-	-	-	-
Freizeit	3,9	3,2	2,7	1,1	0,9	0,8	0,7	0,6	0,5	0,5
Begleitung	-	-	-	-	-	-	.	.	.	.
Urlaub	24,5	23,1	22,4	21,4	19,5	18,7	14,1	8,6	4,8	3,1
Summe	44,8	42,4	43,2	37,7	33,8	30,1	25,7	18,5	11,0	9,0
Summe										
Beruf	202,4	205,1	203,2	200,2	199,2	196,0	198,9	164,7	129,9	123,6
Ausbildung	41,5	41,2	49,4	49,3	48,6	47,4	44,3	37,5	38,6	33,8
Geschäft	154,0	157,3	163,3	158,9	153,9	149,2	151,7	123,4	89,0	79,9
Einkauf	195,4	195,0	108,6	114,7	114,4	112,0	109,9	90,0	80,4	70,0
Freizeit	400,3	398,2	388,4	403,6	402,9	389,6	384,2	313,7	270,6	256,3
Begleitung	59,5	59,9	.	.	.	.	.	.	.	.
Urlaub	93,6	90,5	75,8	75,6	74,3	80,0	70,4	52,1	41,9	36,8
Summe	1 146,8	1 147,3	988,7	1 002,4	993,3	974,1	959,4	781,4	650,5	600,3

1) Berechnungen des DIW. Definitionen der Fahrtzwecke siehe Seiten 222 bis 225.- 2) Bis 2000 einschl. Aufkommen der Kleinunternehmen mit weniger als 6 Bussen.- 3) Einschl. S-Bahn.- 4) Pkw und motorisierte Zweiräder.- * Die ausgewiesenen Werte ab 2002 sind aufgrund geänderter Abgrenzungen und Neuberechnungen nur eingeschränkt mit den Vorjahren vergleichbar - siehe Anmerkungen Seiten 222 bis 225.

Mobilität in Deutschland 2002[1]

Lebenszyklusgruppen[2]	Personen in 1000	km je Person am Stichtag	Wege je Person am Stichtag	Anteil der Zwecke an den Wegen am Stichtag - in vH							
				Beruf	Aus-bildung	dienst-lich/ge-schäftlich	Beglei-tung[3]	Priv. Er-ledi-gungen	Ein-kauf	Freizeit	Summe
Kind, zuhause betreut	2 243	20,4	2,8	X	1,2	X	56,0	4,7	11,2	27,0	100
Kind, in Krippe/Kiga/Kita	2 945	17,7	3,0	X	31,7	X	29,1	4,2	5,7	29,4	100
Schüler(in)	10 808	24,3	3,2	1,1	32,1	0,1	7,8	7,2	8,9	42,8	100
Student(in)	2 123	45,8	3,5	9,3	18,6	1,1	5,1	11,8	15,7	38,5	100
Auszubildende(r)	1 781	48,5	3,5	20,9	12,7	8,2	2,5	7,9	11,7	36,0	100
Erwerbstätige(r)	34 691	53,6	3,8	27,6	0,4	15,1	5,8	9,3	16,4	25,3	100
Arbeitslose(r)	2 528	26,9	3,0	2,6	1,8	0,8	8,8	20,6	30,6	34,9	100
Erz.urlaub, Wehr-/Zivild.	1 607	29,2	3,4	4,8	0,5	1,1	21,9	14,4	24,4	32,9	100
Hausfrau/-mann	4 730	24,3	3,1	1,6	0,5	0,2	18,1	16,7	31,4	31,5	100
Rentner(in), Pensionär(in)	18 320	21,2	2,6	0,9	0,1	0,4	3,3	24,0	34,2	37,2	100
Anderes	665	32,1	2,9	8,2	5,8	1,5	3,9	20,8	23,1	36,7	100
Summe	82 441	36,9	3,3	14,7	6,3	7,7	8,5	12,2	19,4	31,2	100

[1] Ergebnisse der Haushaltserhebung zum Personenverkehr. Infas und DIW Berlin im Auftrag des Bundesministeriums für Verkehr, Bau- und Wohnungswesen. Alltagsverkehr, gewichtet und hochgerechnet.- [2] Selbsteinschätzung der Befragten.- [3] Bringen/holen von Personen, Begleitung von Kindern, Begleitung Erwachsener.

Mobilität in Deutschland 2002[1]

Wege am Stichtag nach Zwecken und Hauptverkehrsmittel - in 1 000

Wegezweck/Wegeziel	Zu Fuss	Fahrrad	MIV[2] - Fahrer	MIV[2] - Mitfahrer	Öffentl. Verkehr[3]	Summe
Weg zur Arbeit	1 810	1 875	13 869	1 065	2 409	21 028
Weg von der Arbeit	1 518	1 750	12 673	1 073	2 017	19 031
Weg zur Ausb./Kita/Kindergarten	2 462	1 121	900	1 865	2 614	8 962
Weg v.d. Ausb./Kita/Kindergarten	2 329	1 078	796	1 593	2 417	8 212
Regelmäßiger beruflicher Weg	595	310	15 642	0	1 104	17 651
Sonst. Geschäfts-/Dienstweg	280	138	2 327	258	247	3 250
Bringen/Holen von Personen	2 411	732	10 016	2 096	260	15 515
Kinder begleiten	424	55	162	205	19	865
Begleitung Erwachsener	1 834	311	42	4 419	171	6 778
Arztbesuch	1 682	447	3 679	1 476	935	8 220
Behörde/Bank(automat)/Post	1 581	545	1 837	436	270	4 669
Priv. Erledigung für and. Person	550	197	1 448	396	100	2 692
Sonstige Erledigung	1 450	527	3 326	1 283	475	7 061
Einkauf täglicher Bedarf	11 208	3 870	15 948	5 006	1 216	37 247
Einkauf sonstige Waren	1 165	449	3 716	1 694	485	7 509
Einkaufsbummel	1 417	289	1 877	1 283	929	5 794
Dienstleistungen	672	262	1 701	425	150	3 211
Sonstiger Einkaufsweg	887	303	1 257	556	181	3 183
Besuch oder Treffen	5 793	2 869	10 847	6 297	1 545	27 352
Besuch kultureller Einrichtung	424	110	783	690	378	2 385
Besuch einer Veranstaltung	926	226	1 167	1 255	367	3 939
Sport (selbst aktiv)	1 359	1 390	3 812	1 830	313	8 703
Weiterbildung	70	90	259	88	105	613
Essen	2 294	406	2 267	2 042	414	7 422
Schrebergarten/Wochenendhaus	509	346	665	352	30	1 901
Tagesausflug, mehrtägiger	99	82	460	524	260	1 425
Urlaub (ab 5 Tage)	32	0	28	42	24	125
Spaziergang, Spazierfahrt	5 976	1 340	995	729	221	9 261
Hund ausführen	3 302	137	246	87	11	3 784
Joggen, Inlineskating etc.	278	39	157	68	2	545
Kirche, Friedhof	1 900	569	1 498	997	216	5 180
Ehrenamt	287	123	594	126	49	1 179
Jobben	55	46	76	33	5	214
Hobby	616	422	1 348	698	140	3 224
Spielplatz/Spielen auf der Straße	681	262	39	24	0	1 006
Sonstiger Freizeitweg	1 742	638	2 519	2 372	513	7 783
Zweck nicht angegeben	995	399	2 305	1 227	402	5 328
Summe	**61 608**	**23 751**	**121 281**	**44 610**	**20 994**	**272 245**

B5

[1] Haushaltserhebung zum Personenverkehr. Infas und DIW Berlin im Auftrag des Bundesministeriums für Verkehr, Bau- und Wohnungswesen. Ergebnisse gewichtet und hochgerechnet.- [2] Motorisierter Individualverkehr (Pkw und motorisierte Zweiräder).- [3] Ohne Luftverkehr.

243

Haushaltspanel zum Verkehrsverhalten[1]

	Befragte Personen[2] - Anzahl				Pkw-Verfügbarkeit[3][4] - in vH				Verkehrsbeteiligung[3][5] - in vH			
	1998	2000	2002	2004	1998	2000	2002	2004	1998	2000	2002	2004
alle Personen	1 500	1 618	1 769	2 061	75,8	75,5	76,7	75,1	91,4	91,7	91,4	91,1
nach Geschlecht												
männlich	726	767	830	973	85,1	86,1	85,3	83,9	92,5	92,5	92,7	92,6
weiblich	774	851	939	1 088	67,5	65,8	68,3	67,0	90,5	91,1	90,2	89,7
nach Altersklassen												
10 - 17	168	154	203	191	-	-	-	-	91,0	92,0	91,5	91,9
18 - 35	295	288	292	384	83,3	84,2	83,3	85,6	93,1	93,1	94,4	93,1
36 - 59	663	701	780	932	85,8	82,9	84,8		93,0	92,9	92,3	93,4
>=60	374	475	494	554	54,8	57,7	61,1	58,3	87,5	88,9	87,9	86,4
nach Berufstätigkeit												
voll berufstätig	488	540	557	691	.	.	.	.	94,3	94,7	94,1	94,4
teilweise berufstätig	179	210	241	261	.	.	.	.	92,5	93,8	93,8	94,1
in Ausbildung	232	233	293	319	.	.	.	.	92,9	91,9	92,5	91,1
Hausfrau/-mann, arbeitslos	247	202	180	234	.	.	.	.	88,2	86,8	88,8	89,2
Rentner	345	425	489	534	.	.	.	.	88,1	89,0	87,8	86,5
keine Angabe	9	8	9	22	.	.	.	.	.	.	.	.

[1] Laufende Statistik des Haushaltspanels zum Verkehrsverhalten (MOP). Institut für Verkehrswesen Universität Karlsruhe im Auftrag des Bundesministeriums für Verkehr, Bau und Wohnungswesen (seit 1994). Ergebnisse 1998 beziehen sich auf Westdeutschland, ab 1999 auf Gesamtdeutschland.- [2] Personen ab 10 Jahre.- [3] Ergebnisse sozio-demographisch gewichtet.- [4] Führerscheinbesitz und Pkw im Haushalt. Personen ab 18 Jahre.- [5] Alle Personen, alle Tage.

Haushaltspanel zum Verkehrsverhalten [1]

	Wege [2] - Anzahl				Reisezeitdauer [2] - in Minuten				Wegstrecke [2] - in km			
	1998	2000	2002	2004	1998	2000	2002	2004	1998	2000	2002	2004
alle Personen	3,57	3,48	3,49	3,44	80,5	81,9	79,2	77,1	39,7	38,8	38,5	38,1
nach Geschlecht												
männlich	3,69	3,51	3,55	3,52	87,8	88,2	83,2	81,7	49,8	47,2	44,7	46,5
weiblich	3,47	3,44	3,42	3,37	73,9	75,9	75,3	72,8	30,4	30,9	32,3	30,2
nach Altersklassen												
10 - 17	3,37	3,34	3,26	3,21	68,4	69,5	63,3	70,3	23,8	22,6	20,9	24,2
18 - 35	4,14	3,75	3,89	3,79	89,2	86,8	85,1	80,1	55,0	50,2	49,9	48,2
36 - 59	3,76	3,69	3,66	3,75	83,9	83,5	81,2	80,9	43,8	43,5	43,7	45,2
>=60	2,91	3,01	3,01	2,87	71,8	79,9	76,7	72,2	25,1	27,9	27,9	26,0
nach Berufstätigkeit												
voll berufstätig	3,95	3,72	3,63	3,61	93,1	88,3	85,5	85,9	59,3	53,4	53,9	56,5
teilweise berufstätig	4,01	3,97	4,16	4,12	75,5	81,9	78,5	79,5	35,0	38,1	34,2	38,6
in Ausbildung	3,70	3,46	3,57	3,49	75,5	79,7	76,6	74,1	32,7	34,5	34,4	32,2
Hausfrau/-mann, arbeitslos	3,50	3,20	3,49	3,58	73,3	68,2	68,6	69,7	32,4	28,6	29,6	29,7
Rentner	2,91	3,09	3,04	2,92	72,1	80,4	77,1	71,1	24,4	27,0	27,9	24,7

B5

[1] Laufende Statistik des Haushaltspanels zum Verkehrsverhalten (MOP). Institut für Verkehrswesen Universität Karlsruhe im Auftrag des Bundesministeriums für Verkehr, Bau und Wohnungswesen (seit 1994). Ergebnisse sozio-demographisch gewichtet. Ergebnisse 1998 beziehen sich auf Westdeutschland, ab 1999 auf Gesamtdeutschland.- [2] Pro Person und Tag.

Güterverkehr

Das Güterverkehrsaufkommen der Bundesrepublik Deutschland umfasst die Transporte, deren Versand- und Empfangsort in der Bundesrepublik Deutschland liegen, die Transporte im grenzüberschreitenden Verkehr, d. h. Transporte, deren Versand- bzw. Empfangsort in der Bundesrepublik Deutschland und deren Empfangs- bzw. Versandort im Ausland liegen, die Transporte im Durchgangsverkehr, d. h. Transporte aus dem Ausland durch die Bundesrepublik Deutschland nach dem Ausland und bis einschließlich 1990 die Transporte zwischen der Bundesrepublik Deutschland (einschließlich Berlin-West) und der ehemaligen DDR (einschließlich Berlin-Ost).

Dabei handelt es sich sowohl um die Güterbeförderung mit Fahrzeugen, die in der Bundesrepublik Deutschland zugelassen bzw. registriert, als auch um die Güterbeförderung mit Fahrzeugen, die im Ausland zugelassen bzw. registriert sind.

Erfolgt der Transport im Bundesgebiet - infolge von Umladungen - in mehreren Verkehrsbereichen, so wird das Verkehrsaufkommen in jedem Verkehrsbereich, d. h. mehrfach, gezählt. Die Verkehrsleistung enthält dagegen keine Doppelzählungen, sie errechnet sich aus Gewicht und Entfernung für jeden einzelnen Verkehrsbereich.

Die Angaben zur Verkehrsleistung - Tonnenkilometer (tkm) - und zur mittleren Transportweite - km - beziehen sich, außer in der Seeschifffahrt, immer auf die im Bundesgebiet zurückgelegte Entfernung. Die Verkehrsleistungen von der Grenze zum Empfangsort im Ausland bzw. vom Herkunftsort im Ausland bis zur Grenze der Bundesrepublik Deutschland sind hier nicht nachgewiesen.

Zum Binnenländischen Verkehr zusammengefasst werden alle Transporte, die auf den Verkehrswegen im Bundesgebiet durchgeführt werden. Ausgenommen sind der Dienstgutverkehr der Eisenbahnen, der grenzüberschreitende Straßengüternahverkehr und der Seeverkehr.

Straßengüterverkehr

1994 ist die Statistik für den Straßengüterverkehr umgestellt worden. Bis 1993 erfolgte hier - nur für den Fernverkehr - eine Auswertung der Frachtbriefe (im gewerblichen Verkehr) bzw. der "Monatsübersichten" (für den Werkverkehr). Der Straßengüternahverkehr wurde bis 1992 vom DIW geschätzt. Ab Mai 1994 wird eine Verkehrsleistungsstatistik der deutschen Lastkraftfahrzeuge durch Stichprobenerhebung erstellt. Hier wird jetzt sowohl der Fern- als auch der Nahverkehr ermittelt.

In einem Gutachten für das Bundesverkehrsministerium hat das DIW die Unterschiede in den Ergebnissen der beiden Statistiken untersucht und ist zu dem Schluss gekommen, dass die ab Mai 1994 erstellte Verkehrsleistungsstatistik deutscher Lastkraftfahrzeuge die Zielgrößen zutreffend erfasst. Daher wurden für die Jahre 1991 bis 1993 die Eckgrößen für deutsche Lastkraftfahrzeuge in den Abgrenzungen der neuen Statistik (Lkw und Sattelzugmaschinen über 3,5 t Nutzlast bzw. 6 t zulässigem Gesamtgewicht) zurückgeschätzt, die Daten für 1994 basieren auf der Jahreshochrechnung der Ergebnisse Mai bis Dezember durch das ifo-Institut. Anders als in den bisherigen amtlichen Veröffentlichungen zur neuen Statistik werden hier, um mit der Darstellung für die anderen Güterverkehrsträger kompatibel zu sein, nur die auf das Bundesgebiet bezogenen Werte ausgewiesen, d.h. die auf das Ausland entfallenden Anteile nicht enthalten. Die Angaben zu den ausländischen Lastkraftfahrzeugen sind der Statistik des grenzüberschreitenden Straßenverkehrs (vom Kraftfahrt-Bundesamt) entnommen; sie schließen den Kabotageverkehr in Deutschland ein. Für diese Angaben liegen nur noch Eckwerte vor.

Der Verkehr in funktionaler Gliederung
Güterverkehr

Güterverkehr – Verkehrsaufkommen - in Mio. t

	1975	1980	1985	1990	1991	1992	1993	1994	1995
Eisenbahnen[1]	315,0	350,1	324,4	303,7	415,5	379,9	329,2	336,8	331,1
Wagenladungsverkehr	311,4	346,0	321,3	300,6	412,4	377,3	327,0	334,6	329,1
Stückgut- und Expressgutverkehr	3,6	4,1	3,1	3,1	3,1	2,6	2,2	2,2	2,0
Binnenschifffahrt[2]	227,3	241,0	222,4	231,6	230,0	229,9	218,5	235,0	237,0
Schiffe der Bundesrepublik	122,4	126,4	105,3	102,7	104,5	102,9	96,3	101,6	99,9
Ausländische Schiffe	104,9	114,6	117,1	128,9	125,5	127,0	122,2	133,4	138,0
Straßengüterverkehr[3][4][5][6]	2 169,2	2 571,1	2 318,6	2 876,7	2 918,7	2 999,5	3 107,4	3 360,2	3 347,0
Deutsche Lastkraftfahrzeuge[4][5]	2 116,5	2 495,5	2 230,9	2 742,9	2 768,0	2 841,0	2 944,0	3 184,2	3 165,3
Gewerblicher Verkehr[5]	872,3	1 040,9	941,8	1 151,5	1 318,0	1 389,0	1 464,0	1 604,2	1 646,4
Gewerblicher Fernverkehr[7]	112,3	140,9	146,8	186,5	290,0	303,0	302,0	326,7	345,7
Gewerblicher Nahverkehr[5][7]	760,0	900,0	795,0	965,0	1 028,0	1 086,0	1 162,0	1 277,5	1 300,8
Werkverkehr[4][5]	1 244,2	1 454,6	1 289,1	1 591,4	1 450,0	1 452,0	1 480,0	1 580,0	1 518,8
Werkfernverkehr[4][5][7]	79,2	99,6	119,1	146,4	293,0	297,0	284,0	300,2	283,1
Werknahverkehr[5][7]	1 165,0	1 355,0	1 170,0	1 445,0	1 157,0	1 155,0	1 196,0	1 279,8	1 235,7
Ausländische Lastkraftfahrzeuge[6]	52,7	76,9	89,1	133,8	150,7	158,5	163,4	175,9	181,7
Rohrfernleitungen[8]	80,3	84,0	69,2	74,1	90,7	92,6	94,7	98,7	98,4
Luftverkehr[9] (in 1 000 t)	529,0	861,1	1 069,2	1 578,5	1 560,8	1 599,8	1 680,6	1 878,4	1 992,7
Binnenländischer Verkehr	2 792,3	3 247,0	2 935,6	3 487,7	3 656,4	3 703,5	3 751,4	4 032,6	4 016,3
ohne Nahverkehr dt. Lastkraftfahrzeuge[7]	867,3	992,0	970,6	1 077,7	1 471,4	1 462,5	1 393,4	1 475,3	1 479,8
Seeschifffahrt[10]	131,4	154,0	139,0	143,8	161,1	178,1	180,6	193,3	201,0
Schiffe der Bundesrepublik	28,7	28,2	23,2	22,4	26,3	27,4	26,8	29,4	27,1
Ausländische Schiffe	102,7	125,8	115,8	121,4	134,8	150,7	153,8	163,9	173,9

[1] Ohne Güterkraftverkehr und bis 1990 ohne Dienstgutverkehr. Ab 1991 einschl. Dienstgutverkehr und ab 1998 einschl. interner Verrechnung der DB. Bis 1975 nur Stückgutversand innerhalb des Bundesgebietes.- [2] Einschl. Seeverkehr der Binnenhäfen mit Häfen außerhalb des Bundesgebietes.- [3] Siehe Anmerkungen Seite 246.- [4] Ab 1980 ohne Transporte der im Werkfernverkehr eingesetzten Lastkraftwagen bis einschl. 4 t Nutzlast und Zugmaschinen bis einschl. 40 kW Motorleistung. Ab 1991 ohne Transporte deutscher Lastkraftfahrzeuge bis 6 t zulässiges Gesamtgewicht oder 3,5 t Nutzlast.- [5] Bis 1990 ohne grenzüberschreitenden Nahverkehr deutscher Lastkraftfahrzeuge (1990: 20 Mio. t) und ohne freigestellten Nahverkehr nach § 4 des Güterkraftverkehrsgesetzes (GüKG) oder der hierzu erlassenen Freistellungsverordnung. Bis 1993 Berechnungen des DIW (außer 1970).- [6] Bis 1990 einschl. Kabotage (1990: 0,6 Mio. t.).- [7] Bis 1994 institutionelle Abgrenzung zwischen Nah- und Fernverkehr.- Weitere Anmerkungen siehe folgende Seite.

Güterverkehr – Verkehrsaufkommen – in Mio. t

	1996	1997	1998	1999	2000	2001	2002	2003	2004*
Eisenbahnen[1)11)]	319,5	321,5	308,7	290,7	299,1	291,1	289,2	303,8	310,3
Binnenschifffahrt[2)11)]	227,0	233,5	236,4	229,1	242,2	236,1	231,7	220,0	235,9
Schiffe der Bundesrepublik	92,7	94,1	95,7	91,8	91,4	88,2	84,9	79,9	81,7
Ausländische Schiffe	134,3	139,4	140,6	137,4	150,8	147,9	146,9	140,1	154,2
Straßengüterverkehr[3)4)5)12)]	3 189,2	3 196,0	3 196,8	3 425,0	3 244,2	3 115,7	2 960,9	2 991,6	3 029,5
Deutsche Lastkraftfahrzeuge[4)5)12)]	3 008,2	2 975,0	2 960,3	3 171,0	2 993,8	2 870,3	2 705,5	2 728,6	2 750,5
Gewerblicher Verkehr[5)12)]	1 595,2	1 540,8	1 506,3	1 602,9	1 538,9	1 480,6	1 454,1	1 526,8	1 572,1
Nahverkehr (bis 50 km)			892,6	926,9	835,8	765,1	744,5	767,0	772,5
Regionalverkehr (51 bis 150 km)			286,9	293,9	306,6	301,0	175,9	190,2	201,2
Fernverkehr (über 150 km)			326,8	382,1	396,5	414,4	533,7	569,6	598,3
Werkverkehr[4)12)]	1 413,1	1 434,2	1 454,0	1 568,1	1 454,9	1 389,7	1 251,4	1 201,7	1 178,5
Nahverkehr (bis 50 km)			1 103,6	1 183,8	1 080,1	1 018,9	905,9	868,7	850,3
Regionalverkehr (51 bis 150 km)			234,6	258,6	251,6	243,2	154,8	153,1	146,5
Fernverkehr (über 150 km)			115,8	125,8	123,2	127,5	190,7	179,9	181,7
Ausländische Lastkraftfahrzeuge	181,0	221,0	236,6	254,0	250,5	245,4	255,4	263,0	279,0
Rohrleitungen[8)]	89,4	87,4	90,7	89,3	89,4	90,2	90,9	92,3	93,8
Luftverkehr[9)] (in 1 000 t)	2 067,4	2 184,7	2 090,6	2 190,2	2 388,0	2 292,4	2 401,0	2 481,2	2 814,4
	3 827,2	3 840,5	3 834,7	4 036,3	3 877,4	3 735,4	3 575,1	3 610,1	3 672,2
Binnenländischer Verkehr ohne Nahverkehr dt. Lastkraftfahrzeuge (bis 50 km)			1 838,5	1 925,6	1 961,5	1 951,3	1 924,7	1 974,4	2 049,4
Seeschifffahrt[10)]	202,5	209,5	214,0	217,1	238,3	242,2	242,5	251,3	268,2
Schiffe der Bundesrepublik	25,5	25,8	24,9	27,9	35,0	32,4	32,4	32,3	33,2
Ausländische Schiffe	177,0	183,8	189,1	189,1	203,3	210,0	210,2	219,0	235,0

Beginn der Anmerkungen siehe vorherige Seite.- 8) Rohöl und Mineralölprodukteleitungen. Ab 1996 nur Rohöl.- 9) Fracht und Luftpost; ab 1975 einschl. Doppelzählungen im Umladeverkehr (1992: 0,2 Mio. t).- 10) Seeverkehr der Häfen des Bundesgebietes, ohne Eigengewichte der Reise- und Transportfahrzeuge, Container, Trailer, Trägerschiffsleichter. Ab 2000 einschließlich Seeverkehr der Binnenhäfen mit Häfen außerhalb der Bundesrepublik.- 11) Frachtpflichtiger Verkehr (bis 1997 einschl. Stück- und Expreßgut) und Dienstgutverkehr, sowie interner Verrechnung.- 12) Ab 1999 entfällt die Freistellung nach § 1 GüKG (u.a. für Abfälle und lebende Tiere), so daß sich das Aufkommen v.a. im Werkverkehr erhöht.- *Zum Teil vorläufige Werte.

B6

Güterverkehr - Anteile der Verkehrsbereiche am Verkehrsaufkommen[1] (t) - in vH

	1975	1980	1985	1990	1991	1992	1993	1994	1995
Binnenländischer Verkehr[2]									
- einschl. Straßengüternahverkehr -	100	100	100	100	100	100	100	100	100
Eisenbahnen	11,3	10,8	11,1	8,7	11,4	10,3	8,8	8,4	8,2
Binnenschifffahrt	8,1	7,4	7,6	6,6	6,3	6,2	5,8	5,8	5,9
Straßenverkehr	77,7	79,2	79,0	82,5	79,9	81,0	82,9	83,4	83,4
Deutsche Lastkraftfahrzeuge	75,8	76,9	76,0	78,7	75,7	76,7	78,5	79,0	78,8
Gewerblicher Verkehr	31,2	32,1	32,1	33,0	36,1	37,5	39,0	39,8	41,0
Gewerblicher Fernverkehr	4,0	4,3	5,0	5,3	7,9	8,2	8,1	8,1	8,6
Gewerblicher Nahverkehr	27,2	27,7	27,1	27,7	28,1	29,3	31,0	31,7	32,4
Werkverkehr	44,6	44,8	43,9	45,6	39,7	39,2	39,5	39,2	37,8
Werkfernverkehr	2,8	3,1	4,1	4,2	8,0	8,0	7,6	7,4	7,1
Werknahverkehr	41,7	41,7	39,9	41,4	31,7	31,2	31,9	31,8	30,8
Ausländische Lastkraftfahrzeuge	1,9	2,4	3,0	3,8	4,1	4,3	4,4	4,4	4,5
Rohrfernleitungen	2,9	2,6	2,4	2,1	2,5	2,5	2,5	2,4	2,5
Binnenländischer Verkehr									
- ohne Straßengüternahverkehr dt. Lk	100	100	100	100	100	100	100	100	100
Eisenbahnen	36,3	35,3	33,5	28,2	28,3	26,0	23,7	22,9	22,4
Binnenschifffahrt	26,2	24,3	22,9	21,5	15,6	15,7	15,7	15,9	16,1
Straßengüterfernverkehr dt. Lkw	22,1	24,3	27,4	30,9	39,7	41,1	42,1	42,6	42,5
Gewerblicher Fernverkehr	13,0	14,2	15,1	17,3	19,7	20,7	21,7	22,2	23,4
Werkfernverkehr	9,1	10,0	12,3	13,6	19,9	20,3	20,4	20,4	19,2
Ausländische Lastkraftfahrzeuge	6,1	7,8	9,2	12,4	10,3	10,8	11,7	11,9	12,3
Rohrfernleitungen	9,3	8,5	7,1	6,9	6,2	6,3	6,8	6,7	6,7

[1] Ohne Luftverkehr, Seeverkehr, bis 1990 ohne Dienstgutverkehr der Eisenbahnen und ab 1980 ohne Transportleistung der im Werkfernverkehr eingesetzten Lastkraftfahrzeuge bis einschl. 4 t Nutzlast und Zugmaschinen bis einschl. 40 kW Motorleistung.- [2] Bis 1990 ohne grenzüberschreitenden Nahverkehr deutscher Lastkraftfahrzeuge.- Weitere Anmerkungen siehe Seite 248/249.

Güterverkehr - Anteile der Verkehrsbereiche am Verkehrsaufkommen[1] (t) - in vH

	1996	1997	1998	1999	2000	2001	2002	2003	2004*
Binnenländischer Verkehr einschl. Nahverkehr dt. Lkw	100	100	100	100	100	100	100	100	100
Eisenbahnen	8,4	8,4	8,1	7,2	7,7	7,8	8,1	8,4	8,5
Binnenschifffahrt	5,9	6,1	6,2	5,7	6,3	6,3	6,5	6,1	6,4
Straßenverkehr	83,4	83,3	83,4	84,9	83,7	83,5	82,9	82,9	82,6
Deutsche Lastkraftfahrzeuge	78,6	77,5	77,2	78,6	77,3	76,9	75,7	75,6	75,0
Gewerblicher Verkehr	41,7	40,1	39,3	39,7	39,7	39,7	40,7	42,3	42,8
Nahverkehr (bis 50 km)	.	.	23,3	23,0	21,6	20,5	20,8	21,3	21,1
Regionalverkehr (51 bis 150 km)	.	.	7,5	7,3	7,9	8,1	4,9	5,3	5,5
Fernverkehr (über 150 km)	.	.	8,5	9,5	10,2	11,1	14,9	15,8	16,3
Werkverkehr	36,9	37,4	37,9	38,9	37,5	37,2	35,0	33,3	32,1
Nahverkehr (bis 50 km)	.	.	28,8	29,3	27,9	27,3	25,4	24,1	23,2
Regionalverkehr (51 bis 150 km)	.	.	6,1	6,4	6,5	6,5	4,3	4,2	4,0
Fernverkehr (über 150 km)	.	.	3,0	3,1	3,2	3,4	5,3	5,0	5,0
Ausländische Lastkraftfahrzeuge	4,7	5,8	6,2	6,3	6,5	6,6	7,1	7,3	7,6
Rohrfernleitungen	2,3	2,3	2,4	2,2	2,3	2,4	2,5	2,6	2,6
Binnenländischer Verkehr ohne Nahverkehr (bis 50 km) dt. Lkw	100	100	100	100	100	100	100	100	100
Eisenbahnen	.	.	16,8	15,1	15,3	14,9	15,0	15,4	15,2
Binnenschifffahrt	.	.	12,9	11,9	12,4	12,1	12,1	11,2	11,5
Straßengüterfernverkehr dt. Lkw (über 50 km Entfernung)	.	.	52,5	55,1	55,0	55,7	54,9	55,4	55,1
Ausländische Lastkraftfahrzeuge	.	.	12,9	13,2	12,8	12,6	13,3	13,3	13,6
Rohrfernleitungen	.	.	4,9	4,6	4,6	4,6	4,7	4,7	4,6

B6

[1] Ohne Luftverkehr, Seeverkehr und ohne Transporte deutscher Lastkraftfahrzeuge bis 6 t zulässiges Gesamtgewicht oder 3-5 t Nutzlast.- Weitere Anmerkungen siehe Seite 248/249.

251

Güterverkehr - Verkehrsleistung[1] - in Mrd. tkm

	1975	1980	1985	1990	1991	1992	1993	1994	1995
Eisenbahnen[2]	55,3	64,9	64,0	61,9	82,2	72,8	65,6	70,7	70,5
Wagenladungsverkehr	54,1	63,6	63,0	60,8	81,2	72,0	64,8	69,9	69,8
Stückgut- und Expreßgutverkehr	1,2	1,3	1,0	1,1	1,0	0,8	0,8	0,8	0,7
Binnenschiffahrt	47,6	51,4	48,2	54,8	56,0	57,2	57,6	61,8	64,0
dar. auf dem Rhein	32,7	35,2	33,6	38,2	37,8	38,4	37,5	39,8	40,6
Schiffe der Bundesrepublik	26,5	27,7	23,5	24,7	24,8	24,7	23,7	24,8	25,1
Ausländische Schiffe	21,1	23,7	24,7	30,1	31,2	32,5	33,8	37,0	38,9
Straßengüterverkehr[3][4][5][6][7]	96,7	125,4	133,2	169,9	245,7	252,3	251,5	272,5	279,7
Deutsche Lastkraftfahrzeuge[4][5]	82,2	103,0	105,4	131,0	196,0	200,1	199,1	213,0	217,2
Gewerblicher Verkehr[5]	49,3	62,4	63,4	79,1	121,8	126,4	127,2	137,7	145,1
Gewerblicher Fernverkehr[6]	31,8	41,1	43,8	55,5	86,2	89,6	89,0	96,3	102,8
Gewerblicher Nahverkehr[5][6]	17,5	21,3	19,6	23,6	35,6	36,8	38,2	41,4	42,3
Werkverkehr[4][5]	32,9	40,6	42,0	51,9	74,2	73,6	71,9	75,2	72,1
Werkfernverkehr[4][6]	13,7	17,5	21,0	26,1	44,7	44,8	42,8	44,6	42,6
Werknahverkehr[5][6]	19,2	23,1	21,0	25,8	29,5	28,8	29,1	30,6	29,5
Ausländische Lastkraftfahrzeuge[7]	14,5	22,4	27,8	38,9	49,7	52,3	52,4	59,6	62,5
Rohrfernleitungen[8]	14,6	14,3	10,5	13,3	15,7	15,7	16,1	16,8	16,6
Luftverkehr[9] (in Mio. tkm)	177,8	251,1	314,3	439,5	428,8	435,9	459,1	503,3	522,4
Binnenländischer Verkehr	214,4	256,2	256,2	300,3	400,0	398,5	391,2	422,3	431,3
ohne Nahverkehr dt. Lastkraftfahrzeuge[7]	177,7	211,8	215,6	250,9	334,9	332,8	323,8	350,3	359,5
Seeschiffahrt[10]	995,5	1 066,8	787,4	785,8	845,0	852,8	855,4	934,7	968,4
Schiffe der Bundesrepublik	146,0	94,8	54,5	55,9	.	.	.	.	.
Ausländische Schiffe	849,5	972,0	732,9	729,9	.	.	.	.	.

[1] Verkehrsleistung (außer in der Seeschiffahrt) im Bundesgebiet sowie (bis 1990) von und nach Berlin-West.– [2] Ohne Güterkraftverkehr und bis 1990 ohne Dienstgutverkehr. Ab 1991 einschließlich Dienstgutverkehr und ab 1998 einschl. interner Verrechnung der DB (als gleitende Ablösung des Dienstgutes). Bis 1975 nur Stückgutversand innerhalb des Bundesgebietes.– [3] Siehe Anmerkungen Seite 246.– [4] Ab 1980 ohne Transporte der im Werkfernverkehr eingesetzten Lastkraftwagen bis einschl. 4 t Nutzlast und Zugmaschinen bis einschl. 40 kW Motorleistung. Ab 1991 ohne Transporte deutscher Lastkraftfahrzeuge bis 6 t zulässiges Gesamtgewicht oder 3,5 t Nutzlast.– [5] Bis 1990 ohne grenzüberschreitenden Nahverkehr deutscher Lastkraftfahrzeuge und ohne freigestellten Nahverkehr nach § 4 des Güterkraftverkehrsgesetzes (GüKG) oder der hierzu erlassenen Freistellungsverordnung. Bis 1993 Berechnungen des DIW (außer 1965/1970).– [6] Ab 1998 bis 6 t zulässiges Gesamtgewicht oder 3,5 t Nutzlast.– [7] Bis 1994 institutionelle Abgrenzung zwischen Nah- und Fernverkehr.– Weitere Anmerkungen siehe folgende Seite.

Güterverkehr - Verkehrsleistung[1] - in Mrd. tkm

	1996	1997	1998	1999	2000	2001	2002	2003	2004*
Eisenbahnen[2][11]	70,0	73,9	74,2	71,9	77,5	76,2	76,3	79,8	86,4
Binnenschifffahrt	61,3	62,2	64,3	62,7	66,5	64,8	64,2	58,2	63,7
dar. auf dem Rhein	40,2	41,4	42,6	40,9	44,3	44,1	43,7	39,3	43,0
Schiffe der Bundesrepublik	23,1	23,1	24,0	23,2	23,4	22,6	22,0	20,1	21,3
Ausländische Schiffe	38,2	39,0	40,3	39,5	43,1	42,2	42,2	38,1	42,4
Straßengüterverkehr[3][4][5][6]	280,7	301,8	315,9	341,7	346,3	353,0	354,5	362,9	380,4
Deutsche Lastkraftfahrzeuge[4][5][12]	216,2	223,2	230,6	249,4	250,6	256,3	251,8	255,9	266,9
Gewerblicher Verkehr[5][12]	146,0	151,3	160,2	173,7	177,6	183,2	184,7	192,8	204,2
Nahverkehr (bis 50 km)	.	.	14,0	14,2	13,5	12,6	12,3	12,5	12,6
Regionalverkehr (51 bis 150 km)	.	.	26,2	26,6	27,5	27,5	12,7	13,8	14,5
Fernverkehr (über 150 km)	.	.	120,1	132,9	136,6	143,1	159,7	166,6	177,1
Werkverkehr[4][12]	70,1	71,8	70,4	75,7	73,0	73,1	67,2	63,0	62,7
Nahverkehr (bis 50 km)	.	.	16,0	17,6	16,3	15,9	13,7	13,3	13,0
Regionalverkehr (51 bis 150 km)	.	.	20,8	22,5	21,8	21,3	11,1	11,0	10,4
Fernverkehr (über 150 km)	.	.	33,6	35,7	34,9	35,9	42,4	38,8	39,3
Ausländische Lastkraftfahrzeuge	64,6	78,6	85,3	92,4	95,7	96,7	102,7	107,0	113,5
Rohrleitungen[8]	14,5	13,2	14,8	15,0	15,0	15,8	15,2	15,4	16,2
Luftverkehr[9] (in Mio. tkm)	544,5	565,0	657,7	696,0	763,3	736,0	781,1	834,2	955,1
Binnenländischer Verkehr	427,1	451,5	469,9	492,0	506,1	510,4	511,0	517,1	547,6
ohne Nahverkehr dt. Lastkraftfahrzeuge (bis 50 km)	.	.	439,9	460,2	476,3	482,0	485,0	491,3	522,0
Seeschifffahrt[10]	958,2	1 015,5	1 023,2	1 110,0	1 254,8	1 258,9	1 325,5	1 413,1	1 481,0

Beginn der Anmerkungen siehe vorherige Seite.- Bis 1990 einschl. Kabotage (1990: 0,2 Mrd. tkm).- [8] Rohöl- und Mineralölproduktenleitungen. Ab 1996 nur Rohöl.- [9] Fracht und Luftpost. Ab 1998 neue Kilometrierung im Luftverkehr.- [10] Leistung zwischen Häfen der Bundesrepublik sowie von und nach ausländischen Häfen. Ab 2000 einschl des Seeverkehrs der Binnenhäfen mit Häfen außerhalb der Bundesrepublik.- [11] Frachtpflichtiger Verkehr (bis 1997 einschl. Stück- und Expreßgut) und Dienstgutverkehr.- [12] Ab 1999 entfällt die Freistellung nach § 1 GüKG (unter anderem für Abfälle und lebende Tiere), so dass sich die Leistung v.a. im Werkverkehr erhöht.- * Zum Teil vorläufige Werte.

B6

253

Güterverkehr – Anteile der Verkehrsbereiche an der Verkehrsleistung[1] (tkm) – in vH

	1975	1980	1985	1990	1991	1992	1993	1994	1995
Binnenländischer Verkehr[2]									
– einschl. Straßengüternahverkehr –	100	100	100	100	100	100	100	100	100
Eisenbahnen	25,8	25,4	25,0	20,6	20,6	18,3	16,8	16,8	16,4
Binnenschifffahrt	22,2	20,1	18,8	18,3	14,0	14,4	14,7	14,6	14,9
Straßenverkehr	45,1	49,0	52,0	56,7	61,5	63,4	64,4	64,6	64,9
Deutsche Lastkraftfahrzeuge	38,4	40,2	41,2	43,7	49,1	50,3	51,0	50,5	50,4
Gewerblicher Verkehr	23,0	24,4	24,8	26,4	30,5	31,8	32,6	32,7	33,7
Gewerblicher Fernverkehr	14,8	16,1	17,1	18,5	21,6	22,5	22,8	22,8	23,9
Gewerblicher Nahverkehr	8,2	8,3	7,7	7,9	8,9	9,3	9,8	9,8	9,8
Werkverkehr	15,4	15,9	16,4	17,3	18,6	18,5	18,4	17,8	14,5
Werkfernverkehr	6,4	6,8	8,2	8,7	11,2	11,3	10,9	10,6	9,9
Werknahverkehr	9,0	9,0	8,2	8,6	7,4	7,2	7,5	7,3	4,6
Ausländische Lastkraftfahrzeuge	6,8	8,7	10,9	13,0	12,4	13,1	13,4	14,1	14,5
Rohrfernleitungen	6,8	5,6	4,1	4,4	3,9	3,9	4,1	4,0	3,9
Binnenländischer Verkehr									
– ohne Straßengüternahverkehr dt. Lkw	100	100	100	100	100	100	100	100	100
Eisenbahnen	31,2	30,7	29,7	24,7	24,6	21,9	20,3	20,2	19,6
Binnenschifffahrt	26,8	24,3	22,4	21,9	16,7	17,2	17,8	17,7	17,8
Straßengüterfernverkehr dt. Lkw	25,6	27,7	30,1	32,6	39,1	40,4	40,7	40,3	40,5
Gewerblicher Fernverkehr	17,9	19,4	20,3	22,2	25,8	27,0	27,5	27,5	28,6
Werkfernverkehr	7,7	8,3	9,8	10,4	13,4	13,5	13,2	12,8	11,9
Ausländische Lastkraftfahrzeuge	8,2	10,6	12,9	15,5	14,9	15,7	16,2	17,0	17,4
Rohrfernleitungen	8,2	6,8	4,9	5,3	4,7	4,7	5,0	4,8	4,6

[1] Ohne Luftverkehr, Seeverkehr, bis 1990 ohne Dienstgutverkehr der Eisenbahnen und ab 1980 ohne Transportleistung der im Werkfernverkehr eingesetzten Lastkraftfahrzeuge bis einschl. 4 t Nutzlast und Zugmaschinen bis einschl. 40 kW Motorleistung.– [2] Bis 1990 ohne grenzüberschreitenden Nahverkehr deutscher Lastkraftfahrzeuge.– Weitere Anmerkungen siehe Seite 252/253.

Güterverkehr – Anteile der Verkehrsbereiche an der Verkehrsleistung[1] (tkm) – in vH

	1996	1997	1998	1999	2000	2001	2002	2003	2004*
Binnenländischer Verkehr einschl. Nahverkehr dt. Lkw	100	100	100	100	100	100	100	100	100
Eisenbahnen	16,4	16,4	15,8	14,6	15,3	14,9	15,0	15,5	15,8
Binnenschifffahrt	14,4	13,8	13,7	12,8	13,2	12,7	12,6	11,3	11,6
Straßenverkehr	65,8	66,9	67,3	69,6	68,5	69,2	69,5	70,3	69,6
Deutsche Lastkraftfahrzeuge	50,7	49,5	49,1	50,8	49,6	50,3	49,4	49,6	48,8
Gewerblicher Verkehr	34,2	33,6	34,1	35,3	35,1	35,9	36,2	37,4	37,3
Nahverkehr (bis 50 km)	.	.	3,0	2,9	2,7	2,5	2,4	2,4	2,3
Regionalverkehr (51 bis 150 km)	.	.	5,6	5,4	5,4	5,4	2,5	2,7	2,7
Fernverkehr (über 150 km)	.	.	25,6	27,0	27,0	28,1	31,3	32,3	32,4
Werkverkehr	16,4	15,9	15,0	15,4	14,5	14,3	13,2	12,2	11,5
Nahverkehr (bis 50 km)	.	.	3,4	3,6	3,2	3,1	2,7	2,6	2,4
Regionalverkehr (51 bis 150 km)	.	.	4,4	4,6	4,3	4,2	2,2	2,1	1,9
Fernverkehr (über 150 km)	.	.	7,2	7,3	6,9	7,0	8,3	7,5	7,2
Ausländische Lastkraftfahrzeuge	15,1	17,4	18,2	18,8	18,9	19,0	20,1	20,7	20,8
Rohrfernleitungen	3,4	2,9	3,2	3,0	3,0	3,1	3,0	3,0	3,0
Binnenländischer Verkehr ohne Nahverkehr (bis 50 km) dt. Lkw	100	100	100	100	100	100	100	100	100
Eisenbahnen	.	.	16,9	15,6	16,3	15,8	15,8	16,3	16,6
Binnenschifffahrt	.	.	14,6	13,6	14,0	13,5	13,3	11,9	12,2
Straßengüterfernverkehr dt. Lkw (mehr als 50 km Entfernung)	.	.	45,7	47,4	46,4	47,3	46,6	46,9	46,3
Ausländische Lastkraftfahrzeuge	.	.	19,4	20,1	20,1	20,1	21,2	21,8	21,8
Rohrfernleitungen	.	.	3,4	3,3	3,2	3,3	3,1	3,1	3,1

[1] Ohne Luftverkehr, Seeverkehr und ohne Transporte deutscher Lastkraftfahrzeuge bis 6 t zulässiges Gesamtgewicht oder 3-5 t Nutzlast.– Weitere Anmerkungen siehe Seite 252/253.

B6

Güterverkehr - Verkehrsaufkommen ausgewählter Gütergruppen - Eisenbahnen[1]

Gütergruppen	1993	1994	1995	1996	1997	1998	1999	2000	2001	2002	2003	2004
in Mio. t												
Land- und forstwirtschaftliche Erzeugnisse	7,3	7,5	8,0	7,0	6,6	7,1	7,8	10,3	7,4	6,7	6,1	6,5
Nahrungs- und Futtermittel	4,5	4,6	4,7	4,1	3,9	4,0	3,6	3,5	3,3	2,5	2,8	2,6
Kohle	84,8	77,9	75,2	70,1	64,8	60,5	57,1	58,4	54,3	52,8	56,6	53,0
Rohes Erdöl	1,3	1,3	1,2	0,9	0,9	0,8	0,8	0,8	0,7	0,6	0,7	0,8
Mineralölerzeugnisse	28,4	26,3	25,2	26,6	25,6	24,8	23,1	23,9	24,7	26,0	28,7	31,6
Erze und Metallabfälle	33,3	33,5	34,2	31,3	33,9	33,2	28,7	30,2	28,7	27,8	28,5	29,9
Eisen, Stahl und NE-Metalle	49,2	54,9	57,9	51,7	58,2	54,7	49,4	53,9	54,0	53,4	53,7	55,9
Steine und Erden	39,1	45,6	40,8	43,0	42,9	39,5	38,2	32,7	34,9	34,3	36,9	37,0
Düngemittel	7,5	7,5	7,4	7,7	7,9	8,0	7,4	7,4	7,1	7,4	7,7	7,6
Chemische Erzeugnisse	17,5	19,9	20,6	20,1	20,9	21,5	20,9	21,7	21,2	22,6	23,2	25,7
Fahrzeuge, Maschinen, Halb- und Fertigwaren[2]	43,2	45,0	44,9	46,9	51,1	51,7	50,5	51,5	52,0	51,2	59,0	59,6
Insgesamt	316,3	324,0	320,2	309,3	316,7	305,7	287,4	294,2	288,2	285,4	303,8	310,3
in vH												
Land- und forstwirtschaftliche Erzeugnisse	2,3	2,3	2,5	2,3	2,1	2,3	2,7	3,5	2,6	2,3	2,0	2,1
Nahrungs- und Futtermittel	1,4	1,4	1,5	1,3	1,2	1,3	1,2	1,2	1,1	0,9	0,9	0,9
Kohle	26,8	24,1	23,5	22,7	20,5	19,8	19,9	19,8	18,8	18,5	18,6	17,1
Rohes Erdöl	0,4	0,4	0,4	0,3	0,3	0,3	0,3	0,3	0,2	0,2	0,2	0,3
Mineralölerzeugnisse	9,0	8,1	7,9	8,6	8,1	8,1	8,0	8,1	8,6	9,1	9,4	10,2
Erze und Metallabfälle	10,5	10,3	10,7	10,1	10,7	10,9	10,0	10,3	9,9	9,7	9,4	9,6
Eisen, Stahl und NE-Metalle	15,6	17,0	18,1	16,7	18,4	17,9	17,2	18,3	18,7	18,7	17,7	18,0
Steine und Erden	12,4	14,1	12,8	13,9	13,6	12,9	13,3	11,1	12,1	12,0	12,1	11,9
Düngemittel	2,4	2,3	2,3	2,5	2,5	2,6	2,6	2,5	2,4	2,6	2,5	2,4
Chemische Erzeugnisse	5,5	6,1	6,4	6,5	6,6	7,0	7,3	7,4	7,4	7,9	7,6	8,3
Fahrzeuge, Maschinen, Halb- und Fertigwaren[2]	13,7	13,9	14,0	15,2	16,1	16,9	17,6	17,5	18,0	18,0	19,4	19,2
Insgesamt	100	100	100	100	100	100	100	100	100	100	100	100

[1] Frachtpflichtiger Verkehr; bis 2002 ohne Dienstgut und interner Verrechnung.- [2] Einschl. besondere Transportgüter, Stückgut und Expressgut.

Güterverkehr - Verkehrsleistung[1], mittlere Transportweite[1] der Hauptgütergruppen - Eisenbahnen[2]

Gütergruppen	1993	1994	1995	1996	1997	1998	1999	2000	2001	2002	2003	2004
Tonnenkilometer - in Mrd.												
Land- und forstwirtschaftliche Erzeugnisse	2,2	2,7	2,9	2,9	2,7	3,1	3,5	4,5	3,3	3,0	2,8	2,9
Nahrungs- und Futtermittel	1,5	1,6	1,6	1,6	1,5	1,6	1,4	1,3	1,3	1,1	1,3	1,4
Kohle	8,5	8,1	7,4	6,9	7,1	7,2	6,6	7,4	7,1	6,5	7,7	7,7
Erdöl und Mineralölerzeugnisse	5,9	5,7	5,4	5,8	6,1	5,3	4,9	5,3	6,5	6,4	6,8	8,6
Erze und Metallabfälle	5,4	5,6	5,5	5,0	5,6	6,0	5,8	6,0	6,3	6,4	6,5	7,3
Eisen, Stahl und NE-Metalle	8,4	10,0	10,3	10,1	11,8	11,8	11,5	12,9	12,2	12,3	12,1	12,5
Steine und Erden	6,2	7,2	6,6	6,4	6,7	6,5	6,2	5,7	6,6	6,2	6,8	7,2
Düngemittel	2,0	2,1	2,0	2,0	2,2	2,0	1,8	1,8	1,8	1,9	2,0	2,1
Chemische Erzeugnisse	5,7	6,6	6,7	6,2	6,5	6,9	6,8	7,1	7,3	7,7	8,0	9,4
Fahrzeuge, Maschinen, Halb- und Fertigwaren[3]	18,3	19,6	19,4	20,5	22,6	23,3	22,9	23,9	24,1	23,7	25,9	27,4
Insgesamt	64,2	69,1	68,0	67,2	72,7	73,6	71,4	76,0	76,4	75,4	79,8	86,4
Mittlere Transportweite - in km												
Land- und forstwirtschaftliche Erzeugnisse	306	358	367	409	409	432	446	436	439	455	452	450
Nahrungs- und Futtermittel	321	342	345	380	386	390	379	386	392	438	490	514
Kohle	100	104	99	99	110	119	115	127	131	123	135	145
Erdöl und Mineralölerzeugnisse	199	206	206	211	230	205	204	216	254	242	232	264
Erze und Metallabfälle	162	167	162	159	166	181	203	200	219	231	228	244
Eisen, Stahl und NE-Metalle	171	182	178	196	202	216	232	240	226	229	224	224
Steine und Erden	159	158	163	148	155	163	163	174	190	182	184	194
Düngemittel	272	275	275	262	275	255	244	242	250	260	266	278
Chemische Erzeugnisse	324	332	325	307	311	320	328	326	343	342	345	366
Fahrzeuge, Maschinen, Halb- und Fertigwaren[3]	447	458	452	451	447	451	455	465	463	464	439	459
Insgesamt	204	215	214	218	230	241	248	248	265	264	263	279

[1] Im Bundesgebiet. - [2] Frachtpflichtiger Verkehr; bis 2002 ohne Dienstgut und interner Verrechnung.- [3] Einschl. besondere Transportgüter.

B6

Güterverkehr – Verkehrsaufkommen ausgewählter Gütergruppen – Binnenschifffahrt

Gütergruppen	1993	1994	1995	1996	1997	1998	1999	2000	2001	2002	2003	2004
in Mio. t												
Land- und forstwirtschaftliche Erzeugnisse	8,5	8,7	10,2	8,8	8,5	9,0	9,8	11,5	9,9	10,2	9,3	8,8
Nahrungs- und Futtermittel	12,4	13,3	14,0	12,6	13,0	14,3	14,6	15,0	15,1	15,8	14,9	15,9
Kohle	24,1	25,8	26,4	26,2	27,3	31,7	30,8	30,5	31,2	31,7	30,8	34,1
Rohes Erdöl	0,1	0,0	0,1	0,1	0,1	0,3	0,3	0,1	0,1	0,1	0,0	0,1
Mineralölerzeugnisse	43,1	43,6	43,2	43,7	44,4	42,1	38,0	39,4	41,9	39,6	37,1	38,5
Erze und Metallabfälle	37,9	41,9	41,0	38,4	42,0	39,7	35,2	39,5	36,3	36,3	35,3	38,2
Eisen, Stahl und NE-Metalle	12,9	13,2	13,5	11,9	12,9	13,2	12,0	14,0	13,5	12,6	12,1	13,0
Steine und Erden	54,4	58,8	59,3	54,8	52,7	52,0	52,5	53,4	51,2	47,4	42,4	45,4
Düngemittel	6,8	8,0	8,1	7,4	7,2	7,5	7,7	7,9	6,8	6,5	6,1	6,4
Chemische Erzeugnisse	13,2	15,1	15,2	15,5	16,5	16,9	18,2	19,4	17,6	18,1	17,4	19,1
Fahrzeuge, Maschinen, Halb- und Fertigwaren[1]	5,2	6,6	6,9	7,7	8,9	9,6	10,1	11,6	12,5	13,5	14,4	16,3
Insgesamt	218,5	235,0	237,9	227,0	233,5	236,4	229,1	242,2	236,1	231,7	219,9	235,9
in vH												
Land- und forstwirtschaftliche Erzeugnisse	3,9	3,7	4,3	3,9	3,6	3,8	4,3	4,7	4,2	4,4	4,2	3,7
Nahrungs- und Futtermittel	5,7	5,6	5,9	5,6	5,6	6,1	6,4	6,2	6,4	6,8	6,8	6,7
Kohle	11,0	11,0	11,1	11,5	11,7	13,4	13,4	12,6	13,2	13,7	14,0	14,5
Rohes Erdöl	0,0	0,0	0,0	0,0	0,0	0,1	0,1	0,0	0,0	0,0	0,0	0,0
Mineralölerzeugnisse	19,7	18,6	18,2	19,2	19,0	17,8	16,6	16,3	17,7	17,1	16,9	16,3
Erze und Metallabfälle	17,3	17,8	17,2	16,9	18,0	16,8	15,3	16,3	15,4	15,7	16,0	16,2
Eisen, Stahl und NE-Metalle	5,9	5,6	5,7	5,3	5,5	5,6	5,2	5,8	5,7	5,5	5,5	5,5
Steine und Erden	24,9	25,0	24,9	24,1	22,6	22,0	22,9	22,0	21,7	20,5	19,3	19,3
Düngemittel	3,1	3,4	3,4	3,3	3,1	3,2	3,4	3,3	2,9	2,8	2,8	2,7
Chemische Erzeugnisse	6,0	6,4	6,4	6,8	7,1	7,1	7,9	8,0	7,4	7,8	7,9	8,1
Fahrzeuge, Maschinen, Halb- und Fertigwaren[1]	2,4	2,8	2,9	3,4	3,8	4,1	4,4	4,8	5,3	5,8	6,6	6,9
Insgesamt	100	100	100	100	100	100	100	100	100	100	100	100

[1] Einschl. besondere Transportgüter.

Güterverkehr – Verkehrsleistung¹), mittlere Transportweite¹) der Hauptgütergruppen – Binnenschifffahrt

B6

	1993	1994	1995	1996	1997	1998	1999	2000	2001	2002	2003	2004
Tonnenkilometer - in Mrd.												
Land- und forstwirtschaftliche Erzeugnisse	3,7	3,8	4,4	3,8	3,9	4,4	4,7	5,3	4,5	5,0	4,2	4,0
Nahrungs- und Futtermittel	4,1	4,4	5,0	4,6	4,5	5,2	5,6	5,7	5,8	6,3	5,6	6,1
Kohle	7,7	8,2	8,5	8,1	8,1	9,0	8,4	8,3	8,5	9,0	7,7	8,7
Erdöl und Mineralölerzeugnisse	11,6	11,6	11,8	12,4	12,8	12,3	11,1	11,6	12,3	11,4	10,3	10,5
Erze und Metallabfälle	7,6	7,9	8,1	7,4	7,7	7,3	6,5	7,2	6,7	6,3	6,0	6,8
Eisen, Stahl und NE-Metalle	4,0	4,1	4,3	3,7	3,9	4,2	3,8	4,5	4,4	3,9	3,6	4,0
Steine und Erden	11,2	12,6	12,6	11,9	11,3	11,6	11,8	11,9	11,4	10,8	9,5	10,8
Düngemittel	2,6	3,2	3,3	2,9	2,9	3,1	3,1	3,3	2,8	2,8	2,5	2,7
Chemische Erzeugnisse	3,0	3,6	3,6	3,7	3,9	4,0	4,3	4,8	4,3	4,5	4,3	4,8
Fahrzeuge, Maschinen, Halb- und Fertigwaren²)	2,0	2,5	2,5	2,7	3,0	5,9	3,4	4,0	4,2	4,3	4,5	5,2
Insgesamt	57,6	61,8	64,0	61,3	62,2	66,8	62,7	66,5	64,8	64,2	58,2	63,7
Mittlere Transportweite - in km												
Land- und forstwirtschaftliche Erzeugnisse	434	429	426	435	463	463	478	458	453	487	448	448
Nahrungs- und Futtermittel	328	334	358	368	344	344	382	380	383	399	375	385
Kohle	319	319	321	310	298	298	273	272	272	283	250	254
Erdöl und Mineralölerzeugnisse	269	265	273	284	289	289	290	293	292	288	276	273
Erze und Metallabfälle	202	188	198	192	183	183	186	181	184	173	169	178
Eisen, Stahl und NE-Metalle	311	312	316	308	304	304	315	318	325	306	300	312
Steine und Erden	205	214	212	217	214	214	224	223	223	228	225	238
Düngemittel	385	394	405	397	402	402	403	418	418	426	405	422
Chemische Erzeugnisse	229	235	237	240	239	239	235	247	244	249	248	249
Fahrzeuge, Maschinen, Halb- und Fertigwaren²)	397	384	363	348	341	341	343	347	331	318	312	321
Insgesamt	263	263	269	270	266	266	274	274	275	277	264	270

¹) Im Bundesgebiet.- ²) Einschl. besondere Transportgüter.

259

Güterverkehr - Verkehrsaufkommen ausgewählter Gütergruppen

Straßengüterverkehr deutscher Lastkraftfahrzeuge[1]

Gütergruppen	1996	1997	1998	1999	2000	2001	2002	2003	2004
					in Mio. t				
Land- und forstwirtschaftliche Erzeugnisse	132,2	134,8	138,7	148,3	175,2	155,2	149,8	141,1	148,1
Nahrungs- und Futtermittel	265,8	269,7	266,2	276,3	287,2	286,1	286,6	304,0	308,4
Kohle	23,0	18,3	22,4	15,4	15,7	13,2	13,3	12,3	15,2
Rohes Erdöl	0,7	1,7	1,2	0,9	0,7	1,1	0,8	0,6	0,5
Mineralölerzeugnisse	135,1	141,2	127,8	130,9	116,2	122,1	102,2	105,1	104,3
Erze und Metallabfälle	39,8	40,1	39,3	40,2	47,0	38,0	35,1	28,6	31,5
Eisen, Stahl und NE-Metalle	70,6	73,2	81,7	78,9	71,0	78,9	71,0	72,1	78,3
Steine und Erden	1 760,9	1 710,5	1 678,2	1 817,9	1 588,0	1 491,2	1 386,3	1 361,1	1 332,5
Düngemittel	14,5	15,2	15,6	19,5	21,4	19,2	19,4	20,0	21,1
Chemische Erzeugnisse	223,9	216,9	218,3	228,2	224,2	208,7	196,2	209,6	212,2
Fahrzeuge, Maschinen, Halb- und Fertigwaren[2]	341,9	353,3	370,9	414,4	447,0	456,5	444,8	474,1	498,4
Insgesamt	3 008,2	2 975,0	2 960,3	3 171,0	2 993,8	2 870,3	2 705,5	2 728,6	2 750,5
					in vH				
Land- und forstwirtschaftliche Erzeugnisse	4,4	4,5	4,7	4,7	5,9	5,4	5,5	5,2	5,4
Nahrungs- und Futtermittel	8,8	9,1	9,0	8,7	9,6	10,0	10,6	11,1	11,2
Kohle	0,8	0,6	0,8	0,5	0,5	0,5	0,5	0,5	0,6
Rohes Erdöl	0,0	0,1	0,0	0,0	0,0	0,0	0,0	0,0	0,0
Mineralölerzeugnisse	4,5	4,7	4,3	4,1	3,9	4,3	3,8	3,9	3,8
Erze und Metallabfälle	1,3	1,3	1,3	1,3	1,6	1,3	1,3	1,0	1,1
Eisen, Stahl und NE-Metalle	2,3	2,5	2,8	2,5	2,4	2,7	2,6	2,6	2,8
Steine und Erden	58,5	57,5	56,7	57,3	53,0	52,0	51,2	49,9	48,4
Düngemittel	0,5	0,5	0,5	0,6	0,7	0,7	0,7	0,7	0,8
Chemische Erzeugnisse	7,4	7,3	7,4	7,2	7,5	7,3	7,3	7,7	7,7
Fahrzeuge, Maschinen, Halb- und Fertigwaren[2]	11,4	11,9	12,5	13,1	14,9	15,9	16,4	17,4	18,1
Insgesamt	100	100	100	100	100	100	100	100	100

1) Ohne Lastkraftwagen und Sattelzugmaschinen bis 3,5 t Nutzlast bzw. 6 t zulässiges Gesamtgewicht.- 2) Einschl. besondere Transportgüter und Leergut.

Güterverkehr - Verkehrsaufkommen ausgewählter Gütergruppen

Straßengüterverkehr deutscher Lastkraftfahrzeuge[1] - Gewerblicher Verkehr

Gütergruppen	1996	1997	1998	1999	2000	2001	2002	2003	2004
					in Mio. t				
Land- und forstwirtschaftliche Erzeugnisse	73,4	71,8	74,3	74,4	98,8	77,8	79,5	75,9	81,3
Nahrungs- und Futtermittel	121,7	125,5	121,7	129,3	139,0	139,4	146,2	161,9	172,4
Kohle	16,9	12,4	14,6	10,8	10,6	9,0	10,2	8,1	11,0
Rohes Erdöl	0,6	1,6	1,2	0,7	0,6	1,0	0,5	0,3	0,3
Mineralölerzeugnisse	73,0	77,5	67,4	65,8	55,6	61,6	50,5	54,7	54,5
Erze und Metallabfälle	16,2	13,8	14,2	14,7	22,6	13,8	12,0	8,7	10,8
Eisen, Stahl und NE-Metalle	58,4	59,9	64,9	65,1	56,9	64,7	57,5	59,7	65,8
Steine und Erden	873,4	813,7	775,1	837,2	715,8	673,3	655,0	673,2	659,6
Düngemittel	8,8	8,3	8,1	8,2	8,4	7,7	8,0	9,2	9,2
Chemische Erzeugnisse	120,2	115,8	114,0	113,8	115,4	104,4	106,5	121,1	125,9
Fahrzeuge, Maschinen, Halb- und Fertigwaren[2]	232,6	240,5	250,7	282,8	315,2	327,8	328,1	354,1	381,3
Insgesamt	1595,2	1540,8	1506,3	1602,9	1538,9	1480,6	1454,1	1526,8	1572,1
					in vH				
Land- und forstwirtschaftliche Erzeugnisse	4,6	4,7	4,9	4,6	6,4	5,3	5,5	5,0	5,2
Nahrungs- und Futtermittel	7,6	8,1	8,1	8,1	9,0	9,4	10,1	10,6	11,0
Kohle	1,1	0,8	1,0	0,7	0,7	0,6	0,7	0,5	0,7
Rohes Erdöl	0,0	0,1	0,1	0,0	0,0	0,1	0,0	0,0	0,0
Mineralölerzeugnisse	4,6	5,0	4,5	4,1	3,6	4,2	3,5	3,6	3,5
Erze und Metallabfälle	1,0	0,9	0,9	0,9	1,5	0,9	0,8	0,6	0,7
Eisen, Stahl und NE-Metalle	3,7	3,9	4,3	4,1	3,7	4,4	4,0	3,9	4,2
Steine und Erden	54,8	52,8	51,5	52,2	46,5	45,5	45,0	44,1	42,0
Düngemittel	0,6	0,5	0,5	0,5	0,5	0,5	0,5	0,6	0,6
Chemische Erzeugnisse	7,5	7,5	7,6	7,1	7,5	7,1	7,3	7,9	8,0
Fahrzeuge, Maschinen, Halb- und Fertigwaren[2]	14,6	15,6	16,6	17,6	20,5	22,1	22,6	23,2	24,3
Insgesamt	100	100	100	100	100	100	100	100	100

1) Ohne Lastkraftwagen und Sattelzugmaschinen bis 3,5 t Nutzlast bzw. 6 t zulässiges Gesamtgewicht.- 2) Einschl. besonderer Transportgüter und Leergut.

B6

Güterverkehr - Verkehrsaufkommen ausgewählter Gütergruppen

Straßengüterverkehr deutscher Lastkraftfahrzeuge[1] - Werkverkehr

Gütergruppen	1995	1996	1997	1998	1999	2000	2001	2002	2003	2004
						in Mio. t				
Land- und forstwirtschaftliche Erzeugnisse	61,0	58,8	63,0	64,4	73,9	76,4	77,4	70,2	65,3	66,7
Nahrungs- und Futtermittel	140,1	144,1	144,2	144,5	147,0	148,3	146,7	140,5	142,1	136,0
Kohle	6,1	6,1	5,9	7,8	4,7	5,1	4,2	3,1	4,2	4,2
Rohes Erdöl	0,2	0,1	0,2	0,1	0,2	0,1	0,2	0,3	0,3	0,2
Mineralölerzeugnisse	60,1	62,1	63,7	60,4	65,1	60,6	60,5	51,7	50,4	49,8
Erze und Metallabfälle	24,4	23,6	26,3	25,0	25,5	24,4	24,2	23,1	19,8	20,7
Eisen, Stahl und NE-Metalle	14,8	12,1	13,3	16,8	13,8	14,1	14,2	13,4	12,4	12,6
Steine und Erden	974,4	887,5	896,8	903,1	980,7	872,2	817,8	731,3	688,0	673,0
Düngemittel	6,5	5,7	6,9	7,5	11,3	13,0	11,5	11,5	10,8	11,8
Chemische Erzeugnisse	110,2	103,7	101,1	104,3	114,4	108,9	104,2	89,7	88,5	86,2
Fahrzeuge, Maschinen, Halb- und Fertigwaren[2]	121,1	109,3	112,8	120,2	131,6	131,8	128,7	116,7	120,0	117,1
Insgesamt	1 518,9	1 413,1	1 434,2	1 454,0	1 568,1	1 454,9	1 389,7	1 251,4	1 201,7	1 178,5
						in vH				
Land- und forstwirtschaftliche Erzeugnisse	4,0	4,2	4,4	4,4	4,7	5,3	5,6	5,6	5,4	5,7
Nahrungs- und Futtermittel	9,2	10,2	10,1	9,9	9,4	10,2	10,6	11,2	11,8	11,5
Kohle	0,4	0,4	0,4	0,5	0,3	0,3	0,3	0,3	0,4	0,4
Rohes Erdöl	0,0	0,0	0,0	0,0	0,0	0,0	0,0	0,0	0,0	0,0
Mineralölerzeugnisse	4,0	4,4	4,4	4,2	4,1	4,2	4,4	4,1	4,2	4,2
Erze und Metallabfälle	1,6	1,7	1,8	1,7	1,6	1,7	1,7	1,8	1,6	1,8
Eisen, Stahl und NE-Metalle	1,0	0,9	0,9	1,2	0,9	1,0	1,0	1,1	1,0	1,1
Steine und Erden	64,2	62,8	62,5	62,1	62,5	59,9	58,8	58,4	57,2	57,1
Düngemittel	0,4	0,4	0,5	0,5	0,7	0,9	0,8	0,9	0,9	1,0
Chemische Erzeugnisse	7,3	7,3	7,0	7,2	7,3	7,5	7,5	7,2	7,4	7,3
Fahrzeuge, Maschinen, Halb- und Fertigwaren[2]	8,0	7,7	7,9	8,3	8,4	9,1	9,3	9,3	10,0	9,9
Insgesamt	100	100	100	100	100	100	100	100	100	100

[1] Ohne Lastkraftwagen und Sattelzugmaschinen bis 3,5 t Nutzlast bzw. 6 t zulässiges Gesamtgewicht. - [2] Einschl. besondere Transportgüter und Leergut.

Güterverkehr – Verkehrsleistung[1], mittlere Transportweite[1] ausgewählter Gütergruppen

Straßengüterverkehr deutscher Lastkraftfahrzeuge[2]

Gütergruppen	1996	1997	1998	1999	2000	2001	2002	2003	2004
				Verkehrsleistung - in Mrd. tkm					
Land- und forstwirtschaftliche Erzeugnisse	16,7	16,5	17,5	19,4	21,2	20,9	20,2	18,8	19,8
Nahrungs- und Futtermittel	39,3	40,8	41,2	42,6	44,3	45,9	47,3	49,1	50,2
Kohle	1,7	1,4	1,4	1,2	1,4	1,3	1,3	1,1	1,4
Erdöl und Mineralölerzeugnisse	10,5	11,4	10,7	10,7	9,5	10,3	9,0	9,0	8,9
Erze und Metallabfälle	3,1	2,9	2,8	3,4	4,5	3,3	3,1	2,3	2,6
Eisen, Stahl und NE-Metalle	12,1	13,2	14,1	15,3	12,5	14,4	13,1	13,6	15,0
Steine und Erden	53,5	54,0	54,5	60,6	56,0	53,7	51,1	50,2	50,6
Düngemittel	1,5	1,6	1,6	1,5	1,5	1,5	1,7	1,9	1,9
Chemische Erzeugnisse	18,5	18,5	19,4	20,5	19,7	19,9	19,7	22,8	23,6
Fahrzeuge, Maschinen, Halb- und Fertigwaren[3]	59,2	62,8	67,2	74,8	80,1	85,3	85,4	87,1	93,0
Insgesamt	216,2	223,2	230,6	250,1	250,6	256,3	251,8	255,9	266,9
				Mittlere Transportweite - in km					
Land- und forstwirtschaftliche Erzeugnisse	126	122	127	130	121	134	135	133	134
Nahrungs- und Futtermittel	148	151	155	154	154	160	165	161	163
Kohle	75	79	64	86	91	97	95	85	89
Erdöl und Mineralölerzeugnisse	77	80	83	82	81	83	87	85	85
Erze und Metallabfälle	79	72	72	84	97	87	89	80	81
Eisen, Stahl und NE-Metalle	172	180	173	193	176	182	184	188	191
Steine und Erden	30	32	32	33	35	36	37	37	38
Düngemittel	103	104	105	79	69	76	87	93	90
Chemische Erzeugnisse	83	85	89	89	88	95	101	109	111
Fahrzeuge, Maschinen, Halb- und Fertigwaren[3]	173	178	181	179	179	187	192	184	187
Insgesamt	72	75	78	79	84	89	93	94	97

B6

[1] Im Bundesgebiet.- [2] Ohne Lastkraftwagen und Sattelzugmaschinen bis 3,5 t Nutzlast bzw. 6 t zulässiges Gesamtgewicht.- [3] Einschl. besondere Transportgüter und Leergut.

Güterverkehr - Verkehrsleistung[1], mittlere Transportweite[1] ausgewählter Gütergruppen

Straßengüterverkehr deutscher Lastkraftfahrzeuge[2] - Gewerblicher Verkehr

Gütergruppen	1996	1997	1998	1999	2000	2001	2002	2003	2004
					Verkehrsleistung - in Mrd. tkm				
Land- und forstwirtschaftliche Erzeugnisse	10,4	9,9	11,0	11,5	13,1	12,4	12,5	11,9	12,5
Nahrungs- und Futtermittel	22,4	23,6	24,2	25,9	27,2	28,6	30,6	33,2	34,9
Kohle	1,3	1,1	1,1	0,9	1,1	1,0	1,1	0,9	1,2
Erdöl und Mineralölerzeugnisse	5,8	6,5	6,0	6,0	5,0	5,9	5,1	5,0	5,1
Erze und Metallabfälle	1,7	1,4	1,4	1,9	3,1	1,9	1,8	1,2	1,4
Eisen, Stahl und NE-Metalle	10,5	11,6	12,4	13,5	10,9	12,5	11,5	12,1	13,5
Steine und Erden	30,7	30,7	32,3	36,1	34,2	32,6	32,2	32,8	33,3
Düngemittel	1,1	1,1	1,1	1,0	1,0	1,0	1,2	1,4	1,4
Chemische Erzeugnisse	14,5	14,4	15,4	15,6	14,8	15,1	15,6	18,6	19,5
Fahrzeuge, Maschinen, Halb- und Fertigwaren[3]	47,8	51,2	55,2	61,1	67,2	72,3	73,2	75,8	81,5
Insgesamt	146,0	151,3	160,2	173,7	177,6	183,2	184,7	192,8	204,2
					Mittlere Transportweite - in km				
Land- und forstwirtschaftliche Erzeugnisse	142	137	149	155	133	159	157	157	154
Nahrungs- und Futtermittel	184	188	198	201	196	205	210	205	203
Kohle	75	89	75	82	105	109	106	110	106
Erdöl und Mineralölerzeugnisse	79	82	88	90	89	93	99	92	92
Erze und Metallabfälle	103	101	98	130	137	139	150	134	131
Eisen, Stahl und NE-Metalle	180	193	191	207	192	193	199	203	205
Steine und Erden	35	38	42	43	48	48	49	49	50
Düngemittel	126	132	142	126	118	125	146	147	148
Chemische Erzeugnisse	120	124	135	137	128	144	146	154	155
Fahrzeuge, Maschinen, Halb- und Fertigwaren[3]	205	213	220	216	213	220	223	214	214
Insgesamt	92	98	106	108	115	124	127	126	130

1) Im Bundesgebiet.- 2) Ohne Lastkraftwagen und Sattelzugmaschinen bis 3,5 t Nutzlast bzw. 6 t zulässiges Gesamtgewicht.- 3) Einschl. besondere Transportgüter und Leergut.

Güterverkehr – Verkehrsleistung[1], mittlere Transportweite[1] ausgewählter Gütergruppen

Straßengüterverkehr deutscher Lastkraftfahrzeuge[2] - Werkverkehr

Gütergruppen	1996	1997	1998	1999	2000	2001	2002	2003	2004
Verkehrsleistung - in Mrd. tkm									
Land- und forstwirtschaftliche Erzeugnisse	6,3	6,6	6,5	7,9	8,1	8,5	7,7	6,9	7,3
Nahrungs- und Futtermittel	17,0	17,2	17,0	16,7	17,1	17,3	16,7	15,9	15,2
Kohle	0,5	0,3	0,3	0,3	0,3	0,3	0,2	0,2	0,2
Erdöl und Mineralölerzeugnisse	4,7	5,0	4,7	4,7	4,5	4,4	3,9	3,9	3,9
Erze und Metallabfälle	1,5	1,5	1,4	1,5	1,5	1,4	1,3	1,1	1,1
Eisen, Stahl und NE-Metalle	1,6	1,6	1,7	1,8	1,6	1,8	1,6	1,5	1,5
Steine und Erden	22,8	23,4	22,2	24,4	21,8	21,0	18,9	17,4	17,3
Düngemittel	0,4	0,5	0,5	0,5	0,5	0,5	0,5	0,5	0,5
Chemische Erzeugnisse	4,1	4,1	4,0	4,9	4,9	4,8	4,2	4,2	4,1
Fahrzeuge, Maschinen, Halb- und Fertigwaren[3]	11,4	11,7	12,0	13,7	12,8	13,0	12,2	11,3	11,6
Insgesamt	70,1	71,8	70,4	76,5	73,0	73,1	67,2	63,0	62,7
Mittlere Transportweite - in km									
Land- und forstwirtschaftliche Erzeugnisse	107	105	101	106	105	110	110	106	110
Nahrungs- und Futtermittel	118	119	118	113	116	118	119	112	112
Kohle	77	58	41	75	61	72	62	38	44
Erdöl und Mineralölerzeugnisse	76	78	77	73	73	73	76	78	78
Erze und Metallabfälle	62	57	58	59	60	58	57	56	55
Eisen, Stahl und NE-Metalle	130	120	104	134	113	129	119	118	115
Steine und Erden	26	26	25	25	25	26	26	25	26
Düngemittel	67	69	66	45	37	44	46	46	44
Chemische Erzeugnisse	39	41	38	43	45	46	47	48	48
Fahrzeuge, Maschinen, Halb- und Fertigwaren[3]	104	104	100	104	97	101	105	94	99
Insgesamt	50	50	48	49	50	53	54	52	53

[1] Im Bundesgebiet.- [2] Ohne Lastkraftwagen und Sattelzugmaschinen bis 3,5 t Nutzlast bzw. 6 t zulässiges Gesamtgewicht.- [3] Einschl. besondere Transportgüter und Leergut.

B6

Güterverkehr - Straßengüterverkehr dt. Lastkraftfahrzeuge[1] - nach Entfernungsstufen - 2004

Entfernungsstufen in km	Aufkommen - in Mio. t			Leistung - in Mrd. tkm		
	Insgesamt	Gewerblicher Verkehr	Werkverkehr	Insgesamt	Gewerblicher Verkehr	Werkverkehr
bis 50	1 622,8	772,5	850,3	26,0	13,0	13,0
51 bis 100	347,8	201,2	146,5	24,9	14,5	10,4
101 bis 150	194,7	125,0	69,7	23,6	15,1	8,5
bis 150	2 165,2	1 098,7	1 066,5	74,5	42,6	31,9
151 bis 200	129,0	88,8	40,2	21,8	14,9	6,9
201 bis 250	91,7	68,7	23,0	19,6	14,6	5,0
251 bis 300	71,2	56,5	14,6	18,5	14,7	3,9
301 bis 350	56,0	46,4	9,6	17,2	14,2	3,0
351 bis 400	42,2	35,8	6,3	14,9	12,6	2,3
401 bis 451	34,9	30,6	4,4	13,9	12,1	1,8
451 bis 500	30,2	27,0	3,2	13,2	11,8	1,4
151 bis 500	455,1	353,9	101,3	119,2	94,9	24,2
501 bis 600	49,1	44,3	4,8	24,4	21,9	2,5
601 bis 700	31,0	28,7	2,3	17,5	16,2	1,3
701 bis 800	17,6	16,2	1,3	10,8	9,9	0,9
801 bis 900	9,6	8,9	0,7	6,1	5,6	0,5
901 bis 1000	6,2	5,8	0,4	4,0	3,6	0,4
1001 und mehr	16,6	15,5	1,2	10,4	9,4	1,0
501 und mehr	130,2	119,4	10,7	73,2	66,6	6,6
insgesamt	2 750,5	1 572,1	1 178,5	266,9	204,2	62,7

[1] Ohne Lastkraftfahrzeuge und Sattelzugmaschinen bis 3,5 t Nutzlast bzw. 6 t zulässigem Gesamtgewicht.

Güterverkehr[1] - Verkehrsaufkommen ausgewählter Gütergruppen - Seeschifffahrt

Gütergruppen	1993	1994	1995	1996	1997	1998	1999	2000	2001	2002	2003	2004
in Mio. t												
Land- und forstwirtschaftliche Erzeugnisse	10,9	13,7	15,8	13,5	11,3	13,1	15,6	18,7	15,9	15,5	16,1	13,4
Nahrungs- und Futtermittel	17,1	16,6	16,1	15,7	17,2	17,3	16,0	16,5	17,8	18,1	18,8	18,8
Kohle	5,2	6,0	6,5	6,9	7,6	8,2	8,8	9,1	12,1	11,5	12,4	13,9
Rohes Erdöl	32,8	34,9	33,9	37,1	39,3	46,1	39,5	40,3	38,1	37,1	36,4	40,6
Mineralölerzeugnisse	21,4	19,7	19,1	20,5	19,9	17,9	18,4	20,2	21,1	19,3	19,9	21,5
Erze und Metallabfälle	15,3	17,1	18,8	16,8	19,2	18,0	18,0	19,8	20,5	19,8	20,1	20,9
Eisen, Stahl und NE-Metalle	7,5	7,9	7,2	7,9	7,6	7,1	6,4	8,8	8,7	9,2	8,9	10,1
Steine und Erden	11,4	13,7	13,4	12,9	14,0	13,0	13,7	13,5	12,6	12,9	12,7	13,2
Düngemittel	5,7	6,0	6,3	5,9	5,9	5,8	5,6	5,5	5,4	5,1	5,9	5,4
Chemische Erzeugnisse	13,9	14,4	14,3	14,0	14,7	14,7	14,1	14,8	15,0	16,1	16,4	17,7
Fahrzeuge, Maschinen, Halb- und Fertigwaren[2]	39,4	43,2	49,8	51,3	53,0	52,8	60,9	71,1	74,8	78,1	83,7	92,9
Insgesamt	180,6	193,3	201,0	202,5	209,6	214,0	217,1	238,3	242,2	242,5	251,3	268,2
in vH												
Land- und forstwirtschaftliche Erzeugnisse	6,0	7,1	7,8	6,6	5,4	6,1	7,2	7,8	6,6	6,4	6,4	5,0
Nahrungs- und Futtermittel	9,4	8,6	8,0	7,8	8,2	8,1	7,4	6,9	7,4	7,5	7,5	7,0
Kohle	2,9	3,1	3,2	3,4	3,6	3,8	4,1	3,8	5,0	4,7	4,9	5,2
Rohes Erdöl	18,2	18,1	16,9	18,3	18,7	21,6	18,2	16,9	15,7	15,3	15,0	15,1
Mineralölerzeugnisse	11,8	10,2	9,5	10,1	9,5	8,4	8,5	8,5	8,7	7,9	8,2	8,0
Erze und Metallabfälle	8,5	8,8	9,4	8,3	9,2	8,4	8,3	8,3	8,5	8,2	8,0	7,8
Eisen, Stahl und NE-Metalle	4,2	4,1	3,6	3,9	3,6	3,3	2,9	3,7	3,6	3,8	3,5	3,8
Steine und Erden	6,3	7,1	6,6	6,4	6,7	6,1	6,3	5,7	5,2	5,3	5,0	4,9
Düngemittel	3,2	3,1	3,1	2,9	2,8	2,7	2,6	2,3	2,2	2,1	2,4	2,0
Chemische Erzeugnisse	7,7	7,4	7,1	6,9	7,0	6,9	6,5	6,2	6,2	6,6	6,5	6,6
Fahrzeuge, Maschinen, Halb- und Fertigwaren[2]	21,8	22,4	24,8	25,3	25,3	24,7	28,0	29,8	30,9	32,2	33,3	34,6
Insgesamt	100	100	100	100	100	100	100	100	100	100	100	100

B6

[1] Ohne Eigengewichte der Reise- und Transportfahrzeuge, Container, Trailer, Trägerschiffsleichter. Ab 2000 Änderung der Methodik der Seeverkehrsstatistik (u.a. Einschluß des Seeverkehrs der Binnenhäfen).- [2] Einschl. besondere Transportgüter. Stückgut einschl. in Containern verladenes Gut wird vollständig der Gütergruppe 'Fahrzeuge, Maschinen, Halb- und Fertigwaren' zugeordnet.

Güterverkehrsaufkommen 2004
nach zehn Hauptgütergruppen und drei Verkehrsbereichen

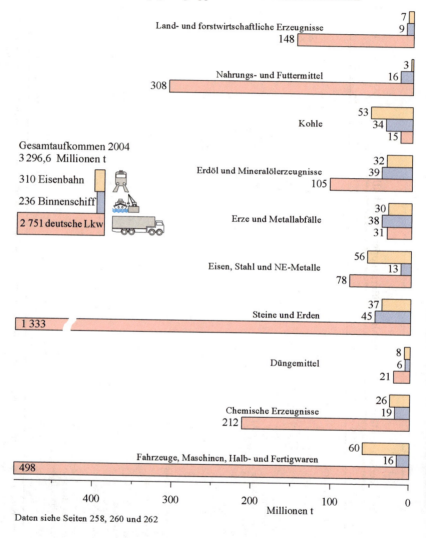

Land- und forstwirtschaftliche Erzeugnisse
7
9
148

Nahrungs- und Futtermittel
3
16
308

Kohle
53
34
15

Gesamtaufkommen 2004
3 296,6 Millionen t

310 Eisenbahn

236 Binnenschiff

2 751 deutsche Lkw

Erdöl und Mineralölerzeugnisse
32
39
105

Erze und Metallabfälle
30
38
31

Eisen, Stahl und NE-Metalle
56
13
78

Steine und Erden
37
45
1 333

Düngemittel
8
6
21

Chemische Erzeugnisse
26
19
212

Fahrzeuge, Maschinen, Halb- und Fertigwaren
60
16
498

400   300   200   100   0
Millionen t

Daten siehe Seiten 258, 260 und 262

268

Güterverkehrsleistung 2004
nach zehn Hauptgütergruppen und drei Verkehrsbereichen

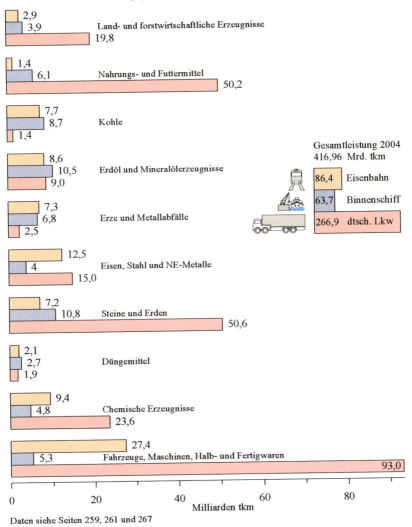

Land- und forstwirtschaftliche Erzeugnisse
2,9
3,9
19,8

Nahrungs- und Futtermittel
1,4
6,1
50,2

Kohle
7,7
8,7
1,4

Erdöl und Mineralölerzeugnisse
8,6
10,5
9,0

Erze und Metallabfälle
7,3
6,8
2,5

Eisen, Stahl und NE-Metalle
12,5
4
15,0

Steine und Erden
7,2
10,8
50,6

Düngemittel
2,1
2,7
1,9

Chemische Erzeugnisse
9,4
4,8
23,6

Fahrzeuge, Maschinen, Halb- und Fertigwaren
27,4
5,3
93,0

Gesamtleistung 2004
416,96 Mrd. tkm

86,4 Eisenbahn
63,7 Binnenschiff
266,9 dtsch. Lkw

0   20   40   60   80
Milliarden tkm

Daten siehe Seiten 259, 261 und 267

B6

Transport gefährlicher Güter[1] - nach Verkehrsbereichen und Hauptverkehrsbeziehungen

	Verkehr insgesamt					Binnenverkehr				
	1984	1990*	1992*	1997	2002	1984	1990*	1992*	1997	2002
Gefahrgut - in 1 000 t										
Eisenbahnverkehr[2]	39,7	42,8	51,5	42,7	48,1	26,3	29,1	42,0	33,9	36,7
Binnenschifffahrt	53,2	50,1	52,7	52,8	50,8	18,5	17,1	18,0	17,5	16,9
Straßengüterfernverkehr[3]	35,3	45,7	50,6	.	.	22,9	31,7	36,0	.	.
Seeschifffahrt[4]	44,5	43,9	61,5	64,9	66,8	2,2	0,8	3,1	2,5	1,9
Verkehr insgesamt[5]	172,7	182,4	216,3	.	.	70,0	78,7	99,1	.	.
Anteil der Gefahrgüter am Verkehrsaufkommen insgesamt - in vH										
Eisenbahnverkehr[2]	12,0	13,8	14,4	13,5	16,9	10,4	12,8	15,2	15,0	19,4
Binnenschifffahrt	22,5	21,6	22,9	22,6	21,9	26,4	27,3	25,6	26,9	30,3
Straßengüterfernverkehr[3]	9,8	9,3	8,4	.	.	10,2	11,2	9,7	.	.
Seeschifffahrt[4]	33,6	30,5	34,5	31,0	27,5	60,1	39,1	66,7	58,9	40,7
Verkehr insgesamt[5]	16,3	15,5	15,8	.	.	12,7	13,7	13,7	.	.

[1] Ohne radioaktive Stoffe und Gefahrgüter der Klasse 9.- [2] Bis 1990 einschließlich Dienstgut-, Stückgut- und Expreßgut-verkehr.- [3] Einschl. grenzüberschreitender Straßengüternahverkehr.- [4] Ohne Verkehr auf dem Nord-Ostsee-Kanal.- [5] Ohne Straßengüternahverkehr und Luftverkehr (1992 Versand und Empfang im grenzüberschreitenden Verkehr 54 700 t).- * Mit dem Vorjahr teilweise nur bedingt vergleichbar, da das Berechnungsverfahren modifiziert wurde.

Transport gefährlicher Güter[1] - nach Verkehrsbereichen und Hauptverkehrsbeziehungen

| | Grenzüberschreitender Verkehr[6] | | | | | | | | | | Durchgangsverkehr | | | | |
| | Versand | | | | | Empfang | | | | | | | | | |
	1984	1990*	1992*	1997	2002	1984	1990*	1992*	1997	2002	1984	1990*	1992*	1997	2002
Gefahrgut - in Mio. t															
Eisenbahnverkehr[2]	3,6	5,2	5,1	4,7	5,9	8,7	7,6	3,9	3,3	4,4	1,1	0,8	0,6	0,8	1,1
Binnenschifffahrt	6,8	7,3	8,0	6,1	6,4	24,4	22,6	23,6	24,8	21,7	3,5	3,0	3,1	4,4	5,7
Straßengüterfernverkehr[3]	6,5	6,4	6,7	.	.	4,6	6,2	6,7	.	.	1,2	1,4	1,2	.	.
Seeschifffahrt[4]	8,7	6,9	11,2	14,3	16,7	33,6	36,2	47,1	48,2	48,2	-	-	-	-	-
Verkehr insgesamt[5]	25,6	25,9	31,1	.	.	71,3	72,7	81,3	.	.	5,8	5,2	4,8	.	.
Anteil der Gefahrgüter am Verkehrsaufkommen insgesamt - in vH															
Eisenbahnverkehr[2]	10,8	13,8	14,0	12,3	14,5	22,9	20,6	9,8	7,6	9,8	15,2	9,7	7,8	8,8	10,7
Binnenschifffahrt	12,6	13,5	17,0	13,7	13,0	24,4	22,9	24,3	23,7	21,4	28,2	19,1	20,2	22,8	23,0
Straßengüterfernverkehr[3]	11,0	6,9	6,7	.	.	7,4	6,7	6,2	.	.	8,8	6,2	5,3	.	.
Seeschifffahrt[4]	19,9	15,5	20,2	20,7	18,9	39,6	37,2	40,0	35,3	32,2	-	-	-	-	-
Verkehr insgesamt[5]	13,4	11,3	13,0	.	.	25,0	22,3	22,5	.	.	17,4	11,3	10,8	.	.

[1] Ohne radioaktive Stoffe und Gefahrgüter der Klasse 9.- [2] Bis 1990 einschl. Dienstgut-, Stückgut- und Expreßgutverkehr.- [3] Einschl. grenzüberschreitender Straßengüternahverkehr.- [4] Ohne Verkehr auf dem Nord-Ostsee-Kanal.- [5] Ohne Straßengüternahverkehr und Luftverkehr (1992 Versand und Empfang im grenzüberschreitenden Verkehr 54 700 t).- [6] Bis 1990 einschl. Verkehr mit der DDR.- * Mit dem Vorjahr teilweise nur bedingt vergleichbar, da das Berechnungsverfahren modifiziert wurde.

Transport gefährlicher Güter[1] - nach Gefahrklassen - in Mio. t

	Nr.	Eisenbahnverkehr[2]				Binnenschifffahrt			
		1984	1990*	1992*	2002	1984	1990*	1992*	2002
Gefahrgut insgesamt		39,7	42,8	51,5	48,1	53,2	50,1	52,7	50,8
nach Gefahrklassen:									
Explosive Stoffe und Gegenstände mit Explosivstoff	1	0,4	0,5	0,4	0,1	0,0	0,1	-	0,1
Verdichtete, verflüssigte oder unter Druck gelöste Gase	2	5,2	4,9	5,1	5,8	3,8	1,9	2,3	2,6
Entzündbare flüssige Stoffe	3	25,0	24,9	32,9	29,9	43,7	41,6	44,1	41,1
Entzündbare feste Stoffe	4.1	1,9	4,5	5,2	1,6	0,6	1,5	1,3	0,6
Selbstentzündliche Stoffe	4.2	0,1	0,8	1,2	0,8	0,1	0,6	0,6	0,9
Stoffe, die mit Wasser entzündliche Gase entwickeln	4.3	0,5	0,4	0,4	0,2	0,0	0,3	0,2	0,0
Entzündend (oxydierend) wirkende Stoffe	5.1	1,7	0,7	0,9	1,0	1,2	0,4	0,6	0,1
Organische Peroxide	5.2	0,0	0,0	0,0	0,0	-	-	-	-
Giftige Stoffe	6.1	1,0	2,7	2,5	3,7	0,6	0,8	0,8	0,8
Ekel erregende oder ansteckungsgefährliche Stoffe	6.2	0,1	0,0	0,0	0,0	0,0	0,0	0,0	0,0
Ätzende Stoffe	8	3,8	3,3	3,0	3,3	3,3	2,8	2,7	3,1

[1] Ohne Straßengüternahverkehr und Luftverkehr (1992 = 54,7 Tsd. Tonnen). Ohne radioaktive Stoffe (Gefahrenklasse Nr. 7) und Gefahrgüter der Klasse 9.-
[2] Bis 1990 einschl. Dienstgut-, Stückgut- und Expreßgutverkehr.- * Mit den Vorjahren teilweise nur bedingt vergleichbar, da das Berechnungsverfahren modifiziert wurde.

Transport gefährlicher Güter[1] – nach Gefahrklassen – in Mio. t

	Nr.	Straßengüterfernverkehr[2]				Seeschifffahrt			
		1984	1990*	1992*	2002	1984	1990*	1992*	2002
Gefahrgut insgesamt		35,3	45,7	50,6	.	48,8	43,9	61,5	66,8
nach Gefahrklassen:									
Explosive Stoffe und Gegenstände mit Explosivstoff	1	0,0	0,1	0,1	.	0,0	0,1	0,3	2,5
Verdichtete, verflüssigte oder unter Druck gelöste Gase	2	4,7	1,8	2,6	.	2,7	1,6	2,1	1,9
Entzündbare flüssige Stoffe	3	19,3	26,2	28,4	.	41,1	37,4	53,8	56,9
Entzündbare feste Stoffe	4.1	3,3	5,0	5,6	.	0,4	0,8	0,9	0,7
Selbstentzündliche Stoffe	4.2	0,1	1,4	1,3	.	0,1	0,7	0,7	0,4
Stoffe, die mit Wasser entzündliche Gase entwickeln	4.3	0,1	0,2	0,3	.	0,2	0,1	0,1	0,1
Entzündend (oxydierend) wirkende Stoffe	5.1	0,4	0,2	0,3	.	0,7	0,4	0,5	0,2
Organische Peroxide	5.2	0,0	0,0	0,0	.	0,0	0,0	0,0	0,0
Giftige Stoffe	6.1	2,6	6,5	6,7	.	0,6	1,1	1,2	1,1
Ekel erregende oder ansteckungsgefährliche Stoffe	6.2	0,4	0,3	0,3	.	0,1	0,0	0,1	0,0
Ätzende Stoffe	8	4,3	4,1	4,9	.	2,8	1,8	1,9	2,5

B6

[1] Ohne Straßengüternahverkehr und Luftverkehr (1992 = 54,7 Tsd. Tonnen). Ohne radioaktive Stoffe (Gefahrenklasse Nr. 7) und Gefahrgüter der Klasse 9.- [2] Bis 1990 einschl. Dienstgut-, Stückgut- und Expreßgutverkehr.- * Mit den Vorjahren teilweise nur bedingt vergleichbar, da das Berechnungsverfahren modifiziert wurde.

Transport gefährlicher Güter[1] - nach Verkehrsbereichen, Hauptverkehrsbeziehungen und ausgewählten Gefahrklassen - in Mio. t

| | Gefahr-klasse | Insgesamt | | Binnenverkehr | | Grenzüberschreitender Verkehr[3] | | | |
| | | | | | | Versand | | Empfang | |
		1997	2002	1997	2002	1997	2002	1997	2002
Eisenbahn[2]									
Verkehrsaufkommen insgesamt		316,0	285,4	225,7	189,3	38,1	40,5	43,0	44,8
dar. Gefahrgut		42,7	48,1	33,9	36,7	4,7	5,9	3,3	4,4
davon									
Verdichtete, verflüssigte oder unter Druck gelöste Gase	2	4,3	5,8	2,6	3,7	0,6	0,9	0,9	1,1
Entzündbare flüssige Stoffe	3	28,6	29,9	24,4	24,3	2,5	3,4	1,3	1,6
Entzündbare feste Stoffe	4.1	3,5	1,6	2,8	1,3	0,4	0,3	0,2	0,0
Giftige Stoffe	6.1	2,3	3,7	1,4	2,6	0,4	0,6	0,4	0,4
Ätzende Stoffe	8	3,2	3,3	2,2	2,2	0,5	0,5	0,4	0,5
Übrige		0,7	3,7	0,5	2,6	0,1	0,3	0,1	0,8
Binnenschifffahrt									
Verkehrsaufkommen insgesamt		233,5	231,7	65,0	55,8	44,7	49,1	104,4	101,8
dar. Gefahrgut		52,8	50,8	17,5	16,9	6,1	6,4	24,8	21,7
davon									
Verdichtete, verflüssigte oder unter Druck gelöste Gase	2	1,9	2,6	0,7	0,9	0,1	0,4	1,0	1,3
Entzündbare flüssige Stoffe	3	44,5	41,1	14,8	13,2	3,9	4,0	22,2	17,4
Entzündbare feste Stoffe	4.1	1,3	0,6	0,5	0,2	0,1	0,2	0,4	0,2
Giftige Stoffe	6.1	0,7	0,8	0,2	0,1	0,1	0,4	0,4	0,2
Ätzende Stoffe	8	3,8	3,1	1,1	0,9	1,9	1,2	0,6	0,8
Übrige		0,7	2,6	0,2	1,5	0,0	0,2	0,2	1,8

1) Ohne radioaktive Stoffe und Gefahrgüter der Klasse 9.- 2) Ohne Dienstgut, Stückgut- und Expressgutverkehr.- 3) Ohne Durchgangsverkehr.

Transport gefährlicher Güter[1] – nach Verkehrsbereichen, Hauptverkehrsbeziehungen und ausgewählten Gefahrklassen – in Mio. t

	Gefahr-klasse	Insgesamt		Binnenverkehr		Grenzüberschreitender Verkehr Versand		Empfang	
		1997	2002	1997	2002	1997	2002	1997	2002
Seeschifffahrt[2]									
Verkehrsaufkommen insgesamt		209,6	242,5	4,2	4,5	69,1	88,5	136,2	149,5
dar. Gefahrgut		64,9	66,8	2,5	1,9	14,3	16,7	48,2	48,2
davon Explosive Stoffe und Gegenstände mit Explosivstoffen	1	0,7	2,5	0,0	0,1	0,3	0,2	1,0	2,2
Verdichtete, verflüssigte oder unter Druck gelöste Gase	2	1,8	1,9	0,0	0,0	0,8	0,7	0,4	1,2
Entzündbare flüssige Stoffe	3	58,8	56,9	2,4	1,6	10,4	12,3	45,9	43,0
Entzündbare feste Stoffe	4.1	1,1	0,7	0,0	0,0	0,9	0,5	0,2	0,2
Entzündend wirkende Stoffe	5.1	0,4	0,2	0,0	0,0	0,3	0,1	0,1	0,3
Giftige Stoffe	6.1	0,3	1,1	0,0	0,0	0,2	0,7	0,1	0,4
Ätzende Stoffe	8	1,6	2,5	0,0	0,1	1,3	1,9	0,3	0,6
Übrige		0,3	1,1	0,0	0,1	0,1	0,5	0,2	0,3
Straßengüterverkehr deutscher Lastkraftfahrzeuge[3]									
Verkehrsaufkommen insgesamt		2 980,9	.	.	.	.	.	.	.
dar. Gefahrgut		143,3	.	.	.	.	.	.	.
davon Verdichtete, verflüssigte oder unter Druck gelöste Gase	2	13,2	.	.	.	.	.	.	.
Entzündbare flüssige Stoffe	3	113,8	.	.	.	.	.	.	.
Ätzende Stoffe	8	7,6	.	.	.	.	.	.	.
Übrige		8,7	.	.	.	.	.	.	.

1) Ohne radioaktive Stoffe und Gefahrgüter der Klasse 9.- 2) Ohne Verkehr auf dem Nord-Ostsee-Kanal.- 3) Ohne Lastkraftfahrzeuge bis 6 t zulässiges Gesamtgewicht oder 3,5 t Nutzlast. Einschl. Kabotage und Dreiländerverkehr im Ausland.

B6

Kombinierter Verkehr[1]

	Eisenbahn	Binnenschifffahrt[2]	Seeschifffahrt
1996	30 783	5 723	66 044
1997	33 918	6 795	69 118
1998	34 190	7 184	68 567
1999	33 102	8 036	75 457
2000	34 320	9 364	84 388
2001	34 664	9 555	88 427
2002	33 616	10 391	95 299
2003	36 507	11 506	103 250
2004*	40 654	13 501	121 308

[1] Transport in Ladungsträgern (Container, Wechselbehälter, Lkw und Lkw-Anhänger), bei denen nacheinander verschiedene Trasnportmodi benutzt werden und die Güter bei den Umladungen in den Ladungsträgern verbleiben. Binnenschifffahrt und Seeschifffahrt ohne Eigenwichte leerer und beladener Ladungsträger. Eisenbahn einschl. leerer Ladungsträger (2004: 2,2 Mio. t).-
[2] Ohne Roll-on/Roll-off.- * Vorläufige Werte.

Kombinierter Verkehr[1] 2003

Empfang und Versand - in 1 000 t

	Eisenbahn	Binnenschiff-fahrt[2]	Seeschifffahrt	Straßengüter-verkehr dt. Lkw
Verkehr mit Containern und Wechselbehältern				
Empfang	13 683	3 673	37 758	74 768
Versand	16 677	7 416	41 073	75 400
Summe	30 360	11 089	78 831	150 168
Verkehr mit Fahrzeugen				
Empfang	4 017	.	12 724	.
Versand	4 445	.	13 155	.
Summe	8 462	.	25 879	.

B6

[1] Transport in Ladungsträgern (Container, Wechselbehälter, Lkw und Lkw-Anhänger), bei denen nacheinander verschiedene Transportmodi benutzt werden und die Güter bei den Umladungen in den Ladungsträgern verbleiben. Binnenschifffahrt und Seeschifffahrt ohne Eigenwichte leerer und beladener Ladungsträger. Eisenbahn einschl. leerer Ladungsträger (2004: 2,2 Mio. t).- [2] Ohne Roll-on/Roll-off.- * Vorläufige Werte.

Außenhandel der Bundesrepublik - Gewicht der Güter

Einfuhr im Generalhandel nach Verkehrsbereichen[1]

Jahr	Ins-gesamt[2]	Eisen-bahnen	Straßen-verkehr	Binnen-schifffahrt	Rohrfern-leitungen	Luft-verkehr	See-schifffahrt
				in Mio. t			
1975	322,9	26,5	36,0	79,8	83,4	0,1	95,3
1980	383,9	28,8	51,2	87,4	105,8	0,2	108,7
1985	348,3	22,2	60,1	90,9	90,6	0,2	82,7
1990	377,9	21,8	80,9	93,0	96,1	0,5	84,6
1991	436,6	30,0	93,8	94,1	118,6	0,5	97,9
1992	458,3	30,7	106,6	94,6	119,3	0,5	104,5
1993	425,0	25,6	96,6	77,6	122,4	0,4	100,6
1994	464,6	30,1	109,5	87,8	129,0	0,4	105,9
1995	464,6	29,8	116,2	91,9	129,2	0,5	95,4
1996	476,1	27,8	114,7	88,8	144,4	0,5	98,0
1997	483,6	27,7	131,8	82,8	141,9	0,6	97,0
1998	495,4	27,6	137,9	87,2	138,0	0,6	112,4
1999	490,5	26,7	139,8	77,3	140,9	0,6	102,4
2000	522,0	29,8	154,9	84,2	139,8	0,6	109,5
2001	507,6	25,8	128,5	78,3	119,4	0,7	113,1
2002	513,8	23,1	102,1	35,7	120,0	1,0	105,5
2003	542,8	22,0	106,6	30,7	124,6	0,6	112,8
2004*	571,6	14,4	103,0	26,8	119,9	0,8	121,4
				in vH			
1975	100	8,2	11,1	24,7	25,8	0,0	29,5
1980	100	7,5	13,3	22,8	27,6	0,1	28,3
1985	100	6,4	17,3	26,1	26,0	0,1	23,7
1990	100	5,8	21,4	24,6	25,4	0,1	22,4
1991	100	6,9	21,5	21,6	27,2	0,1	22,4
1992	100	6,7	23,3	20,6	26,0	0,1	22,8
1993	100	6,0	22,7	18,3	28,8	0,1	23,7
1994	100	6,5	23,6	18,9	27,8	0,1	22,8
1995	100	6,4	25,0	19,8	27,8	0,1	20,5
1996	100	5,8	24,1	18,7	30,3	0,1	20,6
1997	100	5,7	27,3	17,1	29,3	0,1	20,1
1998	100	5,6	27,8	17,6	27,9	0,1	22,7
1999	100	5,4	28,5	15,8	28,7	0,1	20,9
2000	100	5,7	29,7	16,1	26,8	0,1	21,0
2001	100	5,1	25,3	15,4	23,5	0,1	22,3
2002	100	4,5	19,9	6,9	23,4	0,2	20,5
2003	100	4,1	19,6	5,7	23,0	0,1	20,8
2004*	100	2,5	18,0	4,7	21,0	0,1	21,2

[1] Nachgewiesen im Zeitpunkt des Grenzüberganges.- [2] Einschl. Warenverkehrsvorgängen, die einem bestimmten Verkehrsbereich nicht zugeordnet werden können.- * Vorläufige Werte.

Außenhandel der Bundesrepublik - Wert der Güter

Einfuhr im Generalhandel nach Verkehrsbereichen[1]

Jahr	Ins-gesamt[2]	Eisen-bahnen	Straßen-verkehr	Binnen-schifffahrt	Rohrfern-leitungen	Luft-verkehr	See-schifffahrt
				in Mrd. €			
1975	97,3	11,9	37,6	8,8	8,2	6,3	21,4
1980	179,3	14,8	70,7	13,5	21,1	12,8	40,9
1985	243,0	15,7	105,4	18,6	27,1	21,9	46,8
1990	287,4	17,0	158,2	13,1	12,8	26,3	46,8
1991	335,8	21,0	183,7	12,8	15,6	30,6	56,6
1992	331,2	17,4	189,2	12,5	13,5	29,9	54,1
1993	294,6	11,1	159,4	9,5	13,2	29,9	51,5
1994	319,7	12,5	182,3	10,2	12,9	32,7	53,2
1995	344,7	13,0	202,5	10,9	12,5	35,3	47,1
1996	357,3	14,5	205,0	10,4	15,7	37,5	51,0
1997	400,7	14,2	225,4	11,0	17,4	43,1	57,5
1998	427,1	14,5	253,1	9,8	13,0	46,3	59,7
1999	451,0	14,0	261,1	8,1	14,9	51,9	64,0
2000	542,9	14,6	299,1	11,9	27,1	70,4	77,3
2001	546,4	15,0	291,2	12,2	24,2	63,3	81,8
2002	522,4	15,6	232,5	8,9	21,6	51,1	76,8
2003	537,9	15,6	231,0	8,1	23,0	55,5	75,7
2004*	581,8	12,6	223,7	8,5	24,0	67,1	86,1
				in vH			
1975	100	12,2	38,6	9,0	8,5	6,5	22,0
1980	100	8,3	39,4	7,6	11,8	7,2	22,8
1985	100	6,5	43,4	7,7	11,2	9,0	19,3
1990	100	5,9	55,0	4,6	4,4	9,2	16,3
1991	100	6,2	54,7	3,8	4,7	9,1	16,9
1992	100	5,3	57,1	3,8	4,1	9,0	16,4
1993	100	3,8	54,1	3,2	4,5	10,1	17,5
1994	100	3,9	57,0	3,2	4,0	10,2	16,6
1995	100	3,8	58,8	3,2	3,6	10,2	13,7
1996	100	4,1	57,4	2,9	4,4	10,5	14,3
1997	100	3,5	56,3	2,7	4,3	10,8	14,3
1998	100	3,4	59,3	2,3	3,1	10,8	14,0
1999	100	3,1	57,9	1,8	3,3	11,5	14,2
2000	100	2,7	55,1	2,2	5,0	13,0	14,2
2001	100	2,7	53,3	2,2	4,4	11,6	15,0
2002	100	3,0	44,5	1,7	4,1	9,8	14,7
2003	100	2,9	42,9	1,5	4,3	10,3	14,1
2004*	100	2,2	38,5	1,5	4,1	11,5	14,8

B6

[1] Nachgewiesen im Zeitpunkt des Grenzüberganges.- [2] Einschl. Warenverkehrsvorgängen, die einem bestimmten Verkehrsbereich nicht zugeordnet werden können.- *Vorläufige Werte.

Der Verkehr in funktionaler Gliederung
Kosten

B7

Frachtraten[1] in der Seeschifffahrt - 1995 = 100*

Jahr	Linien-fahrt insgesamt	darunter: Europa	Amerika	Einkommen-de Fahrt	Ausgehen-de Fahrt	Tramp-trocken-fahrt[2]	Tramp-tanker-fahrt[3]
1995	100	100	100	100	100	100	100
1996	97	99	100	94	99	71	105
1997	99	100	106	95	102	82	114
1998	90	94	102	89	90	60	.
1999	86	91	98	95	78	66	92
2000	117	96	130	115	120	108	169
2001	114	98	136	106	121	90	131
2002	95	95	110	84	105	80	89
2003	101	95	112	95	106	.	.
2004	98	95	113	94	102	.	.

[1] Jahresdurchschnitt.- [2] Zeitcharter.- [3] Reisecharter. DM-Äquivalente der Worldscale-Meßzahlen. Worldscale = New Worldwide Tanker Nominal Freight Scale. Das Frachtratenschema wird jährlich zum 1.1. an aktuelle Bunkeröl- und Hafenkosten angepasst, daher ist ein Vergleich mit dem Vorjahr nur bedingt möglich.- * Indizes bis 1998 auf Basis 1991 vgl. Verkehr in Zahlen 1998.

Verbraucherpreisindex im Eisenbahnverkehr

(Personenbeförderung)[1] 2000 = 100

Jahr	Insgesamt	Nahverkehr			Fernverkehr		
		Insgesamt	Allgemeiner Verkehr	Berufs- und Schüler- verkehr	Insgesamt	Allgemeiner Verkehr	Berufs- und Schüler- verkehr
1996	91,0	88,2	.	.	91,5	.	.
1997	92,7	89,8	.	.	93,2	.	.
1998	96,4	96,7	.	.	96,6	.	.
1999	98,7	97,5	.	.	99,3	.	.
2000	100	100	100	100	100	100	100
2001	99,4	100,8	100,9	100,7	98,9	98,8	100,0
2002	101,6	107,8	108,8	105,0	99,4	99,2	103,6
2003	105,2	113,2	115,8	105,4	102,1	102,1	101,7
2004	108,3	119,0	122,2	109,6	104,1	104,0	103,4

B7

[1] Teilindex des Verbraucherpreisindex für Deutschland. Ohne Personenbeförderung in Verkehrsverbünden.

Verbraucherpreisindex[1] im Luftverkehr (Personenverkehr)

2000 = 100

Jahr	innerhalb Deutschlands	Individualreisende (Hin- und Rückflüge)				
		innerhalb Europas	insgesamt	interkontinental		
				Afrika	Amerika	Asien/ Australien
1995	88,3	92,4	98,3	88,2	102,1	97,3
1996	95,4	95,3	100,9	91,0	106,2	97,9
1997	96,3	96,7	100,9	97,7	104,0	98,0
1998	95,5	96,5	100,5	99,3	102,6	98,3
1999	98,7	97,0	100,0	99,0	101,2	98,8
2000	100	100	100	100	100	100
2001	111,6	103,4	102,8	99,2	102,3	104,5
2002	106,8	106,2	109,3	103,8	111,3	107,9
2003	98,4	105,5	113,4	108,8	115,5	111,5
2004	109,6	110,1	117,2	111,6	118,9	115,9

[1] Teilindex des Verbraucherpreisindex für Deutschland. Normal- und Sondertarife.

Kostenentwicklung - Lohn- und Betriebskosten[1]

2000 = 100

Jahr	Bereifung für Kfz[3]	Benzin[4] (Normal)	Dieselkraftstoff[5)6] einschl. Steuerbelastung	Dieselkraftstoff[5)6] ohne Steuerbelastung	Elektrischer Strom[6] Hochspannung	Elektrischer Strom[6] Niederspannung
1955	59,9	32,8	30,3	36,4	59,0	51,6
1960	55,9	31,1	35,0	38,2	62,8	55,8
1965	53,7	29,7	34,1	35,1	62,1	56,7
1970	56,1	29,6	37,5	32,4	64,2	62,9
1975	75,1	43,1	56,6	60,5	91,1	91,2
1980	85,4	59,6	76,0	101,2	107,5	103,4
1985	100,9	70,4	87,2	119,5	140,7	131,6
1990	105,5	59,1	66,6	73,5	149,7	138,3
1991	104,8*	66,3	70,2	73,3	147,5*	135,8*
1992	110,1*	70,1	69,9	62,9	147,2*	135,3*
1993	101,6*	70,2	71,0	64,7	147,1*	135,8*
1994	101,6*	78,4	74,4	60,8	147,8*	135,2*
1995	101,4	77,4	71,9	58,6	147,5	134,4
1996	100,2	80,7	77,6	71,4	127,7	116,3
1997	98,4	83,4	78,7	76,3	126,4	115,3
1998	100,6	79,3	72,5	58,8	125,1	114,9
1999	99,8	85,2	80,0	67,7	115,9	113,6
2000	100,0	100,0	100,0	100,0	100,0	100,0
2001	104,7	101,2	102,1	93,1	70,5	78,2
2002	103,1	103,8	104,5	90,0	73,1	80,4
2003	107,7	106,8	108,6	90,3	114,4	113,4
2004**	109,5	111,3	114,6	95,3	120,5	116,2

B7

[1] Jahresdurchschnitt, einschl. Umsatz- bzw. Mehrwertsteuer.- [2] Index gewerblicher Produkte.- [3] Durchschnittlicher Tankstellenabgabepreis einschl. Mineralölsteuer und Umsatz- bzw. Mehrwertsteuer. Bis 1983 Bedienungstanken, ab 1984 Selbstbedienung. Bis 1987: verbleites Normalbenzin; ab 1988 bleifreies Normalbenzin.- [4] Durchschnittlicher Tankstellenabgabepreis. Bis 1983 Bedienungstanken, ab 1984 Selbstbedienung.- [5] Steuerbelastung auf Basis Inlandsware: Mineralölsteuer und Mehrwertsteuer sowie ab 1.12.1978 einschl. Erdölbevorratungs-Beitrag und ab 1.4.1999 ÖkoSteuer.- [6] Bei Abgabe an Sondervertragskunden/Großverbraucher.- * Alte Bundesländer.- ** Vorläufige Werte.

285

Kostenentwicklung - Investitionsgüter[1]

Jahr	Hochbau[2]	Tiefbau	Straßen-bau[3]	Straßen-fahr-zeuge	Schienen-fahrzeuge	Schiffbau (Stahlbau)	Maschinen und Aus-rüstungen
			Gebiet der Bundesrepublik Deutschland vor dem 3. 10. 1990 **1995 = 100**				
1950	12,7	17,4	21,5	.	.	.	22,5
1955	15,6	21,8	26,2	.	.	.	27,7
1960	19,5	26,6	32,0	.	.	.	30,3
1965	25,0	32,7	34,5	.	.	.	34,5
1970	33,1	42,4	41,6	.	.	.	40,1
1975	44,6	51,8	52,7	.	.	.	55,4
1980	60,5	71,5	72,6	.	.	.	67,3
1985	70,4	72,5	75,6	.	.	.	80,7
1990	82,5	83,9	86,0	.	.	.	91,2
1991	87,6	89,8	91,6	.	.	.	94,2
1992	92,2	94,7	96,0	.	.	.	96,9
1993	96,0	97,8	98,6	.	.	.	98,4
1994	97,7	99,0	99,0	.	.	.	98,7
1995	100	100	100	100	100	100	100
			Gebiet der Bundesrepublik Deutschland nach dem 3. 10. 1990 **2000 = 100**				
1991	86,3	86,5	93,8	.	.	.	.
1992	91,5	92,9	98,7	.	.	.	.
1993	95,5	98,9	101,1	.	.	.	.
1994	97,5	102,6	101,7	.	.	.	.
1995	99,7	104,7	102,6	96,2	96,1	96,0	96,7
1996	100,0	103,0	101,1	97,1	96,7	98,3	97,8
1997	99,5	100,1	99,4	97,8	97,1	96,0	98,5
1998	99,6	100,1	98,6	98,7	98,4	98,1	99,3
1999	99,3	99,7	98,3	99,4	99,4	98,9	99,6
2000	100	100	100	100	100	100	100
2001	100,4	99,8	100,5	100,5	101,1	100,2	100,3
2002	100,6	99,2	100,2	100,2	101,9	99,6	101,5
2003	100,9	98,9	99,8	104,9	102,6	100,2	101,9
2004	102,5	99,0	100,3	106,4	103,6	103,0	102,1

[1] Index der Erzeugerpreise (Inlandsabsatz) und Index für Bauleistungspreise. Jahresdurchschnitt, einschl. Umsatz- bzw. Mehrwertsteuer. Beim Index der Erzeugerpreise wurden die Abgrenzungen geändert, so daß sowohl auf Preisbasis 1995 als auch 2000 z.T. keine Werte vor 1995 vorliegen und die Indexreihen nicht den in "Verkehr in Zahlen 1998" (auf Preisbasis 1991) veröffentlichten entsprechen.-
[2] Gewerbliche Betriebsgebäude.- [3] Einschl. Brücken im Straßenbau.

Kostenentwicklung - Individualverkehr - Kraftfahrzeug-Anschaffung und - Unterhaltung[1]

Jahr	Insgesamt	Personenkraftwagen[2]	Krafträder	Kraftstoffe	Ersatzteile u. Zubehör[3]	Reparaturen, Inspektion[4]	Garagenmiete	Fahrschule[5]	Kraftfahrzeugvers.	Kraftfahrzeugsteuer
					2000 = 100					
1991	76,5	87,9	82,5	66,7	88,5	74,7	82,3	80,6	70,3	45,6
1992	80,9	92,2	85,5	69,9	92,2	79,7	85,0	83,0	75,9	56,9
1993	84,6	96,4	88,3	69,8	94,7	85,8	88,9	86,3	83,7	64,7
1994	87,7	96,3	93,4	78,0	96,4	89,6	91,9	90,5	92,6	73,4
1995	88,8	97,3	94,8	77,5	97,5	92,0	93,7	91,6	97,3	75,9
1996	90,2	98,2	95,4	80,5	98,2	94,1	95,3	92,4	89,4	76,3
1997	91,8	97,9	95,2	83,2	98,4	95,9	97,1	93,0	91,5	83,8
1998	91,5	99,3	95,7	79,2	99,0	97,4	98,3	94,4	86,3	91,3
1999	94,3	100,0	96,1	84,6	99,7	98,6	99,2	98,1	91,1	97,5
2000	100	100	100	100	100	100	100	100	100	100
2001	102,8	101,0	103,6	101,0	101,3	102,1	100,7	102,5	109,3	123,4
2002	104,3	102,5	104,3	103,3	102,2	104,7	101,3	106,0	104,5	123,4
2003	106,2	103,4	104,6	108,1	103,1	106,8	101,9	106,9	102,7	124,1
2004	108,7	104,6	105,2	112,6	103,4	109,1	102,5	107,2	103,2	130,6

B7

[1] Kraftfahrer-Preisindex. Sonderrechnung aus dem Preisindex für die Lebenshaltung aller privaten Haushalte.- [2] Einschl. Kombinationskraftwagen.- [3] Einschl. Autopflegemittel.- [4] Einschl. Wagenwäsche.- [5] Einschl. Führerscheingebühr.

Ausstattung privater Haushalte mit Fahrzeugen

	1999	2000	2001	2002	2003	2004
Haushalte insgesamt[1]						
Erfasste Haushalte (Anzahl)	5 693	5 827	5 850	5 902	5 860	5 919
Hochgerechnete Haushalte (1 000)	34 170	34 390	34 777	35 009	35 247	35 375
Haushalte mit Fahrzeugen						
– in vH –						
Personenkraftwagen	74,0	74,4	75,1	74,1	75,6	75,5
fabrikneu gekauft	35,8	36,2	36,6	34,9	36,0	35,3
gebraucht gekauft	42,5	42,8	44,2	44,7	45,2	45,3
Kraftrad	.	10,1	10,3	10,9	10,3	10,6
Fahrrad	80,5	77,7	78,1	78,1	79,6	79,7
Anzahl der Fahrzeuge						
je 100 Haushalte						
Personenkraftwagen	93,6	95,3	98,2	97,1	98,2	98,3
fabrikneu gekauft	39,8	40,7	41,1	38,8	39,7	39,3
gebraucht gekauft	50,6	51,6	54,3	55,3	55,7	56,2
Kraftrad	.	11,7	11,7	12,4	12,2	11,8
Fahrrad	185,5	176,9	179,4	179,3	181,0	180,5

[1] Stand 1.1. Ohne Haushalte von LandwirtInnen und Selbständigen.

Preisindex für die Lebenshaltung aller privaten Haushalte - 2000 = 100

	1995	1996	1997	1998	1999	2000	2001	2002	2003	2004
Preisindex für die Lebenshaltung insgesamt	93,9	95,3	97,1	98	98,6	100	102,0	103,4	104,5	106,2
Nahrungs- und Genußmittel	97,4	98,1	99,5	100,7	100,1	100	103,8	105,4	106,8	108,6
Bekleidung, Schuhe	98,4	99,1	99,4	99,7	100	100	100,8	101,5	100,7	100,0
Wohnungsmieten, Wasser, Energie, Wohnungsnebenkosten	90,5	92,7	95,2	96,0	97,2	100	102,4	103,4	104,9	106,5
Möbel, Haushaltsgeräte[1]	97,9	98,6	99	99,7	100	100	100,9	101,9	102,2	102,0
Gesundheitspflege	90,2	91,6	98,1	103,2	99,8	100	101,3	101,9	102,4	122,1
Verkehr	88,3	90,4	92,2	92,5	95	100	102,5	104,5	106,7	109,3
Kauf von Fahrzeugen	97,2	98,1	97,9	99,1	99,8	100	101,2	102,6	103,5	104,5
Kraftwagen	97,3	98,2	97,9	99,3	100	100	101,0	102,5	103,4	104,6
Waren und Dienstleistungen[2]	84,4	86,8	89,3	88,6	92,2	100	103,0	105,0	107,8	111,1
Kraftstoffe	77,3	80,6	83	78,9	84,3	100	101,0	103,4	108,2	112,9
Wartung und Reparaturen	97,7	93,9	95,7	97,3	98,6	100	102,3	105,1	107,3	109,6
Verkehrsdienstleistungen	87,8	91,0	93,4	96,0	97,9	100	102,6	105,8	108,3	111,2
Schienenverkehr[3]	86,6	91,0	92,7	96,4	98,7	100	99,4	101,6	105,2	108,3
Straßenverkehr[3]	91,1	93,3	95,1	96,5	98,2	100	105,1	109,0	110,9	113,0
Nachrichtenübermittlung	127,5	128,7	124,8	124,1	112,4	100	94,1	95,7	96,4	95,6
Freizeit, Unterhaltung, Kultur	96,3	96,7	98,8	99,3	99,6	100	100,6	101,3	100,7	99,7
Bildungswesen	83,8	86,8	90,3	94,6	98,4	100	101,3	104,0	106,2	109,7
Hotel- und Gaststätten[4]	94,3	95,3	96,3	97,7	98,9	100	101,9	105,6	106,5	107,3
Andere Waren und Dienstleistungen	93,4	93,9	95,6	96,0	97,6	100	103,0	105,0	106,8	108,3

B7

1) Einschl. Reparaturen.- 2) Für Privatfahrzeuge.- 3) Personenbeförderung.- 4) Dienstleistungen.

Käufe der privaten Haushalte im Inland

von Gütern für Verkehrszwecke - in Mrd. €

Jahr	ins-gesamt	Kraft-fahrzeuge[1]	Kraft-stoffe	Übrige Kfz-Ausgaben[2]	Verkehrs-dienst-leistungen	Nach-richtl: Kfz-Steuer
1950/51[3]	.	.	.	.	.	0,10
1955/56[3]	.	.	.	.	.	0,21
1960	7,40	2,10	.	.	.	0,41
1965	13,72	3,96	.	.	.	0,71
1970	23,58	7,17	.	.	.	1,04
1975	35,41	10,62	8,41	10,43	5,96	1,44
1980	53,02	16,04	14,75	14,36	7,87	1,78
1985	68,13	22,15	18,02	18,54	9,42	1,99
1990	99,43	38,60	20,14	28,90	11,79	2,25
1991*	126,40	56,91	26,58	25,92	16,99	2,98
1992	131,68	57,58	28,20	27,11	18,79	3,61
1993	121,12	45,17	28,57	27,97	19,41	3,81
1994	132,38	51,59	30,38	29,37	21,04	3,84
1995	137,18	54,14	30,49	30,86	21,69	3,74
1996	147,83	61,97	32,20	31,50	22,16	3,72
1997	146,89	59,69	33,31	31,42	22,47	3,91
1998	149,00	62,14	31,67	32,33	22,86	4,11
1999	151,71	60,64	34,28	33,34	23,45	3,73
2000	157,68	58,81	39,36	34,05	25,46	3,72
2001	162,58	62,98	39,42	34,72	25,46	4,44
2002**	164,86	63,77	40,23	34,77	26,09	4,02
2003**	164,77	63,18	40,67	34,65	26,28	3,89
2004**	171,17	65,71	42,25	35,86	27,35	4,10

[1] Ab 1991 "Kauf von Fahrzeugen".- [2] Bis 1991 einschl. Ausgaben für Fahrräder.- [3] Rechnungsjahr (1.4. Bis 31.3.). Ohne Saarland.- * Ab 1991 hat sich die Abgrenzung der Volkswirtschaftlichen Gesamtrechnung verändert.- ** Vorläufige Werte.- **2005 wurde die Volswirtschaftliche Gesamtrechnung für die Werte ab 1991 vom Statistischen Bundesamt revidiert.**

Inlands-Ausgaben privater Haushalte für Kraftstoffe - in Mio. €

| Jahr | Ausgaben | | | darunter | | | |
| | Insgesamt | VK | DK | Mehrwertsteuer | | Mineralölsteuer[1] | |
				VK	DK	VK	DK
1950	.	.	.	.	.	.	.
1955	.	.	.	.	.	.	.
1960	1 000	958	42	-	-	369	14
1965	2 610	2 508	101	25	1	1 407	59
1970	4 460	4 275	184	424	18	2 625	105
1975	8 410	8 018	392	794	39	4 248	187
1980	14 750	13 880	870	1 625	102	5 241	309
1985	18 020	16 239	1 781	2 049	224	6 280	595
1990	20 150	17 700	2 450	2 232	309	9 078	1 069
1991	26 580	23 768	2 812	2 919	345	13 164	1 329
1992	28 200	25 228	2 972	3 098	365	15 356	1 541
1993	28 570	25 456	3 114	3 320	406	15 495	1 557
1994	30 380	27 067	3 313	3 530	432	17 611	1 780
1995	30 490	27 157	3 333	3 542	435	17 808	1 829
1996	32 200	28 586	3 614	3 729	471	17 932	1 836
1997	33 310	29 743	3 567	3 879	465	18 049	1 785
1998	31 670	28 412	3 258	3 706	425	18 116	1 772
1999	34 280	30 460	3 820	4 145	520	18 922	2 021
2000	39 360	34 497	4 863	4 758	671	19 570	2 288
2001	39 420	33 806	5 614	4 663	774	20 162	2 798
2002	40 230	33 986	6 244	4 688	861	20 835	3 269
2003*	40 670	34 039	6 631	4 695	915	21 142	3 536
2004*	42 250	34 353	7 897	4 738	1 089	20 386	3 927

B7

[1] Ab 1.4.1999 einschl. Ökosteuer.- VK = Vergaserkraftstoff, DK = Dieselkraftstoff.- * Vorläufige Werte.
Ab 1991 revidierte Werte auf Basis der Revision der Volkswirtschaftlichen Gesamtrechnung des Statistischen Bundesamtes.

Steuerbelastung des Kraftfahrzeugverkehrs

Jahr	Insgesamt	Kraft-fahrzeug-steuer[1]	Mineral-ölsteuer	je Liter Vergaser-kraftstoff[2]	je Liter Diesel-kraftstoff[2]	Mineral-ölzoll
	Mio. €	Mio. €	Mio. €	€	€	Mio. €
1950/51[3]	301	183	41	0,0	0,0	77
1955/56[3]	1 161	392	573	0,1	0,1	197
1960	2 378	772	1 196	0,1	0,1	409
1965	4 482	1 342	3 118	0,2	0,2	23
1970	6 894	1 958	4 936	0,2	0,2	4
1975	10 276	2 711	7 555	0,2	0,2	9
1980	12 934	3 367	9 555	0,2	0,2	12
1985	14 896	3 758	11 122	0,3	0,2	16
1990	19 040	4 251	14 778	0,3	0,2	11
1991	26 535	5 630	20 892	0,4	0,3	13
1992	31 085	6 809	24 272	0,4	0,3	5
1993	31 904	7 188	24 716	0,4	0,3	-
1994	35 320	7 244	28 076	0,5	0,3	-
1995	35 790	7 059	28 731	0,5	0,3	-
1996	35 673	7 027	28 646	0,5	0,3	-
1997	36 088	7 372	28 716	0,5	0,3	-
1998	36 857	7 757	29 101	0,5	0,3	-
1999	38 454	7 039	31 415	0,5	0,3	-
2000	40 170	7 015	33 155	0,6	0,4	-
2001	42 977	8 376	34 601	0,6	0,4	-
2002	43 773	7 592	36 181	0,6	0,4	-
2003	44 212	7 336	36 876	0,7	0,5	-
2004*	44 930	7 740	37 191	0,7	0,5	-

[1] Die Jahressteuer für Personen- und Kombinationskraftwagen betrug bis 30.6.1985 7,36 € je 100 Kubikzentimeter Hubraum. Seit 1.7.1985 gelten nach Abgaswerten und Zulassungsjahren differenzierte fahrzeugspezifische Steuersätze.- [2] Jahresdurchschnitt. Seit 1.4.85 gelten getrennte Steuersätze für unverbleiten und verbleiten Vergaserkraftstoff. Ausgewiesen ist bleifreier Kraftstoff. Verbleiter Vergaserkraftstoff: 1.4.1985 bis 31.12.1988 = 0,27 €/l, 1.1.1989 bis 31.12.1990 = 0,33 €/l, 1.1.1991 bis 30. 6.1991 = 0,34 €/l, 1.7.1991 bis 31.12.1993 = 0,47 €/l, 1.1.1994 bis 31.3.1999 = 0,55 €/l. Ab 1.4.1999 einschl. Ökosteuer.- [2] Jahresdurchschnitt.- [3] Ohne Saarland. Jeweils 1.4. bis 31.3.- * Vorläufige Werte.

Mineralölsteueraufkommen[1] des motorisierten Individualverkehrs[2]

in Mio. €

| Jahr | Gesamtaufkommen | | | darunter: Private Haushalte | | |
	insgesamt	VK	DK	insgesamt	VK	DK
1950	.	.	.	.	.	.
1955	.	.	.	.	.	.
1960	1 202	1 146	55	383	369	14
1965	2 753	2 632	121	1 466	1 407	59
1970	4 561	4 371	191	2 730	2 625	105
1975	5 796	5 518	278	4 435	4 248	187
1980	7 103	6 642	461	5 550	5 241	309
1985	8 601	7 735	866	6 875	6 280	595
1990	11 764	10 396	1 369	10 147	9 078	1 069
1991	15 994	14 260	1 734	14 493	13 164	1 329
1992	18 750	16 759	1 991	16 897	15 356	1 541
1993	20 368	18 229	2 139	17 052	15 495	1 557
1994	23 096	20 636	2 460	19 391	17 611	1 780
1995	23 323	20 793	2 530	19 637	17 808	1 829
1996	23 297	20 739	2 558	19 769	17 932	1 836
1997	23 271	20 760	2 511	19 834	18 049	1 785
1998	23 353	20 827	2 526	19 888	18 116	1 772
1999	24 649	21 736	2 913	20 943	18 922	2 021
2000	25 614	22 264	3 350	21 858	19 570	2 288
2001	26 852	22 744	4 108	22 960	20 162	2 798
2002	28 091	23 199	4 892	24 103	20 835	3 269
2003*	28 787	23 426	5 361	24 678	21 142	3 536
2004*	28 525	22 481	6 044	24 313	20 386	3 927

B7

[1] Bezogen auf den Inlands-Absatz. Ab 1.4.1999 einschl. Ökosteuer.- [2] Mot. Zweiräder, Personen- und Kombinationskraftwagen. Einschl. Wohnmobile u.ä. in privaten Haushalten.- * Zum Teil vorläufige Werte.- VK = Vergaserkraftstoff, DK = Dieselkraftstoff. **Ab 1991 revidierte Werte auf Basis der Revision der Volkswirtschaftlichen Gesamtrechnung des Statistischen Bundesamtes.**

Energieverbrauch in der Bundesrepublik - in Petajoule[1]

| Jahr | Primär-Energieverbrauch | | End-Energieverbrauch | | Anteil des Verkehrs am End-Energieverbrauch[2] | | nachrichtl.: Bunkerungen seegehender Schiffe[3] |
| | | Mineralölanteil | | Mineralölanteil | insgesamt | bei Mineralöl | |
	insgesamt	in vH	insgesamt	in vH	in vH	in vH	
1950	3 970	4,7	2 541	5,2	17,2	75,6	40
1955	5 374	8,5	3 696	9,8	15,3	62,5	93
1960	6 199	21,0	4 269	24,0	15,5	41,0	108
1965	7 755	40,8	5 398	44,8	16,4	30,4	149
1970	9 880	53,0	6 753	56,1	17,1	28,4	155
1975	10 190	52,1	6 859	57,9	19,8	33,0	116
1980	11 436	47,6	7 529	53,4	22,1	40,3	119
1985	11 284	41,4	7 389	48,9	23,2	46,2	120
1990	11 495	41,0	7 429	48,8	28,1	56,6	84
1991	14 611	38,0	9 366	45,2	25,9	56,0	87
1992	14 319	39,3	9 127	46,9	27,6	57,6	73
1993	14 310	40,2	9 233	47,7	28,1	57,7	92
1994	14 184	40,1	9 110	47,2	28,0	58,1	85
1995	14 269	39,9	9 321	46,2	28,0	59,4	85
1996	14 746	39,4	9 687	45,9	27,1	57,7	84
1997	14 614	39,4	9 535	45,8	27,7	59,0	90
1998	14 521	39,8	9 458	45,9	28,5	60,5	85
1999	14 324	39,1	9 301	45,3	29,9	64,6	86
2000	14 356	38,3	9 211	44,2	29,9	65,9	91
2001	14 615	38,2	9 466	44,1	28,4	62,8	92
2002*	14 324	37,3	9 206	43,1	29,0	65,3	99
2003*	14 451	36,5	9 218	42,0	28,2	67,1	109
2004*	14 438	36,4	9 161	41,5	28,8	69,4	111

[1] 1 Mio. t SKE = 29,308 Petajoule.- [2] Inlandsabsatz. Ab 1982 wird der Energieverbrauch der stationären Anlagen nicht mehr vollständig dem Verkehrsbereich zugeordnet.- [3] Ab 1986 einschl. Transitware für internationale Bunker (1986 = 52, 1990 = 15 Petajoule). Ohne Schmierstoffe (2004: 0,4 Petajoule).- * Vorläufige Werte.

End-Energieverbrauch[1] - nach Wirtschafts- und Verkehrsbereichen - in Petajoule

Jahr	insgesamt	nach Wirtschaftsbereichen			davon								nachrichtl.:
		Industrie	Haushalte[2]	Verkehr[3]	Schienenverkehr[3)4]	Straßenverkehr[5]	Personenverkehr	Individualverkehr[6]	Öffentl. Verkehr[7]	Güterverkehr[8]	Luftverkehr	Binnenschifffahrt[9]	Bunkerungen seegehender Schiffe[10]
1960	4 269	2 071	1 536	662	250	373	241	224	17	132	10	29	110
1965	5 398	2 307	2 207	884	175	647	455	435	20	192	30	32	149
1970	6 753	2 661	2 934	1 158	118	936	688	665	23	248	67	37	155
1975	6 859	2 462	3 042	1 355	78	1 154	888	859	30	266	85	38	117
1980	7 529	2 581	3 282	1 666	74	1 447	1 087	1 053	34	360	109	36	122
1985	7 389	2 287	3 390	1 712	60	1 497	1 134	1 100	34	363	124	30	122
1990	7 429	2 252	3 086	2 091	59	1 818	1 387	1 352	35	431	187	27	86
1991	9 366	2 694	4 244	2 428	91	2 117	1 552	1 507	45	565	192	28	87
1992	9 127	2 560	4 045	2 522	88	2 198	1 596	1 552	44	602	206	30	73
1993	9 233	2 432	4 205	2 596	84	2 263	1 637	1 594	43	626	219	30	92
1994	9 110	2 463	4 093	2 554	90	2 208	1 556	1 515	41	652	227	30	85
1995	9 321	2 473	4 234	2 614	89	2 267	1 610	1 570	40	656	234	24	85
1996	9 687	2 424	4 638	2 625	90	2 269	1 606	1 566	40	663	244	22	84
1997	9 535	2 440	4 452	2 643	89	2 283	1 607	1 566	41	676	254	17	90
1998	9 458	2 397	4 370	2 691	84	2 330	1 621	1 580	41	709	261	16	85
1999	9 301	2 384	4 136	2 781	79	2 408	1 647	1 606	41	761	280	14	86
2000	9 211	2 411	4 049	2 751	78	2 365	1 597	1 556	42	768	297	13	91
2001	9 466	2 375	4 398	2 693	77	2 320	1 562	1 522	40	758	290	13	92
2002*	9 206	2 321	4 212	2 673	75	2 300	1 559	1 519	39	741	287	12	99
2003*	9 218	2 323	4 300	2 595	78	2 215	1 492	1 453	39	723	292	10	109
2004*	9 161	2 347	4 178	2 636	80	2 196	1 475	1 437	39	721	318	12	111

B7

[1] Ohne Bunkerungen seegehender Schiffe.- [2] Einschl. gewerbl. Kleinverbraucher, Landwirtschaft und militärischer Dienststellen.- [3] Inlandsabsatz. Ab 1985 wird der Energieverbrauch der stationären Anlagen nicht mehr vollständig dem Verkehrsbereich zugeordnet.- [4] Eisenbahn, U-Bahn, Straßenbahn.- [5] Ohne Ackerschlepper in der Landwirtschaft.- [6] Pkw und Kombi, Krafträder, Mopeds, Mofas, Mokicks.- [7] Kraftomnibusse.- [8] Lastkraftwagen, Sattelzüge und Zugmaschinen, einschl. der Kfz nicht zur Lastenbeförderung.- [9] Einschl. Hafen- und Küstenschifffahrt.- [10] Ab 1990 einschl. Transitware für internationale Bunker (1990 = 15 Petajoule). Ohne Schmierstoffe (2004 = 0,4 Petajoule).- *Vorläufige Werte.

295

End-Energieverbrauch des Verkehrs[1] - nach Energieträgern - in Petajoule

Jahr	Insgesamt[1]	Nach Energieträgern Mineralöl	davon Vergaser-kraftstoff	darunter bleifrei	Diesel-kraftstoff[2]	Flug-kraftstoffe	Elektrischer Strom	Sonstige Energie-träger[3]	nachrichtl.: Bunkerungen seegehender Schiffe[4]
1960	662	417	233	-	174	10	14	231	110
1965	884	734	443	-	262	29	21	129	149
1970	1 158	1 076	665	-	344	67	29	53	155
1975	1 355	1 311	853	-	373	85	32	12	117
1980	1 666	1 622	1 025	-	488	109	38	6	119
1985*	1 712	1 670	999	10	547	124	40	1	120
1990	2 091	2 050	1 160	800	703	187	41	0	84
1991	2 428	2 372	1 333	1 044	847	192	55	1	87
1992	2 522	2 467	1 344	1 142	917	206	54	1	73
1993	2 596	2 542	1 351	1 196	972	219	54	0	92
1994	2 554	2 498	1 277	1 178	995	227	56	0	85
1995	2 614	2 554	1 301	1 019	1 019	234	58	2	85
1996	2 625	2 561	1 301	1 020	1 016	244	60	4	84
1997	2 643	2 577	1 298	1 025	1 025	254	61	5	90
1998	2 691	2 627	1 301	1 065	1 065	261	58	6	85
1999	2 781	2 716	1 302	1 135	1 134	280	57	8	86
2000	2 751	2 680	1 238	1 235	1 145	297	57	14	91
2001	2 693	2 623	1 200	1 199	1 133	290	56	14	92
2002**	2 673	2 592	1 167	1 167	1 138	287	58	23	99
2003**	2 595	2 512	1 110	1 110	1 110	292	58	25	109
2004**	2 636	2 548	1 075	1 075	1 154	318	58	36	111

[1] Inlandsabsatz. Ohne Bunkerungen seegehender Schiffe.- [2] Einschl. Heizöl (1975 = 10 Petajoule, ab 1985 = unter 1 Petajoule) und Petroleum (unter 0,1 Petajoule).- [3] Steinkohle (1991 = 0,7 Petajoule), Steinkohlenkoks, Braunkohlenbriketts, Gase (unter 1 Petajoule) sowie (ab 1995) Biodiesel (1995 = 1,5 Petajoule, 2004 = 35 Petajoule).- [4] Ab 1990 einschl. Transitware für internationale Bunker (1990 = 15 Petajoule). Ohne Schmierstoffe (2004 = 0,4 Petajoule).- * Ab 1985 wird der Energieverbrauch der stationären Anlagen nicht mehr vollständig dem Verkehrsbereich zugeordnet.- **Vorläufige Werte.

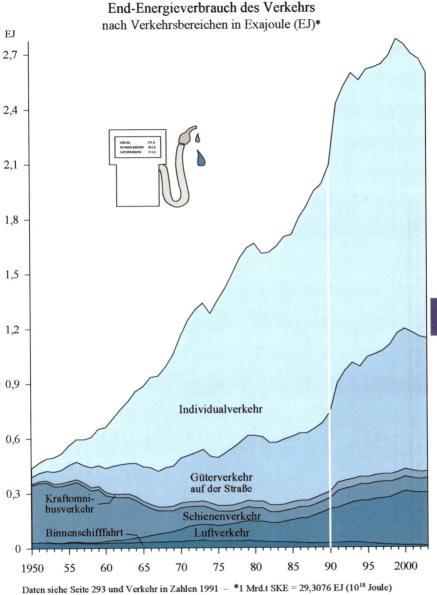

End-Energieverbrauch des Verkehrs
nach Verkehrsbereichen in Exajoule (EJ)*

EJ

DIESEL 173,0
NORMALBENZIN 202,0
SUPERBENZIN 212,0

Individualverkehr

Güterverkehr
auf der Straße

Kraftomni-
busverkehr

Schienenverkehr

Binnenschifffahrt

Luftverkehr

B7

Daten siehe Seite 293 und Verkehr in Zahlen 1991 – *1 Mrd.t SKE = 29,3076 EJ (10^{18} Joule)

End-Energieverbrauch des Verkehrs[1] – nach ausgewählten Verkehrsbereichen

		1975	1980	1985*	1990	1991	1992	1993	1994	1995
Schienenverkehr[10]										
Lokomotivkohle	1 000 t	210	111	-	-	23	20	11	8	4
Dieselkraftstoff	1 000 t	582	523	470	426	810	797	796	742	723
Elektrischer Strom	Mio. kWh	8 857	10 646	11 161	11 312	15 317	14 895	14 997	15 406	16 191
Binnenschifffahrt[2]										
Dieselkraftstoff	1 000 t	897	847	699	631	655	699	710	694	548
Luftfahrt[3]										
Flugkraftstoffe[4]	1 000 t	1 990	2 552	2 913	4 379	4 496	4 824	5 064	5 261	5 455
deutsche Flugzeuge	1 000 t	1 101	1 415	1 667	2 570	2 670	2 959	.	.	.
ausländische Flugzeuge	1 000 t	889	1 137	1 246	1 809	1 825	1 867	.	.	.
Straßenverkehr[5]	1 000 t					49 600	50 850	51 869	50 785	52 282
Vergaserkraftstoff	1 000 t	19 430	23 531	22 941	26 639	30 762	30 864	31 012	29 491	29 855
dar. Bleifrei	1 000 t	.	.	.	.	23 828	26 230	27 982	27 406	28 425
Dieselkraftstoff	1 000 t	7 060	9 880	11 645	15 395	18 838	19 986	20 857	21 294	22 427
Verkehr insgesamt										
Kohle[6]	1 000 t	428	111	-	-	23	20	11	8	4
Vergaserkraftstoff	1 000 t	19 430	23 531	22 941	26 639	30 762	30 864	31 012	29 491	29 855
Dieselkraftstoff	1 000 t	8 539	11 250	12 906	16 450	20 303	21 482	22 363	22 730	23 698
Flugkraftstoffe[4]	1 000 t	1 990	2 553	2 913	4 379	4 496	4 824	5 064	5 261	5 455
Gase	Mio. m³	5	93	18	5	6	10	8	4	3
Elektrischer Strom	Mio. kWh	8 857	10 646	11 161	11 312	15 317	14 895	14 997	15 405	16 191
aus öffentlichem Netz	Mio. kWh	3 909	4 399	4 935	5 926	9 454	8 879	8 953	9 367	9 762
von Anlagen für die DB[7]	Mio. kWh	4 948	6 247	6 226	5 386	5 863	6 016	6 044	6 038	6 429
nachrichtlich: Seeschifffahrt[8]										
schweres Heizöl/Dieselkraftstoff	1 000 t	2 814	2 886	2 887	2 065	2 110	1 760	2 216	2 045	2 062
deutsche Schiffe	1 000 t	786	808	938	816	752	625	754	597	544
ausländische Schiffe	1 000 t	2 028	2 078	1 949	1 249	1 358	1 135	1 462	1 448	1 518

[1] Inlandsabsatz. Ohne den Verbrauch militärischer Dienststellen.- [2] Einschl. Hafen- und Küstenschifffahrt.- [3] Lieferungen an die Luftfahrt.- [4] Flugbenzin, Flugturbinenkraftstoff und Petroleum (ohne Schmieröle und -fette, 1991 = 0,7 Tsd. t).- [5] Ohne Ackerschlepper in der Landwirtschaft.- [6] Steinkohle, Steinkohlenkoks und Braunkohlenbriketts.- Weitere Anmerkungen siehe folgende Seite.

End-Energieverbrauch des Verkehrs[1] – nach ausgewählten Verkehrsbereichen

		1996	1997	1998	1999	2000	2001	2002**	2003**	2004**
Schienenverkehr										
Lokomotivkohle	1 000 t	3	3	3	3	2	2	2	1	0
Dieselkraftstoff	1 000 t	688	647	642	596	591	540	510	490	500
Elektrischer Strom	Mio. kWh	16 545	16 859	16 082	15 835	16 100	16 000	16 000	16 100	16 100
Binnenschifffahrt[2]										
Dieselkraftstoff	1 000 t	504	398	365	298	276	266	232	242	273
Luftfahrt[3]										
Flugkraftstoffe[4]	1 000 t	5 711	5 930	6 098	6 543	6 939	6 762	6 702	6 787	7 403
Straßenverkehr[5][9]	1 000 t	52 306	52 600	53 650	55 384	54 204	53 088	52 527	50 571	50 753
Vergaserkraftstoff	1 000 t	29 853	29 798	29 866	29 869	28 410	27 543	26 786	25 469	24 679
dar. bleifrei	1 000 t	29 288	29 786	29 846	29 868	28 409	27 542	26 786	25 469	24 679
Dieselkraftstoff	1 000 t	22 453	22 802	23 784	25 515	25 794	25 545	25 740	25 102	26 074
Verkehr insgesamt										
Kohle[6]	1 000 t	3	3	3	3	2	2	2	1	0
Vergaserkraftstoff	1 000 t	29 853	29 798	29 791	29 869	28 410	27 543	26 787	25 469	24 679
Dieselkraftstoff	1 000 t	23 645	23 847	24 791	26 409	26 661	26 351	26 482	25 834	26 847
Flugkraftstoffe[4]	1 000 t	5 711	5 930	6 098	6 543	6 939	6 762	6 702	6 787	7 403
Gase	Mio. m³	2	2	2	2	2	2	2	1	1
Elektrischer Strom	Mio. kWh	16 545	16 859	16 082	15 835	16 100	16 000	16 000	16 100	16 100
aus öffentlichem Netz	Mio. kWh	9 737	9 611	9 453	9 258	9 500	.	.	.	.
von Anlagen für die DB[7]	Mio. kWh	6 808	7 248	6 629	6 577	6 600	.	.	.	.
nachrichtlich: Seeschifffahrt[8]										
schweres Heizöl/Dieselkraftstoff	1 000 t	2 043	2 169	2 057	2 097	2 207	2 248	2 406	2 651	2 717
deutsche Schiffe	1 000 t	325	385	446	492	312	366	338	339	266
ausländische Schiffe	1 000 t	1 719	1 784	1 611	1 605	1 895	1 882	2 068	2 312	2 451

Beginn der Anmerkungen siehe vorige Seite.- [7]Von Stromerzeugungsanlagen für die Deutsche Bundesbahn. Ohne Eigenverbrauch der Stromerzeugungsanlagen.- [8] Bunkerungen seegehender Schiffe. Ab 1990 einschl. Transitware für internationale Bunker (1990: 365 Tsd. t). Ohne Schmieröle und -fette (2004: 9 Tsd. t).- [9] Ab 1995 einschl. Biodiesel (1995 = 40 Tsd. t, 2004 = 985 Tsd. t).- * Ab 1985 wird der Energieverbrauch der stationären Anlagen nicht mehr vollständig dem Verkehrsbereich zugeordnet.- ** Zum Teil vorläufige Werte.

B7

Kraftstoffverbrauch, Kraftstoffpreise, Fahrleistungen im Straßenverkehr

		1975	1980	1985	1990	1991	1992	1993	1994	1995
Kraftstoffverbrauch und Fahrleistungen der Personen- und Kombinationskraftwagen[1]										
Pkw und Kombi insgesamt										
Durchschnittsverbrauch	l/100 km	9,9	10,1	9,9	9,4	9,2	9,1	9,1	8,9	8,8
Durchschnittliche Motorleistung	kW	46	53	57	60	.	61	61	62	63
mit Otto-Motor										
Durchschnittsverbrauch	l/100 km	10,0	10,2	10,2	9,7	9,5	9,4	9,4	9,2	9,1
Gesamtverbrauch	Mio. l	24 527	29 523	29 095	34 461	39 610	39 902	39 980	39 579	39 816
Durchschnittliche Fahrleistung[2]	1 000 km	14,2	13,2	12,2	13,3	12,8	12,8	12,6	12,5	12,5
Gesamtfahrleistung	Mio. km	245 683	290 300	286 099	354 371	416 323	423 650	426 205	428 477	435 423
mit Diesel-Motor										
Durchschnittsverbrauch	l/100 km	8,9	9,1	8,2	7,8	7,7	7,8	7,8	7,5	7,5
Gesamtverbrauch	Mio. l	1 310	2 173	3 806	6 015	6 122	6 669	7 112	7 467	7 447
Durchschnittliche Fahrleistung[2]	1 000 km	22,9	21,1	19,8	18,7	18,5	18,2	18,0	18,6	18,0
Gesamtfahrleistung	Mio. km	14 774	24 014	46 352	77 117	80 086	86 309	91 618	99 665	99 708
Kraftstoffverbrauch im Straßenverkehr[1]										
Verkehr insgesamt	Mio. l	33 631	42 604	43 514	52 687	62 118	63 744	64 462	66 043	65 432
Personenverkehr	Mio. l	26 846	32 942	34 183	41 770	47 443	48 228	48 701	48 675	47 710
Güterverkehr[3]	Mio. l	6 785	9 662	9 331	10 917	14 675	15 516	15 761	17 368	17 722
Kraftstoffpreise[4]										
Benzin[5] (Normal)	€/l	0,42	0,60	0,69	0,58	0,65	0,69	0,69	0,77	0,77
Diesel	€/l	0,44	0,57	0,68	0,52	0,55	0,54	0,56	0,59	0,58

[1] Errechnet als Inländerfahrleistung (d.h. einschl. der Auslandsstrecken deutscher Kfz, aber ohne die Inlandsstrecken ausländischer Kfz). Nicht enthalten sind der Kraftstoffverbrauch und die Fahrleistungen der Kraftfahrzeuge der Bundeswehr, des Bundesgrenzschutzes und ausländischer Streitkräfte.- [2] Bezogen auf den Fahrzeugbestand einschl. der vorübergehend abgemeldeten Fahrzeuge. Ab 1.1.2001 von 12 auf 18 Monate erhöhte Stillegungsfrist (siehe S. 166/167).- [3] Mit Lastkraftwagen (Normal- und Spezialaufbau), Sattelzügen, Zugmaschinen sowie übrigen Kraftfahrzeugen.- Weitere Anmerkungen siehe folgende Seite.

Kraftstoffverbrauch, Kraftstoffpreise, Fahrleistungen im Straßenverkehr

		1996	1997	1998	1999	2000	2001	2002	2003	2004*
Kraftstoffverbrauch und Fahrleistungen der Personen- und Kombinationskraftwagen[1]										
Pkw und Kombi insgesamt										
Durchschnittsverbrauch	l/100 km	8,7	8,7	8,6	8,5	8,3	8,1	8,1	8,0	7,9
Durchschnittliche Motorleistung	kW	64	65	66	67	68	70	71	72	73
mit Otto-Motor										
Durchschnittsverbrauch	l/100 km	9,1	9,0	8,8	8,8	8,6	8,5	8,5	8,4	8,4
Gesamtverbrauch	Mio. l	39 691	39 679	39 747	39 895	38 129	37 380	36 633	35 332	34 583
Durchschnittliche Fahrleistung[2]	1 000 km	12,4	12,4	12,4	12,4	12,0	11,7	11,6	11,3	11,3
Gesamtfahrleistung	Mio. km	438 564	442 957	449 475	455 080	442 855	438 928	431 246	418 325	411 831
mit Diesel-Motor										
Durchschnittsverbrauch	l/100 km	7,4	7,3	7,3	7,2	7,1	6,9	6,9	6,9	6,9
Gesamtverbrauch	Mio. l	7 498	7 332	7 389	8 050	8 260	9 494	10 529	10 958	12 383
Durchschnittliche Fahrleistung[2]	1 000 km	17,9	17,9	18,5	19,7	19,6	20,4	20,8	20,0	20,4
Gesamtfahrleistung	Mio. km	100 909	99 771	101 304	111 142	116 612	136 611	152 315	159 523	179 327
Kraftstoffverbrauch im Straßenverkehr[1]										
Verkehr insgesamt	1 000 t	52 740	52 927	53 651	55 616	54 676	55 475	55 457	54 490	55 464
davon Personenverkehr	1 000 t	37 386	37 282	37 402	38 095	36 959	37 449	37 677	37 056	37 694
Güterverkehr[3]	1 000 t	15 354	15 644	16 249	17 521	17 718	18 026	17 780	17 434	17 770
davon Vergaserkraftstoff	Mio. l	40 977	40 962	41 032	41 207	39 433	38 709	37 852	36 531	35 757
Dieselkraftstoff	Mio. l	25 656	25 893	26 597	28 293	28 662	30 269	30 748	30 846	32 707
Kraftstoffpreise[4]										
Benzin[5] (Normal)	€/l	0,80	0,83	0,79	0,84	0,99	1,00	1,03	1,07	1,12
Diesel	€/l	0,62	0,63	0,58	0,64	0,80	0,82	0,84	0,88	0,95

Beginn der Anmerkungen siehe vorige Seite.- [4] Durchschnittlicher Tankstellenabgabepreis. Bis 1983 Bedienungstanken, ab 1984 Selbstbedienung. Steuerbelastung auf Basis Inlandsware, d.h. einschl. Mineralölsteuer, Mehrwertsteuer Erdölbevorratungs-Beitrag und (ab 1.4.99) Ökosteuer.- [5] Die Kraftstoffpreise gelten bis 1985 für verbleites Normalbenzin; ab 1990 für bleifreies Normalbenzin.- * Zum Teil vorläufige Werte.

B7

Umweltbelastung - Luftverunreinigung

Grundlagen der Ermittlungen sind Emissionsmessungen und Brennstoffanalysen in Verbindung mit Angaben zum Energieverbrauch und zu bestimmten Produktionsgütern.

Die **Kohlenmonoxidbelastung** resultiert im wesentlichen aus dem Kraftfahrzeugverkehr mit Verbrennungsmotoren. Die Konzentration der Kohlenmonoxidbildung schwankt dabei stark nach dem Grad der Kraftstoffverbrennung und ist bei vollständiger Verbrennung am geringsten.

Kohlendioxid entsteht bei der Verbrennung fossiler Energieträger. Neben der Höhe des Energieeinsatzes ist auch dessen Struktur nach Energieträgern für die Emissionen von Bedeutung. Die höchsten Emissionen, bezogen auf eine Energieeinheit, verursacht die Verbrennung von Braun- und Steinkohle. Die niedrigsten Emissionen entstehen bei der Verbrennung von Naturgasen. Mineralöle nehmen eine Mittelstellung ein.

Schwefeldioxid resultiert überwiegend aus der Verbrennung schwefelhaltiger fossiler Energieträger in den Kraftwerken.

Stickstoffoxide entstehen bei der Verbrennung durch den Stickstoffgehalt der Luft. Durch den zunehmenden Kraftfahrzeugverkehr, die Ausstattung der Fahrzeuge mit höher verdichtenden Otto-Motoren und durch motorische Maßnahmen zur Senkung von Kraftstoffverbrauch und Kohlenmonoxidausstoß ist diese Belastung ansteigend.

Bei der Belastung durch **flüchtige organische Verbindungen (VOC)**, handelt es sich u. a. um unverbrannte Brennstoffreste und Reaktionsprodukte aus Herstellungsprozessen oder um Materialverluste durch Lagerung und Verbrauch organischer Produkte wie Farben, Lacke und Verdünnungen.

Die **Staubemissionen** resultieren aufgrund des natürlichen Aschegehaltes vor allem der Kohle aus Feuerungsanlagen, aus der produktionsbedingten Herstellung von Eisen und Stahl und aus dem Umschlag von Schüttgütern.

Umweltbelastung - Luftverunreinigung[1] - nach Art der Emissionen und Emittentengruppen

	Einheit	1980	1985	1990	1993	1996	1999	2001*	2002*
Kohlenmonoxid (CO)	kt	**11 006**	**8 975**	**7 426**	**7 701**	**6 166**	**5 200**	**4 573**	**4 318**
Straßenverkehr	vH	68,4	68,5	70,1	61,0	57,8	52,3	45,8	44,3
Übriger Verkehr[2]	vH	2,6	2,7	2,5	1,0	1,1	1,3	1,3	1,4
Haushalte	vH	8,7	9,8	7,8	17,5	13,8	17,0	19,3	19,3
Kleinverbraucher[3]	vH	1,5	1,5	1,5	2,8	4,9	4,0	3,9	4,3
Industrieprozesse[4]	vH	7,0	7,4	8,1	7,2	9,3	10,8	12,9	13,6
Industriefeuerungen[5]	vH	11,4	9,6	9,4	8,4	10,9	12,4	14,0	14,0
Kraft- und Fernheizwerke[6]	vH	0,4	0,5	0,6	1,8	1,9	2,1	2,5	2,8
Gew. und Vert. von Brennst.	vH	0,0	0,0	0,0	0,2	0,2	0,2	0,2	0,3
Stickstoffoxide (NO_x als NO_2)	kt	**2 617**	**2 539**	**1 962**	**2 273**	**1 896**	**1 697**	**1 545**	**1 479**
Straßenverkehr	vH	41,1	44,9	55,0	49,8	50,2	49,7	46,7	44,9
Übriger Verkehr[2]	vH	7,7	8,0	10,3	6,2	7,0	7,2	7,3	7,6
Haushalte	vH	3,3	3,5	3,7	4,5	5,1	4,9	5,8	5,6
Kleinverbraucher[3]	vH	2,1	1,9	1,8	6,3	7,3	7,4	7,3	7,7
Industrieprozesse[4]	vH	1,6	1,0	0,8	0,7	0,7	0,6	0,7	0,7
Industriefeuerungen[5]	vH	13,5	10,7	11,2	11,0	10,4	10,2	10,1	10,3
Kraft- und Fernheizwerke[6]	vH	30,6	30,0	17,1	17,8	15,0	14,8	16,7	17,7
Düngeranwendung	vH				3,7	4,4	5,0	5,4	5,6
Schwefeldioxid (SO_2)	kt	**3 164**	**2 367**	**885**	**2 941**	**1 335**	**733**	**640**	**608**
Straßenverkehr	vH	2,1	2,2	5,8	2,3	2,8	3,8	2,5	0,5
Übriger Verkehr[2]	vH	0,6	0,6	1,2	0,3	0,2	0,3	0,2	0,1
Haushalte	vH	6,2	5,6	9,4	7,3	7,4	9,9	11,7	10,3
Kleinverbraucher[3]	vH	4,5	4,2	5,8	5,0	3,9	4,4	4,7	4,1
Industrieprozesse[4]	vH	3,5	4,1	9,6	1,6	3,7	7,0	7,8	8,3
Industriefeuerungen[5]	vH	23,7	19,7	34,9	12,5	13,6	17,9	18,5	17,9
Kraft- und Fernheizwerke[6]	vH	59,4	63,6	33,3	70,0	66,4	53,7	51,4	55,5
Gew. und Vert. von Brennst.	vH				1,0	1,9	2,9	3,1	3,3

[1] Ohne natürliche Quellen.- [2] Land-, Forst- und Bauwirtschaft, Militär-, Schienen und Luftverkehr, Binnen- und Küstenschiffahrt, Hochseebunkerungen.- [3] Einschl. militärische Dienststellen.- [4] Ohne energiebedingte Emissionen.- [5] Übriger Umwandlungsbereich, Verarbeitendes Gewerbe und sonstiger Bergbau. Bei Industriekraftwerken nur Wärmeerzeugung.- [6] Bei Industriekraftwerken nur Stromerzeugung.- [7] Aus Energieverbrauch und Industrieprozessen mit Klimarelevanz.- * Vorläufige Werte.- Weitere Anmerkungen siehe folgende Seiten. Quelle: Umweltbundesamt

B7

Umweltbelastung - Luftverunreinigung[1] - nach Art der Emissionen und Emittentengruppen

	Einheit	1980	1985	1990	1993	1996	1999	2001*	2002*
Kohlendioxid (CO_2)[7]									
Straßenverkehr	Mio. t	792	723	709	920	924	857	874	864
	vH	13,3	15,1	18,6	17,9	17,9	20,4	19,2	19,2
Übriger Verkehr[2]	vH	1,9	2,1	2,4	1,3	1,3	1,3	1,2	1,2
Haushalte	vH	14,8	15,9	13,3	14,6	15,4	14,0	15,0	13,9
Kleinverbraucher[3]	vH	7,8	7,6	6,6	7,5	8,2	6,9	6,7	6,5
Industrieprozesse[4]	vH	3,4	2,8	3,1	2,6	2,6	2,9	2,7	2,6
Industriefeuerungen[5]	vH	24,2	22,1	20,2	16,0	15,6	15,8	15,2	15,3
Kraft- und Fernheizwerke[6]	vH	34,6	34,4	36,0	40,1	39,1	38,7	40,0	41,3
Organische Verbindungen[8]	kt	2 522	2 447	2 212	2 582	2 110	1 842	1 594	1 477
Straßenverkehr	vH	37,4	38,1	36,2	32,2	26,2	19,5	15,6	14,5
Übriger Verkehr[2]	vH	2,3	2,4	2,2	1,0	1,1	1,2	1,3	1,4
Haushalte	vH	1,3	1,6	1,3	3,0	2,3	3,2	3,8	4,0
Kleinverbraucher[3]	vH	0,2	0,2	0,2	1,3	1,8	1,7	1,7	1,8
Industrieprozesse[4]	vH	6,2	4,6	5,0	3,4	4,5	6,1	7,2	8,3
Industriefeuerungen[5]	vH	0,5	0,4	0,5	0,3	0,4	0,4	0,4	0,4
Kraft- und Fernheizwerke[6]	vH	0,4	0,3	0,3	0,3	0,4	0,4	0,5	0,6
Gew. und Vert. von Brennst.	vH	6,9	7,0	7,8	6,3	4,2	3,9	3,9	2,4
Lösemittelverwendung[10]	vH	44,8	45,4	46,6	42,2	47,9	50,9	51,0	50,8
Landwirtschaft	vH			.	10,0	11,3	12,8	14,6	15,8
Staub	kt	673	538	402	415	254	229	216	209
Straßenverkehr	vH	4,5	6,3	8,7	0,2	16,0	15,5	13,5	12,1
Übriger Verkehr[2]	vH	2,2	2,6	3,7	3,4	4,9	4,7	4,6	4,6
Haushalte	vH	7,3	7,6	6,0	16,5	6,7	6,4	6,0	5,6
Kleinverbraucher[3]	vH	2,2	1,7	1,5	9,4	5,1	4,7	4,1	4,4
Industrieprozesse[4]	vH	33,0	29,0	31,1	25,2	38,2	41,1	43,0	43,3
Industriefeuerungen[5]	vH	5,9	5,8	3,2	6,7	2,0	1,6	1,4	1,5
Kraft- und Fernheizwerke[6]	vH	19,0	16,5	5,7	21,5	6,1	5,0	5,2	5,5
Gew. und Vert. von Brennst.	vH				2,4	2,4	1,9	1,8	1,9
Schüttgutumschlag[11]	vH	25,9	30,5	40,0	14,7	18,5	19,2	20,4	21,1

Anmerkungen 1 bis 7 siehe vorherige Seite.- [8] Flüchtige organische Verbindungen ohne Methan - NMVOC.- [9] Verteilung von Otto-Kraftstoff.- [10] In Industrie, Gewerbe und Haushalten.- [11] Um-schlag staubender Güter mit Berücksichtigung von Minderungsmaßnahmen (bis 1985 Grobabschätzung).- [12] Düngemitteleinsatz, Verwendung tierischer Abfälle. Anlagen zur Abwasserstickstoffeliminierung noch nicht erfasst.- [13] Anwendung von Lachgas als Narkosemittel.- Weitere Anmerkungen siehe folgende Seite. Quelle: Umweltbundesamt

Umweltbelastung - Luftverunreinigung[1] - nach Art der Emissionen und Emittentengruppen

	Einheit	1980	1985	1990	1993	1996	1999	2001*	2002*
Distickstoffoxid (N$_2$O)	kt	**175**	**186**	**182**	**245**	**242**	**180**	**181**	**180**
Verkehr[2][14]	vH	1,7	2,1	5,5	6,5	7,4	9,8	8,6	8,2
Haushalte	vH	1,7	1,6	1,1	1,5	0,7	0,8	0,8	0,7
Kleinverbraucher[3]	vH	1,1	1,1	0,5	0,8	0,3	0,4	0,4	0,3
Industrieprozesse[4]	vH	38,3	42,4	41,8	31,5	32,9	9,2	11,8	12,7
Industriefeuerungen[5]	vH	2,9	2,1	2,2	1,7	1,3	1,6	1,5	1,5
Kraft- und Fernheizwerke[6]	vH	5,7	4,8	5,5	5,4	5,2	6,5	6,8	6,9
Land- und Abfallwirtschaft[12][19]	vH	45,7	43,1	40,7	50,2	49,6	68,2	66,7	66,2
Produktverwendung[13]	vH	2,9	2,7	2,7	2,5	2,6	3,4	3,4	3,4
Methan (CH$_4$)	kt	**4 921**	**4 605**	**4 477**	**5 824**	**5 073**	**4 479**	**4 039**	**3 965**
Straßenverkehr	vH	0,8	0,8	0,8	0,6	0,5	0,4	0,4	0,3
Übriger Verkehr[2]	vH	0,0	0,0	0,0	0,0	0,0	0,0	0,0	0,0
Haushalte	vH	0,9	0,8	0,6	1,2	0,5	0,6	0,7	0,7
Kleinverbraucher[3]	vH	0,2	0,1	0,1	0,1	0,2	0,1	0,1	0,1
Industrieprozesse[4]	vH	0,4	0,3	0,2	0,0	0,0	0,0	0,0	0,0
Industriefeuerungen[5]	vH	0,3	0,3	0,2	0,1	0,1	0,1	0,1	0,1
Kraft- und Fernheizwerke[6]	vH	0,2	0,2	0,2	0,1	0,1	0,1	0,1	0,1
Gew. u. Vert. von Brennst.[15]	vH	34,1	35,1	32,7	26,3	23,7	23,2	20,0	19,7
Landwirtschaft[16]	vH	31,8	27,1	33,7	45,6	52,7	57,9	63,2	64,4
Abfallwirtschaft[17]	vH	31,4	35,2	31,4	25,9	22,2	17,4	15,3	14,5
Ammoniak (NH$_3$)	kt	**572**	**588**	**554**	**631**	**614**	**610**	**614**	**614**
Industrieprozesse[4]	vH	1,6	1,3	1,1	1,3	1,6	1,5	1,5	1,6
Tierhaltung[18]	vH	86,9	87,7	86,8	78,6	77,2	75,5	74,5	74,5
Düngeranwendung[19]	vH	10,8	10,3	9,9	16,8	17,8	19,7	20,9	21,0
Sonstige Quellen[20]	vH	0,7	0,7	2,2	3,3	3,4	3,2	3,1	2,9
FCKW und Halone	kt	**63**	**61**	**34**	**13**	**8**	**8**	**8**	**8** [17]

Anmerkung 1 bis 13 siehe vorherige Seiten.- [14] Einschließlich Straßenverkehr.- [15] Bergbau, lokale Gasverteilungsnetze, Erdöl- und Erdgasförderung.- [16] Fermentation, tierische Abfälle.- Deponien, Abwasserbehandlung, Klärschlammverwertung.- [18] Stallemissionen, Lagerung und Ausbringung von Betriebsdünger.- [19] Anwendung stickstoffhaltiger Mineraldünger.- [20] Straßenver-kehr, Feuerungsanlagen DENOX-Anlagen in Kraftwerken.- *Vorläufige Werte. Quelle: Umweltbundesamt

Internationale Kennziffern

C1

Internationale Kennziffern – Europäische Union (EU)

Bevölkerung[1] - in 1000

	1996	1997	1998	1999	2000	2001	2002	2003	2004
EU15	**372 231**	**373 224**	**374 066**	**375 017**	**376 204**	**377 654**	**378 361**	**380 379**	**382 722**
EU25	**447 378**	**448 318**	**449 088**	**449 975**	**451 080**	**452 016**	**452 641**	**454 580**	**456 863**
Belgien	10 143	10 170	10 192	10 214	10 239	10 263	10 310	10 356	10 396
Dänemark	5 251	5 275	5 295	5 314	5 330	5 349	5 368	5 384	5 398
Deutschland	81 818	82 012	82 057	82 037	82 164	82 260	82 440	82 537	82 532
Estland[2]	1 425	1 406	1 393	1 379	1 372	1 367	1 361	1 356	1 351
Finnland	5 117	5 132	5 147	5 160	5 171	5 181	5 195	5 206	5 220
Frankreich	57 936	58 116	58 299	58 497	58 749	59 043	59 343	59 635	59 901
Griechenland	10 674	10 745	10 808	10 861	10 904	10 931	10 969	11 006	11 041
Großbritannien	58 704	58 905	59 090	59 391	59 623	59 863	59 140	59 329	59 673
Irland	3 620	3 655	3 694	3 732	3 778	3 833	3 900	3 964	4 028
Italien	56 846	56 879	56 908	56 914	56 930	56 968	56 994	57 321	57 888
Lettland[2]	2 470	2 445	2 421	2 399	2 382	2 364	2 346	2 332	2 319
Litauen[2]	3 615	3 588	3 562	3 536	3 512	3 487	3 476	3 463	3 446
Luxemburg	412	417	422	427	434	439	444	448	452
Malta[3]	371	374	377	379	380	391	395	397	400
Niederlande	15 494	15 567	15 654	15 760	15 864	15 987	16 105	16 193	16 258
Österreich	7 953	7 965	7 971	7 983	8 002	8 021	8 065	8 102	8 140
Polen[3]	38 609	38 639	38 660	38 667	38 654	38 254	38 242	38 219	38 191
Portugal	10 043	10 073	10 110	10 149	10 195	10 257	10 329	10 408	10 475
Schweden	8 838	8 845	8 848	8 854	8 861	8 883	8 909	8 941	8 976
Slowakei[2]	5 368	5 379	5 388	5 393	5 399	5 379	5 379	5 379	5 380
Slowenien[2]	1 990	1 987	1 985	1 978	1 988	1 990	1 994	1 995	1 996
Spanien	39 383	39 468	39 571	39 724	39 961	40 376	40 851	41 551	42 345
Tschechien[2]	10 321	10 309	10 299	10 290	10 278	10 232	10 206	10 203	10 212
Ungarn[2]	10 321	10 301	10 280	10 253	10 222	10 200	10 175	10 142	10 117
Zypern[2]	656	666	657	683	691	698	706	715	730
nachrichtlich:									
Norwegen	4 370	4 393	4 418	4 445	4 479	4 503	4 524	4 552	4 578
Schweiz	7 062	7 081	7 097	7 124	7 164	7 204	7 256	7 314	7 364

[1] Stand 1.1.- [2] EU-Mitgliedschaft ab 1.4.2004.

Internationale Kennziffern - Europäische Union (EU)

Erwerbstätige[1] - in 1000

	1996	1997	1998	1999	2000	2001	2002	2003	2004
EU15	**155 891**	**157 312**	**159 883**	**162 653**	**165 876**	**168 022**	**168 944**	**169 395**	**170 470**
EU25	**186 187**	**188 001**	**190 894**	**193 180**	**195 950**	**198 351**	**198 938**	**197 624**	**198 662**
Belgien	3 851	3 886	3 957	4 011	4 088	4 149	4 136	4 139	4 169
Dänemark	2 652	2 675	2 718	2 776	2 784	2 792	2 782	2 757	2 759
Deutschland	37 275	37 210	37 610	38 074	38 751	38 923	38 696	38 316	38 439
Estland[2]	619	619	608	581	572	577	584	593	592
Finnland	2 084	2 154	2 197	2 253	2 304	2 338	2 360	2 360	2 363
Frankreich	22 767	22 867	23 215	23 680	24 308	24 719	24 888	24 869	24 859
Griechenland	3 702	3 620	3 890	3 893	3 903	3 890	3 893	3 946	4 068
Großbritannien	26 056	26 523	26 796	27 160	27 477	27 706	27 919	28 183	28 437
Irland	1 331	1 405	1 526	1 621	1 697	1 748	1 779	1 814	1 871
Italien	22 130	22 215	22 448	22 697	23 129	23 582	24 008	24 285	24 496
Lettland[2]	952	994	991	973	945	965	987	997	1 007
Litauen[2]	1 659	1 669	1 656	1 648	1 586	1 522	1 409	1 442	1 441
Luxemburg	221	228	239	251	265	280	288	293	300
Malta[2]	134	134	134	135	146	149	148	147	149
Niederlande	7 308	7 544	7 742	7 946	8 124	8 291	8 326	8 295	8 190
Österreich	3 920	3 954	4 006	4 080	4 122	4 147	4 142	4 146	4 186
Polen[2]	15 021	15 439	15 800	15 374	15 018	15 242	14 960	13 086	13 086
Portugal	4 780	4 871	4 764	4 839	4 924	5 004	5 029	5 009	5 015
Schweden	4 068	4 015	4 078	4 163	4 264	4 345	4 352	4 343	4 321
Slowakei[2]	2 156	2 129	2 120	2 063	2 025	2 037	2 027	2 063	2 056
Slowenien[2]	894	875	875	888	895	899	895	893	893
Spanien	13 745	14 147	14 698	15 209	15 738	16 108	16 348	16 644	16 998
Tschechien[2]	4 968	4 933	4 863	4 761	4 728	4 724	4 760	4 731	4 704
Ungarn[2]	3 605	3 611	3 675	3 792	3 829	3 868	3 871	3 922	3 901
Zypern[2]	288	287	290	313	330	346	353	356	363
nachrichtlich:									
Norwegen	2 157	2 220	2 276	2 294	2 304	2 310	2 313	2 299	2 303
Schweiz	3 967	3 969	3 995	4 046	4 089	4 155	4 180	4 175	4 185

C1

[1] Jahresdurchschnitt. - [2] EU-Mitgliedschaft ab 1.4.2004.

Internationale Kennziffern – Europäische Union (EU)

Bruttoinlandsprodukt - in Mio. €[1]

	1996	1997	1998	1999	2000	2001	2002	2003	2004
EU15	**6 996 387**	**7 364 846**	**7 703 489**	**8 095 986**	**8 659 360**	**8 988 424**	**9 305 815**	**9 451 632**	**9 881 897**
EU25	.	.	.	**8 424 602**	**9 034 163**	**9 410 764**	**9 752 376**	**9 893 341**	**10 357 844**
Belgien	212 422	216 110	223 674	235 683	247 924	254 153	261 124	269 546	283 752
Dänemark	145 324	150 414	155 163	163 200	173 598	179 226	181 790	187 134	194 421
Deutschland	1 921 661	1 907 246	1 952 107	2 012 000	2 062 500	2 113 160	2 145 020	2 163 400	2 215 650
Estland[2]	3 660	4 364	4 955	5 226	5 940	6 676	7 472	8 138	9 043
Finnland	101 366	109 075	116 644	120 965	130 859	136 472	140 853	143 807	149 725
Frankreich	1 240 363	1 258 311	1 316 172	1 366 466	1 441 372	1 497 184	1 548 555	1 585 172	1 648 369
Griechenland	97 973	107 103	108 977	117 850	123 173	131 317	141 669	153 472	165 281
Großbritannien	938 269	1 170 875	1 272 142	1 374 500	1 564 573	1 602 840	1 667 312	1 598 172	1 715 791
Irland	57 469	71 718	78 811	90 612	104 379	117 114	130 515	139 097	148 557
Italien	971 065	1 029 991	1 068 947	1 107 994	1 166 548	1 218 535	1 260 598	1 300 929	1 351 328
Lettland[2]	4 397	5 403	5 911	6 752	8 379	9 227	9 792	9 861	11 024
Litauen[2]	6 358	8 681	9 896	10 169	12 320	13 505	14 928	16 271	17 926
Luxemburg	14 297	15 417	16 890	18 739	21 279	22 020	22 806	23 956	25 664
Malta[2]	.	.	.	3 632	4 108	4 204	4 257	4 195	4 277
Niederlande	324 479	332 654	351 648	374 070	402 291	447 731	465 214	476 349	488 642
Österreich	186 283	184 287	191 076	200 025	210 392	215 878	220 688	226 968	237 039
Polen[2]	121 095	135 686	150 483	154 354	180 601	207 128	202 497	185 227	195 206
Portugal	91 705	97 753	104 620	112 695	120 302	127 769	133 828	135 822	141 115
Schweden	213 177	218 263	221 163	235 768	259 907	245 178	256 840	267 251	279 008
Slowakei[2]	16 403	18 699	19 763	19 131	21 926	23 322	25 733	28 952	33 119
Slowenien[2]	15 882	17 184	18 634	19 924	20 581	21 845	23 518	24 576	25 895
Spanien	480 535	495 627	525 454	565 419	630 263	679 848	729 004	780 557	837 557
Tschechien[2]	48 195	49 683	54 440	55 345	60 397	67 960	78 388	80 254	86 239
Ungarn[2]	35 580	40 352	41 931	45 075	50 655	57 874	68 902	72 584	80 816
Zypern[2]	7 264	7 764	8 394	9 008	9 895	10 599	11 073	11 651	12 402
nachrichtlich:									
Norwegen	125 287	138 596	133 729	148 373	181 079	189 632	202 319	195 159	201 387
Schweiz	238 532	231 504	240 557	248 637	266 724	279 699	293 474	285 671	288 853

1) Bis 1998 in Mio. ECU.- 2) EU-Mitgliedschaft ab 1.4.2004.

Internationale Kennziffern - Europäische Union (EU)

Bruttoinlandsverbrauch von Energie - in Mio. t Rohöleinheiten

	1995	1996	1997	1998	1999	2000	2001	2002	2003
EU15	**1 367,7**	**1 417,8**	**1 409,7**	**1 439,3**	**1 441,6**	**1 455,6**	**1 488,4**	**1 481,2**	**1 513,6**
EU25	**1 578,1**	**1 637,9**	**1 626,0**	**1 648,5**	**1 642,1**	**1 654,2**	**1 691,8**	**1 684,7**	**1 726,2**
Belgien	50,5	54,0	55,1	56,2	56,9	57,2	55,6	52,6	55,8
Dänemark	20,2	22,8	21,3	21,0	20,2	19,7	20,2	19,8	20,7
Deutschland	338,0	349,1	345,5	344,5	338,4	340,2	350,4	342,8	344,5
Estland[1]	5,3	5,6	5,5	5,2	4,9	4,6	5,1	5,0	5,5
Finnland	28,8	31,2	32,8	33,2	32,8	32,5	33,3	35,1	37,1
Frankreich	239,9	254,1	247,0	254,5	254,2	258,5	266,2	266,2	270,6
Griechenland	24,1	25,4	25,6	26,9	26,8	28,1	28,9	29,7	30,2
Großbritannien	218,0	228,2	222,7	230,3	228,7	230,4	232,0	226,4	229,8
Irland	11,0	11,7	12,3	13,0	13,8	14,2	14,8	15,1	15,3
Italien	161,4	161,3	163,6	168,6	170,9	172,5	172,7	173,6	182,0
Lettland[1]	4,8	4,7	4,5	4,4	4,1	4,0	4,2	4,2	4,4
Litauen[1]	8,3	8,9	8,4	9,4	7,9	7,2	8,0	8,7	9,0
Luxemburg	3,3	3,4	3,4	3,3	3,4	3,6	3,8	4,0	4,2
Malta[1]	0,8	0,9	0,9	1,0	1,0	0,8	0,7	0,9	0,9
Niederlande	73,4	76,3	75,1	75,0	74,5	75,7	77,6	78,2	80,5
Österreich	26,7	28,4	28,4	28,7	28,6	28,5	30,5	30,2	32,7
Polen[1]	100,1	107,2	103,4	97,4	93,7	90,8	90,8	89,4	94,1
Portugal	19,6	19,6	20,7	22,2	23,9	24,1	24,8	26,0	25,3
Schweden	50,4	51,6	50,3	50,7	50,8	47,9	51,5	51,4	50,9
Slowakei[1]	17,1	16,6	17,4	17,1	17,0	17,0	18,7	18,8	18,9
Slowenien[1]	6,1	6,4	6,5	6,4	6,3	6,5	6,8	6,9	6,9
Spanien	102,2	100,8	106,1	111,1	117,6	122,8	126,2	130,1	134,1
Tschechien[1]	40,8	41,9	42,4	40,9	38,0	40,4	41,2	41,4	43,7
Ungarn[1]	25,3	25,8	25,3	25,1	25,3	24,9	25,4	25,9	26,7
Zypern[1]	2,0	2,1	2,1	2,3	2,3	2,4	2,4	2,4	2,5
nachrichtlich:									
Norwegen	23,7	23,2	24,4	25,5	26,7	26,1	26,9	26,3	22,4
Schweiz									

C1

[1] EU-Mitgliedschaft ab 1.4.2004.

Internationale Kennziffern - Europäische Union (EU)

Streckenlänge der Eisenbahnen - Betriebslänge insgesamt - in km

	1995	1996	1997	1998	1999	2000	2001	2002
EU15	**165 084**	**164 423**	**162 024**	**161 285**	**161 666**	**161 317**	**161 179**	**160 744**
EU25	**216 434**	**215 196**	**212 677**	**211 811**	**211 822**	**211 056**	**209 359**	**208 992**
Belgien	3 368	3 380	3 422	3 470	3 472	3 471	3 454	3 518
Dänemark	2 349	2 349	2 248	2 264	2 756	2 768	2 768	2 779
Deutschland	45 059	44 467	42 184	41 841	41 612	41 681	41 115	40 849
Estland[1]	1 021	1 020	1 018	968	968	968	967	967
Finnland	5 859	5 860	5 865	5 867	5 836	5 854	5 850	5 850
Frankreich	31 940	31 852	31 821	31 770	31 735	31 397	31 385	31 320
Griechenland	2 474	2 474	2 503	2 299	2 299	2 385	2 377	2 383
Großbritannien	16 999	17 001	16 991	16 994	16 984	16 994	16 994	16 994
Irland	1 945	1 954	1 908	1 909	1 919	1 919	1 919	1 919
Italien	16 005	16 014	16 030	16 080	16 092	15 974	16 035	15 985
Lettland[1]	2 413	2 413	2 413	2 413	2 431	2 331	2 305	2 270
Litauen[1]	2 002	1 997	1 997	1 997	1 905	1 905	1 696	1 776
Luxemburg	275	274	274	274	274	274	274	274
Malta[1]	-	-	-	-	-	-	-	-
Niederlande	2 813	2 813	2 805	2 808	2 808	2 802	2 809	2 806
Österreich	5 672	5 672	5 672	5 643	5 618	5 563	5 980	5 642
Polen[1]	23 986	23 420	23 328	23 210	22 891	22 560	21 119	21 073
Portugal	3 065	3 071	3 038	2 794	2 814	2 814	2 814	2 801
Schweden	10 925	10 964	10 941	10 997	11 044	11 037	11 021	11 095
Slowakei[1]	3 665	3 673	3 673	3 665	3 665	3 662	3 662	3 657
Slowenien[1]	1 201	1 201	1 201	1 201	1 201	1 201	1 229	1 229
Spanien	16 336	16 278	16 322	16 275	16 403	16 384	16 384	16 529
Tschechien[1]	9 430	9 430	9 430	9 430	9 444	9 444	9 523	9 600
Ungarn[1]	7 632	7 619	7 593	7 642	7 651	7 668	7 679	7 676
Zypern[1]	-	-	-	-	-	-	-	-
nachrichtlich:								
Norwegen	4 023	4 021	4 021	4 021	4 021	4 179	4 178	4 077
Schweiz	5 041	5 041	5 040	5 045	5 065	5 062	5 053	5 050

1) EU-Mitgliedschaft ab 1.4.2004.

Internationale Kennziffern - Europäische Union (EU)

Straßennetz - Autobahnen[1] - in km

	1995	1996	1997	1998	1999	2000	2001	2002	2003
EU15	**45 264**	**46 335**	**47 436**	**49 071**	**50 653**	**51 551**	**53 096**	.	.
EU25	**47 376**	**48 570**	**49 792**	**51 642**	**53 331**	**54 329**	**55 957**	.	.
Belgien	1 666	1 674	1 679	1 682	1 691	1 702	1 727	1 729	1 747
Dänemark	796	832	855	873	892	953	971	1 010	.
Deutschland	11 190	11 246	11 309	11 427	11 515	11 712	11 786	12 037	12 044
Estland[2]	64	66	68	74	87	93	93	98	.
Finnland	394	431	444	473	512	549	602	653	653
Frankreich	8 275	8 596	8 864	9 303	9 626	9 766	10 068	10 223	10 390
Griechenland	420	470	349	357	444	636	742	.	880
Großbritannien	3 307	3 344	3 412	3 473	3 579	3 600	3 609	3 609	.
Irland	72	80	94	103	103	103	125	125	.
Italien	6 435	6 465	6 469	6 478	6 478	6 478	6 478	6 478	.
Lettland[2]	-	-	-	-	-	-	-	-	.
Litauen[2]	394	404	410	417	417	417	417	417	417
Luxemburg	115	115	115	115	115	115	115	115	147
Malta[2]	-	-	-	-	-	-	-	-	.
Niederlande	2 208	2 208	2 336	2 225	2 291	2 289	2 499	2 516	.
Österreich	1 596	1 607	1 613	1 613	1 634	1 633	1 645	1 645	1 677
Polen[2]	246	258	264	268	317	358	398	405	484
Portugal	687	710	797	1 252	1 441	1 482	1 659	1 835	.
Schweden	1 141	1 262	1 350	1 428	1 439	1 484	1 499	1 507	1 544
Slowakei[2]	198	215	219	292	295	296	296	302	313
Slowenien[2]	293	310	330	369	399	427	435	457	.
Spanien	6 962	7 295	7 750	8 269	8 893	9 049	9 571	9 910	.
Tschechien[2]	414	423	485	499	499	499	517	518	.
Ungarn[2]	335	365	381	448	448	448	448	533	.
Zypern[2]	168	194	199	204	216	240	257	268	268
nachrichtlich:									
Norwegen	107	103	109	128	128	144	143	173	213
Schweiz	1 197	1 244	1 258	1 262	1 267	1 270	1 305	1 342	.

1) Stand 31.12.- 2) EU-Mitgliedschaft ab 1.4.2004.

C1

Internationale Kennziffern – Europäische Union (EU)

Straßennetz insgesamt - in 1000 km

	1995	1996	1997	1998	1999	2000	2001	2002	2003
EU15									
EU25									
Belgien	143,2	143,8	145,8	145,8	146,5	147,1	148,3	149,0	149,8
Dänemark	71,3	71,3	71,4	71,5	71,5	71,7	71,7	71,9	·
Deutschland	·	·	·	·	·	·	·	·	·
Estland[1]	·	·	·	49,5	50,5	51,4	52,0	56,0	·
Finnland	77,7	77,8	77,8	77,9	77,9	78,4	78,6	78,7	78,2
Frankreich	892,2	892,1	891,9	892,3	892,1	892,3	892,6	891,3	891,3
Griechenland	117,0	117,1	116,9	116,9	117,0	·	·	·	·
Großbritannien	367,1	368,9	370,0	371,7	372,1	·	·	·	·
Irland	92,5	92,5	92,5	95,7	95,7	95,7	95,7	95,7	·
Italien	·	·	312,1	479,5	479,5	·	·	·	·
Lettland[1]	·	·	·	·	·	·	·	·	·
Litauen[1]	62,5	66,2	69,2	72,4	73,5	75,5	76,6	77,1	78,9
Luxemburg	5,1	5,1	5,2	5,3	5,3	5,3	·	·	·
Malta[1]	·	·	·	·	·	·	·	·	·
Niederlande	122,2	124,2	124,9	125,6	116,6	·	·	·	·
Österreich	·	·	·	·	200,0	200,0	200,0	200,0	·
Polen[1]	372,2	375,0	377,1	380,1	381,1	381,2	364,6	364,7	·
Portugal	68,8	68,8	68,7	69,2	68,7	·	·	·	·
Schweden	210,8	210,6	210,7	211,1	212,0	212,4	213,0	213,2	·
Slowakei[1]	42,4	42,4	42,6	42,7	42,7	43,0	43,0	43,0	43,0
Slowenien[1]	·	·	·	19,7	20,1	20,1	20,2	20,3	·
Spanien	·	·	217,1	217,9	219,5	220,0	221,0	221,6	·
Tschechien[1]	·	·	127,7	128,8	127,7	127,7	127,7	127,7	·
Ungarn[1]	158,6	158,7	158,7	158,7	158,7	158,7	158,7	159,5	·
Zypern[1]	10,2	10,4	10,6	10,8	11,0	11,1	11,5	11,6	11,8
nachrichtlich:									
Norwegen	90,3	90,7	91,5	91,4	90,9	91,0	91,6	91,8	91,9
Schweiz	71,1	70,7	70,7	71,1	71,2	71,2	71,2	70,8	·

[1] EU-Mitgliedschaft ab 1.4.2004.

Internationale Kennziffern – Europäische Union (EU)

Bestand an Personenkraftwagen - in 1 000

	1994	1995	1996	1997	1998	1999	2000	2001	2002
EU15	**156 926**	**159 888**	.	.	.	.	**179 310**	.	.
EU25	.	.	.	.	.	.	.	.	.
Belgien	4 210	4 273	4 339	.	4 492	4 584	4 678	4 740	4 725
Dänemark	1 611	1 679	1 739	1 783	1 817	1 843	1 854	1 878	1 890
Deutschland	39 765	40 404	40 988	41 372	41 674	42 324	42 840	43 772	44 383
Estland[1]	.	383	.	.	.	.	464	.	401
Finnland	1 873	1 901	1 943	1 948	2 021	2 083	2 135	2 146	2 180
Frankreich	24 900	25 100	25 500	26 090	26 810	27 480	28 060	28 700	29 160
Griechenland	2 074	2 205	2 339	2 500	2 676	2 811	3 156	3 415	3 656
Großbritannien	21 740	21 951	22 819	23 450	23 922	24 628	25 067	25 783	25 784
Irland	939	990	1 057	1 134	1 197	1 269	1 319	1 385	1 448
Italien	29 665	30 301	30 470	30 748	31 573	32 038	32 584	33 239	33 706
Lettland[1]	.	332	.	.	.	.	557	.	619
Litauen[1]	.	719	.	.	.	.	1 172	.	1 181
Luxemburg	229	232	.	.	.	.	273	.	287
Malta[1]	.	165	.	.	.	.	189	.	202
Niederlande	5 581	5 664	5 810	5 931	6 120	6 343	6 539	6 711	6 855
Österreich	3 479	3 594	3 690	3 783	3 887	4 010	4 097	4 182	3 987
Polen[1]	.	7 517	.	.	.	.	9 991	.	11 029
Portugal	3 532	3 751	4 003	4 273	4 587	4 932	5 260	.	.
Schweden	3 594	3 631	3 655	3 702	3 791	3 890	3 999	4 019	4 043
Slowakei[1]	.	1 016	.	.	.	.	1 274	.	1 327
Slowenien[1]	.	.	.	.	.	.	.	.	.
Spanien	13 734	14 212	.	.	.	16 848	17 449	18 151	18 733
Tschechien[1]	.	3 043	.	.	.	.	3 439	.	3 647
Ungarn[1]	.	2 106	.	.	.	.	2 365	.	2 630
Zypern[1]	.	220	.	.	.	.	268	.	288
nachrichtlich:									
Norwegen	1 654	1 685	1 661	1 758	1 786	1 814	1 851	.	.
Schweiz	3 165	3 229	3 268	3 323	3 383	3 467	3 545	3 630	.

1) EU-Mitgliedschaft ab 1.4.2004.

C1

Internationale Kennziffern - Europäische Union (EU)

Bestand an Personenkraftwagen - pro 1 000 Einwohner

	1995	1996	1997	1998	1999	2000	2001	2002
EU15	**430**	**438**	**445**	**456**	**467**	**478**	**488**	**495**
EU25	**394**	**403**	.	.	.	.	**455**	**463**
Belgien	422	427	432	440	448	456	461	463
Dänemark	321	330	337	343	346	347	350	351
Deutschland	495	500	504	508	516	532	539	541
Estland[1]	267	287	.	.	.	.	299	295
Finnland	372	379	379	392	403	412	417	422
Frankreich	434	439	448	459	469	476	485	490
Griechenland	207	218	232	247	269	293	312	331
Großbritannien	374	387	397	403	414	420	433	447
Irland	274	291	309	322	338	347	359	371
Italien	529	531	535	548	556	564	579	590
Lettland[1]	134	155	177	200	220	235	249	265
Litauen[1]	198	218	247	276	309	335	326	340
Luxemburg	568	572	582	596	611	626	635	643
Malta[1]	488	446	490	463	480	490	497	508
Niederlande	366	374	380	390	401	411	418	424
Österreich	452	464	475	487	502	511	521	495
Polen[1]	195	209	221	230	240	259	272	287
Portugal	374	398	424	453	485	514	538	558
Schweden	411	413	418	428	439	451	452	453
Slowakei[1]	189	197	211	222	229	236	240	247
Slowenien[1]	359	373	392	410	428	437	444	459
Spanien	362	376	389	407	425	437	451	460
Tschechien[1]	295	309	329	339	334	335	345	357
Ungarn[1]	217	220	223	216	220	232	244	259
Zypern[1]	338	343	350	367	374	386	399	405
nachrichtlich:								
Norwegen	387	381	402	404	414	417	.	.
Schweiz	457	451	455	464	.	494	506	.

1) EU-Mitgliedschaft ab 1.4.2004.

Internationale Kennziffern – Europäische Union (EU)

Neuzulassungen von Personenkraftwagen – in Mio.

	1996	1997	1998	1999	2000	2001	2002	2003	2004
EU15	**12 403**	**13 008**	**13 934**	**14 635**	**14 312**	**14 402**	**13 998**	**13 843**	**14 126**
EU25	.	.	.	.	.	.	.	.	.
Belgien	397	396	452	490	515	489	468	459	485
Dänemark	142	152	160	144	113	96	112	96	121
Deutschland	3 496	3 528	3 736	3 802	3 378	3 342	3 253	3 237	3 267
Estland[1]	.	.	.	.	.	.	.	16	16
Finnland	96	105	126	136	135	109	117	147	142
Frankreich	2 132	1 713	1 944	2 148	2 134	2 255	2 145	2 009	2 014
Griechenland	140	160	180	262	290	280	268	257	290
Großbritannien	2 025	2 171	2 247	2 198	2 222	2 459	2 564	2 579	2 567
Irland	115	137	146	174	231	165	156	145	154
Italien	1 736	2 409	2 374	2 340	2 416	2 413	2 270	2 247	2 263
Lettland[1]	.	.	.	.	.	.	.	9	11
Litauen[1]	.	.	.	.	.	.	.	8	9
Luxemburg	30	31	36	40	42	43	43	44	48
Malta[1]	.	.	.	13	12	9	10	6	.
Niederlande	472	478	543	612	598	530	511	489	484
Österreich	308	275	296	314	309	294	279	300	311
Polen[1]	.	.	.	.	.	.	.	358	318
Portugal	218	214	248	273	258	255	226	190	198
Schweden	184	225	253	295	291	247	255	261	264
Slowakei[1]	.	.	.	58	54	67	67	60	57
Slowenien[1]	.	.	.	78	62	54	51	60	62
Spanien	911	1 014	1 193	1 407	1 382	1 426	1 332	1 382	1 517
Tschechien[1]	.	.	.	.	.	.	.	153	144
Ungarn[1]	.	.	.	.	.	.	.	208	207
Zypern[1]	.	.	.	20	19	25	.	.	.
nachrichtlich:									
Norwegen	125	128	118	101	97	92	89	90	116
Schweiz	273	273	297	317	317	317	295	270	269

1) EU-Mitgliedschaft ab 1.4.2004.

C1

Internationale Kennziffern - Europäische Union (EU)

Straßenverkehrsunfälle mit Personenschaden

	1996	1997	1998	1999	2000	2001	2002	2003
EU15	.	**1 274 167**	**1 295 349**	**1 327 388**	**1 294 668**	**1 288 908**	**1 247 473**	.
EU25					.	**1 420 850**	**1 382 721**	.
Belgien	48 750	50 078	51 167	51 601	49 065	47 444	41 750	.
Dänemark	8 080	8 004	7 556	7 605	7 346	6 860	7 126	6 749
Deutschland	373 082	380 835	377 257	395 689	382 949	375 345	362 054	354 534
Estland[1]	.	.	.	.	1 500	1 890	2 160	.
Finnland	7 274	6 980	6 902	6 997	6 633	6 451	6 196	6 907
Frankreich	125 406	125 202	124 387	124 524	121 223	116 745	105 470	90 220
Griechenland	.	24 319	24 836	24 231	23 001	19 710	16 850	.
Großbritannien	243 032	247 238	246 410	242 610	242 117	236 461	228 535	220 079
Irland	8 686	8 496	8 239	7 807	7 757	6 909	6 625	5 985
Italien	183 415	190 031	204 615	219 032	211 941	235 142	237 812	.
Lettland[1]	.	.	.	.	4 480	4 770	5 080	.
Litauen[1]	.	.	.	.	5 810	5 970	6 090	.
Luxemburg	.	1 017	1 053	1 062	905	774	771	720
Malta[1]	.	.	.	.	1 180	1 230	1 310	.
Niederlande	41 041	41 036	41 299	42 271	37 947	35 313	33 538	31 635
Österreich	38 253	39 695	39 225	42 348	42 126	43 073	43 175	43 426
Polen[1]	.	.	61 855	55 106	57 331	53 779	53 559	51 078
Portugal	49 265	49 417	49 319	47 966	44 159	42 521	42 219	41 495
Schweden	15 312	15 752	15 514	15 834	15 770	15 767	16 919	18 365
Slowakei[1]	.	.	9 704	8 578	7 884	8 181	7 866	.
Slowenien[1]	.	.	.	.	.	9 200	10 541	11 910
Spanien	85 588	86 067	97 570	97 811	101 729	100 393	98 433	99 987
Tschechien[1]	.	.	27 207	26 918	25 445	26 027	26 586	27 320
Ungarn[1]	.	.	20 147	18 923	17 493	18 505	19 686	.
Zypern[1]	.	.	.	.	2 410	2 390	2 370	.
nachrichtlich:								
Norwegen	8 779	8 765	8 864	8 361	8 440	8 244	8 724	7 921
Schweiz	21 578	22 076	22 232	23 434	23 737	23 896	23 647	23 840

[1] EU-Mitgliedschaft ab 1.4.2004.

Quelle: IRTAD-Datenbank - Bundesanstalt für Straßenwesen

Internationale Kennziffern - Europäische Union (EU)

Getötete im Straßenverkehr

	1996	1997	1998	1999	2000	2001	2002	2003
EU15	.	**46 821**	**53 032**	**52 005**	**52 229**	**48 633**	**49 711**	**44 725**
EU25					**52 229**		**49 711**	**44 725**
Belgien	1 356	1 364	1 500	1 397	1 470	1 486	1 315	.
Dänemark	514	489	499	514	498	431	463	432
Deutschland	8 758	8 549	7 792	7 772	7 503	6 977	6 842	6 613
Estland[1]	.	.	.	.	204	.	224	164
Finnland	404	438	400	431	396	433	415	379
Frankreich	8 541	8 444	8 918	8 487	8 079	8 160	7 655	6 058
Griechenland	2 603	.	2 226	2 116	2 037	1 971	1 654	1 615
Großbritannien	3 740	3 743	3 581	3 564	3 580	3 598	3 581	3 658
Irland	453	472	458	413	415	411	376	335
Italien	6 688	6 724	6 326	6 633	6 410	6 682	6 736	6 015
Lettland[1]	.	.	.	.	588	.	518	493
Litauen[1]	.	.	.	.	641	.	697	709
Luxemburg	.	60	57	58	76	70	62	53
Malta[1]	.	.	.	.	15	.	16	.
Niederlande	1 180	1 163	1 066	1 090	1 082	993	987	1 028
Österreich	1 027	1 105	963	1 079	976	958	956	931
Polen[1]	.	.	7 080	6 730	6 294	5 534	5 827	5 640
Portugal	2 730	2 521	2 126	1 995	1 860	1 671	1 675	1 546
Schweden	537	541	531	580	591	554	532	529
Slowakei[1]	.	.	819	647	628	614	610	.
Slowenien[1]	.	.	.	.	313	.	269	242
Spanien	5 483	5 604	5 957	5 738	5 776	5 517	5 347	5 399
Tschechien[1]	.	.	1 362	1 455	1 486	1 334	1 431	1 447
Ungarn[1]	.	.	1 371	1 306	1 200	1 239	1 429	1 326
Zypern[1]	.	.	.	.	111	.	94	97
nachrichtlich:								
Norwegen	283	305	255	303	352	304	312	280
Schweiz	616	587	597	583	592	544	513	546

1) EU-Mitgliedschaft ab 1.4.2004.

Quelle: IRTAD-Datenbank - Bundesanstalt für Straßenwesen

C1

Internationale Kennziffern - Europäische Union (EU)

Eisenbahnverkehr[1] - Personenverkehr - Verkehrsleistung - in Mrd. Pkm

	1995	1996	1997	1998	1999	2000	2001	2002	2003
EU15	**268,9**	**277,3**	**282,3**	**287,2**	**296,4**	**305,2**	**304,7**	**307,6**	**308,3**
EU25	**319,7**	**320,6**	**324,6**	**329,5**	**340,0**	**351,6**	**349,4**	**350,3**	**349,3**
Belgien	6,8	6,8	7,0	7,1	7,4	7,7	8,0	8,3	8,3
Dänemark	4,9	4,8	5,2	5,4	5,3	5,5	5,7	5,7	5,4
Deutschland	71,7	72,4	72,7	73,8	75,4	75,8	71,4	71,3	72,6
Estland[2]	0,4	0,3	0,3	0,2	0,2	0,3	0,2	0,2	0,2
Finnland	3,2	3,3	3,4	3,4	3,4	3,4	3,3	3,3	3,3
Frankreich[3]	55,6	59,8	61,6	64,2	66,3	69,6	71,2	73,2	72,2
Griechenland	1,6	1,8	1,9	1,6	1,6	1,9	1,7	1,8	1,8
Großbritannien	30,2	32,3	34,9	36,5	38,7	38,4	39,3	39,9	40,9
Irland	1,3	1,3	1,4	1,4	1,5	1,4	1,5	1,6	1,6
Italien	43,9	44,8	43,6	41,4	43,4	47,1	46,8	46,0	46,1
Lettland[2]	1,4	1,1	1,2	1,1	1,0	0,7	0,7	0,7	0,8
Litauen[2]	1,1	1,0	0,8	0,8	0,7	0,6	0,5	0,5	0,4
Luxemburg	0,3	0,3	0,3	0,3	0,3	0,3	0,3	0,4	0,4
Malta[2]	-	-	-	-	-	-	-	-	-
Niederlande	13,0	13,1	14,2	14,9	15,0	15,4	15,5	15,5	13,9
Österreich	9,6	9,7	8,1	8,0	8,0	8,2	8,2	8,3	8,3
Polen[2]	26,6	19,8	19,9	20,6	21,5	24,1	22,5	20,7	19,6
Portugal	4,8	4,5	4,6	4,6	4,3	3,6	3,7	3,7	3,6
Schweden	6,8	7,0	7,0	7,2	7,7	8,3	8,8	9,1	9,1
Slowakei[2]	4,2	3,8	3,1	3,1	3,0	2,9	2,8	2,7	2,3
Slowenien[2]	0,6	0,6	0,6	0,6	0,6	0,8	0,7	0,7	0,8
Spanien	15,3	15,6	16,6	17,5	18,1	18,6	19,2	19,5	21,0
Tschechien[2]	8,0	8,1	7,7	7,0	7,0	7,3	7,3	6,6	6,5
Ungarn[2]	8,4	8,6	8,7	8,9	9,5	9,7	10,0	10,5	10,4
Zypern[2]	-	-	-	-	-	-	-	-	-
nachrichtlich:									
Norwegen	2,3	2,4	2,5	2,6	2,9	2,9	2,8	2,5	2,4
Schweiz	11,7	11,7	12,4	12,5	12,6	12,8	13,5	12,1	12,3

[1] Bis auf Deutschland nur Mitgliedsbahnen der UIC (union International de Chemins de fer). - [2] EU-Mitgliedschaft ab 1.4.2004. - [3] Ab 1995 einschl. Eurtunnel (2000: 0,6 Mrd. Pkm).

Internationale Kennziffern - Europäische Union (EU)

Eisenbahnverkehr[1] - Güterverkehr - Verkehrsleistung - in Mrd. tkm

	1995	1996	1997	1998	1999	2000	2001	2002	2003
EU15	**223,1**	**224,9**	**238,3**	**238,3**	**239,3**	**248,1**	**242,3**	**234,6**	**232,9**
EU25	**360,0**	**361,5**	**378,1**	**368,1**	**359,6**	**372,8**	**358,8**	**352,8**	**356,3**
Belgien	7,3	7,2	7,5	7,6	7,4	7,7	7,1	7,3	7,3
Dänemark	2,0	1,8	2,0	2,1	1,9	2,0	2,0	1,9	1,9
Deutschland	71,0	71,7	72,4	72,7	73,8	75,4	75,8	71,4	71,3
Estland[2]	3,8	4,2	5,1	6,1	7,3	8,1	8,6	9,7	9,7
Finnland	9,6	8,8	9,9	9,9	9,8	10,1	9,9	9,7	10,0
Frankreich[3]	48,1	49,5	53,9	54,0	53,4	55,4	50,4	50,0	46,8
Griechenland	0,3	0,3	0,3	0,3	0,3	0,4	0,4	0,4	0,4
Großbritannien	13,3	15,1	16,9	17,3	18,2	18,1	19,4	18,7	18,7
Irland	0,6	0,6	0,5	0,5	0,5	0,5	0,5	0,4	0,4
Italien	21,7	21,0	22,9	22,5	21,5	22,8	21,8	20,4	20,3
Lettland[2]	9,8	12,4	14,0	13,0	12,2	13,3	14,2	15,0	18,0
Litauen[2]	7,2	8,1	8,6	8,3	7,8	8,9	7,7	9,8	11,5
Luxemburg	0,5	0,5	0,6	0,6	0,6	0,6	0,6	0,6	0,5
Malta[2]	-	-	-	-	-	-	-	-	-
Niederlande[3]	3,1	3,1	3,4	3,8	4,0	4,6	4,3	4,0	4,4
Österreich	13,2	13,3	14,2	14,7	15,0	16,6	16,9	17,1	16,9
Polen[2]	68,2	67,4	67,7	60,9	55,1	54,0	47,7	46,6	47,4
Portugal	2,0	1,9	2,2	2,0	2,2	2,2	2,1	2,2	2,1
Schweden	19,4	18,8	19,2	19,2	19,1	20,1	19,5	19,0	20,1
Slowakei[2]	13,8	12,0	12,4	11,8	9,9	11,2	10,9	10,4	10,1
Slowenien[2]	3,1	2,6	2,9	2,9	2,8	2,8	2,8	3,1	3,3
Spanien	11,0	11,1	12,5	11,3	11,5	11,6	11,7	11,6	11,7
Tschechien[2]	22,6	22,3	21,0	18,7	16,7	17,5	16,9	15,8	15,8
Ungarn[2]	8,4	7,6	8,1	8,2	8,5	8,8	7,7	7,8	7,6
Zypern[2]	-	-	-	-	-	-	-	-	-
nachrichtlich:									
Norwegen	2,7	2,8	3,0	2,9	2,9	3,0	2,9	2,7	2,6
Schweiz	8,7	7,9	8,7	9,1	9,8	10,4	9,7	9,6	9,3

C1

[1] Bis auf Deutschland nur Mitgliedsbahnen der UIC (union International de Chemins de fer). [2] EU-Mitgliedschaft ab 1.4.2004. [3] Einschl. Ration Benelux.

Internationale Kennziffern - Europäische Union (EU)

Binnenschifffahrt[1] - Güterverkehr - Verkehrsleistung[2] - in Mrd. tkm

	1996	1997	1998	1999	2000	2001	2002	2003	2004
EU15	**113,1**	**113,1**	**114,5**	**119,8**	**124,3**	**124,3**	**125,3**	**119,5**	**124,6**
EU25	**117,3**	**118,0**	**119,5**	**124,4**	**129,4**	**128,8**	**129,5**	**123,6**	**128,9**
Belgien	5,6	5,7	5,7	5,8	6,0	6,4	7,2	7,7	8,1
Dänemark	-	-	-	-	-	-	-	-	-
Deutschland	61,3	62,2	64,3	62,7	66,5	64,8	64,2	58,2	63,7
Estland[3]	-	-	-	-	-	-	-	-	-
Finnland	0,3	0,4	0,3	0,4	0,3	0,3	0,3	0,3	0,3
Frankreich	7,5	6,6	6,0	7,1	7,9	8,5	9,1	8,3	8,3
Griechenland	-	-	-	-	-	-	-	-	-
Großbritannien	0,2	0,2	0,2	0,2	0,2	0,2	0,2	0,2	0,2
Irland	-	-	-	-	-	-	-	-	-
Italien	0,1	0,1	0,1	0,2	0,1	0,2	0,2	0,2	0,1
Lettland[3]	-	-	-	-	-	-	-	-	-
Litauen[3]	-	-	-	-	-	-	-	-	-
Luxemburg	0,3	0,3	0,3	0,4	0,4	0,4	0,4	0,4	0,3
Malta[3]	-	-	-	-	-	-	-	-	-
Niederlande	36,0	35,5	35,5	41,0	40,7	41,4	41,3	41,8	40,8
Österreich	1,8	2,0	2,1	2,1	2,3	2,2	2,4	2,6	2,8
Polen[3]	0,8	0,9	0,9	0,9	1,1	1,0	1,2	1,3	1,1
Portugal	-	-	-	-	-	-	-	-	-
Schweden	-	-	-	-	-	-	-	-	-
Slowakei[3]	0,8	1,5	1,6	1,5	1,5	1,7	1,4	1,0	0,9
Slowenien[3]	-	-	-	-	-	-	-	-	-
Spanien	-	-	-	-	-	-	-	-	-
Tschechien[3]	1,2	1,3	1,1	0,8	0,9	0,9	0,8	0,6	0,6
Ungarn[3]	1,4	1,2	1,4	1,4	1,6	1,0	0,9	1,3	1,7
Zypern[3]	-	-	-	-	-	-	-	-	-
nachrichtlich:									
Norwegen	-	-	-	-	-	-	-	-	-
Schweiz	0,2	0,2	0,1	0,1	0,1	0,1	0,1	-	.

[1] Meldepflichtig ab einem Verkehrsaufkommen von mind. 1 Mio. t.- [2] Verkehrsleistung im Inland.- [3] EU-Mitgliedschaft ab 1.4.2004.

Internationale Kennziffern - Europäische Union (EU)

Straßengüterverkehr - Tonnenkilometer[2] - in Mio.

	1999	2000	2001	2002	2003	2004
EU15	.	.	.	.	.	.
EU25	.	.	.	.	.	.
Belgien	.	51 047	53 182	52 889	50 542	47 878
Dänemark	23 236	24 021	22 156	22 516	23 009	23 114
Deutschland	278 427	280 708	288 964	285 214	290 750	303 752
Estland[2]	.	.	.	.	3 974	5 099
Finnland	29 656	31 975	30 478	31 967	30 926	32 290
Frankreich	204 713	203 999	206 870	204 359	203 608	212 201
Griechenland	.	.	.	.	.	.
Großbritannien	166 260	165 621	163 264	164 035	167 143	167 931
Irland	10 206	12 275	12 325	14 275	15 650	17 144
Italien	177 291	184 677	186 513	192 681	174 088	196 947
Lettland[2]	.	.	.	6 200	6 808	7 381
Litauen[2]	.	.	.	.	11 462	12 279
Luxemburg	6 313	7 609	8 700	9 179	9 645	9 575
Malta[2]	.	.	.	.	.	.
Niederlande	83 564	79 565	78 492	77 418	79 765	39 186
Österreich	33 982	35 122	37 532	38 498	39 557	102 807
Polen[2]	.	.	.	.	.	.
Portugal	26 087	26 836	29 967	29 724	27 425	36 972
Schweden	.	35 621	34 158	36 652	36 638	18 527
Slowakei[2]	.	.	.	.	16 748	9 007
Slowenien[2]	.	.	.	.	.	.
Spanien	134 262	148 717	161 045	184 549	192 595	220 822
Tschechien[2]	.	37 310	39 067	43 674	46 535	46 011
Ungarn[2]	.	.	18 486	17 913	18 208	20 608
Zypern[2]	.	.	.	1 322	1 401	1 119
nachrichtlich:						
Norwegen	14 916	15 132	15 179	15 426	16 590	17 460
Schweiz	.	.	.	.	.	.

[1] Verkehrsleistung der im jeweiligen Land beheimateten Güterkraftfahrzeuge.- [2] EU-Mitgliedschaft ab 1.4.2004.

C1

323

Internationale Kennziffern - Niederländische Seehäfen - Güterumschlag in Mio. t

	1996	1997	1998	1999	2000	2001	2002	2003	2004
Güterumschlag insgesamt[1]	378,1	401,5	404,8	397,0	405,8	405,9	413,3	410,3	.
Versand	84,8	88,7	85,1	92,0	90,0	88,6	95,2	91,8	.
Empfang	293,3	312,9	319,7	305,0	315,8	317,3	318,1	318,5	.
darunter:									
Rotterdam - insgesamt	284,4	306,9	298,9	319,6	322,4	314,7	319,9	327,8	352,4
dar. Erdöl	99,7	100,6	95,0	97,2	97,7	97,9	96,0	99,8	102,1
Mineralölprodukte	18,1	23,1	24,6	29,1	24,9	27,9	35,0	27,5	33,2
Stückgut	71,0	78,9	81,0	84,5	83,9	79,3	82,6	89,3	102,2
Versand	60,5	61,8	67,7	72,7	73,1	67,6	73,6	72,4	81,3
dar. Erdöl	1,0	0,5	0,7	0,9	0,8	0,1	0,6	0,1	0,3
Mineralölprodukte	6,7	6,7	7,4	9,5	7,2	7,3	10,7	8,1	10,8
Stückgut	35,7	40,3	40,7	43,3	43,9	41,4	43,9	46,3	52,5
Empfang	223,9	245,1	231,2	246,9	249,3	247,1	246,2	255,4	271
dar. Erdöl	98,7	100,1	94,3	96,3	96,9	97,9	95,4	99,7	101,7
Mineralölprodukte	11,4	16,4	17,2	19,6	17,7	20,6	24,3	19,4	22,4
Stückgut	35,3	38,6	40,3	41,2	40,0	37,8	38,8	43,0	49,7
Amsterdam - insgesamt	54,7	56,5	55,7	56,2	64,0	68,3	70,4	65,5	.
dar. Stückgut	.	7,3	6,4	6,5	6,8	6,7	7,0	7,2	.
Versand	11,2	11,1	9,5	11,0	12,3	13,9	15,9	15,1	.
dar. Stückgut	.	4,4	3,2	3,4	3,6	3,4	3,8	3,8	.
Empfang	43,5	45,4	46,3	45,2	51,8	54,4	54,5	50,4	.
dar. Stückgut	.	2,9	3,2	3,1	3,3	3,3	3,2	3,4	.

1) Einschl. Eigengewichte der Reise- und Transportfahrzeuge, Container, Trailer, Trägerschiffsleichter.- Quelle: Centraal Bureau voor de Statistiek, Heerlen.

Internationale Kennziffern – Belgische Seehäfen – Güterumschlag in Mio. t

	1996	1997	1998	1999	2000	2001	2002	2003	2004
Güterumschlag insgesamt	160,5	171,6	180,6	178,1	194,4	190,4	194,7	203,3	216,6
dar. Stückgut	73,6	85,7	90,9	91,8	103,8	102,0	107,3	114,1	125,4
Versand	63,2	68,0	68,1	71,5	77,0	76,8	81,7	87,4	92,9
dar. Stückgut	38,2	47,4	47,7	48,8	54,8	55,7	.	.	.
Empfang	97,3	103,5	112,5	106,6	117,4	113,6	113,0	116,0	123,7
dar. Stückgut	35,3	38,3	43,3	43,0	49,0	46,3	.	.	.
darunter:									
Antwerpen	106,5	111,9	119,8	115,7	130,5	130,0	131,6	142,9	152,3
dar. Stückgut	52,3	56,4	63,2	60,3	68,7	68,3	73,3	81,8	89,7
Versand	46,6	48,8	48,0	49,5	55,3	55,8	59,0	65,3	69,2
dar. Stückgut	30,7	32,9	35,6	33,3	38,1	39,6	42,9	47,9	51,8
Empfang	59,9	63,1	71,8	66,2	75,2	74,2	72,6	77,6	83,1
dar. Stückgut	21,6	23,5	27,6	27,0	30,7	28,8	30,4	33,9	37,9
Gent	21,0	23,0	23,6	23,9	24,0	23,5	24,0	23,6	25,0
dar. Stückgut	3,1	3,2	4,1	4,3	4,5	4,4	3,0	3,6	3,8
Versand	3,5	3,7	3,8	5,0	4,1	3,8	4,3	4,6	4,3
dar. Stückgut	1,9	1,7	1,7	1,7	1,6	1,4	.	.	.
Empfang	17,5	19,3	19,8	18,9	20,0	19,7	19,7	18,9	20,7
dar. Stückgut	2,4	1,6	2,4	2,7	2,9	3,1	.	.	.
Brügge - Zeebrügge	28,5	32,4	33,3	35,4	35,5	32,1	32,9	30,6	31,8
dar. Stückgut	20,3	23,1	24,1	25,5	27,9	26,0	26,3	24,0	25,9
Versand	11,3	13,9	18,4	16,0	16,1	15,3	15,7	14,6	15,6
dar. Stückgut	10,5	12,6	13,4	14,2	15,3	14,4	.	.	.
Empfang	17,2	18,5	14,9	19,4	19,4	16,8	17,2	16,0	16,2
dar. Stückgut	13,9	10,5	10,8	11,3	12,6	11,6	.	.	.

C1

Quelle: Vlaamse Havencommissie, Brussel.

Internationale Kennziffern – Containerumschlag niederländischer und belgischer Häfen

	1996	1997	1998	1999	2000	2001	2002	2003	2004
Beladene und leere Container - in 1 000									
Rotterdam	3 206,0	3 514,4	3 800,9	3 979,1	3 812,0	3 813,3	4 054,7	4 391,3	5 082,0
Versand	1 580,0	1 730,1	1 862,7	1 966,2	1 866,5	1 867,0	2 007,8	2 160,0	2 473,9
Empfang	1 626,0	1 784,3	1 938,3	2 012,9	1 945,5	1 946,3	2 046,8	2 252,5	2 608,1
Amsterdam	107,0	53,7	31,7	41,7	47,7	42,1	40,6	41,0	·
Versand	40,8	20,5	11,5	15,2	22,2	18,9	14,3	14,4	·
Empfang	66,2	33,3	20,2	26,5	25,4	23,2	26,3	26,6	·
Antwerpen	1 886,9	2 105,0	2 105,0	2 481,5	2 761,4	2 848,3	3 180,3	3 610,6	3 969,1
Versand	972,2	1 076,7	1 143,3	1 255,0	1 405,7	1 444,6	1 625,2	1 869,1	2 048,1
Empfang	914,7	1 028,2	1 130,8	1 226,4	1 355,7	1 403,7	1 555,1	1 741,5	1 921,0
Zeebrügge	394,9	452,8	452,8	568,8	626,2	539,2	584,2	610,8	720,4
Versand	196,7	229,6	264,3	295,4	326,8	285,8	308,6	325,5	385,0
Empfang	198,2	223,2	266,0	273,4	299,4	253,4	275,7	285,3	335,4
Beladene Container - Gewicht der Ladung in 1 000 t									
Rotterdam	41 018	46 336	47 519	51 256	49 336	48 663	50 727	55 498	62 209
Versand	22 932	26 173	26 135	28 533	27 178	27 647	29 138	30 362	33 217
Empfang	18 086	20 164	21 384	22 723	22 158	21 016	21 589	25 136	28 992
Amsterdam	1 326	653	354	606	783	723	692	662	·
Versand	485	289	147	·	370	306	197	184	·
Empfang	842	364	207	·	413	417	495	479	·
Antwerpen	29 460	33 427	35 376	39 442	44 525	46 410	53 017	61 350	68 280
Versand	14 520	19 622	19 941	22 962	26 297	27 503	31 562	36 308	40 442
Empfang	14 940	13 805	15 435	16 480	18 228	18 907	21 455	25 042	27 838
Zeebrügge	6 262	7 636	9 148	9 957	11 610	10 585	11 865	12 271	14 012
Versand	3 507	4 345	5 129	5 787	6 487	5 902	6 605	7 014	8 075
Empfang	2 755	3 291	4 019	4 170	5 123	4 683	5 260	5 257	5 937

1) Container von 20 Fuß und mehr.- Quellen: Centraal Bureau voor de Statistiek, Heerlen; Vlaamse Havencommissie, Brussel.

Internationale Kennziffern - Transalpiner Güterverkehr der Schweiz

	1995	1996	1997	1998	1999	2000	2001	2002	2003	2004
Straße: Gesamtverkehr[1] - Zahl der Fahrzeuge - in 1000										
San Bernadino	115	124	119	129	138	138	277	205	144	154
dar. ausländische Fahrzeuge	55	62	59	67	68	74	194	151	97	.
St. Gotthard	871	935	964	1 035	1 101	1 187	966	858	1 004	969
dar. ausländische Fahrzeuge	576	621	623	694	760	845	736	646	752	.
Simplon	21	24	25	27	30	27	67	98	72	.
dar. ausländische Fahrzeuge	12	14	15	16	17	15	33	68	52	.
Gr. St. Bernhard	40	39	36	44	48	52	61	88	72	.
dar. ausländische Fahrzeuge	23	24	19	27	31	36	46	73	58	.
Insgesamt	1 046	1 121	1 145	1 235	1 318	1 404	1 371	1 249	1 291	1 255
dar. ausländische Fahrzeuge	665	721	716	803	877	970	1 009	938	959	.
dar. aus der Bundesrepublik Deutschland	.	.	.	.	.	.	.	.	.	.
Straße: Zahl der Fahrzeuge im Transit - in 1000										
San Bernadino	36	41	40	46	45	44	.	.	.	.
St. Gotthard	483	522	515	585	652	672	.	.	.	.
Simplon	2	2	2	2	2	3	.	.	.	.
Gr. St. Bernhard	10	10	8	12	14	17	.	.	.	.
Insgesamt	530	575	565	645	714	736	.	.	.	.
dar. aus der Bundesrepublik Deutschland	.	.	.	.	.	.	.	.	.	.
Beförderte Güter - in Mio. t										
Straße	6,5	7,0	7,1	7,7	8,4	8,9	10,4	10,6	11,6	.
Schiene[1]	18,1	15,7	18,0	19,3	18,4	20,6	20,5	19,1	19,9	.
dar. Kombinierter Verkehr	7,7	7,1	8,6	9,5	8,9	10,0	9,9	10,2	11,2	.
dar. Wagenladungsverkehr	10,4	8,6	9,4	9,7	9,5	10,6	10,6	8,8	8,7	.

C1

1) Wagenladungen einschl. Container und Huckepack.- Quelle: Eidgenössisches Verkehrs- und Energiewirtschaftdepartement; Berechnungen des DIW.

Internationale Kennziffern – Ausgewählte europäische Flughäfen

	1991	1992	1993	1994	1995	1996	1997	1998	1999	2000	2001	2002	2003	2004
Gestartete und gelandete Luftfahrzeuge[1] - in 1 000														
London-Heathrow	361	406	411	427	437	427	441	451	458	467	464	467	464	476
-Gatwick	163	186	185	192	203	204	239	251	256	260	252	242	243	.
Paris-Charles de Gaulle	252	296	310	319	326	361	403	428	476	518	523	510	515	535
-Orly	193	215	212	217	241	245	242	246	246	244	219	211	207	.
Frankfurt - Rhein/Main	304	328	336	353	370	377	386	406	426	447	446	449	445	463
Rom - Leonardo da Vinci	169	189	194	200	209	231	246	258	261	283	284	283	301	.
Amsterdam - Schiphol	206	268	288	304	322	322	349	393	410	432	432	417	408	419
Kopenhagen - Kastrup	198	213	222	229	342	271	284	281	299	304	289	267	259	.
Zürich - Kloten	175	233	234	242	248	224	276	288	306	325	309	282	269	.
Stockholm - Arlanda	219	225	226	231	225	238	258	268	276	279	276	246	231	.
Madrid - Barajas	164	202	204	212	239	243	262	269	307	358	376	368	384	402
Palma de Mallorca	87	104	105	116	121	127	145	154	167	174	170	160	169	.
Athen - Hellinikon	100	113	119	126	126	127	134	.	172	198	175	159	170	.
Fluggäste - in 1 000														
London-Heathrow	40 248	45 176	47 851	51 718	54 459	55 758	57 975	60 660	62 268	64 954	60 750	63 362	63 487	67 344
-Gatwick	18 690	19 969	20 169	21 212	22 548	24 106	26 961	29 173	30 564	32 184	31 187	29 627	30 007	31 462
Paris-Charles de Gaulle	21 975	25 198	26 106	28 680	28 365	31 724	35 294	38 629	43 597	48 246	48 014	48 350	48 220	50 861
-Orly	23 320	25 170	25 372	26 618	26 645	27 365	25 059	24 952	25 349	25 397	23 032	23 170	22 457	24 032
Frankfurt - Rhein/Main	27 872	30 634	32 328	34 978	38 413	38 621	40 142	40 063	43 557	49 278	48 464	48 372	48 271	50 034
Rom - Leonardo da Vinci	16 492	19 010	19 300	20 316	21 129	23 850	25 004	25 255	24 029	26 288	25 571	25 340	26 284	28 119
Amsterdam - Schiphol	16 542	19 145	21 270	23 551	25 341	27 795	31 570	34 420	37 119	36 607	39 550	40 736	39 960	42 541
Kopenhagen - Kastrup	11 949	12 167	12 349	14 118	15 036	15 897	16 837	16 671	17 403	18 430	18 035	18 198	17 644	18 966
Zürich - Kloten	12 150	13 051	13 508	14 507	15 334	16 226	18 269	19 301	20 875	22 627	20 967	17 948	16 977	17 215
Stockholm - Arlanda	12 868	12 948	12 600	14 155	14 013	14 159	15 194	16 410	17 364	18 446	18 294	16 537	15 206	16 363
Madrid - Barajas	16 464	18 440	17 500	18 427	19 956	21 857	23 633	25 254	28 029	32 916	33 972	33 904	35 854	38 526
Palma de Mallorca	11 755	11 942	12 515	14 142	14 736	15 383	16 562	17 660	19 227	19 411	19 212	17 828	19 179	20 411
Athen - Hellinikon	8 486	9 419	9 608	9 574	9 545	10 391	10 962	.	12 800	14 700	12 650	11 828	12 151	13 641

[1] Gewerbliche Flugbewegungen.- *Vorläufige Werte.- Quellen: ADV, ICAO, ACI.

Internationale Kennziffern – Europäische Union (EU)

Internationale Kennziffern – Mineralölabsatz[1] pro Kopf der Bevölkerung – in Kilogramm

	1993	1994	1995	1996	1997	1998	1999	2000	2001*	2002*	2003*	2004*
EU15	**1 422**	**1 428**	**1 448**	**1 466**	**1 464**	**1 487**	**1 475**	**1 457**	**1 467**	**1 449**	**1 448**	.
EU25						**1 344**	**1 333**	**1 313**	**1 322**	**1 308**	**1 333**	**1 343**
Belgien	1 850	1 897	1 863	2 093	2 134	2 163	2 110	2 095	2 129	2 005	2 132	2 078
Dänemark	1 551	1 646	1 703	1 883	1 808	1 688	1 683	1 613	1 609	1 546	1 421	1 416
Deutschland	1 570	1 549	1 546	1 567	1 553	1 553	1 502	1 465	1 488	1 431	1 394	1 371
Estland[2]	.	.	.	.	.	872	802	666	715	808	599	601
Finnland	1 830	1 912	1 761	1 745	1 737	1 771	1 768	1 680	1 713	1 774	1 839	1 808
Frankreich	1 399	1 385	1 421	1 447	1 446	1 504	1 491	1 463	1 504	1 446	1 505	1 485
Griechenland	1 215	1 222	1 258	1 345	1 366	1 369	1 366	1 382	1 410	1 448	1 528	1 539
Großbritannien	1 303	1 299	1 268	1 290	1 239	1 916	2 135	2 128	2 246	2 171	2 042	2 070
Irland	1 388	1 529	1 536	1 579	1 726	1 508	1 462	1 434	1 402	1 427	1 474	1 475
Italien	1 504	1 483	1 536	1 520	1 518	667	625	480	542	535	516	519
Lettland[2]	.	.	.	.	.	889	716	520	567	536	521	523
Litauen[2]	.	.	.	.	.	4 620	4 864	5 104	5 360	5 435	5 816	6 316
Luxemburg	4 748	4 669	4 249	4 348	4 477	2 501	2 589	2 330	2 137	2 121	2 256	2 250
Malta[2]	.	.	.	.	.	1 387	1 463	1 496	1 522	1 516	1 604	1 662
Niederlande	1 334	1 356	1 416	1 368	1 431	1 487	1 415	1 390	1 496	1 515	1 612	1 585
Österreich	1 335	1 341	1 275	1 368	1 431	449	473	458	443	446	507	525
Polen[2]	.	.	.	.	.	1 430	1 444	1 412	1 432	1 472	1 353	1 372
Portugal	1 175	1 164	1 261	1 183	1 260	1 699	1 678	1 618	1 541	1 552	1 522	1 491
Schweden	1 625	1 736	1 716	1 859	1 714	702	636	624	503	570	580	556
Slowakei[2]	.	.	.	.	.	1 220	1 227	1 176	1 250	1 193	1 102	1 101
Slowenien[2]	.	.	.	.	.	1 400	1 446	1 482	1 538	1 549	1 579	1 615
Spanien	1 422	1 428	1 286	1 248	1 307	685	779	756	791	777	827	933
Tschechien[2]	.	.	.	.	.	.	650	636	615	589	608	587
Ungarn[2]	.	.	.	.	.	1 221	1 230	1 216	1 175	1 171	1 201	1 269
Zypern[2]	.	.	.	.	.	3 182	3 282	3 310	3 318	3 179	3 479	3 310
nachrichtlich:												
Norwegen	1 730	1 779	1 840	1 938	1 886	1 890	1 912	1 758	1 850	1 658	1 907	1 996
Schweiz	1 753	1 768	1 740	1 768	1 724	1 802	1 800	1 746	1 749	1 676	1 615	1 586

1) Inlandsabsatz einschl. Militär.- 2) EU-Mitgliedschaft ab 1.4.2004.- * Vorläufige Werte.

Mineralölwirtschaftsverband

C1

Alphabetisches Sachregister

333

Quellennachweis

Herausgeber	Titel
Der Bundesminister für Verkehr, Bau- und Wohnungswesen, Berlin und Bonn	Statistische Daten

Berlin:
Tel.: 030 / 2008-0
Fax: 030 / 2008-1920
Bonn:
Tel.: 0228 / 300-0
Fax: 0228 / 300-3428

e-mail: poststelle@bmvbw.bund.de
Internet: http://www.bmvbw.de/

Statistisches Bundesamt, Wiesbaden	Statistisches Jahrbuch Wirtschaft und Statistik Fachserien

Tel.: 0611 / 75-2405
Fax: 0611 / 75-3330
e-mail: info@destatis.de
Internet: http://www.destatis.de/

Umweltbundesamt, Berlin	Daten zur Umwelt

Tel.: 030 / 8903-0
Fax: 030 / 8903-2285
Internet: http://www.umweltbundesamt.de/

Kraftfahrt-Bundesamt, Flensburg	Statistische Mitteilungen

Tel.: 0461 / 316-0
Fax: 0461 / 316 - 1650
e-mail: pressestelle@kba.de
Internet: http://www.kba.de

Bundesamt für Güterverkehr, Köln

Tel.: 0221 / 5776-0
Fax: 0221 / 5776-1777
e-mail: BAGpress@bag.bund.de
Internet: http://www.bag.bund.de

Statistische Mitteilungen: Verkehrsleistung deutscher Lastkraftfahrzeuge
Der Fernverkehr mit Last-
kraftfahrzeugen
Der Fernverkehr deutscher
Lastkraftfahrzeuge
Der grenzüberschreitende Fernverkehr
ausländischer Lastkraftfahrzeuge
Struktur der Unternehmen des
gewerblichen Straßengüterverkehrs
und des Werkfernverkehrs

**Bundesanstalt für Straßenwesen,
Bergisch Gladbach**

Schriftenreihe
Straßenverkehrszählungen
Unfall- und Sicherheitsfor-
schung Straßenverkehr

Tel.: 02204 / 43-0
Fax: 02204 / 43-673
e-mail: info@bast.de
Internet: http://www.bast.de/

**Statistisches Amt der Europäischen
Union (EU)**

Statistik kurzgefasst
Transport in Figures

Informationsbüro Luxemburg
Tel.: (00352) 43 / 013-1
Fax: (00352) 43 / 013-3015
e-mail: eurostat-infodesk@cec.eu.int
Internet: http://europa.eu.int/comm/eurostat

**Internationaler Eisenbahnverband
(UIC), Paris**

Internationale Eisenbahnstatistik

Tel.: (0033) 1 / 14449-2020
Fax: (0033) 1 / 14449-2029
e-mail: info@uic.asso.fr
Internet: http:/www.uic.asso.fr

**Centraal Bureau voor de Statistiek
(CBS), Heerlen (Niederlande)**

Statistisches Taschenbuch

Tel: (0031) 45-570-6000
Fax: (0031) 45-572-7440
e-mail: infoservice@cbs.nl
Internet: http://www.cbs.nl

Port of Rotterdam

Tel.: (0031) / 10-2 52 11 11
Fax: (0031) / 10-2 52 11 00
Internet: http://www.port.rotterdam.nl

Rotterdam Port Statistics

Vlaamse Havencommissie, Brussel

Tel.: (0032) 2 / 2090111
Fax: (0032) 2 / 2177008
e-mail: info@serv.be
Internet: http://www.serv.be/vhc

Jaarverslag

**Deutsche Bundesbank,
Frankfurt/Main**

Tel.: 069 / 95 66 - 3511/3512
Fax: 069 / 95 66 - 3077
Internet: http://www.bundesbank.de/

Monatsberichte einschl.
Statistische Beihefte

Deutsche Lufthansa, Köln

Tel.: 0221 / 826-2210/3210
Internet: http://www.lufthansa.com/

Geschäftsbericht
Weltluftverkehr

**Deutsche Bahn AG
Frankfurt/Main**

Tel.: 069 / 97336204
Fax: 069 / 97337570
e-mail: medienbetreuung@bahn.de
Internet: http://www.db.de

Monatsberichte
Statistische Daten

**Verband Deutscher Verkehrsunter-
nehmen (VDV), Köln**

Tel.: 0221 / 579790
Fax: 0221 / 514272
e-mail: info@vdv.de
Internet: http://www.vdv.de

Statistische Übersichten
Jahresbericht

Bundesverband Güterkraftverkehr und und Logistik (BGL) e.V.	Jahresberichte Verkehrswirtschaftliche Zahlen

Tel.: 069 / 7919-0
Fax: 069 / 7919-227
e-mail: bgl@bgl.de
Internet: http://www.bgl-ev.de

Bundesverband Öffentlicher Binnenhäfen, Berlin	Übersicht über die Hafenver- kehrszahlen

Tel.: 030 / 39802870
Fax: 030 / 39802880
e-mail: info-boeb@binnenhafen.de
Internet: http://www.binnenhafen.de

Verband der Automobilindustrie e.V. (VDA), Frankfurt/Main	Tatsachen und Zahlen aus der Kraftverkehrswirtschaft Das Auto International

Tel.: 069 / 975070
Fax: 069 / 97507261
Internet: http://www.vda.de

Mineralölwirtschaftsverband e.v., Hamburg	Jahresbericht Mineralöl-Zahlen

Tel.: 040 / 248490
Fax: 040 / 24849253
e-mail: info@mwv.de
Internet: http://www.mwv.de

ARAL Aktiengesellschaft, Bochum	ARAL-Verkehrstaschenbuch

Tel.: 0234 / 3150
Fax: 0234 / 3152679
Internet: http://www.aral.de

Arbeitsgemeinschaft Deutscher Verkehrsflughäfen, Stuttgart

Tel.: 0711 / 9484508
Fax: 0711 / 9484746
e-mail: info@adv-net.org
Internet: http://www.adv-net.org

Die Verkehrsleistungen der deutschen Verkehrsflughäfen Pressemitteilungen

Arbeitsgemeinschaft Energiebilanzen

c/o DIW
Tel.: 030 / 897890
Fax: 030 / 89789200
Internet: http://www.diw.de/

Energiebilanz der Bundesrepublik Deutschland

Institut für Seeverkehrswirtschaft und -logistik, Bremen

Tel.: 0421 / 220960
Fax: 0421 / 2209655
e-mail: info@isl.org
Internet: http://www.isl.uni-bremen.de

Statistik der Schifffahrt
Shipping Statistics

Eidgenössisches Verkehrs- und Energiewirtschaftsdepartement, Bern

Tel.: 004131 / 3222111
e-mail: info@gs-uvek.admin.ch
Internet: http://www.uvek.admin.ch/

Alpenquerender Güterverkehr

Bundesverband der Deutschen Binnenschifffahrt e.V., Duisburg

Tel.: 0203 / 8000650
Fax: 0203 / 8000621
e-mail: InfoBDB@Binnenschiff.de
Internet: http://www.binnenschiff.de

Geschäftsbericht
Binnenschifffahrt in Zahlen

Verein für europ. Binnenschifffahrt
und Wasserstraßen e.V., Duisburg

Binnenschifffahrt in Zahlen

Tel.: 0203 / 8000627
Fax: 0203 / 8000628
e-mail: vbw-eubinsch@t-online.de
Internet: http://www.vbw-ev.de

OECD, Paris

Maritime Transport

Bonn Centre:
Tel.: 0228 / 9591214
Fax: 0228 / 9591218
e-mail: bonn.contact@oecd.org
Internet: http://www.oecd.org

Luftfahrt-Bundesamt, Braunschweig

Jahresbericht

Tel.: 0531 / 23550
Fax: 0531 / 2355710
e-Mail: info@lba.de
Internet: http://www.lba.de

**Wasser- und Schifffahrtsdirektion
Nord, Kiel**

Jahresbericht Nord-Ostseekanal

Tel.: 0431 / 33940
Fax: 0431 / 3394348
e-mail: info@wsd-nord.de
Internet: http://www.wsd-nord.wsv.de/

International Road Federation, Genf

World Road Statistics

Tel.: 0041 / 223060260
Fax: 0041 / 223060270
e-mail: info@irfnet.org
Internet: http://www.irfnet.org

Berechnungen des Deutschen Instituts
für Wirtschaftsforschung (DIW), Berlin

Tel.: 030 / 897890
Fax: 030 / 89789113
Internet: http://www.diw.de/
e-mail: sradke@diw.de

SOFTWARE LOKALISIERUNG ANIMATION

SLA Frank Lemke
Römerweg 4, D-73557 Mutlangen
Tel. (0 71 71) 77 93 96
Fax (0 71 71) 97 96 62
E-Mail: info@sla-software.com
Internet: http://www.sla-software.com

SOFTWARE

Erstellung digitaler Publikationen und elektronischer Kataloge
auf CD-ROM und im Internet

LOKALISIERUNG

Übersetzung von Software und technischer Dokumentation,
DTP inklusive Satz, Belichtung und Druck

ANIMATION

Erstellung von Präsentationen, Grafiken und Clips
für den Online- und Offline-Einsatz
Gestaltung und Betreuung von Web-Seiten

MOBILITÄTSDATEN
des Bundesministeriums für Verkehr, Bau- und Wohnungswesen (BMVBW)

owie weiterführende Informationen über Zugangs- und Nutzungsbedingungen erhalten
ie unter: www.clearingstelle-verkehr.de (→Verkehrsdaten).

KiD - Kraftfahrzeugverkehr in Deutschland 2002
Erhebungsdaten aus Stichtagsbefragung zum Kfz-Einsatz bei gewerblichen
und privaten Fahrzeughaltern. Die Daten umfassen Angaben zu Haltern,
Fahrten, und Fahrtenketten.

MiD - Mobilität in Deutschland 2002
Die Daten der Erhebung "MiD - Mobilität in Deutschland 2002" können
sowohl als "public use file" als auch als "scientific use file" über die
Clearingstelle bezogen werden. Der "scientific use file" stellt eine Ergänzung
des Basis-Datensatzes (= public use file) auf Personenebene dar. Er enthält

zusätzliche Feldinformationen für die telefonisch durchgeführten Interviews
(CATI) sowie inverse Mills' Ratios, die im Rahmen von Selektivitätsanalysen
genutzt werden können.

Auswertungsprogramm "MiT - Mobilität in Tabellen 2002"
Als Ergänzung zum Datensatz der Erhebung "MiD - Mobilität in
Deutschland 2002" wird das Tabellentool "MiT - Mobilität in Tabellen 2002"
kostenlos zur Verfügung gestellt, das umfangreiche Analysen ermöglicht.
Das Programm bietet einen einfachen Einstieg in die Nutzung der Daten der
Erhebung "Mobilität in Deutschland".

MOP - Mobilitätspanel Deutschland
Erhebungsdaten aus Haushaltsbefragung zur Alltagsmobilität sowie zu PKW-
Fahrleistung und Kraftstoffverbrauch. Umfasst Haushalts-, Personen-, Wege-
und Fahrzeugdaten. Die Daten stehen komplett von 1994 - 2003 oder pro
Jahr zur Verfügung.

DATELINE
Design and **A**pplication of a **T**ravel Survey for **E**uropean **L**ong-distance
Trips based on an **I**nternational **N**etwork of **E**xpertise ist ein
Forschungsprojekt aus dem 5. Rahmenprogramm der Europäischen Union.
Es besteht freier Zugang auf die Daten aller 15 Mitgliedsstaaten der
Europäischen Union und der Schweiz mit Angaben zu Households, Persons,
Commuting, Participants, Journeys, Trips and Excursions.